|제4판|
아동상담

실 제 적 접 근

Kathryn Geldard, David Geldard, Rebecca Yin Foo 지음
이희영, 이지경 옮김

Σ 시그마프레스

아동상담 : 실제적 접근, 제4판

발행일 | 2017년 8월 21일 1쇄 발행

저 자 | Kathryn Geldard, David Geldard, Rebecca Yin Foo
역 자 | 이희영, 이지경
발행인 | 강학경
발행처 | ㈜시그마프레스
디자인 | 송현주
편 집 | 김은실

등록번호 | 제10-2642호
주소 | 서울특별시 영등포구 양평로 22길 21 선유도코오롱디지털타워 A401~403호
전자우편 | sigma@spress.co.kr
홈페이지 | http://www.sigmapress.co.kr
전화 | (02)323-4845, (02)2062-5184~8
팩스 | (02)323-4197

ISBN | 978-89-6866-970-5

Counselling Children: A Practical Introduction, Fourth Edition

* 책값은 뒤표지에 있습니다.
* 이 도서의 국립중앙도서관 출판예정도서목록(CIP)은 서지정보유통지원시스템 홈페이지(http://seoji.nl.go.kr)와 국가자료공동목록시스템(http://www.nl.go.kr/kolisnet)에서 이용하실 수 있습니다.(CIP제어번호 : CIP2017019843)

역자 서문

최근 아동상담에 대한 관심이 높아지고 있다. 주변을 둘러보면 아동을 대상으로 상담 서비스를 제공해준다는 간판을 어렵지 않게 볼 수 있다. 새로운 현상이다. 이러한 현상에는 다양한 이유가 있겠지만 무엇보다도 심리적으로 어려움을 겪는 아동들이 많기 때문일 것이다. 최근 보건복지부는 영·유아 10명 가운데 3명이 불안이나 우울 증상을 보였다는 조사 결과를 발표한 바 있다.

사실 그동안 상담의 주 고객은 청소년이었다. 따라서 대학에서의 상담 공부도 주로 청소년을 대상으로 하는 경우가 대부분이었다. 하지만 청소년을 상담하는 방식으로 아동을 상담할 수는 없다. 그것은 아동이 갖는 특성 때문이다. 따라서 아동상담은 아동의 특성을 반영하는 방식으로 이루어져야 한다.

아동상담에 대한 관심이 고조됨에 따라 많은 대학에 '아동상담'이라는 교과목이 개설되어 운영되고 있고, 역자도 지난 10여 년 동안 대학에서 '아동상담'을 강의해왔다. 이 과목을 준비하고 가르치면서 항상 아쉬웠던 것은 이 수업을 위한 마음에 드는 교재를 찾기가 어려웠다는 점이다. 최근 '아동상담' 관련 도서가 많이 출간되었지만 이런 책들은 너무 이론 위주여서 현장에서 실제로 아동상담을 수행하는 데는 한계가 있다. 역자는 이론적 틀을 가지고 실제로 아동을 대상으로 상담을 수행할 수 있도록 도와주는 그런 책을 원했다.

그러던 차에 이 책(*Counselling Children: A Practical Introduction*)을 만나게 되었다. 이 책과의 첫 만남은 정확하게 기억나지 않지만 이 책을 대충 훑어본 소감은 이제야 내가 원하는 수업을 할 수 있겠구나 하는 반가움이었다. 반가운 마음에 학생들이 부담스러워한다는 것을 알면서도 일단 원서로 수업을 진행해보았다. 하지만 학부생을 대상으로 한 원서 수업은 아무래도 한계가 있었다. 그래서 번역하기로 마음먹었다.

이 책의 번역과 관련하여 두 가지를 밝히고자 한다. 하나는 원서의 내용을 글자 그대로 해석하기보다는 원문에 충실하되 의미가 잘 전달되도록 번역했다는 것이다. 다른 하나는 이 책의 내용과 관련이 있다. 이 책 내용의 많은 부분이 저자들의 개인적 임상 경험에서 나왔다. 이런 이유로 저자들은 단정적으로 진술하지 않고 자신의 견해를 밝히는 방식으로 진술하고 있다. 하지만 이런 식의 표현이 우리나라 독자들에게는 어색할 것 같아 독자의 편의를 위해 본 역서에는 단정적인 표현으로 바꾸었다. 이 점 양해 바란다.

이 책은 6부로 구성되어 있다. 1부는 아동상담의 기초에 관한 것으로, 아동상담의 목표, 아동과 상담자 간의 관계, 아동상담의 윤리적 문제, 아동상담자의 특징 등을 다루었다. 2부에서는 아동상담 실제를 위한 이론적 틀에 대한 것으로, 아동상담의 이론적 근거를 제시했던 학자들, 아동상담의 과정, SPICC 모형, 가족치료 맥락에서의 아동상담, 아동집단상담 등을 다루었다. 3부에서는 아동상담의 시작 단계에서부터 종결 단계에 이르기까지에서 사용되는 기법에 대해 다루었다. 4부에서는 아동상담에서 사용되는 매체와 활동에 대해 다루었다. 5부에서는 아동상담에서 활용하면 좋을 여러 가지 활동을 소개하였다. 마지막으로 6부에서는 아동상담 활동에 사용할 활동지를 소개하였다. 전체 6부 중 1, 2, 3부는 이희영 교수가 4, 5, 6부는 이지경 교수가 번역하였다.

아동상담을 성공적으로 수행하기 위해서는 아동상담의 전체 과정에 대한 이론적 이해를 기초로 하여 자신만의 상담 방식을 구축해야 할 뿐만 아니라 실제 상담을 수행하는 데 필요한 다양한 상담기술을 갖추어야 한다. 이에 덧붙여 아동상담에 많이 활용되는 매체 사용에 능숙해야 한다. 이 책은 이러한 능력을 키우는 데 아주 유용한 정보를 제공해준다. 기존 아동상담 관련 책에서는 발견할 수 없는 유익한 정보를 얻을 것이다. 따라서 아동상담에 관심이 있는 학생이나 현재 아동상담을 수행하고 있는 상담자들은 꼭 한 번 읽어보기를 권한다. 후회하지 않을 것이라 확신한다.

나름대로 최선을 다해 번역했음에도 불구하고 역자들의 능력 부족으로 어색하거나 부족한 부분이 군데군데 보인다. 향후 개정 작업을 통해 보완할 것을 약속드린다.

이 책이 나오기까지 많은 사람들의 도움이 있었다. 먼저 원서로 아동상담을 수강하였던 사랑스러운 우리 학생들에게 고마움을 전하고 싶다. 그리고 교정 작업에 도움을 준 믿음직한 제자, 김문정 선생과 부수안 선생에게도 고마움을 전하고 싶다. 끝으로 바쁜 일정에도 꼼꼼하게 교정 및 편집 작업을 해주신 (주)시그마프레스 편집부 김은실 차장님과 이 책의 출간을 허락해주신 강학경 사장님께 감사를 표하고 싶다.

저자 서문

아동상담 책의 네 번째 개정판에 제가 인사말을 쓰게 되어 매우 기쁩니다. 저는 학부과정을 끝내고 약 2년간의 졸업 후 연구과정을 하는 중에 캐서린을 처음 만났습니다. 그 시기에 논문을 쓸 때 우리는 캐서린과 데이비드가 사용했던 상담 기법, 즉 비유적인 과일 나무에 대해 연구하였습니다. 어떻게 예술적인 비유기법이 어린 아동들의 자아개념을 충분히 탐색할 수 있게 해주는지를 알게 되는 일은 정말로 놀라운 일이었습니다. 석사과정에서 캐서린과 저는 비유적인 과일나무의 개념을 근거로 한 프로그램을 개발하고 연구하는 기회를 가졌습니다. 이 프로그램 연구에 많은 사람들이 참여하였고, 저는 이 과정에서 아동상담에 있어서 창의적인 접근은 필수적인 구성요소라는 것을 깨닫고 확인할 수 있었습니다. 캐서린과 데이비드가 **아동 상담** 네 번째 개정판을 업데이트하는 데 참여해 달라는 제안을 했을 때 저는 매우 영광이라고 생각했습니다.

이 책을 읽는 독자들에게 보다 이 책을 더 유용하게 만들기 위하여 **아동상담** 개정 판에는 많은 수정작업이 행해졌습니다. 두 개의 새로운 장(3장과 20장)이 추가되었 습니다. 3장은 아동과 일할 때 매우 중요한 영역인 상담윤리에 관한 것입니다. 독자 들에게 이 부분에 대한 활용도를 높이기 위하여 캐서린과 데이비드와 제가 실제 임 상에서 직면했었던 윤리적으로 고려할 점들을 3장에서 논의하여 해결책을 직접 제 시하기보다는 독자들이 스스로 윤리적인 실제를 반영해볼 수 있는 기회를 제공해 주었습니다. 20장은 상담에서 사용되는 놀이매체와 놀이 활동들의 적용에 관한 최 근 연구 동향과 당신이 사용하고 있는 전략들이 이미 효과적이라고 검증된 것들인 지를 확인하고 싶을 때 당신이 중요하게 고려해야 할 점들에 관한 개요를 알려주고 있습니다. 선행 연구들은 책 전반에, 특히 다양한 놀이치료기법에 대해 설명하는 4 부 부분에 연결이 되어 있습니다. 현재의 연구에 대한 개요가 당신이 아동상담에 사 용되는 놀이매체와 놀이 활동을 사용할 때 자신감을 줄 수 있기를 바랍니다.

이 책이 독자들에게 도움이 되기를 바라며 우리가 추가한 또 하나의 특징은 각 장의 마지막 핵심요점 전에 포함된 사례연구들입니다. 이 사례들은 특히 상담에 사 용되는 놀이매체와 놀이 활동에 관한 장들(22장에서 30장)의 마지막 부분에 나타나 있습니다. 각각의 사례는 놀이치료기법이 유용하다고 검증된 영역과 연결되어 있습니다. 때때로 사례연구는 8장에서 설명된 아동상담을 위한 통합 모델(SPICC model)의 특정 단계와도 연결되어 있습니다. 이 사례 연구들이 놀이매체와 활용에 관한 예를 제공하는 데 도움이 되길 바랍니다. 또한 다른 상담 현장과 아동상담을 위한 통합 모델의 각 단계에서 사용할 수 있는 적절한 상담 기법을 탐색하는 기회를 줄 수 있기를 바랍니다.

아동상담 책의 실용적인 초점은 이 개정판에 여전히 잘 나타나 있고 유지되어 있습니다. 이 책이 아동상담자들의 상담기술을 발전시키고 확장시키는 것을 지원해 줄 수 있기를 바랍니다. 이러한 실용적인 초점을 잘 지원하기 위해서, 이 책은 상호적인 스타일을 고수하고 있습니다. 이러한 스타일이 당신이 책을 읽는 동안이나 소개된 개념이 당신의 상담에 기여할 수 있기 때문에, 당신과 독자들 그리고 자신의 개인 상담진료를 계획하고 있는 사람들을 격려할 수 있기를 바랍니다. 저는 상담이 각 상담자의 개인적인 품성과 특성에 영향을 받는다고 믿습니다. 그러므로 독자들이 상담에 있어서 자신만의 접근에 맞는 아이디어들은 받아들이고 그렇지 않은 것들은 받아들이지 않을 능력을 가지는 것도 중요하다고 생각합니다.

캐서린, 데이비드, 그리고 저는 **아동상담** 책이 당신의 상담도서관에 도움이 되기를 바라고 당신이 상담자로서 발전해 나가는 것을 지원해줄 수 있기를 바랍니다.

레베카 인 푸(Rebecca Yin Foo)

차례

Part

04 놀이치료 : 놀이매체와 놀이 활동의 적용

Part

05 활동지 활용

Part

06 결론

아동상담

01
Chapter

아동상담의 목표

성 인을 상담하는 것과 똑같은 방식으로 아동을 상담할 수 없다는 것은 자명하다. 이것은 아동상담을 한 번도 해보지 않은 사람에게도 해당될 것이다. 성인을 상담하는 경우 상담자는 내담자가 자신의 이야기를 하게 함으로써 상담을 한다. 그러나 만약 같은 방식으로 아동과 상담을 한다면 많은 아동들은 직접적인 질문에 답하는 것 이외에 아무런 말도 하지 않을 것이다. 자신의 이야기를 하는 아동들조차 중요한 내용을 상담자에게 말하지 않을 것이다. 그리고 아마도 아동들은 금방 지루해하거나 침묵할 것이다. 설사 아동이 상담자에게 말을 하더라도 중요한 문제에서 벗어난 말을 할 것이다.

만약 상담자로서 아동들이 자유롭게 자신의 고통스런 문제를 이야기하게 하려면, 언어적 상담 기술과 더불어 다른 전략을 고려하는 것이 중요하다. 예컨대, 아동을 놀이나 소형 동물모형, 찰흙 또는 다양한 미술 작품과 같은 놀이매체 사용에 참여시킬 수 있다. 그렇지 않으면 아동들을 스토리텔링에 참여시키거나 상상 여행을 하도록 할 수도 있다. 언어적 상담 기술과 매체나 다른 전략을 함께 사용함으로써 치료적으로 유용한 상담 과정에 아동들이 참여할 기회를 만들어낼 수 있다. 상담자로서 우리는 아동에게 치료를 통한 변화를 경험할 환경을 제공한다.

아동을 위한 상담자가 되기 전에 아동상담의 본질과 목적을 이해하는 것이 중요하다. 여기에는 우리의 목표를 명확히 하는 것과 이러한 목표를 어떻게 달성할 것인지에 대한 명확한 아이디어를 가지는 것이 포함된다. 앞으로 알게 되겠지만, 목표 달성은 사용되는 놀이매체와 상담 방식뿐만 아니라 아동-상담자 관계에 달려 있다. 따라서 이 장에서는 먼저 아동상담의 목표를 살펴본다. 그런 다음 2장에서 아동-상담자 관계에 대해 살펴볼 것이다.

여기서 잠시 책 읽기를 멈추고 여러분 스스로 한번 생각해보기를 바란다. 여러분은 아동상담을 할 때 무엇이 가장 중요한 목표가 되어야 한다고 생각하는가? 여러분에게 한 가지 질문을 더 하고 싶다. 이 질문은 윤리적인 문제와 관련이 있다. 개별 회기 또는 일련의 회기의 구체적인 목표는 상담자, 아동의 부모나 보호자 또는 아동 중 누구에 의해 설정되어야 한다고 생각하는가?

위의 질문에 대한 답은 매우 복잡하다. 아동상담의 목표는 다음과 같은 네 가지 수준에서 설정될 수 있다.

- 1수준 목표-기본 목표
- 2수준 목표-부모의 목표
- 3수준 목표-상담자에 의해 설정된 목표
- 4수준 목표-아동의 목표

이들 목표는 치료 과정에서 중점을 두어야 할 중요한 문제들이다. 그러나 치료 과정에서 중점을 두어야 하는 목표는 시점에 따라 차이가 있다. 즉 시점에 따라 어떤 목표는 다른 목표에 우선할 필요가 있다. 이것을 어떻게 달성할 것인지는 전적으로 상담자의 책임이다. 지금부터 네 가지 목표에 대한 우리의 생각을 논할 것이다.

1수준 목표-기본 목표

이 목표는 치료 중인 모든 아동들에게 광범위하게 적용될 수 있다. 목표의 예는 다음과 같다.

- 아동이 고통스러운 정서적 문제를 다룰 수 있도록 하는 것
- 아동이 사고, 감정, 행동에 대해 어느 정도 일치를 얻도록 하는 것
- 아동이 자신에 대해 좋은 감정을 가질 수 있도록 하는 것
- 아동이 자신의 한계와 강점을 수용하고 자신에 대해 긍정적인 감정을 가지도록 하는 것
- 아동이 외적 환경(예 : 가정이나 집)에서 편안하고 적응적으로 기능할 수 있도록 하는 것
- 아동이 발달 목표를 추구할 기회를 극대화하는 것

2수준 목표-부모의 목표

이것은 치료를 위해 아동을 데리고 온 부모에 의해 설정된 목표이다. 이것은 부모 자신의 의도와 관련이 있으며 대개 아동의 현재 행동에 기초한다. 예컨대, 만약 아동이 벽에다 변을 마구 문지르고 있다면 부모의 목표는 이 행동을 소거시키는 것이 될 것이다.

3수준 목표-상담자에 의해 설정된 목표

이 목표는 왜 아동이 특정 방식으로 행동할까에 대한 상담자의 가정의 결과로 상담자에 의해 설정된다. 벽에다 변을 마구 문지르는 아동을 예로 들어 보자. 상담자는 벽에 변을 문지르는 행동이 아동의 정서 문제와 관련이 있다고 가정할 수 있다. 그러므로 상담자는 아동의 정서 문제를 제기하고 해결하는 것을 목표로 정할 것이다. 아동 행동의 가능한 원인에 대한 가설을 설정할 때, 상담자는 자신의 임상 경험, 아동 심리와 행동에 대한 이론적 이해 및 최신 연구 문헌의 정보를 활용할 것이다.

4수준 목표-아동의 목표

이 목표는 아동과의 치료 과정에서 나오며, 대개의 경우 아동이 말로 표현할 수는 없는 아동의 실제 목표이다. 이 목표는 아동이 상담 회기에 가져온 이야기 소재에 기초한다. 때때로 이 목표는 상담자의 목표와 일치하기도 하고 일치하지 않기도 한다. 예컨대, 상담자는 아동에게 힘이 주어져야 한다는 3수준의 목표를 가지고 상담에 임할 수 있다. 그러한 목표가 아동은 고통스런 상실에 대해 이야기하길 원하지만 그렇게 할 마음의 준비가 되어 있지 않은 상담 회기에서 나올 수 있다. 이런 상황에서 상담자는 4수준의 목표가 주목하고 아동이 상실로 인한 슬픔을 충분히 경험하도록 함으로써 아동의 욕구에 반응할 수 있다.

　만약 상담자가 다루고자 하는 구체적인 내용을 가지고 특정 상담 회기에 임할 경우 상담 과정에서 그 내용을 고수하는 것이 효과적이고 적절한 때가 있을 것이다. 그러나 일반적으로 미리 결정한 내용에 고집스럽게 집착하는 것은 위험하다. 왜냐하면 아동 자신의 욕구가 다루어지지 않고 간과될 수 있기 때문이다. 아동의 진짜 욕구가 나오고 그것을 치료적으로 적절하게 다루기 위해서는 상담자가 아동이 겪고 있는 과정과 함께 해야 한다. 대안은 아동의 목표가 아닌 상담자의 목표를 충족시키는 상담 회기를 구성하는 것이다. 물론 이것은 수용될 수 없다. 일반적으로 4수준의 목표가 우선시되어야 된다.

아동의 목표가 가장 중요하다는 것에 대해 이야기할 때 우리가 의미하는 바가 무엇인지를 보여주는 또 하나의 예를 보자. 만약 우리가 폭력 가정에서 살아가고 있는 아동과 상담을 한다면, 치료(3수준 목표)의 중요한 목표는 아동이 안전하게 지내는 방법을 찾도록 돕는 전략을 탐색하는 것이 되어야 한다고 생각할 것이다. 이것은 확실히 중요한 목표이고 장기적으로 볼 때 유용하고 본질적인 목표가 될 것이다. 그러나 아동이 자기 어머니의 안전(4수준 목표)과 관련된 두려움을 탐색하는 데 더 흥미를 보일 수 있다. 우리의 믿음은 만약 아동에게 가장 중요한 문제가 먼저 다루어지지 않는다면, 상담이 성공할 가능성은 줄어들 것이라는 것이다.

개별 아동의 경험을 고유한 것으로 보는 것이 중요하다. 따라서 우리는 3수준의 목표를 세울 때 조심할 필요가 있다. 아동이 치료에서 무엇을 원하는지에 대한 우리의 가정이 틀릴 수도 있다. 그러므로 우리는 상담 과정에서 끊임없이 우리의 목표를 검토하고 필요할 때마다 그것을 수정하는 데 개방적이어야 한다. 아동의 진짜 욕구를 발견하기 위해 요구되는 기술을 개발하는 데는 연습과 경험이 요구된다. 만약 상담이 적절하게 수행된다면 아동의 목표는 자연스럽게 나온다. 아동의 목표가 수면 아래로 가라앉지 않고 상담자에 의해 지각된다면, 상담자나 부모에 의해 설정된 다른 목표도 부모와의 자문을 통해 상담 과정 속으로 통합될 수 있을 것이다. 우리의 견해로는 상담 과정에서 가능할 때마다 아동 자신이 다루고자 하는 상담 내용과 관련된 4수준의 목표를 우선해야 한다.

그러므로 우리는 특정 상담 회기나 일련의 상담 회기를 위한 구체적인 목표로 부모의 2수준 목표와 상담자의 3수준 목표에 주목하기는 하지만 아동의 4수준 목표를 우선으로 하여 결정해야 할 필요가 있다고 생각한다. 우리의 경험에 의하면 이러한 과정을 따를 때 기본적인 1수준 목표는 자동적으로 달성된다. 목표 설정 과정에 있어 중요한 것은 가능하면 언제나 아동, 부모, 상담자 모두가 참여하는 상호작용이 있어야 한다는 것이다.

목표 설정과 관련하여 앞선 논의에서 우리는 아동이 우리의 주 내담자라는 것을 암묵적으로 내비쳤다. 그러나 상담료를 지불하는 사람은 부모이다. 이것이 윤리적 딜레마를 야기할 수 있을지는 모르겠지만, 우리가 제안한 과정을 사용함으로써 부모의 목표 또한 성취된다. 상담을 하고자 할 때 우리가 가정 먼저 고려해야 할 사항은 상담의 목표이다. 앞서 진술한 바와 같이, 아동상담의 또 하나의 중요한 측면은 아동-상담자 관계이다. 이것에 대해서는 다음 장에서 살펴볼 것이다.

사례 연구

당신은 방금 새로운 내담자를 의뢰받았다. 의뢰된 내담자는 12세이고 이름은 영철이다. 의뢰인은 그의 어머니였다. 의뢰할 당시 어머니는 영철이가 지난 6개월간 보여준 행동 변화에 대해 심히 우려하고 있었다. 어머니가 보기에 영철이는 점점 더 반항적인 아이가 되어 가고 있고, 때때로 공격적인 언사와 행동을 보이기도 했다고 한다. 어머니는 영철이가 상담을 받는다면 이런 행동이 개선될 수 있으리라 기대하고 있다. 영철이 가족은 올해 아버지 직장 때문에 다른 지역으로 이사를 했다. 이 때문에 아버지의 근무 시간이 늘어났다. 의뢰 당시 어머니는 영철이가 이전 학교에서 심한 학교폭력으로 인해 상담교사를 가끔씩 만났다고 했다. 하지만 새 학교로 옮긴 후에는 영철이로부터 자신이 학교폭력과 관련된 사실이 있다는 말을 듣지 못했다. 따라서 어머니는 이제 더이상 학교폭력이 영철이에게 문제가 되지 않는다고 생각하고 있다. 당신은 이 가족과 목표 설정을 어떻게 하겠는가? 목표 설정의 과정을 아동과 가족에게 어떻게 도입하겠는가? 무슨 말을 하겠는가? 부모, 아동, 상담자의 목표 간의 갈등을 어떤 방식으로 다루겠는가?

핵심 요점

- 상담 기술과 함께 놀이매체나 놀이 활동의 활용은 아동이 자신의 민감한 문제에 관해 말로써 표현할 수 있도록 지원해준다.
- 상담자로서 우리가 명심해야 하는 네 가지 상이한 유형의 목표가 있다.
  - 기본 목표
  - 부모의 목표
  - 상담자에 의해 설정된 목표
  - 아동의 목표
- 기본 목표는 대개 부모와 상담자의 목표에 주목하면서 아동의 목표에 우선권을 줌으로써 가장 잘 성취된다.

아동-상담자 관계

성인 내담자의 경우 내담자와 상담자 간의 관계가 치료 결과에 결정적인 요인 이라는 사실은 오래전부터 인정받고 있다. 성인 내담자와 상담자 간의 관계 에 대한 최초 연구는 오래전에 칼 로저스(Carl Rogers)에 의해 이루어졌다. 그는 내 담자와 상담자 관계에서는 일치성, 공감 및 무조건적이고 긍정적 배려가 중요한 요 소라고 생각하였다. 그 이후로 많은 연구자들은 자신들이 생각하는 바람직한 상담 관계의 속성에 대해 말해왔으며, 관계가 치료의 긍정적 결과에 영향을 주는 가장 중 요한 요인이라는 데 이들은 대체로 동의하고 있다.

상담자와의 관계가 중요한 영향을 미치는 성인 상담에서와 마찬가지로, 아동상담 에서도 아동과 상담자 관계는 상담 효과에 중요한 영향을 미친다는 데 대체로 동의 한다. 이 관계의 중요한 특성을 정의하려는 많은 시도가 있었다(Virginia Axline, 1947; Anna Freud, 1928; Melanie Klein, 1932). 아쉽게도 상담의 효과를 극대화하는 데 가장 효과적인 관계 유형에 대해서는 상당한 견해차가 있다. 우리는 여기서 내담 자-상담자 관계에 대한 상이한 학설에 대해 깊이 있게 논의하지는 않겠다. 왜냐하면 이 책은 아동상담의 이론보다는 아동을 상담하는 데 필요한 **실제적인 안내**를 목적으 로 하고 있기 때문이다. 그러나 5장에서 아동상담에 대한 역사적 배경과 최신 관점 에 대해 간략하게 개관할 것이다.

이 장에서는 우리가 아동-상담자 관계에서 중요하다고 생각하는 것을 여러분과 공유하고자 한다. 우리의 아이디어와 다른 학자들의 견해를 비교해본 후 여러분이 적절하다고 생각하는 것을 여러분 스스로가 결정하기를 제안한다.

아동-상담자 관계에 영향을 주는 한 가지 요인은 상담자의 개인적 특성이다. 이것에 대해서는 4장에서 살펴볼 것이다. 이 장에서는 우리가 생각하는 적절하고 필요한 아동-상담자 관계의 속성에 대해 살펴볼 것이다. 이런 속성은 불가피하게 부모-상담자 관계에도 영향을 미친다. 이것에 대해서도 나중에 언급할 것이다. 또한 우리는 전이(transference)가 아동-상담자 관계에 미치는 영향에 대해서도 살펴볼 것이다.

아동-상담자 관계의 속성(그리고 이것이 부모-상담자 관계에 미치는 영향)

상담의 효과를 극대화하기 위해서는 아동-상담자 관계가 다음과 같은 속성을 가져야 한다.

- 아동의 세계와 상담자를 잇는 연결고리
- 독점적
- 안전한
- 진솔한(authentic)
- 비밀보장
- 침해하지 않는(non-intrusive)
- 목적 있는

지금부터 위에 제시한 속성을 하나씩 자세하게 살펴보도록 하겠다.

아동의 세계와 상담자를 잇는 연결고리로서의 아동-상담자 관계

관계는 일차적으로 아동과 연결되고 아동의 지각에 머무르는 것에 관한 것이다. 아동은 자신이 살고 있는 환경을 자신의 부모와 아주 다른 방식으로 볼 수 있다. 상담자의 일은 아동과 함께하고 아동의 틀 안에서 작업을 하는 것이다. 판단이나 확언 또는 비난하는 식으로 아동-상담자 관계에 접근하게 되면 아동은 자신의 지각에서 멀어지고 상담자의 지각으로 향하게 된다. 아동이 상담자의 가치, 믿음, 태도에 의해 영향을 받기보다는 자신의 가치, 믿음, 태도를 고수하는 것이 중요하다.

아동-상담자 관계는 아동의 세계와 상담자 간의 연결고리를 제공하며, 이것으로 인해 상담자는 명료하게 아동의 경험을 관찰할 수 있게 된다. 이러한 관찰은 상담자 자신의 경험에 의해 불가피하게 부분적으로 왜곡될 수 있으며, 아동에 대한 이런 투영은 일정 부분 불가피한 측면이 있다. 그러나 상담자의 목표는 상담자 자신의 경험이 주는 영향력을 최소화하여 아동의 경험 세계와의 연결을 가능한 한 완전하게 하는 것이다.

독점적 관계로서의 아동 – 상담자 관계

상담자가 아동과 친밀한 관계를 맺고 유지하여 상담자와 아동 간에 신뢰를 쌓는 것은 중요하다. 이러한 신뢰의 발달은 만약 아동이 강한 배타성, 즉 부모나 형제 같은 타인의 원치 않는 침범에 의해 방해받지 않고 상담자와의 독특한 관계를 경험한다면 지지받을 수 있다.

아동이 자신에 대해 지각하게 될 것이며, 이 지각은 부모의 그것과 같지 않을 것이다. 치료적 관계가 효과적이려면 아동이 스스로를 지각하는 방식이 상담자에 의해 수용된다고 느끼는 것이 중요하다. 아동이 부모나 다른 중요한 사람들이 상담자의 견해에 영향을 줄 수 있다고 생각하는 것은 도움이 되지 않는다. 만약 아동–상담자 관계가 독점적이면 이것을 피할 수 있다.

독점적인 관계를 유지한다는 것은 아동의 허락 없이 다른 사람이 두 사람 관계에 개입하거나 포함되는 것을 허락하지 않는다는 것을 의미한다. 따라서 치료에 대한 아동과 부모의 준비는 세심한 주의를 요한다. 왜냐하면 윤리적 문제가 개입될 수 있기 때문이다. 부모는 아동을 보살피고 통제한다. 그러나 심리치료에서는 상담자가 아동과 독점적 관계를 형성하라고 제안한다. 부모가 그것에 대해 어떻게 생각할 것 같은가?

부모가 공공 건강 서비스나 규모가 큰 비영리 단체의 서비스를 사용하는 경우 상황은 악화될 수 있다. 상담자들이 소비자 중심의 서비스를 창출하려고 애쓰지만 어떤 부모는 이러한 시스템에 의해 무력감을 느끼거나 압도당하는 느낌을 가질 수 있다. 그런 부모는 자신이 상담 과정에서 아이와 항상 함께 있지 못한다는 이야기를 들으면 걱정을 할 수 있다.

이러한 윤리적 문제는 상담자가 치료 관계의 본질에 대해 부모에게 명확히 하고 그것에 대해 부모의 승낙을 받을 경우에만 만족스럽게 다루어질 수 있다. 심리치료는 일반적으로 아동과 부모에게는 새로운 경험이다. 우리는 그동안의 경험을 통해 상담자가 아동과 독점적 관계를 유지하는 것이 왜 필요한지에 대해 부모에게 충분히 알릴 경우 부모는 상담 과정에 대해 확신을 갖고 만족할 만한 수준의 편안함을 느끼게 될 것이라는 것을 알게 되었다.

때때로 부모에게 심리치료 과정에서 아동들이 부모에게 알리고 싶지 않은 정보가 있음을 알려주는 것도 도움이 된다. 이런 상황에서 부모들은 불안을 느끼고 자신들이 마땅히 알아야 한다고 생각하는 정보를 모른 채 제외된다고 생각할 것이다. 상담자는 시간이 지나면 모든 중요한 정보를 제공하여 줄 것이라고 부모들에게 알리고 부모들을 안심시킬 필요가 있다. 부모들은 아이들이 종종 중요한 개인 정보를 남과 나누는 것을 매우 꺼려한다. 그러나 그러한 정보 공유는 아이가 그렇게 할 준비가 되어 있을 때 해야 한다는 것을 부모들은 이해할 필요가 있다.

때때로 특별히 치료 과정의 중요한 시점에서 아동은 치료가 시작될 때 보다 더 다루기 어려운 행동을 보일 수 있다. 치료가 진행되는 과정에서 종종 상태가 더 악화되는 경우가 있을 수 있으며, 그런 상태는 치료가 진행됨에 따라 호전될 것이라고 부모에게 알려주는 것이 도움이 된다. 이러한 일반적인 정보를 부모에게 전달하는 것은 관계의 독점성을 위태롭게 하지는 않는다. 그러나 치료 과정에서 나누었던 세부적인 정보를 아동의 동의 없이 부모에게 전달하는 것은 독점성을 위태롭게 할 것이다.

상담자에 대한 아동의 신뢰가 생기고 아동의 문제에 대한 상담자의 이해의 폭이 커짐에 따라 아동이 경험하는 신뢰는 더 강해진다. 이러한 신뢰는 부모, 사건 및 상황에 대한 두려움, 불안 그리고 부정적 사고가 아동의 동의 없이 부모나 다른 가족 구성원에게 공개되지 않을 것이라는 것을 앎으로써 강화된다. 아동도 다소 제한이 있기는 하지만 프라이버시에 대한 권리가 있다고 믿는다. 그리고 부모들이 때때로 이러한 것을 받아들이기가 힘들다는 것도 이해한다.

부모의 지지와 격려에 힘입어 아동이 상담자와 공개적으로 자유롭게 이야기하는 것은 매우 바람직하다. 만약 우리가 아동-상담자 관계의 본질에 대해 부모에게 숨김 없이 말하면, 부모들은 대체로 우리가 그들의 자녀들과 하는 작업을 매우 지지한다는 사실을 그동안의 경험을 통해 알게 되었다.

우리는 아동이 있는데서 부모와 신뢰 관계를 구축하려고 노력한다. 그러면 아동-상담자 관계의 독점성은 유지되고, 아동도 부모가 그러한 관계를 수용했고, 우리와 함께 작업해도 좋다는 것을 허락하고 격려한다는 것을 잘 알게 된다.

물론 부모가 아동과의 상담 과정에서 상담자에게 공개되었던 정보를 알아야 할 필요가 있을 때가 있다. 독점성과 비밀보장의 문제는 매우 복잡한 문제이다. 여기에 대해서는 3장과 9장에서 좀 더 상세하게 살펴볼 것이다.

안전한 관계로서의 아동-상담자 관계

아동이 마음 놓고 행동할 수 있고 안전하게 자신의 감정에 대한 통제력을 가지는 허용적인 환경을 조성하는 것은 상담자의 또 다른 중요한 과제이다. 상담 과정에서 아동이 자신을 열어서 보여줄 수 있기 위해서는 그렇게 하는 것이 자신에게 정서적으로 해가 되거나 피해를 주는 결과를 가져오지 않을 것이라는 확신이 있어야 한다. 비밀보장의 문제가 여기에서 관여하는데 이것에 대해서는 나중에 살펴볼 기회가 있을 것이다.

아동이 안전함을 느끼기 위해서는 상담에 있어서 구조(structure)가 필요하다. 구조는 치료 과정에서 아동에게 안전감을 느끼게 해주고 향후 치료에 대한 예측을 가능하게 해준다. 또한 구조는 상담자가 아동에게 반복적으로 목적 없는 활동을 계속하면 생산적인 일을 할 수 있는 시간이 줄어들 것이라는 것도 상기시켜준다. 그리고 구조는 아동 행동의 한계를 정하고 각 회기의 소요 시간에 대해 알려주는 것을 포함한다. 이와 더불어, 아동은 각 상담회기의 종결도 준비해야만 한다.

상담에서의 제한 설정과 관련하여 우리는 아동, 상담자 그리고 재산 손실을 보호하기 위한 제한은 반드시 부과해야 한다고 생각한다. 상담 초기에 이 세 가지 기본 규칙이 있음을 아동에게 분명히 알려준다.

1. 자신을 다치게 하는 행위는 허용되지 않는다.
2. 상담자를 다치게 하는 행위는 허용되지 않는다.
3. 재산에 피해를 주는 행위는 허용되지 않는다.

또한 아동이 규칙을 어겼을 경우 결과가 따른다는 사실을 아동에게 분명히 알려준다. 만약 아동이 규칙을 어기면 우리는 치료를 종결한다. 그러나 그 아동을 비난하지는 않는다. 단지 상담자는 아동에게 규칙을 어겼기 때문에 상담을 종결한다는 것을 명확하게 말해준다. 이와 동시에 나중에 언제든지 다시 상담을 받을 수 있다는 사실을 알려주고 아동이 원하면 바로 상담을 예약한다.

이 세 가지 규칙을 사용하여 우리는 치료 과정에서 아동을 통제하거나 부모처럼 행동하는 것을 피한다. 또한 그렇게 함으로써 아동이 거의 제약 없이 평소 자기 모습 그대로 행동할 수 있는 독특한 치료 관계를 형성한다.

이러한 외적 통제를 가함으로써 전체 상담 과정에서 아동들이 문제가 되는 행동을 하지 않을 것이라고 상담자가 기대해도 된다는 것을 의미하는 것은 아니다. 아동들은 어느 정도까지 행동이 가능한지 또는 한계를 벗어나는 행동을 했을 경우 어떻게 되는지를 알아보기 위해 간헐적으로 자신의 행동을 테스트해 보기도 하는데, 이것은 보편적인 아동상담 과정의 일부이다.

안전 또한 놀이치료 매체를 선정할 때 반드시 고려되어야 한다. 쉽게 부러질 수 있는 장비나 장난감은 많은 아동들에게 불안의 대상이 된다. 그리고 대부분의 아동들은 자신들이 무심결에 재산에 피해를 준 데 대해 책임을 지려고 하지 않는다.

진솔한 관계로서의 아동 - 상담자 관계

진솔한 관계란 두 사람 간에 상호작용이 진정으로 이루어지는 정직한 관계를 의미한다. 진솔한 관계는 피상적일 수 없고, 상담자가 자신이 아닌 다른 사람인 체하는 가식적인 관계일 수 없다. 진솔한 관계는 아동에게 자신이 아닌 다른 사람인 체하는 것을 포기할 수 있는 기회와 내면의 자아를 탐색할 수 있는 기회를 준다. 이로 인해 상담자와 아동은 상호 깊은 신뢰와 이해를 할 수 있게 된다.

관계에서의 진솔성은 상담자와 아동 간에 억제나 검열이나 불안 없이 자연스럽고 자발적으로 상호작용이 가능하도록 해준다는 것을 의미한다. 진솔해짐으로써 아동과 상담자 간의 관계는 현재 논의 중인 문제의 심각성과 개입되는 정서의 강도 때문에 가끔 진지해질 수 있다. 그러나 진솔한 관계가 항상 진지한 것만은 아니다. 진솔한 관계는 아동과 상담자가 자발적으로 재미있고 즐거운 상호작용을 하도록 해준다. 중요한 것은 진솔한 관계에서는 아동의 발생 문제가 억제되거나 회피되지는 않는다는 것이다.

비밀보장 관계로서의 아동 - 상담자 관계

아동과 상담할 때 상담자는 아동이 매우 사적인 생각이나 느낌을 공유할 수 있을 만큼 충분히 안전하다고 느낄 수 있는 환경을 조성해야 한다. 아동이 안전감을 느끼기 위해서는 어느 정도의 비밀보장이 필요하다. 상담 관계를 구축하는 과정 초기에 아동과 비밀보장 및 그것의 한계에 대해 이야기하는 것은 중요하다.

먼저 우리는 비밀보장의 한계를 잘 인식하기 위해 비밀보장으로 인해 생기는 문제에 대해 살펴볼 필요가 있다.

불가피하게 상담자가 다른 사람과 공유해야 할 필요가 있다고 생각하는 정보를 아동이 상담자에게 말하는 경우가 있다. 예를 들어, 아동이 성 학대나 신체 학대를 당한 경우이다. 이러한 상황에서 상담자가 이런 정보를 아동에게 미치는 영향에 대한 충분한 고려 없이 경솔하게 공개하면 아동은 상담자에게 배신을 당했다고 생각할 수 있다. 상담자의 입장에서는 딜레마임에 틀림없다.

아동이 상담 과정에서 공개한 내용은 비밀을 보장해야 한다는 아동의 욕구를 충족시킴과 동시에 아동과 나눈 중요한 정보는 다른 사람과 공유될 가능성이 있다는 것을 아동이 잘 이해할 수 있도록 어떻게 준비시킬 수 있을지에 대해 잠시 생각해 보자.

비밀보장에 대해 우리는 이렇게 한다. 상담을 시작하자마자 아동에게 "네가 한 말은 특별한 경우가 아니고는 부모에게만 공개되며, 네가 허락한다면 다른 사람에게도 공개될 수 있다."라고 말한다. 또한 정보를 공개해야 할 상황이 생기면, 아동과 정보를 언제 어떻게 다른 사람과 공유할 것인가를 의논할 것이라고도 말해준다. 이렇게 하는 이유는 아동이 무력해지지 않고 정보가 다른 사람과 공유되는 방식을 통제할 수 있도록 하기 위함이다.

아동의 정보를 부모나 다른 사람에게 전달해야 할 필요가 있을 때 우리는 아동에게 앞서 말한 바와 같이 다른 사람에게 전달해야 할 정보가 있다는 것을 상기시켜 준다. 아동에게 지난번 상담에서 다른 사람에게 정보를 알려주어야 할 때가 있다고 알려주었는데 이번이 그런 경우라고 말하고 아동에게 그 사람들에게 이 정보를 알려주면 그들이 어떨 것 같은지를 묻는다. 우리는 아동이 정보 공개의 결과를 충분히 알 수 있도록 하기 위해서 정보 공개를 아동에게 알리는 것에 대한 긍정적 결과와 부정적 결과를 탐색한다. 우리는 정보 공유에 대한 아동의 불안을 다룬다. 또한 정보 공개의 적절한 시점 및 조건과 관련하여 아동에게 어느 정도의 통제권을 준다. 아동에게 다음과 같은 질문을 할 것이다.

- 부모님한테 네가 이야기할래, 아니면 선생님이 할까?
- 네가 부모님한테 이야기할 때 선생님이 방에 함께 있을까, 아니면 나가 있을까?
- 선생님이 네 부모님한테 이야기할 때 너도 방에 함께 있을래, 아니면 나가 있을래?
- 오늘 이야기할까, 아니면 다음에 할까?

대개의 경우 아동 스스로가 부모님이나 다른 사람에게 이야기하는 것이 최선이나, 정보가 공유되는 시점이나 방식과 관련하여 아동이 어느 정도의 통제권을 갖는 것이 필요하다.

법적 기관이나 정부 서비스 기관과 지속적으로 연락을 하고 있는 가정의 아동과 상담할 때는 그들 기관으로부터 그들이 아동과 가족에게서 기대하는 것이 무엇인지를 확인할 필요가 있다. 그들의 기대가 무엇인지를 아는 것이 간혹 가족에게서 아동을 떼어놓는 것을 방지하거나 아동을 다시 가족으로 재통합시키는 것을 촉진하는 데 도움이 될 수 있다. 기관의 기대를 아는 상담자는 아동에게 기관의 기대에 대해 말해줄 수 있고 때때로 정보가 관련 기관에 전달될 수 있다는 것을 아동에게 알려줄 수 있다.

지금까지 아동학대에 대한 정보 공개와 관련된 비밀보장의 문제를 살펴보았다.

하지만 비밀보장은 또한 아동의 가족 간 문제, 특히 부모의 문제와도 관련이 있다. 그러나 아동이 정보 공유의 결과로 긍정적인 변화가 있을 것이라고 생각하면 대개 그러한 정보의 공유에 동의할 것이다. 물론 정보 공개가 부정적인 결과를 가져올 가능성을 아동과 주의 깊게 탐색해야 한다.

타인에게 정보를 공개해야 하는 것이 꼭 필요한 경우가 아니라면 정보 공개 여부를 아동과 충분한 논의 후 아동의 결정대로 따른다. 그러나 상담에서 나온 어떤 정보라도 우리 생각에 필요하다고 생각되면 그 정보를 부모나 다른 사람과 자유스럽게 공유할 것이라는 사실을 아동에게 명확히 해둔다.

침해하지 않는 관계로서의 아동-상담자 관계

아동과 상담을 할 때 상담자는 아동에게 편안한 방식으로 아동과 합류(join)하도록 권고받는다. 어떤 상담자들은 합류 과정에서 아동에게 그들의 가족과 배경에 대해 질문하고 알아보는 것이 아동과 아동의 세계를 알아가는 좋은 방법이라고 믿는다. 우리도 이러한 방식에 동의하지만 한 가지 유의해야 할 것은 그러한 방식이 조심스럽고 사생활을 침해하지 않도록 사용되어야 한다는 것이다.

공유하기엔 너무 사적이고 무서운 정보에 대한 질문을 받는 것을 아동이 두려워할 수도 있기 때문에 너무 많은 질문을 하는 데는 위험이 따른다. 만약 이런 일이 발생한다면, 아동은 사생활이 침해당한다는 느낌을 갖게 될 것이고 상담 과정에서 침묵하거나 주의를 분산시키는 행동을 할 것이다. 마찬가지로, 상담자가 부모나 보호자 또는 다른 대리인으로부터 얻은 아동에 대한 정보를 사용하는 것은 위험할 수 있다. 아동의 중요한 정보가 자신의 동의 없이 또는 자신이 알지 못한 채 상담자에게 제공되었다는 것을 알게 되었을 때, 아동은 위협감을 느끼거나, 자신이 노출되고 취약한 위치에 있다는 기분이 들 것이며 얼마나 많은 정보를 상담자가 추가적으로 가지고 있을까에 대해 의구심이 들 것이다. 이런 식으로 아동의 세계에 침입하는 것은 상담을 받으러 오는 것과 아동-상담자 관계에 있는 것에 대한 불안감을 높일 가능성이 있다.

목적 있는 관계로서의 아동-상담자 관계

왜 자신이 상담자를 만나러 가는지를 정확하게 알면 아동들은 보다 기꺼이 그리고 확신을 갖고 치료 과정에 들어간다. 아동들이 상담을 받기 위해서는 준비 시간이 필요하며, 대개 적절한 안내가 이루어지고 왜 상담자를 만나야 되는지를 말해주면 준비를 한다. 불안 때문에 부모들은 때때로 마지막 순간이 되어서야 상담자를 만나러

간다는 것과 그곳에서 무엇을 기대하는지를 자녀에게 말한다. 불행하게도, 어떤 부모들은 상담실에 도착할 때까지도 자녀가 상담을 받게 될 것이라는 것을 말해주지 않아서, 아동이 일어날 일에 대한 당혹감과 불안감을 가지고 상담실에 오는 경우도 있다.

부모가 아동에게 자신이 무엇을 걱정하고 염려하는지 그리고 왜 상담자를 만나러 가는지에 대해 사실대로 명확하게 이야기했을 것이라고 추정하는 것은 위험할 수 있다. 어떤 부모들은 그들이 상담자를 만나러 가는 이유를 긍정적이고 도움이 되는 방식으로 매우 조심스럽게 자녀에게 이야기한다. 그러나 어떤 부모들은 노련하지 못하게 자녀들에게 다음과 같이 말한다. '철수야! 너는 지금 네가 가지고 있는 문제를 해결하는 데 도움을 줄 의사를 만날 거야.' 또는 '철수야! 엄마가 네가 예의 바르게 행동하도록 해줄 아주머니에게 너를 데리고 갈 거야.' 이런 식의 말은 틀림없이 상담자가 극복해야 하는 장벽을 만들게 될 것이다. 상담을 받으러 오는 것에 대해 아동이 어떤 말을 들었는지를 상담자가 정확하게 알고 앞으로 어떤 일이 생길 것인지에 대해 명확히 해주거나 잘못된 경우 이를 바로잡아 주는 것은 중요하다. 부모와 아동이 있는 데서 이러한 설명을 하면 상담에 대한 오해나 기대 차이를 줄이거나 피하는 데 도움이 된다.

만약 아동이 상담자를 만나야 되는 이유를 명확히 이해한다면, 아동-상담자 관계는 목적의식이 생길 가능성이 있다. 놀이는 아동에게서 변화를 야기하는 효과적인 방법이기 때문에 많은 상담 회기는 놀이와 관련이 있다. 놀이나 활동은 아무런 목적 없이 해서는 안 되며 어떤 목적을 달성하기 위해 이루어져야 하는데 그렇게 되도록 하는 것이 상담자의 과업이다. 그렇다고 놀이가 반드시 지시대로 이루어져야 하는 것은 아니다. 놀이를 어떻게 하느냐는 전적으로 아동에게 달려있다. 중요한 것은 치료적으로 유용한 과정에 아동이 참여하도록 촉진시키는 것이다.

어떤 아동에게는 비지시적 놀이가 치료적일 수 있다. 그러나 아동이 적절한 상담자의 처치 없이 장시간 목적 없는 놀이를 하도록 내버려 두는 것은 대부분의 경우 유용하지 않다. 우리 견해로는 노련한 상담자란 아동이 하는 놀이에 어떤 목적을 가지고 개입을 할 기회를 잘 활용하는 사람이다.

지금까지 아동-상담자 관계에 필요한 일곱 가지 특성에 대해 살펴보았다. 여러분들은 우리가 언급하지 않은 아이디어를 가지고 있을 수도 있고 우리와 생각이 다를 수도 있다. 그렇다고 하더라도 우리는 우리의 제안이 치료 관계에서 요구되는 특성에 대한 자기 탐색의 출발점이 되기를 기대한다.

이 시점에서 아동-상담자 관계에서도 불가피한 전이의 효과에 대해 생각해볼 필요가 있다. 상담자가 전이의 본질을 이해하는 것은 중요하다. 상담자는 전이가 발생했을 때 그것을 인식할 수 있어야 하고 그것에 반응하는 법을 알아야 한다.

전이

'전이'는 정신분석이론에서 나온 용어이다. 아동상담에서 전이는 마치 아동이 상담자가 자신의 어머니나 아버지 또는 아동의 삶에서 중요한 어떤 어른인 것처럼 상담자를 대할 때 발생한다. 아동이 그러한 행동을 하는 것은 상담자가 그 사람과 같다고 생각되어 아동이 중요한 사람에 대한 자신의 믿음을 상담자에게 투사하기 때문이다. 전이는 아동이 상담자를 양육적 부모로서(긍정적 전이) 긍정적으로 지각하거나 비판적 부모로서(부정적 전이) 부정적으로 지각하게 되는 결과를 낳는다.

따라서 상담자가 무심코 아동이 자신을 보는 역할을 맡아 자신이 마치 부모인 것처럼 반응할 가능성이 다분히 있다. 만약 이런 일이 발생한다면 우리는 역전이(counter-transference)가 일어나고 있다고 말한다. 역전이는 아동이 상담자 자신의 과거 미해결 문제를 건드릴 때 발생하기 쉽다.

아동-상담자 관계에서 전이와 역전이가 가끔씩 발생하는 것은 불가피하다. 그러나 이것이 인식되고 적절하게 다루어진다면 그것은 문제가 되지 않는다. 그런데 만약 전이나 역전이가 적절하게 다루어지지 않는다면 문제가 될 것이다. 만약 아동이 계속해서 상담자를 부모로 대하거나 상담자가 계속해서 부모처럼 행동한다면 치료가 어려워질 것이다. 전이와 역전이의 본질에 대해 더 알고 싶으면 Bauer와 Kobos(1995)를 참고하라.

아동들은 부모로 향하는 자신의 감정이나 환상을 상담자에게로 옮기는 경우가 종종 있다. 그때 상담자는 무심코 역전이로 반응할 수 있다. 예컨대, 만약 아동이 부모에게 거부당한 경험이 있다면, 그 아동은 고통스러운 사실에 직면할 수 없어서 부모가 가진 부정적인 특성을 상담자에게 투사하고 자신을 거부한 사람이 상담자라고 생각할 수 있다(전이 발생). 따라서 상담자에 대한 아동의 태도는 부정적일 것이다. 그리고 상담자는 아무 생각 없이 거부하는 부모와 같이 반응할 것이다(역전이 발생).

상담자로서 전이 발생이 의심되는 경우 가능하면 객관적이 되려고 노력할 필요가 있다. 이러한 객관성을 얻기 위해서는 그 문제에 대해 슈퍼바이저와 의논해서 아동-상담자 관계와 관련된 자신의 문제, 투사 및 무의식적 바람을 다룰 수 있어야 한다. 일단 역전이를 인지하게 되면, 14장에 기술되어 있듯이 그것을 다룰 수 있고 전이 문제는 아동이 그것을 의식하도록 함으로써 다룰 수 있다.

적절한 아동-상담자 관계가 형성되고 유지되기 위해서는 상담자가 아동-상담자 관계에 어떤 개인적 특성을 가져오고 그것을 구체적인 행동으로 표현하는 것이 중요하다. 이러한 특성과 행동은 4장에서 다룰 것이다. 이 문제를 다루기에 앞서 우리는 먼저 아동상담 시 발생할 수 있는 윤리적 문제를 좀 더 자세히 살펴보고자 한다. 이들 중 일부, 예컨대 목표 설정과 비밀보장은 앞에서 이미 다루었다.

핵심 요점

- 아동-상담자 관계는
  - 긍정적인 치료 결과를 얻는 데 가장 중요한 요소이다.
  - 아동의 세계와 상담자 간의 연결고리를 제공한다.
  - 독점적이고, 안전하고, 진솔하고, 비밀보장이 되고, 침해하지 않고, 목적이 있어야 한다.
- 전이는 아동이 마치 상담자가 자신의 어머니나 다른 중요한 어른인 것처럼 상담자를 대할 때 발생한다.
- 역전이는 상담자가 아동이 자신을 보는 역할을 무의식적으로 수행함으로써 아동의 전이에 반응할 때 발생한다.
- 역전이가 생겼을 때 그것이 적절하게 다루어질 수 있도록 상담자가 그것을 인식하는 것이 중요하다.
- 전이는 아동이 그것을 의식하도록 함으로써 다룰 수 있다.

아동상담 시 윤리적 고려사항

아동상담에는 고려해야 할 독특한 윤리적 문제가 있다. 이 윤리적 문제에 명확한 해답이 없는 경우가 많다. 색깔에 비유하자면 흑색이나 백색보다는 회색이다. 정말 그렇다. 비슷한 윤리적 문제도 아동, 가족 및 상황의 특성에 따라 상이한 접근을 요구한다. 영국심리학회(BPS, 2012, 2009), 영국 상담 및 심리치료학회(BACP, 2010), 영국놀이치료학회(BAPT, 2008), 호주심리학회(APS, 2007, 2009), 퀸즈랜드상담자협회(QCA, 2009)에서 제공하는 윤리 강령과 가이드라인이 윤리적 문제를 고려할 때 중요한 출발점이 된다. 슈퍼바이저와 이야기하는 것 또한 도움이 될 수 있다. 윤리적 문제를 생각할 때 도움이 될 수 있는 다양한 윤리적 의사결정 모델이 있다(예, Miner, 2006; Pope & Vasquez, 2007). 이 장에서 우리는 아동을 상담하면서 경험했던 몇 가지 윤리적 문제에 대해 논의하고자 한다. 이러한 논의를 하는 것은 아동상담의 윤리적 문제에 대한 해결책을 제시해주기 위해서가 아니다. 그보다는 여러분이 아동을 상담하면서 직면하게 될 윤리적 문제에 대한 해결책을 스스로 모색하는 데 참고 자료가 되기를 바란다.

상담 관계의 형성

상담에 대한 우리의 접근은 아동상담을 위한 통합 모델(Sequentially Planned Integrative Counselling for Children model, SPICC 모델)에 기초하고 있다. 이 모델에 대해서는 8장에서 설명할 것이다. SPICC 모델은 5단계로 구성되어 있는데, 우리는 각 단계에서 발생하는 윤리적 문제에 대해 살펴볼 것이다. SPICC 모델의 1단계는 관계 구축이다. 이 단계는 긍정적인 아동-상담자 관계를 형성하는 데 초점을 둔다. 이러한 지지적 환경을 구축하는 데 많은 윤리적 문제가 발생할 수 있다.

사전 동의

1장에서 언급한 바와 같이, 일반적으로 아동상담은 아동에 의해서 이루어지기보다는 아동의 부모에 의해 이루어진다. 따라서 아동의 부모로부터 동의를 받는 것도 중요하지만 그것 못지않게 아동으로부터 동의를 얻는 것도 중요하다. 영국심리학회와 호주심리학회는 모두 아동들에게 그들이 받을 상담 서비스를 이해할 기회를 제공하고 가능한 데까지 그들의 동의를 구하는 것이 중요함을 강조한다(BPS, 2009; APS, 2007). 나아가 사전 동의를 얻는 과정에 아동을 포함하는 것도 그들에게 상담 과정에서 자신의 목소리를 들려줄 방법이기도 하다. 잠시 시간을 내어 사전 동의 과정에 영향을 줄 수 있을 요인에 대해 브레인스토밍을 해보라. 특별히 여러분들이 주목했으면 하는 한 가지 요인은 아동의 발달 수준이다. 여러분의 내담 아동이 상담 관계의 본질을 이해하고 상담 관계에 대한 의사결정을 할 수 있는 인지적·정서적 능력을 갖추고 있는가(Lawrence & Robinson Kurpius, 2000)?

동의를 얻는 과정에서 발생할 수 있는 또 하나의 상황은 관계 당사자 중 한쪽은 동의를 했는데, 다른 한쪽은 동의를 하지 않을 때이다. 이럴 경우 많은 것을 고려해야 한다. 아동의 부모는 자녀가 꼭 상담을 받았으면 하는 데 아동이 동의를 하지 않으면 어떻게 할 것인가? 만약 아동이 학교에서 상담받길 원하면서 부모에게 그 사실을 알리기를 원치 않으면 어떻게 하겠는가? 여러분의 결정에 어떤 요인이 영향을 미치는가? 이러한 질문에 대해서 명확한 해답을 제공하기가 어렵다. 개별 아동, 가족, 상황이 모두 다르고 맥락 또한 고려되어야 하기 때문이다(Hall & Lin, 1995). 그러나 아동이 자발적으로 아동-상담자 관계에 임했을 경우 상담으로부터 혜택을 가장 많이 볼 사람은 아동이다(Bond, 1992).

비밀보장

새로운 상담 관계를 시작할 때 비밀보장과 그것의 한계에 대해 명확히 하는 것이 중요하다(Mitchell et al., 2002). 특히 아동과 상담을 할 때는 어떤 정보를 어떤 방식으로 부모와 관계자와 공유할지를 생각해보는 것이 중요하다. 이에 덧붙여, 우리의 경고 의무를 명심하는 것과 이 의무를 지지적 아동-상담자 관계를 유지하면서 어떻게 지킬 것인지에 대해 생각해보는 것 또한 중요하다. 경고 의무는 내담자가 본인이나 다른 사람에게 해를 줄 위험을 포함한다(Mitchell et al., 2002). 많은 학회에서 해를 줄 위험, 특히 아동 학대와 관련이 있을 때 어떻게 보고할지에 대한 가이드라인을 제시하고 있다(예, APS, 2009; BPS, 2007). 상담자는 관련 법령이나 조직의 가이드라인과 더불어 이런 가이드라인도 잘 알고 있어야 한다. 부모와의 정보 공유에 대한 비밀보장 문제의 추가적인 내용은 2장과 9장에 언급되어 있다.

비밀보장과 관련하여 또 하나 생각해볼 문제는 상담 과정에 대한 문서와 관련이 있다. 상담 문서에 누가 접근할 수 있는지, 이 문서를 어떻게 보관할지, 문서를 요구할 때 어떻게 대처해야 할지에 대해 생각해보는 것은 중요하다. 내담자의 비밀정보는 안전하게 보관되어야 하고 상담자만 볼 수 있어야 한다. 정보 요청이 있을 때는 어떤 결정을 내리기에 앞서 아동이나 부모와 먼저 이야기하는 것이 좋다. 만약 정보 요청이 소환장이나 병원 명령의 형태로 오면 슈퍼바이저나 변호사의 도움을 요청하는 것이 좋다. 이와 관련된 일반적인 규칙은 "목적 달성에 필요한 정보만을 그 정보를 요구하는 사람에게만 공개하라."(APS, 2007; 16)는 것이다. 어떤 정보를 내담자의 파일에 포함시켜야 할 것인지를 생각해보는 것 또한 중요하다. 정보는 종합적이고 사실적이어야 하며, 판단적이거나 감정적인 언어는 피해야 한다.

가족 구성원의 포함

아동은 가족 구성원 중 한 명이기 때문에 가족이라는 맥락 안에서 아동을 보고 그로 인해 발생할 수 있는 윤리적 문제를 알아야 할 필요가 있다. 앞서 언급한 바와 같이, 어떤 목표를 가지고 아동-상담자 관계를 시작하는 것은 일반적으로 부모이다. 그러나 아동 또한 어떤 목표를 가지고 상담에 임할 수 있다. 이것이 문제를 야기한다. 누가 여러분의 내담자인가? 누구의 상담 목표를 따라야 하는가? 1장에서 언급했듯이, 처음부터 상담의 목표에 대해 명확히 하고, 아동-상담자 관계가 진전됨에 따라 이들 목표에 대해 자주 생각해보아야 한다. 이 과정은 상담의 목표나 상담 과정에 대한 의견이 가족 구성원들마다 다를 때 더 어려워질 수 있다. 상담이 어디에 초점을 두어야 하는지에 대해 부모의 의견이 서로 다를 때 여러분은 이 문제에 어떻게 접근하겠는가? 만약 부모 중 한 사람이 자신의 자녀가 상담을 받는 것을 전혀 원치 않는다면? 부모가 별거 중이거나 이혼을 했고, 부모 중 한 사람이 자녀가 상담을 받는다는 것을 다른 부모가 몰랐으면 하거나 제한된 정보만 제공해주기를 원한다면? 아동이 상담자에게 말한 내용 중 일부를 부모에게 공개하지 말아 달라고 말할 수 있다. 이럴 경우 어떻게 하겠는가? 이런 상황에서 부모는 상담 내용에 대해 고지를 받을 권리를 가지는가? APS는 별거나 이혼 중인 부모의 아동을 대상으로 상담할 경우 도움이 될 만한 몇 가지 가이드라인을 제시하였다(APS, 2009).

아동 및 그 가족과 상담할 때 고려해야 할 또 하나의 문제는 호소 문제가 가족 치료 맥락에서 아동을 상담하는 것이 더 적절한가 하는 것이다. 가족치료 맥락에서 아동을 상담하는 것에 대한 추가적인 정보는 9장을 참고하기 바란다.

관계자와의 연계

때때로 교사, 의사, 다른 전문가와 같이 아동의 생활과 관련이 있는 사람들로부터 정보를 얻거나 자문을 구하거나 공동 작업을 하는 것이 중요하다. 여러분은 어떻게 관계자와 연계를 하면서 계속해서 아동과 신뢰롭고 안전한 관계를 유지해 나가겠는 가? 아동이나 부모가 관계자와의 접촉을 원치 않는다면? 다시 말하지만 이럴 경우 아동이나 부모와 이야기를 나누는 것이 이 문제를 해결하는 좋은 출발점이 된다. 관계자와의 연계가 갖는 장단점과 어떤 정보를 어떻게 공유할 것인지에 대해 이야기를 나누어보는 것은 아동과 부모 모두에게 편안한 해결책을 찾는 데 도움이 될 것이다. 이 논의가 추후 아동과 부모로부터 관계자와의 연계에 대한 구두 또는 서면 동의를 얻는 데 기초가 될 것이다.

상담 관계의 유지

일단 아동-상담자 관계가 형성되고 나면 다음 단계는 인식 증가와 변화를 지지하는 방식으로 이 관계를 유지하는 것이다. 관계의 유지는 SPICC 모델(8장)의 2~5단계에 해당되는데, 이 단계를 거치는 동안에 아동은 자신의 지각을 증진시키고(게슈탈트 치료), 자아관을 변화시키며(이야기 치료), 자기 파괴적 믿음에 도전하고(인지행동 치료) 새롭게 획득한 행동을 실험하고 연습하게 된다.

아동-상담자 관계에서의 경계와 힘

아동-상담 관계 내에서 적절한 경계를 유지하는 것은 상담자의 책임이다. 상담의 시작 단계부터 아동과 부모가 아동-상담자 관계의 본질과 한계를 이해하는 것은 중요하다. 상담자로서의 여러분의 역할에 대한 경계 설정은 시간(예컨대, 회기 시간과 회기 이외의 시간에 상담 가능 여부), 장소(상담 장소), 자기공개(어느 정도의 공개가 적절한지), 회기 동안의 행동, 적절한 접촉 등을 포함한다(Gutheil & Gabbard, 1993). 명확한 경계를 유지하는 것은 아동-상담자 관계를 전문적인 관계로 한정시켜 준다. 아동이 다른 성인과도 안전하고 지지받는 관계를 형성할 수 있지만, 아동이 상담자와 맺는 관계는 다른 일반 성인과 맺는 관계와는 다르다.

경계 유지와 관련된 또 하나의 고려사항은 아동-상담자 관계에서의 힘의 불균형 문제이다. 이 문제는 아동과 상담을 할 때 확대될 수 있다. 힘의 불균형은 항상 존재하지만 불균형한 힘의 결과에 대해 숙고하고 경계하는 것이 중요하다. 힘의 불균형이 아동-상담자 관계에 영향을 미친다는 것을 어떻게 알 수 있겠는가? 불균형한 힘의 영향을 나타내는 하나의 신호는 아동-상담자 관계에서 생기는 의존이다. 상담자 또한 상담 관계를 아동이 이끌어 가도록 하기보다는 자신이 더욱 지시적 입장이 되어가는 것을 알아차릴 것이다. 내담자에 대한 보호나 내담자가 여러분의 계획에 부합하지 않을 때의 좌절 같은 감정 또한 힘의 불균형이 아동-상담자 관계에 영향을 주기 시작한다는 신호일 수 있다. 이러한 요인은 상담 관계 내에서 아동이 무력감을 느끼게 하는 결과를 낳을 수 있다. 이 무력감은 이후에 상담 관계 내에서의 상담효과 감소로 이어질 수 있다. 아동들은 힘의 불균형에 대해 위축되거나 상담자가 기대하는 대로 반응한다(Bond, 1992). 고로 아동이 무력감을 느끼지 않고 상담 관계의 효과를 유지하기 위해서는 불균형한 힘의 결과를 경계하는 것이 중요하다. BACP 가이드라인은 내담자의 자율성을 존중하고 장려하는 것이 중요하다는 것을 강조한다(BACP, 2010). 아동-상담자 관계에서 아동이 상담자에게 의존하지 않고 무력감을 느끼지 않도록 어떻게 대비할 것인가? 어떻게 아동-상담자 관계에서 내담자의 자율성을 장려할 수 있겠는가? 우리는 적절한 슈퍼비전과 더불어 지속적인 자기 성찰이 좋은 출발점이 될 것이라고 생각한다. 아동이 자신의 내면을 나눌 수 있는 안전하고 지지적인 환경을 마련해주고 가능한 경우 여러분이 행사했던 주도권을 아동에게서 되가져오는 것이 불균형한 힘의 결과를 제한하는 데 도움이 될 수 있다.

상담자의 역할과 책임

상담자에게는 많은 역할과 책임이 따른다. 이런 역할과 책임의 유지에는 빈번한 자기 성찰이 요구되는데, 이러한 자기 성찰은 슈퍼비전 관계를 통해 추가적인 지원을 받을 수 있다. 여기서는 상담자의 역할과 책임 중 가치와 전문적 역량에 대해 살펴본다.

가치

우리 모두는 우리의 사고, 결정, 행동을 안내하는 독특한 가치를 가지고 있다. 이들 가치는 또한 우리가 상담자로서의 역할을 수행하는 데도 영향을 준다. 따라서 우리의 가치와 이 가치가 아동-상담자 관계에 대한 우리의 윤리적 의사결정에 어떠한 영향을 주는지를 이해하는 것은 중요하다. 잠시 시간을 내어 여러분 자신의 가치에 대해 생각해보기를 권한다. 여러분의 핵심 가치는? 여러분의 가치가 어떤 식으로 여러분의 상담 접근에 영향을 주는가? 여러분의 가치가 구체적인 아동-상담자 관계에 미치는 영향은? 여러분의 가치가 아동이나 가족의 그것과 충돌한다면? 이 충돌이 상담 관계에 어떻게 영향을 미칠 것인가? 실제 상담 경험을 통해 우리는 주도적이고 (proactive) 자기 성찰적이 되는 것이 우리의 가치가 아동-상담자 관계에 영향을 주지 않고 있다는 것을 확실히 하기 위한 최선의 방법 중 하나라는 것을 안다. 아동-상담자 관계는 역동적이고 변화 가능하기 때문에, 자기 성찰은 전 상담 과정을 통해 반복적으로 지속되어야 한다.

가치는 일반적으로 자신이 속해 있는 문화적 맥락의 영향을 받는다. 따라서 문화가 어떻게 여러분의 가치에 영향을 미치는지를 고려하고 내담자의 문화적 가치를 알고 그것에 세심하게 반응하는 것이 중요하다(Leebert, 2006). 이것은 특정 문화를 탐색하라는 것을 의미하지만, 또한 문화는 항상 변화하며 다른 사람에게는 다른 것을 의미할 수도 있다는 것을 명심해야 한다(Chantler, 2005). 잠시 시간을 내어 여러분의 문화적 정체성에 대해 생각해보기를 권한다. 이 정체성에는 어떤 가치가 부착되어 있는가? 어떤 식으로 이 가치가 아동-상담자 관계에 영향을 미칠 수 있겠는가? 문화에 따른 상담에 대한 추가적인 정보와 관련하여, Yan과 Wong(2005)은 문화적 틀 속에서의 자기 지각에 대해 잘 개관하고 있고, Ivey와 동료들(2001) 또한 상담에서의 문화적 문제의 영향에 대해 살펴보았다.

전문적 역량

BACP 가이드라인에 언급되어 있는 바와 같이, 상담자의 중요한 임무는 전문적 역량을 개발하고 유지하는 것이다(BACP, 2010). 여기에는 상담자로서의 역량의 한계를 아는 것, 한계 내에서 상담하는 것과 역량을 제한하는 요인을 찾는 것 등이 포함된다. 또한 아동-상담자 관계의 맥락 내에서 여러분의 전문적 역량에 대해 정기적으로 성찰해보는 것 또한 중요하다. 여러분이 자신에게 다음과 같은 질문을 할 수 있다. 여러분의 경험과 기술이 아동의 욕구를 충족시켜주는가? 아동-상담자 관계가 아동에게 이득이 되는가? 변화의 증거가 있는가? 여러분의 자기 성찰을 유지하는 데는 성찰 결과에 대해 빈번하게 평가해보고 아동과 부모로부터 피드백을 받아보는 것이 도움이 된다. 아동과 아동의 부모가 상담이 도움이 되었다고 말하는가? 그들이 자신의 변화를 보았는가? 만약 아동-상담자 관계가 아동에게 도움이 되지 않아 보이거나, 여러분의 경험과 기술이 아동의 욕구를 충족시켜주지 못한다고 생각하면, 슈퍼비전이나 훈련을 받아보거나 아동의 욕구를 충족시켜줄 다른 사람에게 내담자를 의뢰하는 것을 고려해볼 필요가 있다.

전문적 역량의 또 다른 측면은 자기 보호이다. 여러분이 지지가 필요할 때 지지적인 상담 관계를 제공하는 것은 어렵다. 다시 말하지만, 지원을 제공할 여러분의 능력에 대해 자기 성찰적이 되는 것은 여러분이 소진에 가까워졌는지 여부를 식별하는 것만큼이나 중요하다. 여러분은 소진의 초기 징후로 어떤 요인을 찾는가? 쿠체르와 케이스-스피겔(Koocher & Keith-Speigel, 2008: 91)은 많은 경고 징후를 제안했는데, 여기에는 화를 벌컥 내는 것, 무감각, 만성적 좌절, 비인격화, 우울, 정서적·신체적 탈진, 내담자에 대한 악의감이나 혐오감, 직장에서의 생산성이나 효과성 감소 등이 포함된다. 우리는 소진에 대한 최선의 해결책은 주도적이 되는 것임을 아는 것이다. 우선 소진 상태에 이를 가능성을 줄이기 위해 자기 보호 전략을 사용하기를 권한다. 어떤 자기 보호 전략을 사용할 수 있겠는가? 일반적으로 사용되는 자기 보호 전략으로는 운동, 음악, 목욕, 독서, 친구나 가족과 시간 보내기 등이 있다. 소진의 징후를 처음 봤을 때 슈퍼바이저와 이야기를 나누는 것 또한 도움이 될 것이다.

상담 관계의 종결

아동의 문제가 해결되어 아동이 적응적 기능을 얻게 되면 아동-상담자 관계를 끝내는 과정을 시작하게 된다. 이 과정에는 아동에게 상담 관계의 종결을 준비시키고 지원하는 것이 포함된다. 아동과 부모에게 상담 경험에 대해 이야기할 기회를 주는 것 또한 도움이 될 수 있다. 이런 기회는 또한 아동과 부모로 하여금 아동-상담자 관계의 성과에 대한 평가를 가능케 한다. 다른 고려사항(아동-상담자 관계가 도움이 되지 않거나 상담자의 전문적 역량 범위 밖에 있거나) 때문에 상담 관계를 종결해야 하는 경우에는 아동을 적절한 사람에게 소개해야 한다. 그것은 상담자의 책무이다. 소개할 사람을 찾을 때 상담자는 소개하고자 하는 사람이 아동에게 도움이 될지와 자신이 위탁하고자 하는 내담자를 수용할 수 있을지를 고려해야 한다. 또한 소개 과정에서 새 상담자에게 어느 정도까지 어떤 정보를 제공할지를 비롯한 정보 제공의 문제에 대해서도 아동과 부모와 논의해야 한다(BACP, 2010). 상담 관계 종결과 관련된 다양한 문제들에 대한 추가적인 정보를 원하는 독자는 렌드럼(Lendrum, 2004)을 참고하기 바란다.

이 장에서 우리는 상담 과정에서 발생할 수 있는 윤리적 문제들에 대해 살펴보았다. 다음 장에서는 아동-상담자 관계에 영향을 주는 다른 요소, 즉 아동상담자의 특성과 행동에 대해 살펴볼 것이다.

사례 연구

당신은 방금 새로운 내담자를 의뢰받았다. 의뢰된 내담자는 9세이고 이름은 지수이다. 의뢰인은 지수의 아버지였다. 지수 아버지는 지수가 어머니 집에서 돌아온 후 나타나는 행동에 대해 걱정하고 있다. 첫 번째 만남에서 지수 아버지는 지수 어머니와 현재 별거 중이라는 말 외에는 어떤 말도 하지 않았다. 지수 아버지는 지수의 양육권에 대한 정보 공개를 불편해하였고 지수 어머니와 접촉하지 말아 달라고 부탁했다. 그러나 지수 아버지는 지수가 2주에 한 번씩 어머니의 집에서 시간을 보낸다고 말했다. 지수 아버지는 지수 어머니에 대해서는 구체적으로 말하려 하지 않았다. 이 경우 어떻게 상담을 진행하겠는가? 지수 어머니와 접촉을 시도하겠는가? 당신이 고려해야 할 법적인 문제는 없겠는가? 양육권 조정이 당신의 결정에 미칠 영향은 어떠한가? 제안된 상담에 대한 지수의 반응이 당신의 결정에 미칠 영향은 어떠한가?

핵심 요점

- 아동상담과 관련된 윤리적 문제는 종종 복잡하고 명쾌한 해답이 없다. 윤리적 문제에 직면했을 경우 슈퍼바이저와 함께 관련된 윤리 강령과 가이드라인을 참고하는 것이 문제해결을 위한 좋은 출발점이 된다.
- 새로운 상담 관계를 시작할 때, 사전 동의, 비밀보장, 가족 구성원의 포함, 관계자와의 연계 등이 중요한 윤리적 고려사항이다.
- 아동-상담자 관계의 유지와 관련된 윤리적 문제로는 경계 유지, 힘의 불균형, 여러분의 가치와 전문적 역량을 포함한 상담자로서의 역할과 책임 등이 있다.
- 윤리적 문제없이 상담 관계를 잘 종결하는 것 또한 중요하다. 여기에는 종결과정에 아동과 부모를 참여시키는 것과 필요한 경우 아동에게 적절한 상담자를 소개해주는 것 등이 포함된다.

04
Chapter

아동상담자의 특성

상담자는 치료 관계에 자신의 고유한 특성을 가지고 온다. 두 상담자는 서로 같지 않다. 개인의 성격이 치료 관계에 영향을 준다. 그리고 여러분은 상담 능력을 향상시키는 데 여러분의 강점과 개인적 특성을 사용할 수 있다. 적절한 아동-상담자 관계 형성에 도움이 되는 몇 가지 바람직한 상담자 특성과 행동이 있다. 그리고 상담자가 해야 할 몇 가지 역할 또한 있다. 아동-상담자 관계에 대해 잠시 생각해본 후 다음 질문을 생각해보라.

'상담자가 아동과 상담 관계를 형성할 때 다음 중 누구와 비슷하게 하는 것이 가장 유용한가?'

- 부모
- 교사
- 이모 또는 삼촌
- 또래
- 백지(blank sheet)

당신의 생각은 어떠한가?

위의 내용 중 어느 것도 우리에게 맞지 않을 것이다. 사실 위에 제시한 역할 중 하나라도 해당된다면 그때는 슈퍼바이저를 만나야 할 때이다. 우리는 상담자에게 중요하고 유용한 특성이 있다고 믿는다.

아동상담자의 바람직한 특성

효과적인 상담자는

1. 일치하고(congruent)
2. 자신의 내면 아이와 접촉하며
3. 수용적이고
4. 정서적으로 거리를 두어야(emotionally detached) 한다.

일치하기

아동은 상담자와의 관계를 신뢰할 만한 것으로 상담 환경을 안전한 것으로 인식할 필요가 있다. 이렇게 되기 위해서는 상담자가 원만하고, 견고하며, 진솔하고, 일관성 있으며 안정된 성격의 소유자이어야 한다. 그래야 아동과 상담자 간에 신뢰가 형성되고 유지될 수 있다. 아동은 일치하지 않는 사람이나 자신의 다른 성격 특성과 일치하지 않은 모습을 가식적으로 보여주려는 사람을 아주 잘 알아본다.

상담자 자신의 내면 아이와 접촉하기

성인의 세계는 아동의 세계와 매우 다르다. 하지만 성인이라고 해서 어린애 같은 마음을 완전히 잃어버린 것은 아니다. 그것은 성격의 일부분으로 여전히 남아 있다. 이 내면 아이는 우리가 그것에 다가가는 방법을 배운다면 여전히 이용 가능하다. 우리의 내면 아이에 접근한다는 것이 유치해진다거나 아동기로 회귀한다는 것을 의미하는 것은 아니다. 그것은 아동의 세계와 잘 맞는 우리 자신의 그러한 부분과 접촉한다는 것을 의미한다.

만약 우리가 우리 자신의 내면 아이와 접촉할 수 있고 아동의 세계에 들어갈 수 있다면 아동과 더 성공적으로 합류할 수 있고 아동의 느낌과 지각을 더 잘 이해할 수 있으며 아동이 자신을 충분히 경험할 기회를 더 잘 제공할 수 있을 것이다. 아동이 현재 감정을 경험하도록 도움으로써, 우리는 이런 감정이 저장되고 억압되어 향후 정서장애와 신경증의 기초가 될 가능성을 최소화할 수 있다.

아동들은 대개 강한 불쾌 감정을 피하고 싶어 한다. 성인들이 그렇듯 아동들에게도 이전에 접근해본 적이 없던 자신의 감정을 건드리는 것이 매우 위협적일 수 있다. 따라서 우리의 아동 내담자가 그러한 감정을 밀어내고 억눌러서 자신의 내면에 가두는 것은 자연스런 경향일 것이다. 부정적인 감정은 말로 표현되고 공유되며 충분히 경험되면 강도가 줄고 질도 변화할 수 있다는 것을 아동들이 배우는 것은 매우 큰 도약일 수 있다. 마찬가지로 상담자로서 자신의 내면 아이와 접촉할 수 있고 아동기의 미해결 문제의 고통과 접촉할 수 있다면, 우리는 이런 문제에 직면함으로써 경험하게 되는 어려움과 해방감을 더 잘 이해할 수 있을 것이다. 만약 상담자가 더 개방적이 되고 자신의 감정과 더 접촉하게 되면 상담하는 아동들은 상담자와의 관계에서 더 개방적이 되는 데 보다 자유로울 것이다.

상담자로서 우리는 우리가 상담하는 아동들에게 모델이 된다. 그렇기 때문에 우리가 상담을 통해 바꾸고자 하는 아동들의 그것을 바꾸기에 앞서 우리에게 있는 그런 것들을 먼저 바꾸는 것이 중요하다. 그렇게 하기 위해서는 유능한 상담자와 슈퍼비전을 통해 우리 자신의 개인적 문제를 정기적이고 지속적으로 다루는 것이 도움이 된다. 우리가 현재 다루고 있는 사례와 우리 자신의 개인적 문제를 논의할 수 있는 슈퍼비전을 정기적으로 받지 않으면서 아동을 상담하는 것은 무책임하다. 우리가 아동과 하는 상담 작업에 의해 자신의 문제가 촉발될 것이라는 것은 불가피하다. 만약 우리가 이러한 문제를 다룰 수 없다면 그것으로 인해 내담자를 돕는 데 방해를 받을 것이다.

수용

아동기부터 우리 모두는 다른 사람의 언어적 · 비언어적 행동에 반응하는 것을 배운다. 우리가 다른 사람과 함께 있을 때 우리는 다른 사람에 맞추어 우리의 행동을 조정한다. 우리는 우리의 행동을 통제하고, 우리가 한 말을 검열하며, 대개 우리의 모습 중 사회에서 수용되는 모습만 보여준다. 만약 우리가 기대되는 규준을 따르지 못하면 우리는 타인의 불승인, 비판 또는 지지 철회 등으로 벌을 받는다.

만약 우리가 아동들이 자신의 개인적인 측면, 특히 보다 어둡고 그늘진 측면을 탐색하도록 하길 원하고 아주 수용적인 방식으로 반응한다면 아동 내담자들은 억제 없이 원래 자신의 모습을 보여줄 수 있을 것이다. 수용적이 됨으로써 우리는 승인 또는 불승인을 보여주지 않는다. 승인과 불승인 중 하나를 하는 것은 아동의 행동에 영향을 줄 수 있다. 우리가 하는 것은 가능하면 가장 비판단적인 방식으로 내용에 상관없이 아동이 말하거나 행동하는 것을 모두 수용하는 것이다. '마음 쓰지 마세요' 와 같은 말조차 가능하면 피한다. 왜냐하면 그렇게 함으로써 우리가 뭘 좋아하고 뭘 싫어하는지에 대한 정보를 아동에게 줄 수 있기 때문이다. 만약 우리가 그렇게 한다면, 아동의 행동은 바뀔 것이고 우리는 결코 아동의 전체 모습을 볼 수도 없고 이해할 수도 없을 것이다. 수용적이 됨으로써 우리는 우리의 기대를 아동에게 가하지 않고, 행동 변화에 대한 반응으로 아동으로부터 멀어지거나 아동에게 더 가까이 가거나 하지 않으며 아동의 행동에 의해 압도당하지도 않는다.

당연히 우리가 계속 수용적일 것이라는 것을 아동이 믿기까지는 시간이 걸린다. 여러분에게 수용적이 되는 것이 쉽지 않다는 것을 인정한다. 행동 문제를 보이는 아동의 경우 특히 그렇다. 하지만 앞서 말한 세 가지 규칙을 기억하라(2장 참조). 이 규칙이 적용되고 그 결과로 상담 회기가 끝난다 하더라도, 그들이 했던 방식대로 행동하기로 한 아동의 결정에 대한 비판단적 수용이 여전히 필요하다. 그러한 때도 비판단적이어야 한다는 것이 중요하다. 왜냐하면 아동이 치료적 상황에서 보호를 제공하는 한계를 시험하고 나중에 그들이 되돌아오기를 기대하고 있다는 것을 알 필요가 있기 때문이다.

아동상담자로서 여러분은 부모로서의 역할을 제쳐놓고 지금까지 언급한 방식으로 아동을 수용할 수 있겠는가? 우리는 그러한 수용이 상담자가 갖추어야 할 가장 중요한 특성 중 하나라고 믿는다.

정서적 거리 두기

앞서 언급한 방식으로 수용적이기 위해서는 상담자가 내담자와 정서적으로 거리를 두어야 한다. 상담자가 내담자와 정서적으로 거리를 두는 것은 초보 상담자에게는 어려울 수 있다.

안타깝게도 너무 친밀하고 따뜻한 상담자의 내담 아동들은 곤란한 상황에 놓이게 된다. 아동은 상담자가 승인할 것 같지 않은 방식으로 행동함으로써 상담자와의 친밀하고 따뜻한 관계를 잃을 모험을 하길 원치 않을 것이기 때문에 아동은 관계 그 자체에 의해 통제될 수 있다. 나아가 상담자가 적절하게 다루기 불가능하거나 힘든 전이 문제 또한 있을 것이다.

상담을 받고 있는 아동들은 거의 대부분 아주 고통스러운 문제를 다룬다. 만약 상담자가 정서적으로 관여하게 되면, 아동의 문제로 인해 고통스럽게 될 것이다. 그러면 아동은 고통스러워하는 상담자를 보고 더 고통을 느낄 것이고, 상담자가 내가 공유하는 것에 압도되고 있다고 생각하여 고통스러운 내용을 더 이상 나누려고 하지 않을 것이다. 아동들은 우는 상담자를 대하기가 힘들다는 것을 안다. 그들은 자신의 고통을 다루면서 충분히 어려움을 겪었다.

상담자가 내담자에게 자신의 정서적 고통을 보여주지 않는 것이 중요하지만, 아동의 문제와 관련하여 다른 격한 감정적 반응을 보여주지 않는 것 또한 중요하다. 예컨대, 일반적으로 상담자가 아동의 문제나 소망과 관련하여 아동에게 언어적 혹은 비언어적으로 확언을 해주는 것은 도움이 되지 않는다. 그렇게 하는 것은 아동이 진솔해지도록 하기보다는 상담자를 기쁘게 할 말이나 행동을 하게 만든다. 동정이나 확언을 하는 대신에 우리는 상담자가 아동의 경험을 확인해보기를 제안한다. 그럼에도 불구하고, 상담자가 아동이 내리는 어떤 분별 있는 결정을 지지하는 것은 적절하고도 필요하다. 상담자에게 소중한 기술은 확인이 필요한 것과 아동에게 속한 것이어서 확인 없이 수용되어야 하는 것을 분별하는 것이다.

상담자는 정서적으로 내담자와 어느 정도 거리를 두어야 한다. 하지만 그렇다고 상담자가 내담자에게 심리적으로 무감각하거나 냉정하게 대하라는 뜻은 아니다. 이와는 반대로 아동은 상담자에게서 편안함을 느껴야 한다. 그러므로 이것은 균형의 문제이다. 상담자는 아동에게 있어 아동이 자신을 필요로 할 때 함께 하며 항상 아동의 말을 경청하고 아동을 수용하며 이해할 수 있는 조용하고 안정된 촉진자로서 임하는 것을 목표로 해야 한다.

우리는 지금까지 아동상담자가 갖추어야 할 중요한 네 가지 특성에 대해 살펴보았다. 이 목록에 여러분이 추가하고 싶은 특성이 있을지도 모르겠다. 치료 관계는 명확히 다면적이다. 상담자는 적응적이어야 하고 상담 과정의 각 단계나 특정 시점에서 요구되는 다양한 역할을 수행해야 한다.

핵심 요점

- 아동상담자가 갖추어야 하는 중요한 특성은 다음과 같다. 즉 효과적인 아동상담자는
  - 역할을 하는 것이 아니라 자신의 실제 모습을 보인다.
  - 자신의 내면 아이와 접촉한다. 그로 인해 아동과 성공적으로 합류할 수 있다.
  - 수용적이다. 그래서 아동은 상담자의 기대에 맞추고자 하지 않고 편안하게 자신을 공개한다.
  - 아동의 자연스런 행동 표현을 불필요하게 간섭하거나 제약하지 않는 조용하고 안정된 촉진자이다.

Part

02

아동상담 실제를 위한 틀

05
Chapter

아동상담의 이론적 배경

이 장에서는 아동상담에 대한 이론적 배경을 개관한다. 아동상담을 원하는 상담자들을 위한 견고한 기초를 쌓기 위해서는 자신의 상담을 뒷받침하는 심리이론을 잘 이해해야 한다. 상담자는 주요 이론들을 잘 알고 있어야 하고 이들 이론 중 자신에게 잘 맞고 내담자에게 도움이 될 것이라고 생각되는 상담 방식을 선정해야 한다. 이 장에 제시되어 있는 이론에 대한 보다 자세한 정보를 원하는 독자는 참고문헌을 보기 바란다.

아동상담과 관련된 이론이나 관점은 제시된 시점을 기준으로 하여 다음과 같이 여섯 시기로 구분하였다. 이들 시기 중 일부는 중복된다.

1880~1940년 : 초기 선구자들이 기본 개념을 개발했다.
1920~1975년 : 다양한 아동발달이론이 제안되었다.
1940~1980년 : 많은 인본주의적/실존주의적 상담 이론이 개발되었다.
1950년 이후 : 행동치료가 개발되었다.
1960년 이후 : 인지행동치료(CBT)가 개발되었다.
1980년 이후 : 아동상담에 대한 보다 최신 관점이 제시되었다.

위의 내용에 대해 다음에서 시기별로 하나씩 차례로 살펴볼 것이다. 이 논의에서 우리는 때때로 애초 아동이 아닌 성인을 위해 개발된 이론적 개념과 접근을 살펴볼 것이다. 아동을 상담하는 방식과 성인을 상담하는 방식에는 큰 차이가 있다. 하지만 적용하는 치료의 기본 원리는 아동이나 성인이나 다르지 않다는 데 많은 치료사들이 동의한다(Reisman & Ribordy, 1993).

1880~1940년 : 초기 선구자들에 의한 기본 개념 개발

아동상담의 초기 선구자로는 지그문트 프로이트(Sigmund Freud), 안나 프로이트(Anna Freud), 멜라니 클라인(Melanie Klein), 도널드 위니컷(Donald Winnicott), 칼 융(Carl Jung), 마거릿 로웬펠드(Margaret Lowenfeld), 알프레드 아들러(Alfred Adler) 등이 있다.

지그문트 프로이트

아동상담의 초기 선구자 중 첫 번째는 1880년에서 1930년대 사이에 정신분석 모델을 개발한 지그문트 프로이트(Sigmund Freud)이다(Thomas & Rudolph, 1983). 아동을 대상으로 한 정신분석적 심리치료의 상당 부분은 프로이트의 무의식적 과정과 정서장애를 겪는 사람들이 고통이나 자신이 대처할 수 없고 견딜 수 없는 어려운 경험으로부터 자신을 보호하기 위해 사용하는 방어기제의 발견으로부터 나왔다(Dale, 1990). 이에 덧붙여 프로이트는 성격 형성에 대한 개념적 틀을 제공했다. 여기에는 원초아, 자아, 초자아의 개념이 포함된다. 프로이트는 또한 심리성적 발달을 강조했다.

프로이트가 제시한 아이디어 중 일부는 오늘날 아동을 상담하는 데 직접적으로 유용하다. 프로이트 이후의 일부 이론가들은 프로이트의 이론을 수정하는 방식으로 자신의 이론을 제시하였기 때문에 프로이트가 제시한 아이디어를 먼저 이해하는 것이 중요하다. 다음에서 프로이트가 제시한 아이디어 중 오늘날 아동상담과 관련성이 높은 몇 가지를 살펴본다.

- 원초아, 자아, 초자아
- 무의식 과정
- 방어기제
- 저항과 자유연상
- 전이

원초아, 자아, 초자아

간략하게 표현하자면, 원초아는 우리의 기본적 욕구와 욕망을 충족시키기 위해 애쓰는 성격의 한 부분으로 우리에게 에너지를 공급해준다. 원초아는 타고나며, 통제가 불가능하고, 무의식적이다. 초자아는 양심이 갖는 특성을 포함하고 있는데, 의미 있는 타인에 의해 부여된 생각과 이상에 기초한 생각의 혼합물이다. 자아는 원초아의 욕구와 초자아의 양심 간에 균형을 유지하려는 성격의 한 부분이다.

아동상담자는 불안이나 내적 갈등을 야기하는 어떤 스트레스가 발생했을 때, 아동의 원초아와 초자아가 서로 대립한다는 것을 알아야 한다. 원초아는 본능적이고 일차적인 욕구를 충족시키고자 애를 쓸 것이고 이로 인해 수용될 수 없는 행동을 하게 될 수도 있다. 이와는 대조적으로 전적으로 학습된다고 알려진 초자아는 이들 행동에 도덕적인 제약을 가한다(Ivey et al., 2001). 이 투쟁 과정에서 균형을 잡아주어 원초아, 자아와 초자아가 함께 협동적으로 작용하도록 하는 것이 자아의 임무이다. 상담자의 임무는 아동이 자아 강도를 획득해서 이러한 균형을 이루도록 돕는 것이다.

무의식 과정

프로이트에 의하면, 불안은 무의식 과정의 결과로 발생한다. 무의식 과정은 의식적 또는 무의식적 기억에 대한 두려움 때문에 생긴다. 다른 무의식 과정은 원초아와 초자아 간의 갈등의 결과로 발생한다. 예를 들어, 아동의 원초아는 초자아가 금기시하는 성적 충동을 만족시키는 행동을 하도록 몰아붙일 수 있다. 만약 이런 일이 무의식 수준에서 발생한다면, 그 아동은 고통받을 것이다. 왜냐하면 자아가 이 상황을 해결할 수 없기 때문이다.

방어기제

방어기제는 무의식적이다. 방어기제는 원초아와 초자아 간의 해결되지 않은 다툼의 결과를 아동이 직면하지 않도록 도와줌으로써 아동을 불안으로부터 보호한다. 프로이트가 확인한 방어기제는 다음과 같다(Thompson & Rudolph, 1983).

- 억압
- 투사
- 반동 형성
- 합리화
- 부인
- 지성화
- 철회
- 퇴행
- 행동화

- 보상
- 취소(undoing)
- 공상

아동상담자가 방어기제를 잘 알면 상담에서 많은 도움을 받을 수 있다. 왜냐하면 아동들은 자신의 고통과 불안을 다루는 한 가지 방법으로 방어기제를 사용하기 때문이다(Thompson & Rudolph, 1983). 정상적인 사람도 방어기제를 사용한다. 하지만 프로이트는 방어기제를 무의식적 문제를 해결하려는 사람들의 능력을 방해하는 것으로 보았다. 마찬가지로 아동상담자 또한 이러한 기제가 아동들이 자신의 문제를 직접적으로 다루는 것을 어떻게 막는지 알아야 한다.

저항과 자유연상

자유연상은 보통 한 주제에서 다른 주제로 우리의 생각이 진행됨에 따라 발생한다. 그러나 이런 자연스러운 사고의 흐름은 방어기제나 저항의 방해로 인해 막힌다. 정신분석가는 저항을 내담자가 고통스러운 경험을 기억해내는 것과 불안을 유발하는 대상에 대해 이야기하는 것을 방해하는 것으로 본다. 정신분석가는 내담자가 자유롭게 이야기하도록 격려하고 사고와 감정의 연속성을 찾고, 주제를 확인한 후 내담자의 진술을 해석한다. 이것은 내담자의 자유연상이 계속되도록 하여 내담자가 계속해서 중요한 내용에 대해 이야기하도록 할 수 있다. 저항이나 방어기제의 결과로 자유연상이 방해를 받을 때를 알아차리고 그것을 내담자에게 해석해주는 것이 분석가가 해야 할 일이다. 이 과정을 통해 내담자는 자신이 왜 현재와 같이 생각하고 느끼고 행동하는지를 이해할 수 있다.

정신분석가는 경청해줌으로써 내담자가 자유롭게 이야기하도록 격려하고 그런 다음 내담자를 위해 해석하는 것을 강조한다. 여러분도 정신분석적으로 상담하기를 원하는지 모르겠다. 만약 그렇다면 아동들이 자유롭게 이야기하도록 하는 것을 돕기 위해 4부에 제시되어 있는 아이디어들을 사용할 수 있을 것이다. 우리는 프로이트의 아이디어, 특히 방어기제, 저항, 전이와 같은 개념이 매우 유용하다는 것을 안다. 하지만 우리 자신이 정신분석적 접근을 하지는 않는다. 대신에 우리는 다양한 치료적 접근(8장 참조)으로부터 이론적 원리나 실제적 아이디어를 사용하는 통합적 접근을 한다. 그렇다고 하더라도 우리는 아동상담의 주요 이론에 대한 논의를 포함해서 여러분이 자신의 상담 방식에 가장 잘 맞는 아이디어를 선택할 수 있도록 하는 것이 중요하다고 생각한다.

만약 여러분이 정신분석적으로 상담을 한다면, 대상이 성인이냐 아동이냐에 따라 자유연상을 사용하는 방법에 차이가 있다는 것을 알아야 한다. 아동을 대상으로 한 자유연상은 언어적 행동을 통해서뿐만 아니라 비지시적 자유 놀이, 특히 상상적 가장 놀이(29장 참조)를 통해서도 관찰될 수 있다. 성인 상담자가 주제와 반복해서 나타나는 개념을 내담자를 위해 해석해주는 것처럼, 아동상담자도 아동의 놀이, 스토리텔링 또는 미술활동을 통해 관찰한 주제와 반복해서 나타나는 개념을 해석해줄 수 있다.

전이

전이와 역전이는 프로이트의 중요 개념이다. 이 개념은 2장에 제시되어 있고, 14장에서 추가로 논의할 것이다. 프로이트 외의 중요한 초기 선구자로는 다음과 같은 사람을 들 수 있다.

● 안나 프로이트
● 멜라니 클라인
● 도널드 위니컷
● 칼 융
● 마거릿 로웬펠드
● 알프레드 아들러

다음에서는 이들이 아동상담에 어떠한 기여를 했는지에 대해 간략하게 살펴보고자 한다.

안나 프로이트

지그문트 프로이트는 성인을 대상으로 상담을 한 반면 그의 딸 안나 프로이트(Anna Freud)는 정신분석적 아동상담 방법을 개발했다. 그녀는 놀이와 그림에 숨겨진 무의식적 동기를 찾고 아동과의 관계가 설정되었을 때 놀이의 내용을 아동에게 해석해주었다(Cattanach, 2003). 안나 프로이트의 관점에서 보면 아동과의 관계가 설정될 때까지 기다려주는 것이 중요하다. 그녀는 아동이 자신에게 강한 애착을 형성하고 자신에게 진심으로 의지하도록 하는 데 많은 노력을 기울였다. 아동은 자신을 사랑해주는 사람만을 믿고 그 사람을 기쁘게 해주기 위해 무언가를 해낸다고 안나 프로이트는 생각했으며, 치료사와의 애정적 애착이나 긍정적 전이가 아동상담의 전제 조건이라고 생각했다(Yorke, 1982).

안나 프로이트는 또한 자신이 부정적 전이라고 부르는 것을 매우 강조했다. 아동에게 있어 부정적 전이는 아동이 치료사를 어머니의 경쟁자로 볼 때 발생한다. 안나 프로이트의 이론적 관점과 실제 상담 방법에 대한 추가적인 정보는 요크(Yorke, 1982)를 참고하라.

멜라니 클라인

멜라니 클라인(Melanie Klein)은 지그문트 프로이트가 사용했던 언어적 자유연상법 대신에 놀이를 사용하여 완전히 비지시적인 방법으로 아동을 상담했다. 그녀는 대상관계이론을 개발했다(Klein, 1932). 프로이트는 아동으로서 우리는 어머니와 같은 '대상(objects)'에 애착하고, 성장과 발달은 이들 대상으로부터 분리하는 것과 관련된다고 믿었다. 이 분리 과정 동안 우리는 전환 대상으로 알려진 다른 대상에 애착한다. 예컨대, 아동이 장난감을 가지고 놀거나 다른 사람과 놀 때, 그 장난감이나 사람은 전환 대상이 된다. 왜냐하면 아동이 어머니로 향한 자신의 감정을 그 대상에 옮겨놓기 때문이다.

안나 프로이트는 해석을 하기 전 아동과 치료사 사이에 관계가 형성되는 것이 중요하다고 생각한 반면, 클라인은 라포(rapport)가 형성되기를 기다리지 말고 해석을 즉각적으로 사용할 것을 강조했다(Cattanach, 2003). 클라인은 대상관계 이론과 전환 대상의 중요성을 강조했다. 치료실에서 장난감과 다른 대상 그리고 치료사 자신은 전환 대상이 된다. 덧붙여, 클라인은 항상 아동의 행동에 상징적 의미를 부여하기보다는 때때로 그 행동에 대한 해석도 인정했다.

안나 프로이트와 클라인의 관점을 이해하는 것은 현대 아동상담자에게 중요한데, 특히 상담 관계의 본질과 긍정적 및 부정적 전이의 이론적 개념이 그렇다. 안나 프로이트와 클라인의 상이한 이론적 관점에 대한 여러분 자신의 견해가 여러분이 상담에서 상담 관계를 사용하는 방식에 영향을 줄 것이다. 안나 프로이트의 아이디어는 장기적이고 시간제한이 없는 아동 심리치료에서 유용할 수 있다. 그러나 그녀의 관점은 아동과의 장기적인 의존 관계가 불가능한 단기적이거나 시간제한적 심리치료에는 잘 맞지 않는다. 그러한 경우에는 클라인의 아이디어가 보다 적절할 것이다.

도널드 위니컷

아동상담의 또 다른 선구자는 도널드 위니컷(Donald Winnicott)이다. 한 어린 아동에 대한 정신분석적 치료를 기록한 *The Piggle*(Ramzy, 1978)이라는 제목의 책을 통해 치료가 어떻게 진행되고 치료실에서 일어나고 있는 것을 이론적으로 어떻게 이

해할 것인지에 대해 기술하고 있다. *The Piggle*은 정신분석이론에 대한 위니컷의 공
헌을 보여준다. 위니컷은 아동은 과도기적 대상(transitional objects)의 사용과 어머
니와 아동 간의 과도기적 공간(transitional space) 경험을 통해 성장·발전한다고 믿
었다(Cattanach, 2003). 과도기적 공간은 아동이 어머니로부터 분리되어 독립된 존재
가 되도록 조력하는 과정에서 어머니가 아동과 함께 놀이하는 공간이다.

위니컷에 의하면, 아동과 하는 심리치료는 과도기적 공간과 비슷하다. 이것은 어
떤 아동의 경우 상담 회기와 치료사와의 관계만 충분하면 그 자체로 아동이 무의식
적 문제를 해결하도록 할 수 있다는 우리의 견해와 일치한다.

칼 융

칼 융(Carl Jung)은 자신의 정체감을 형성해 가는 과정에서 아동기 경험이 중요하다
는 것을 인식했지만, 구체적으로 아동을 대상으로 한 저술 활동은 하지 않았다. 우
리는 무의식에 대한 프로이트의 아이디어를 발전시킨 것이 융의 가장 중요한 공헌
이라고 생각한다. 융(1933)은 인간의 중요한 동기로부터 나오는 집단 무의식이 존재
한다고 제안했다. 융은 이 집단 무의식에 모든 인간에게 공통된 상징이 있다고 생각
했다. 융은 자신의 저술에서 모래상자, 찰흙과 미술을 사용할 때 아동상담과 관련성
이 많은 상징적 표상을 사용했다(4부 참조).

마거릿 로웬펠드

융이 상징적 표상을 크게 강조하긴 했지만, 심리치료는 내담자와의 언어적 소통을
통해 수행했다. 1925년 융의 영향을 받은 마거릿 로웬펠드(Margaret Lowenfeld)는
아동상담에서 내담자가 이성적 사고에 영향을 덜 받는 비언어적 표현을 하도록 격
려하기 위해 모래상자에서 상징물을 사용하였다. 그녀는 자그마한 물건, 색깔 있는
막대기, 금속과 점토를 모은 후 어린 내담자가 '놀라움 상자(wonder box)'라고 부르
는 곳에 그것들을 보관했다(Ryce-Menuhin, 1992). 로웬펠드에 의하면, 이 접근은 아
동이 언어를 사용하지 않고 표현하도록 도울 방법을 찾기 위한 시도로부터 나왔다
(Schaefer & O'Connor, 1983). 모래놀이 작업은 아동의 언어 사용 유무에 상관없이
자신의 이야기를 하도록 돕는 방법이다(23장 참조).

알프레드 아들러

1900년대 초반, 알프레드 아들러(Alfred Adler)는 지그문트 프로이트가 이끌던 토론
모임의 구성원이었다. 이 모임은 후일 최초의 정신분석학회가 되었다. 그러나 1911

표 5.1 초기 선구자들의 업적(1880~1940년)	
지그문트 프로이트	무의식적 과정, 방어기제, 원초자, 자아, 초자아, 저항, 자유연상, 전이, 심리성적 발달이라는 개념을 포함한 정신분석적 심리치료 개발
안나 프로이트	아동과의 애정적 애착 추구(긍정적 전이) 아동과의 애정적 애착 형성 이후 아동의 비지시적 자유 놀이 해석
멜라니 클라인	치료관계 초반에 아동의 행동을 해석하기 시작 아동의 비지시적 자유 놀이 해석
도널드 위니컷	아동과의 치료관계를 아동이 어머니와 분리되는 과도기적 공간과 유사한 것으로 봄. 치료사와의 관계가 충분하면 그 자체로 치료적 변화를 가져온다고 봄
칼 융	집단 무의식의 상징적 표상에 대한 아이디어 소개
마거릿 로웬펠드	언어적 소통을 위한 대체물로 모래상자에서 상징을 사용함
알프레드 아들러	개인의 사회적 맥락을 고려할 필요성 언급

년에 아들러는 이 모임을 탈퇴하였다. 이유는 프로이트의 심리성적 이론에 동의하지 않았기 때문이다.

아들러(1964)는 사람들이 한 개인으로 성장하지만 동시에 사회 구조 내에서 성장한다고 보았다. 인간은 모두 서로에게 의존한다. 아들러는 사회 내 존재로서의 개인의 상호의존성에 초점을 두었다. 아동은 성장하면서 다른 사람의 영향을 받는다. 행동은 다른 사람이 자신을 보는 방식에 대한 반응에서 나온다. 아들러의 저술은 아동 행동을 이해하는 데 있어 보다 넓은 환경을 고려했다는 점에서 아동상담에 큰 영향을 주었다. 아동의 행동을 보다 더 넓은 맥락에서 보면, 행동의 결과라는 개념이 생긴다. 보상과 처벌은 아들러에 의해 거부된 개념이다. 대신에 그는 자연적 결과와 논리적 결과에 초점을 두었다. 우리들도 이 접근을 선호한다. 특히 우리는 활동지를 사용하거나 사회성 기술 훈련을 할 때 그것을 사용한다(32장 참조). 표 5.1은 초기 선구자들의 업적을 요약한 것이다.

1920~1975년 : 다양한 아동발달이론 제안

아동을 대상으로 한 상담의 발전을 이해하기 위해 우리는 지금부터 발달심리학에 대한 다음 학자들의 공헌에 대해 살펴볼 것이다.

- 아브라함 매슬로
- 에릭 에릭슨
- 장 피아제
- 로렌스 콜버그
- 존 볼비

아브라함 매슬로

아브라함 매슬로(Abraham Maslow, 1954)는 인간의 욕구에 위계가 있음을 밝힘으로 써 인간의 욕구에 대한 우리의 이해에 도움을 주었다. 이 위계가 아동을 대상으로 하여 개발된 것은 아니지만, 아동과 매우 관련이 있으며 다음과 같이 다섯 수준으로 구성되어 있다.

1. 생리적 욕구-가장 낮은 수준(음식, 물, 휴식, 공기와 따뜻함)
2. 안전의 욕구
3. 사랑과 소속의 욕구
4. 자존감 성취의 욕구
5. 자아실현 욕구-가장 높은 수준(개인적 목표의 성취)

매슬로는 만약 낮은 수준의 욕구가 충족되지 않으면, 개인은 자신의 에너지를 더 높 은 수준으로 향하게 할 수 없다고 제안했다. 이것이 아동상담에 주는 시사점은 명확 하다. 만약 우리가 매슬로의 위계를 받아들인다면, 낮은 수준의 욕구를 먼저 다루지 않고 높은 수준의 욕구를 성취하려고 시도하는 것은 무의미하다.

그렇다고 위계를 너무 경직되게 볼 필요는 없다. 낮은 수준의 욕구가 완전히 충족 되기 전에라도 높은 수준의 욕구를 어느 정도 다루는 것은 무방하다. 이에 덧붙여, 특정 수준의 욕구가 아동발달 단계에 따라 서로 다른 중요성을 가질 수도 있다. 위 계를 이해하면 아동의 어떤 욕구가 충족되지 못했는지 그리고 어떤 욕구를 다루어 야 하는지를 상담자가 아는 데 도움이 된다. 예컨대, 신체적 학대를 당한 아동의 경 우 자존감이나 자아실현의 문제를 다루기에 앞서 안전의 문제를 다룰 필요가 있다.

에릭 에릭슨

에릭 에릭슨(Erik Erikson)에 따르면 인간은 자신의 갈등을 해결할 잠재력을 가지고 있으며, 한 개인이 잘 기능하기 위해서는 전 생애에 걸친 발달 단계에서 발생하는 위기를 잘 해결해야 한다. 그는 개인이 자신을 보는 방식을 의미하는 정체감 형성의 중요성을 강조했다.

구체적으로 에릭슨은 인간의 전 생애를 8단계로 나누었는데, 각 단계는 개인의 사회적 위기로 대표된다. 그는 각 위기를 다루는 것은 개인에게 자신의 자아를 강화하고 좀 더 적응하게 될 기회를 주어, 각 위기를 잘 다룰 경우 삶을 보다 성공적으로 살 수 있게 된다.

에릭슨의 이론은 자아개념과 관련된 문제와 발달 위기의 성공적 해결을 통해 자아 강도를 획득하도록 아동을 돕고자 하는 상담자에게 적절하다. 아동상담자가 에릭슨의 8단계를 이해하는 것은 중요하다(Erikson, 1967 참조). 왜냐하면 이들 단계가 아동이 향후 불가피하게 부딪혀야 할 위기를 설명해주기 때문이다. 각 단계는 상담 상황에서 의미 있게 고려해야 할 것들을 인식하도록 함으로써 숙달 및 성취 과정에 지속적으로 기여한다.

장 피아제와 로렌스 콜버그

장 피아제(Jean Piaget)와 로렌스 콜버그(Lawrence Kohlberg)는 모두 다양한 발달 단계에서 아동이 특정 행동을 획득한다는 개념으로 아동상담에 기여했다. 장 피아제(1962, 1971)는 아동이 인간이나 인간 이외의 대상과 상호작용하고, 아동이 이들 대상과 가진 관계로 인해 점진적으로 자신의 행동을 보다 적응적으로 하게 된다는 것을 알게 되었다. 보다 더 잘 적응하게 됨에 따라 아동은 보다 높은 수준의 인지를 개발하게 되고 환경을 보다 복잡한 방식으로 이해하기 시작한다. 아동의 인지발달 및 도덕적 가치의 획득에 대한 인식은 상담자가 규칙이 있는 게임과 같은 활동을 선정할 때 중요하다(30장 참조).

로렌스 콜버그(1969)는 피아제의 인지발달 개념과 도덕적 가치의 획득 간의 관계에 관심을 두었다. 우리는 상담자로서 아동이 도덕적 개념을 이해하게 되는 도덕적 발달 순서에 대한 여러분의 이해를 보다 증진시킬 것을 권한다. 왜냐하면 아동의 의사결정 과정은 자신의 도덕적 이해와 특정 결과에 대한 기대에 기초하기 때문이다.

존 볼비

볼비(John Bowlby, 1969, 1988)는 어머니에 대한 아동의 애착을 크게 강조했다. 그는 아동이 향후 어떤 행동을 할 것인지는 그들이 자신의 어머니와 맺은 애착 방식에 달려있다고 보았다. 그는 어머니에게 안정적으로 애착된 아동은 행복하고 잘 적응하나, 덜 안정적으로 애착된 아동은 사회적·정서적으로 부적응할 가능성이 높다고 보았다. 그는 또한 어머니에게 안정적으로 애착된 아동은 그렇지 못한 아동에 비해

표 5.2 아동발달 이론(1920~1975년)

아브라함 매슬로	욕구 위계에 대한 아이디어 소개
에릭 에릭슨	인간은 자신의 문제를 해결할 잠재력을 가지고 있음 인간발달의 8단계 제시. 자아 강도는 발달 위기의 성공적 해결을 통해 달성
장 피아제	특정 발달 단계에서 특정 기술과 행동을 획득한다는 개념을 가지고 인지발달 단계를 제안
로렌스 콜버그	피아제의 인지발달 개념과 도덕적 개념 획득 간의 관계를 봄
존 볼비	아동의 정서 및 행동 발달은 아동이 자신의 어머니와 맺은 애착 방식과 관련이 있다는 애착 이론 소개

어머니와 심리적으로 더 쉽게 분리되고 독립된 개인으로 살아갈 것이라고 생각하였다. 볼비의 이론은 문화에 따라 영향을 받으며 어머니와의 애착이 사회적으로 장려되는 문화에만 적용된다.

애착에 대한 아이디어는 어머니와 애착 관계를 제대로 형성하지 못해 건강한 관계를 형성할 수 없는 아동을 상담할 때 적절하다. 표 5.2는 아동발달 이론을 요약한 것이다.

1940~1980년 : 다양한 인본주의적/실존주의적 상담 이론의 개발

1940년 이래로 성인 상담을 위한 많은 인본주의적/실존주의적 이론이 개발되었다 (Corsini & Wedding, 2004 참조). 앞에서 보았듯이, 성인 상담에서 사용된 심리치료 방법은 아동에게 맞도록 수정될 수 있다. 인본주의적/실존주의적 심리치료의 중요한 공헌자로는 칼 로저스, 프레드릭 펄스, 리처드 반들러와 존 그린더 등이 있다. 버지니아 엑슬린과 바이올렛 오클랜더 또한 아동상담 방식에 크게 기여하였다. 지금부터 다음 학자들이 아동상담에 한 기여에 대해 살펴본다.

- 칼 로저스
- 버지니아 엑슬린
- 프레드릭(프리츠) 펄스
- 바이올렛 오클랜더
- 리처드 반들러와 존 그린더

칼 로저스

1942년 내담자 중심 상담의 창시자인 칼 로저스(Carl Rogers)는 당시 논란이 되었던 *Counseling and Psychotherapy*라는 제목의 책을 출간했다. 정신분석에서는 내담자의 행동에 대한 치료사의 분석과 해석에 강조점이 두어졌지만, 로저스(1955, 1965)는 내담자가 온정적이고 반응적인 상담 관계가 있는 환경이 되면 스스로 해결책을 찾을 수 있는 능력이 있다고 믿었다. 그러므로 그는 상담 관계 그 자체를 치료적 변화의 촉매제로 보았고, 상담자가 내담자를 대신해서 해석을 시도하는 것은 부적절하다고 생각했다.

로저스는 상담 관계의 바람직한 특성으로 내담자와 내담자의 행동을 상담자가 판단하지 않는 태도와 더불어 일치성, 공감 및 무조건적인 긍정적 배려를 들었다. 로저스는 내담자가 스스로 해결책을 찾을 능력이 있다고 믿었기 때문에, 전적으로 비지시적이었고 내담자가 한 말을 적극적으로 들어주고 다시 반영해주는 기법을 사용하였다. 로저스의 저술은 성인 내담자를 주 대상으로 하지만, 그의 아이디어는 상담 초기에 아동이 자신의 이야기를 하도록 돕고자 할 때 특히 유용하다(12장과 13장 참조).

버지니아 엑슬린

버지니아 엑슬린(Virginia Axline)이 아동과 하는 상담은 로저스가 성인과 하는 상담과 유사하다. 엑슬린은 치료사와의 관계가 안전한 환경이 되면 스스로 해결책을 찾을 수 있는 능력이 있다고 믿는다. 그녀는 공감, 온정, 수용 및 일치성의 원칙에 기초한 로저스의 반영적 경청 기법을 사용했다(McMahon, 1992).

엑슬린은 *Play Therapy*라는 책에서 비지시적 놀이치료의 여덟 가지 원칙을 다음과 같이 제시하였다.

1. 치료사는 아동과 온정적이고 친밀한 관계를 구축해야 한다.
2. 치료사는 아동을 있는 그대로 수용해야 한다.
3. 치료사는 아동과 허용적인 관계를 설정해야 한다.
4. 치료사는 아동이 통찰력을 얻도록 아동이 표현하는 감정을 민감하게 인식하고 반영해야 한다.
5. 치료사는 아동의 문제해결 능력에 대한 깊은 신뢰를 유지해야 한다.
6. 치료사는 특정 방향으로 아동의 대화나 행동을 이끌기 위한 시도를 해서는 안 된다.

7. 치료사는 치료를 서둘러서는 안 된다.
8. 치료사는 치료가 안전하고 현실에 기반을 두는 데 필요한 제한만 가해야 한다.

엑슬린의 비지시적 접근 방법이 치료의 초기 단계에서 아동과 접촉할 때 매우 유용하다는 것을 안다. 그러나 치료가 진행됨에 따라 대체로 상담자는 보다 지시적이된다.

프리츠 펄스

프리츠 펄스(Fritz Perls)는 게슈탈트 치료의 창시자이다. 펄스는 성인과 상담을 했지만, 게슈탈트 치료는 바이올렛 오클랜더(1988)가 보여주었듯이 아동상담에서도 매우귀중한 도구가 될 수 있다. 펄스는 처음 정신분석가로 훈련을 받았으나, 후일 정신분석의 기본 가정 중 많은 부분, 특히 내담자의 과거를 지나치게 강조했던 것에 대해 이의를 제기했다(Clarkson, 1989). 그는 초점이 내담자의 과거보다는 현재 경험에주어져야 하고, 다른 사람이나 내담자의 과거를 비난하기보다는 내담자가 현재 경험에 책임을 져야 한다고 보았다. 펄스는 내담자가 자신의 현재 신체 감각, 정서, 관련사고를 지각하도록 고양하는 데 초점을 두었다. 내담자가 '지금-여기'에서 자신의현재 경험과 충분히 접촉하도록 격려함으로써, 그는 내담자가 '미해결 과제'를 해결하고, 감정적 혼란을 정돈하며, 그가 '게슈탈트' 또는 '아하' 경험이라고 부르는 것을완성하고 그로 인해 보다 통합된 느낌을 가질 수 있다고 생각했다.

펄스는 프로이트의 개념 일부를 수정해서 사용했다. 예를 들어, 그는 프로이트의방어기제를 '신경증'으로 재정의했다. 정신분석가들은 내담자의 행동을 해석함으로써 저항을 다루지만, 펄스는 그것에 대한 내담자의 알아차림을 고양시키고, 내담자가 저항하는 경험과 저항 그 자체를 탐색하도록 격려함으로써 저항에 바로 직면했다. 펄스가 사용한 상담이나 심리치료 기법 중 특히 아동상담에 유용한 기법으로는다음을 들 수 있다.

- 상담 과정에서 내담자의 비언어적 행동이 관찰될 때마다 그것에 대한 피드백을 즉각적으로 한다. 이것이 내담자가 억압되어 있는 감정이나 저항에 주목하도록 한다.
- 내담자가 신체 감각과 접촉하고 표현하도록 하며 그것을 감정 및 사고와 관련시키도록 한다.
- 내담자가 '나-전달법'을 사용하도록 하고 자신의 행위에 대한 책임을 지도록 격려한다.

- 편향(deflection), 내사(introjection), 투사(projection), 반전(retroflection)과 같은 신경증적 행동에 도전하고 직면한다.
- 자아의 양극성(예, 사랑과 증오의 양극성)을 자각하여 어느 한 측면이 배제되지 않도록 하기 위해 그것을 탐색한다.
- 내담자가 자신의 서로 다른 측면을 연기하도록 하여 이들 상이한 측면들 간에 대화가 이루어지도록 격려한다.
- 내담자가 자신과 중요한 타인을 연기하도록 하여 자신과 중요한 타인들 간에 대화가 이루어지도록 격려한다.
- '상전과 하인(topdog-underdog)'의 개념을 소개하고 내담자가 자아의 이들 측면 간의 대화를 연기하도록 격려한다.
- 내담자가 꿈을 탐색하도록 돕는다.

바이올렛 오클랜더

바이올렛 오클랜더(Violet Oaklander)는 아동과 상담을 할 때 게슈탈트 치료의 원리 및 실제와 매체를 결합하는 독특한 방식을 보여주었다. 그녀는 상담 시 아동이 상상을 하도록 격려한다. 그녀는 대개의 경우 상상 과정이 아동의 삶의 과정과 같을 것이라고 생각한다. 따라서 그녀는 숨겨진 것이나 회피한 것을 이끌어내는 데 있어 간접적인 방법을 사용하며 본질적으로 투사적 과정에 의존한다.

오클랜더의 책 *Windows to Our Children*은 많은 사례로 구성되어 있으며, 게슈탈트 치료와 상상을 사용하길 원하는 독자는 이 책이 흥미로울 것이다. 그녀는 다음과 같은 상담 기법을 사용한다.

- 아동이 자신에 대해 갖고 있는 서로 다른 두 가지 모습에 대해 이야기하도록 격려한다.
- 아동이 자신이 한 말에 대해 책임을 지도록 돕는다.
- 아동의 자세, 얼굴 표정, 목소리, 숨쉬기와 침묵에서 단서를 찾는다.
- 아동 삶의 상황과 미해결 과제가 매체 사용을 통해 나올 때 그것을 직접 다루기 위해 매체를 가지고 하는 활동을 피한다. 대신에 오클랜더는 '이것이 너의 삶과 맞니?'라는 질문을 직접적으로 한다.

우리는 점토, 상상 여행, 스토리텔링과 손 인형을 사용할 때 오클랜더의 접근을 가끔 사용한다(24, 26, 27, 28장 참조). 그러나 게슈탈트 기법을 사용할 때 우리는 대개 상상을 사용하기보다는 직접적으로 작업을 한다.

리처드 반들러와 존 그린더

리처드 반들러(Richard Bandler, 1985)와 존 그린더(John Grinder)는 신경 언어 프로그래밍(Neuro-Linguistic Programming : NLP)의 창시자이다. NLP가 아동을 대상으로 하여 개발된 것은 아니지만, 아동상담 시 다음에 제시되어 있는 것을 포함하는 유용한 몇 가지 중요한 요소가 있다.

- 아동이 세상을 경험하는 상이한 방식에 대한 인식
- 리프레이밍(reframing)이라는 개념

인간은 다음에 제시한 세 가지 방식을 사용하여 세상을 경험한다.

1. 보기
2. 듣기
3. 느끼기

상담자로서 우리가 아동이 현재 사용하거나 주로 사용하는 양식을 맞추는 것은 유용하다.

리프레이밍(Bandler & Grinder, 1982)이라는 NLP 기법을 사용함으로써 우리는 아동이 자신의 상황을 다르게 보고 그로 인해 기분이 나아지고 좀 더 적응적으로 반응할 수 있도록 도울 수 있다. 리프레이밍 기법을 사용한 예는 15장에 제시되어 있다.

인본주의적/실존주의적 접근의 비교

표 5.3은 1940년에서 1980년 사이에 개발된 주요 인본주의적/실존주의적 접근을 요약한 것이다. 이들 접근은 오늘날에도 계속해서 아동상담에 중요한 영향을 주고 있다.

1950년 이후 : 행동치료의 개발

행동치료 또는 행동수정은 스키너(Skinner, 1953)의 저술을 기반으로 개발되었고, 조작적 또는 도구적 조건화에 기초하고 있다. 조작적 또는 도구적 조건화에서 강화물은 어떤 행동을 증진 또는 소멸시키기 위해 사용되거나 철회된다. 예컨대, 자녀가 방을 규칙적으로 잘 정돈하기를 원하는 부모가 있다고 치자. 매번 아동이 방을 청소할 때마다 부모는 그 아동을 칭찬(강화물)한다. 칭찬(강화 자극)을 받은 결과로 아동은 자신의 방을 계속해서 청소할 가능성이 더 커질 것이다[방을 청소한다는 것은 강화 자극에 대한 조건 반응이다(칭찬)].

표 5.3   인본주의적/실존주의적 상담의 주요 공헌자(1940~1980년)

칼 로저스	비지시적 상담을 도입했고 내담자는 온정적이고 반응적인 상담 관계가 있는 환경이 되면 스스로 해결책을 찾을 수 있다고 믿음
버지니아 엑슬린	치료사와의 관계가 안전한 환경이 되면 스스로 해결책을 찾을 수 있는 능력이 아동에게 있다고 믿음. 비지시적 놀이 치료를 사용함
프리츠 펄스	게슈탈트 치료의 창시자. 신체 감각, 정서, 사고의 현재 경험을 강조. 치료 기법으로 내담자에게 피드백 주기, 도전하기, 직면하기, 역할놀이와 대화를 사용
바이올렛 오클랜더	게슈탈트 치료를 매체 및 공상의 사용과 결합
리처드 밴들러와 존 그린더	NLP의 창시자. 사람(아동)이 세상을 경험하는 상이한 방식을 인식하고 리프레이밍 개념을 소개함

1960년 이후 : 인지행동치료(CBT)의 개발

벡(Beck, 1963, 1976), 엘리스(Ellis, 1962), 그리고 글래서(Glasser, 1965; 2000)는 인지행동치료의 개발에 기여한 대표 학자이다.

아론 벡

우울증 환자에 대한 연구를 통해 아론 벡(Aaron T. Beck)은 내담자의 정서 상태는 그들에게 자동적으로 생기는 어떤 사고의 영향을 크게 받는다는 것을 알게 되었다. 이에 기초하여 그는 내담자가 살아가면서 경험하게 되는 이런 저런 일을 해석하는 방식을 변화시키고 자신의 환경, 자기 자신 및 타인에 대해 그들이 갖고 있는 핵심 믿음을 변화시키도록 하는 치료법을 개발했다.

이 치료법의 바탕에 정서 문제는 역기능적 사고의 결과라는 가정이 깔려있다. 그 결과 이런 치료법을 사용하는 치료사의 역할은 엘리스가 제안한 대로 내담자가 도움이 되지 않는 사고를 좀 더 도움이 되는 것으로 대체하도록 돕는 것이다.

앨버트 엘리스

앨버트 엘리스(Albert Ellis)는 오늘날 일반적으로 합리적 정서행동치료(Rational Emotive Behaviour Therapy : REBT)라고 부르는 합리적 정서치료(Rational Emotive Therapy : RET)의 창시자이다. REBT는 원래 성인 상담을 위해 만들어졌지만 대략 8세 이상의 아동들에게도 성인과 마찬가지로 유용하다. 만약 여러분이 이런 식의 심리치료에 관심이 있다면 드라이든(Dryden, 1995)의 책 *Brief Rational Emotive Behaviour Therapy*를 참고하라.

엘리스는 내담자의 행동에 대해 직접적인 충고를 하거나 간접적인 해석을 하는 것이 좋다고 생각했다. 엘리스의 방법은 자신이 '비합리적 믿음'이라고 불렀던 것을 직면시키고 도전하며 자신이 비합리적 믿음이라고 믿었던 것을 내담자가 대체하도록 설득하는 것과 관련이 있다. '비합리적 믿음'은 내담자가 자신에 대해 좋지 않다고 느끼게끔 만드는 경향이 있거나 자신에게 부정적 또는 불편한 느낌을 남기는 믿음이다. 이에 덧붙여 비합리적 믿음은 부정적인 결과를 낳는 행동을 하게 한다. 엘리스는 비합리적 믿음은 중요한 타인으로부터 학습된 것이라고 믿었다.

우리는 비합리적 믿음이라는 용어 대신에 자기 파괴적 믿음이라는 용어를 선호한다(15장 참조). 엘리스의 아이디어는 아동을 상담할 때 유용하게 사용할 수 있는데, 자기 파괴적 믿음에 도전하는 것은 자존감을 증진시키고자 할 때, 사회성 기술 훈련을 시킬 때, 방어적 행동을 하는 아동을 교육시킬 때(5부 참조) 매우 가치가 있을 수 있다. 이런 영역에서 상담을 할 때, 이전부터 가지고 있었던 믿음이 문제해결과 의사결정에 적절했는지를 점검해볼 필요가 있다.

윌리엄 글래서

윌리엄 글래서(William Glasser, 1965, 2000)는 현실 치료(Reality Therapy)의 창시자이다. 현실 치료는 이후에 통제이론 또는 선택 치료라 불리기도 했다. 현실 치료는 학교 장면에서 광범위하게 사용되어 왔으며 소년원이나 교도 시설에서 사용되기도 한다. 현실 치료는 내담자가 자신의 행동과 관련하여 자신이 한 선택에 책임을 지고 자신이 한 행동의 자연적·논리적 결과로 경험하게 되는 현실을 수용하도록 돕는 것과 관련된다. 현실 치료에서 타인의 권리를 침해하지 않으면서 자신의 욕구를 충족시키는 방법을 찾는 데 대한 책임을 내담자가 지도록 격려한다.

현실 치료는 아동이 자신과 타인의 행동에 통찰을 얻고 이전과 다르게 행동함으로써 자신의 욕구를 충족시킬 보다 적응적인 방법을 찾는 상담 과정의 특정 시점에서 아주 유용하다. 현실 치료는 또한 사회성 기술 훈련에도 유용하다.

표 5.4는 행동치료와 인지행동치료 발달에 기여한 선구자들의 업적을 요약한 것이다. 이들 두 심리치료 접근법은 치료 시간이 짧고 비용 효과적인 것으로 인식이 됨에 따라 오늘날에도 널리 사용되고 있다. 8장에서 살펴보겠지만 아동상담의 후반부에 이 접근법들을 사용한다. 우리가 보기에 이러한 접근법은 상담 과정의 초반부에는 적절하지 않다.

표 5.4 행동치료와 인지행동치료의 주요 공헌자(1950년 이후)	
스키너	어떤 행동을 증진 또는 소멸시키기 위해 강화가 사용되거나 철회 되는 조작적 또는 도구적 조건화의 사용과 관련된 행동치료(혹은 행동수정) 개발
아론 벡	사고가 정서에 영향을 준다고 생각함. 내담자가 살아가면서 경험 하게 되는 이런 저런 일을 해석하는 방식과 그들이 갖고 있는 핵심 믿음을 변화시킬 수 있도록 하는 치료법을 개발한 인지행동치료의 선구자
앨버트 엘리스	REBT의 창시자. 비합리적 믿음에 도전하여 그것을 보다 합리적 믿 음으로 대체하도록 내담자를 격려
윌리엄 글래서	현실 치료의 창시자. 내담자가 타인의 권리를 침해하지 않으면서 자신의 욕구를 충족시키는 방법을 찾는 데 대한 책임을 지고, 자신 이 한 행동의 자연적 · 논리적 결과로 경험하게 되는 현실을 수용 하도록 내담자를 격려

1980년 이후 : 아동상담을 위한 보다 최근 아이디어

아마도 아동상담과 관련하여 최근에 개발된 가장 중요한 접근은 리처드 슬로브스 (Richard Sloves)와 카렌 베링거-피터린(Karen Belinger-Peterlin)이 도입하고 개발한 시간제한 놀이치료(time-limited play therapy)일 것이다. 상담과 관련된 또 하나 중 요한 기여는 마이클 화이트(Michael White)와 데이비드 엡스톤(David Epston)이 개 발한 이야기 치료 접근이다. 이야기 치료가 아동을 대상으로 하여 개발된 것은 아니 지만, 아동상담에 매우 유용한 것으로 알려져 있다.

시간제한 놀이치료

1980년대 이루어진 상담 분야 발전 중 중요한 것은 단기치료에 대한 아이디어가 도 입되었다는 것이다. 1980년대 이후 특히 오늘날 상담자에게는 비용 효과적인 방법 을 사용하는 데 대한 책임을 지라는 압력이 있다(Cade, 1993). 드 세이저(De Shazer, 1985)는 문제의 기원에 초점을 두기보다는 해결책을 찾는 과정을 강조함으로써 단 기치료에 기여했다(Walter & Peller, 1992; Zeig & Gilligan, 1990 참조). 그와 동시에 정신역동적 입장을 포기하지 않으면서도 단기치료의 아이디어를 받아들인 정신역동 적 배경을 가진 다반루(Davanloo), 말란(Malan), 만(Mann), 골드먼(Goldman), 시프 네오스(Sifneos), 스트럽(Strupp), 바인더(Binder)와 같은 인물들도 있었다(Lazarus &

Fay, 1990).

시간제한 놀이치료(Sloves & Belinger-Peterlin, 1994)는 정신역동적 입장에서 단기 치료의 아이디어를 사용하여 개발된 아동상담 접근법이다. 이 접근법은 아동의 문제에 대한 간략한 평가를 한다. 그런 다음 치료사는 중심 주제를 선정하고 이후 치료는 이 주제에 한정된다. 아동과의 작업은 임파워먼트, 적응 및 자아 강화에 두며, 과거보다는 미래에 초점을 둔다. 그러나 중심 주제는 아동의 과거의 영향을 받는다. 일반적으로 아동과의 작업은 12회기로 제한되며 치료 형태는 직접적이고 해석적이다.

리처드 슬로브스와 카렌 베링거-피터린(1994)은 시간제한 놀이치료가 어떤 아동에게는 효과적이나 다른 아동에게는 효과가 없었다는 것을 명확히 했다. 시간제한 놀이치료는 PTSD 아동, 적응장애를 가진 아동 및 만성 질환으로 인해 부모를 잃은 아동에게 가장 효과적이었다(Christ et al., 1991).

흥미롭게도 이와 비슷하게 오래전에 밀먼과 쉐퍼(Millman and Schaefer, 1977)는 전통적 정신분석치료가 지능이 높은 중도장애를 가진 아동에게 가장 효과적이었던 반면 좀 더 구조적인 기법은 상황 구체적인 장애나 외상적 반응을 가진 아동에게 보다 효과적인 것으로 입증되었다고 지적한 바 있다.

문헌 고찰에 의하면 모든 아동들에게 적절한 상담 방법은 없다. 경험에 비추어볼 때 효과적인 아동상담은 특정 아동에게 적절하고 그 아동의 문제와 관련된 상담 방법을 선정함에 있어 얼마나 유연한가에 달려있다고 확신한다. 그러한 접근은 밀먼과 쉐퍼(1977)에 의해 처음으로 제안되었고 그것을 '처방적 접근(prescriptive approach)'이라고 불렀다.

1983년 출간된 자신의 책에서 쉐퍼와 오코너는 처방적 접근에 대해 기술했다. 이 접근법은 개별 아동에 대해 가장 적절한 치료 기법의 결정에 대한 치료사의 책임을 강조한다. 따라서 치료사는 그 아동과 그 아동이 호소하는 문제에 가장 잘 맞는 처치를 할 것으로 기대된다.

치료사는 개별 아동과 그 아동의 호소 문제에 알맞은 방식으로 작업함에 있어서 유연할 필요가 있다는 점에 대해서는 동의하지만, 우리 자신은 처방적 접근을 사용하지 않는다. 우리는 일반적으로 우리가 개발한 통합적 모델을 사용한다. 이 모델에 대해서는 8장에 기술되어 있다. 이 모델은 다양한 치료적 접근법의 아이디어를 사용하고 개별 아동의 필요에 맞추어 쉽게 변형할 수 있다.

이야기 치료

이야기 치료는 아동을 돕기 위해 언어를 많이 사용한다. 이야기 치료는 스토리텔링의 개념에 기초한다. 아동의 문제가 어떻게 자신의 삶에 영향을 주었는지에 대한 이야기를 듣고, 그 문제가 아동의 삶을 지배하지 않는 대안 이야기를 만들어 다시 듣는다.

이야기 치료 실제는 아동의 정체성을 문제와 분리하는 데 주 관심이 있다. 이것은 아동이 문제가 아니라 문제가 문제라는 전제에 기초하고 있다. 그러므로 외재화 대화(externalization)는 많은 이야기적 대화(narrative conversation)가 이루어지는 바탕이다. 이것은 언어 사용에 있어 특별한 이동을 요구한다. 종종 외재화 대화는 시간의 흐름에 따라 문제가 아동의 삶에 어떠한 영향을 주었고 이 문제가 사물을 다른 시각에서 볼 아동의 능력을 제한함으로써 아동을 어떻게 무력화시켰는지를 추적하는 것과 관련이 있다. 상담자는 오래된 이야기를 해체하고 자신이 선호하는 자신과 자신의 삶에 대한 이야기를 재구성함으로써 아동이 변하는 것을 돕는다(Morgan, 2000; Parry & Doan, 1994; White & Epston, 1990). 아동이 새로운 이야기를 개발하도록 돕기 위해 상담자와 아동은 문제가 아동이나 아동의 삶에 영향을 주지 않았던 시간을 찾고 아동이 그 당시 생각하고 느끼고 행동했던 다른 방식에 초점을 둔다. 문제 이야기에 대한 이런 예외는 아동이 새롭고 선호하는 이야기를 만드는 데 도움을 준다. 새롭고 선호하는 이야기가 나타나기 시작할 때 아동이 새로운 이야기를 계속 하도록 하거나 연결된 상태로 머물도록 아동을 돕는 것이 중요하다. 대안 이야기를 풍부하게 하는 한 가지 방법은 새로운 이야기의 청중 역할을 하고 자신의 삶을 어떤 식으로든 새로운 이야기에 연결시킬 수 있는 증인을 찾는 것과 관련된다. 청중은 상담 회기에 있는 사람일 수도 있고 없는 사람일 수도 있으며, 실제 인물일 수도 있고 상상의 인물일 수도 있으며, 과거 인물일 수도 있고 현재 인물일 수도 있다.

상담 방식의 본질적 차이

아동상담의 이론적 배경에 대한 논의에서 아동상담의 실제에 큰 영향을 미쳤다고 생각되는 사람들만 포함시켰다. 우리가 언급했던 사람들의 아이디어나 상담 방법을 확장시켰거나 어떤 특정 매체의 사용과 관련된 아이디어를 소개한 사람들이 많이 있다. 하지만 이 책은 아동상담의 이론보다는 실제에 초점을 맞추었고 아동상담의 이론적 배경을 간략하게만 언급하고 싶었기 때문에 이들에 대해서는 언급하지 않았다.

역사적 배경은 최근 아이디어가 어떻게 분류될 수 있는지에 대한 맥락을 제공해준다. 최근 아이디어를 고려함에 있어 역사적 배경을 두 가지로 요약할 것이다. 독자들은 그림 5.1을 보기에 앞서 먼저 역사적 배경에 대한 개관을 위해 표 5.1∼표 5.4를 검토해보기를 원할지도 모르겠다.

　그림 5.1은 상담자의 상담 방식이 지시적인지 또는 비지시적인지와 해석적인지 또는 비해석적인지를 기준으로 기존의 상담자를 분류한 지도를 제공한다. 지도의 중앙은 본 분류 기준에 대해 극단적인 입장을 취하지 않고 협력적인 입장을 취하는 상담자가 자리한다. 지시적 또는 비지시적 그리고 해석적 또는 비해석적 상담 방식에 대한 문제는 아동상담자들 사이에서 논쟁이 되어 왔고 현재도 그렇다. 어떤 상담자는 과거에도 그렇고 현재에도 그렇지만 이들 기준에 대해 아주 극단적인 입장을 취한다. 극단적인 입장을 취하는 상담자는 상담 과정 전반에 걸쳐 자신이 선택한 접근을 사용하는 경향이 있다.

　세 명의 상담자(안나 프로이트, 펄스, 로저스)를 그림 5.1과 같이 분류했다. 이 분류에 대한 여러분의 견해가 궁금하다. 안나 프로이트는 비지시적이고 해석적이기 때문에 왼쪽 윗부분에 배치했다. 로저스는 비지시적이고 해석은 내담자에게 맡기기 때문에 왼쪽 아랫부분에 배치하였다. 펄스는 분류하기가 어려웠다. 그래서 펄스를 지도의 오른쪽에 두었다. 왜냐하면 그는 상담할 때 치료 과정을 매우 통제했고, 직접적으로 직면했으며, 의도적으로 내담자를 좌절시키려고 했기 때문이다. 그러나 어떤 게슈탈트 치료사는 상담 과정의 방향을 통제하는 것은 내담자의 경험이며, 따라서 펄스는 좀 더 왼쪽에 배치되어야 한다고 주장하기도 한다. 마찬가지로 세로 축(즉 **해석적 대 자기 발견**)의 어디에 펄스를 배치할 것인지에 대해서도 논쟁이 있을 수 있다. 어떤 인물을 정확하게 배치하는 것은 어려울 수 있다. 하지만 우리는 지도가 우리가 지금까지 살펴보았던 치료사의 이론적 입장과 실제적 접근에 있어서의 차이에 초점을 맞추는 데 유용하다고 생각한다. 여러분이 이 장에서 언급한 상담자들을 지도상에 배치할 수 있는지 여부를 알아보고 싶을지 모르겠다.

　가치 있는 작업은 다양한 방식으로 이루어질 수 있고 여러분의 상담 방식은 여러분에게 개인적으로 매력적일 필요가 있다고 믿는다. 이에 덧붙여 상담자인 우리가 개별 아동과 그 아동의 호소 문제에 맞게 우리의 상담 방식을 변화시키는 것은 유용하다. 따라서 우리는 때론 지시적이고 때론 비지시적이어야 한다. 그리고 일반적으로 우리는 아동이 스스로 발견하도록 하는 것을 선호하지만 때론 해석도 한다. 개별 아동의 욕구를 충족시키기 위해서는 어느 정도의 융통성이 필요하다고 믿는다.

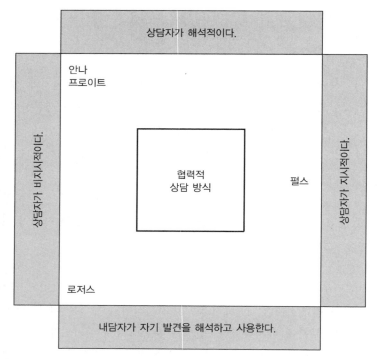

상담자가 해석적이다.

안나
프로이트

상담자가 비지시적이다.

협력적
상담 방식

펄스

상담자가 지시적이다.

로저스

내담자가 자기 발견을 해석하고 사용한다.

그림 5.1 상이한 상담 접근에 대한 지도

아동을 상담하는 데 있어 선호되는 방법이 있는가?

이 장을 읽은 여러분은 아마도 아동을 상담하는 최고의 방법이 있는지가 궁금할 것이다. 물론 우리가 선호하는 방법이 있다. 이것에 대해서는 8장에서 기술할 것이다. 그러나 이 책을 읽고 아동상담에 대한 훈련과 슈퍼비전을 받은 후 여러분 스스로 자신에게 가장 맞는 방법을 결정하길 희망한다.

오늘날 어떤 방법을 사용할 것인지에 대한 다양한 관점이 있다. 안나 프로이트와 비슷하게 정신분석적 방법으로만 상담을 하는 아동 정신분석가와 엘리스 등이 제안한 것과 같은 인지행동 방법을 주로 사용하는 상담자 그리고 게슈탈트 치료 방법을 주로 사용하나 오클랜더와 달리 상상을 강조하지는 않는 상담자도 있다. 이에 덧붙여, 아동상담에 대한 역사적 배경에서 우리가 논의한 방법으로부터 나온 많은 아이디어가 여전히 사용되고 있다.

우리는 8장에 설명되어 있는 바와 같이 아동상담 시 통합적 방법을 사용한다. 8장에는 우리가 직접 개발해서 사용하고 있는 아동상담을 위한 통합 모델(SPICC 모델)이 설명되어 있다. 이 모델을 사용하여 우리는 앞서 언급한 선구자들과 발달이론가들이 제시한 것들 중 우리에게 맞는 아이디어를 통합했다. 우리는 인본주의적 치료와 인지행동치료 및 행동치료의 전략을 상당히 많이 사용하고 보다 최근의 접근 방법에 근거한 전략 또한 사용한다.

13장에 기술되어 있듯이 아동상담에서 가장 중요한 부분은 사용하는 방법에 상관없이 아동이 자신의 이야기를 하도록 돕는 것이라고 믿고 있다는 것을 강조하고 싶다. 대개의 경우 아동이 자신의 이야기를 하도록 돕기 위해 4부에 제시되어 있는 바와 같이 적절한 매체를 사용할 필요가 있다. 상담자는 자신이 선호하는 모델을 사용하여 자신의 방식대로 상담을 할 것이다. 하지만 이 책의 독자는 자신의 상담 방식을 개별 아동에게 맞도록 우리가 기술한 방법 중 일부를 조정하여 사용할 수 있다는 것을 알게 되기를 희망한다.

우리는 아동이 자유롭게 이야기할 수 있는 안전한 분위기에서 자신의 이야기를 할 기회를 제공하는 것을 매우 중요시했다. 하지만 아동과의 개별적인 상담을 가족치료나 부모를 포함하는 상담과 결합하는 것 또한 종종 유용할 수 있다. 이 문제에 대해서는 9장에 언급되어 있다.

핵심 요점

초기 선구자들

- 지그문트 프로이트, 칼 융, 알프레드 아들러는 초기 심리치료의 이론과 실제에 크게 기여한 중요 인물들이다.
- 아동상담에 대한 이론과 실제적 방법은 안나 프로이트, 멜라니 클라인, 도널드 위니컷과 마거릿 로웬펠드를 포함한 초기 선구자들에 의해 개발되었다.
- 주요 아동발달 이론은 아브라함 매슬로, 에릭 에릭슨, 장 피아제, 로렌스 콜버그와 존 볼비에 의해 제시되었다.

실존주의적/인본주의적 상담

- 실존주의적/인본주의적 상담에 크게 기여한 인물로는 내담자 중심 상담의 창시자인 칼 로저스, 게슈탈트 치료의 창시자인 프리츠 펄스, NLP의 창시자인 리처드 반들러와 존 그린더 등이 있다. 이들이 제시한 접근 방법은 원래 성인을 대상으로 하여 개발된 것이지만 아동에게 사용할 수 있도록 변형할 수 있다.
- 아동상담 실제에 크게 기여한 인물로는 치료사와의 관계가 안정되고 안전한 환경이 되면 자신의 문제를 스스로 해결할 능력이 아동에게 있다고 믿는 버지니아 엑슬린과 아동상담 시 게슈탈트 치료 원리와 실제를 매체의 사용과 결합한 바이올렛 오클랜더 등이 있다.

(계속)

행동치료

- 스키너는 특정 행동을 증진시키거나 소멸시키기 위해 강화물이 사용되는 조작적 조건화라는 아이디어를 개발했다.

인지행동치료(CBT)

- 아론 벡은 사람들이 하는 생각을 바꿈으로써 사람들이 자신의 정서 상태를 변화시키도록 도울 수 있음을 인식했다.
- 앨버트 엘리스는 합리적 정서행동치료(REBT)를 개발했다. REBT는 내담자의 비합리적 믿음을 보다 합리적인 믿음으로 대체하도록 도전하는 것과 관련된다.
- 윌리엄 글래서는 현실 치료를 개발했다. 현실 치료에서 내담자는 자신의 행동에 대한 선택을 가지며, 그 행동의 결과 또한 수용해야 한다.

보다 최근의 접근 방법

- 리처드 슬로브스와 카렌 베링거-피터린은 시간제한 놀이치료를 도입했다. 이 치료에서는 문제의 원인보다는 해결책을 찾는 것을 강조한다.
- 마이클 화이트와 데이비드 엡스톤은 이야기 치료의 창시자이다. 이 치료는 문제와 내담자를 분리하여 내담자가 자신의 도움이 되지 않는 오래된 이야기를 해체하고 새롭고 선호하는 이야기를 재구성하도록 돕는다.

상담 방식

- 상담 방식의 차이는 본질적으로 상담자의 상담 방식이 지시적인지 혹은 비지시적인지 그리고 해석적인지 혹은 비해석적인지와 관련이 있다.
- 아동상담을 위한 통합 모델(SPICC 모델)은 가장 효과적이고 지속적인 변화를 낳도록 설계된 방식으로 다양한 치료적 접근으로부터 나온 아이디어를 연계적으로 사용한다.

06
Chapter

아동상담 과정

이 장에서 우리가 의도하는 것은 상담자가 상담 기술을 사용하여 우리의 아동 내담자를 대상으로 어떤 식으로 상담을 진행하는지를 보여주는 것이다. 상담 과정은 복잡하기 때문에 한마디로 말하기 어렵다.

그림 6.1에 제시되어 있는 흐름도는 아동상담의 전체 과정을 단순화하여 개관적으로 표현한 것이다. 흐름도의 각 차트는 구체적인 과정과 관련되는데, 예를 들어 '**부모와 계약**(contracting with parent)'은 그 자체가 과정이다.

그림 6.1의 각 차트에 기술되어 있는 과정은 서로 상호작용하여 통합된 치료 과정을 형성하게 된다. 각 사례가 다르기 때문에, 모든 아동에게 앞으로 보게 될 과정이 사용되지는 않는다. 어떤 과정은 다른 과정과 함께 이루어지기도 하고 어떤 과정은 치료 과정에서 반복적으로 사용되기도 한다. 이 장에서 우리는 그림 6.1에 제시되어 있는 과정을 순서대로 설명할 것이다.

초기 사정 단계

초기 사정 단계는 치료를 위한 준비 시간이다. 이 단계에서 아동과 아동의 문제에 대한 정보가 수집된다. 이 정보를 가지고 상담자는 내담 아동에게 어떤 일이 벌어지고 있는지에 대한 가설을 설정한다. 이 가설을 염두에 두고 상담자는 아동을 상담에 참여시키고 아동과의 상담을 시작할 적절한 매체를 선정한다. 초기 사정 단계는 또한 부모와 만나 계약하는 것을 포함한다.

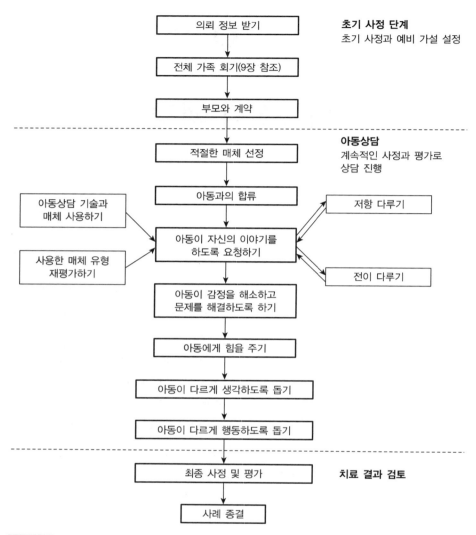

그림 6.1 아동상담 과정

의뢰 정보 받기

상담의 효과를 극대화하기 위해서는 상담자가 아동에 대한 정보를 가능한 한 많이 수집할 필요가 있다. 이 정보에는 아동의 행동, 정서 상태, 성격, 아동의 발달사, 문화적 배경, 아동이 살고 있는 환경 등이 포함된다.

초기 정보는 의뢰 당시 의뢰인으로부터 얻을 수 있다. 부모가 의뢰인인 경우도 있고, 병원, 학교, 법원 관계자와 다른 전문인 등이 의뢰인인 경우도 있다. 그런 정보는 상담자가 아동을 이해하는 데 매우 소중하다.

의뢰인 개인의 문제 때문에 의뢰인이 제공한 정보가 부정확하거나 왜곡될 수도 있다는 것을 명심해야 한다. 그럼에도 불구하고 그런 정보는 현재 내담 아동에게 일어나고 있는 일에 대한 누군가의 생각을 나타내는 것이기 때문에 여전히 유용하다. 예를 들어, 우리는 의뢰인으로부터 아동이 의도적으로 부모의 말을 잘 듣지 않는다고 들었다. 그런데 이후 아동이 의도적으로 그런 것이 아니라 심각한 언어 문제를 가지고 있어 지시를 따르는 데 어려움이 있었다는 것을 알게 될 수도 있다. 최초 정보가 사실과 맞지 않을 수도 있다. 하지만 그 정보는 상담자가 아동이 그동안 어떻게 살아왔는지를 이해하는 데 도움이 된다. 그러므로 아동의 행동과 문제에 대해 서로 다른 의견을 들어보는 것은 가치 있는 일이다. 그러나 이들의 견해가 사실과 맞지 않을 수도 있다는 점을 명심해야 한다.

9장에 기술되어 있는 바와 같이 우리는 이 최초 사정 단계에서 전체 가족을 만나는 것을 선호한다. 그렇게 함으로써 우리는 아동의 생활환경에 대한 중요한 정보를 얻을 수 있다. 전체 가족이 참석하는 것이 불가능할 경우 부모의 생각을 들어보고 상담에 대한 계약을 위해 부모(또는 다른 보호자)와 만나기를 선호한다.

부모(또는 보호자)와의 계약

대개의 경우 아동과 상담하기에 앞서 먼저 부모와 면담을 한다. 부모와의 면담은 아동이 없는 상태에서 이루어지는 것이 좋다. 부모는 사전 면담을 통해 아동의 방해 없이 자유롭고 공개적으로 이야기를 할 수 있다. 부모와 면담을 하는 동안 우리는 아동 문제에 대한 자세한 이야기, 아동 문제에 대한 부모의 이해와 반응을 기록한다. 또한 상담 과정에 대해 부모와 계약을 한다.

정서적으로 불안정한 아동의 부모들은 자신에 대해 몹시 불안해하고 걱정한다. 그들은 또한 자신의 자녀가 개인적으로 모르는 사람과 상담 관계에 들어갈 경우 자녀에게 어떤 일이 생기지나 않을까 걱정한다. 자신의 자녀가 낯선 사람과 개인적인 문제와 가족 문제에 대해 이야기를 하는 것이 부모에게는 염려스럽고 걱정스러운 일일 수 있다. 덧붙여, 어떤 부모는 자신이 부모역할을 제대로 하지 못하고 있다고 느낄 수도 있고 상담자가 자신의 자녀 문제로 자신을 비난하지는 않을까 염려할 수도 있다.

이처럼 부모가 불안해할 가능성이 있기 때문에 상담자는 부모에게 그들의 자녀 문제는 물론이고 상담 과정과 자신들이 느끼는 불안에 대해 말할 수 있는 기회를 반드시 주어야 한다. 부모와 면담하는 동안, 상담자는 부모와 부모가 제공하는 정보를 소중하게 생각하는 공감적 경청자여야 한다. 상담자는 부모에게 자신의 불안에 대해 자연스럽게 이야기할 수 있는 기회를 주어야 한다. 하지만 우리는 아동의 상담자가 동시에 부모의 상담자가 되는 걸 선호하지 않는다. 그렇게 하는 것이 때론 불가피하지만, 같은 상담자가 동시에 아동과 부모의 상담자 역할을 하면 아동이 상담자와 함께하고 상담자를 신뢰하기가 어려워질 수 있다. 이런 상황에 대해서는 9장에서 좀 더 상세하게 논의할 것이다.

부모가 아동과 상담자 간의 독점적인 관계를 이해하는 것이 중요하다. 따라서 효과적인 상담을 위해 상담자는 부모에게 당신의 자녀가 상담자에게 자유스럽게 이야기할 수 있어야 하고 이야기한 내용은 비밀로 유지할 필요가 있다는 것을 말해야 한다. 또한 자녀가 상담에서 어떤 말을 나누었는지에 대해 충분히 알지 못하는 것에 대해 불편함을 느낄 수 있다고 말한다. 그러나 우리는 전체적인 상담 과정에 대해 지속적으로 알려줌으로써 부모들을 안심시킨다. 나아가 우리는 만약 부모가 알아야 할 권리가 있는 정보가 나오면 아동의 동의를 얻어 부모에게 말할 것이라고 말해 준다.

초기 사정 단계에서 이용 가능한 정보가 모두 수집되면, 상담자는 아동의 호소 문제에 대해 예비적 가설을 설정할 수 있다. 이 가설은 의뢰인과 부모에게서 수집한 아동에 대한 정보와 아동의 심리와 행동에 대한 상담자 자신의 이해에 기초한다. 그러므로 가설은 믿음, 태도, 기대와 행동에 있어서의 인종적, 민족적, 문화적, 종교적 차이 또한 고려한다. 상담에서의 문화적 요소의 영향에 대해 더 알고 싶은 독자는 아이비(Ivey et al., 2001)의 *Theories of Counseling and Psychotherapy: a Multicultural Perspective*를 참고하기 바란다. 3장에서 문화적 문제를 간단히 언급하였다. 이 가설을 가지고 아동상담을 시작한다.

아동상담

적절한 매체 선정

아동을 만나기 전 상담자가 가장 먼저 해야 할 일은 사용하기에 가장 적절한 매체를 결정하는 것이다. 매체 선정은 나이, 성별, 개인적 특성 및 정서 문제의 유형에 기초하여 이루어진다. 자세한 선정 과정은 21장을 참고하라.

아동과의 합류

대부분의 아동들은 자신의 부모에 의해 상담을 받으러 오게 되는데, 이때 중요한 것은 아동과 부모가 상담을 받으러 왔을 때 이들이 환영받고 존중받는다는 느낌을 가지도록 하는 것이다. 아동에게 우호적이고 편안한 환경을 제공하는 것은 아동과의 합류를 위해서일 뿐만 아니라 치료 과정의 일부로서도 중요하다. 우리는 아동과 부모가 상담을 오면 대개 부모에게는 커피나 차를, 아동에게는 음료수를 제공한다. 바쁜 하루 일과를 마치고 상담을 받기 위해 온 아동들이 특히 이러한 대접에 감사해한다.

아동들은 각자 고유하고 독특한 성격 특성과 욕구를 가지고 있다. 어떤 아동에게는 상담이 여러 가지 이유로 어려울 수 있다. 일부 아동은 어른은 배신한다는 믿음을 가지고 있거나, 호전적이거나, 겁을 먹어 침묵하거나, 버릇없이 굴거나, 부적절하게 행동할 수도 있다. 아주 어린 아동은 언어 능력이 부족하여 효과적으로 의사소통을 하지 못할 수도 있다. 따라서 아동과의 합류 과정은 개별 아동에게 맞추어 조정되어야 한다. 그러나 상담자가 아동과 합류할 때 유용하게 사용할 수 있는 기본적인 몇 가지 방법이 있다.

아동이 상담을 받기 위해 처음으로 방문했을 때, 우리는 대기실에서 아동과의 합류를 시작한다. 그러나 우리는 먼저 부모와의 합류로 이 과정을 시작한다. 이것은 아동이 안전하고 편안함을 느끼고 부모의 보호와 통제 아래에 있음을 느끼도록 해준다. 아동은 우리가 부모와 관계하는 방식을 관찰하게 되고, 그럼으로써 우리에 대한 어느 정도의 신뢰와 확신을 가질 수 있게 된다. 덧붙여 아동은 부모의 격려를 받게 될 것이고 우리와 관계를 맺어도 된다는 허락을 받게 될 것이다. 이 과정은 또한 부모가 상담 과정에서 자신의 역할의 중요성을 경험하도록 해준다.

아동이 있는 가운데 부모에게 아동을 상담에 데려온 이유를 묻는 것은 합류 과정의 중요한 부분이다. 이렇게 함으로써 아동과 상담자는 아동이 상담에 온 이유에 대해 같은 정보를 갖게 되고, 서로가 상담을 받는 이유를 알게 된다. 이것은 오해의 가능성을 최소화해준다.

합류 과정에서 우리는 아동에게 첫 회기를 어떻게 시작하고 진행할 것인지에 대한 선택권을 준다. 처음에 아동이 상담 환경을 탐색할 수 있도록 해주고 자신의 어머니나 아버지가 어디에서 기다리고 있는지를 알도록 해주는 것이 좋다. 이런 방식은 불안 수준이 높은 아동의 경우 특히 유용하다.

어떤 아동은 자신의 부모와 떨어져 상담자를 만나는 것을 힘들어한다. 그런 아동을 만났을 때 우리는 아동과 부모를 놀이치료실에 함께 있게 한다. 그런 다음 아동이 있는 데서 부모나 보호자와 이야기를 나누는 동안 아동이 치료실을 탐색해보도록 한다. 이 과정 동안 우리는 간헐적으로 아동을 우리 대화에 끼도록 하거나 놀이치료실에 있는 것 중 흥미로운 것에 대해 말해보도록 한다. 간혹 우리는 아동이 놀이치료실을 편하게 느낄 때까지 놀이치료실에서 부모와 함께 놀도록 한다.

어떤 아동은 합류가 쉽게 이루어진다. 적절한 경계가 없거나 애정결핍인 경우 특히 그러하다. 그런 아동은 방어 없이 합류하고 아주 잘 순응한다. 아동의 합류 행동에 주목하는 것은 평가 목적에 유용하다.

합류 과정에서 아동이 아동-상담자 관계의 본질을 이해하도록 돕는 것은 필수적이다. 이러한 이해가 없다면 아동은 상담자에게서 뭘 기대할지 그리고 관계에 대한 상담자의 기대는 무엇인지 알지 못할 것이고 합류도 제한될 것이다.

아동은 성장, 발달함에 따라 많은 성인과 접촉하게 되고 그들의 영향을 받는다. 이들이 만나는 성인들은 각자 개별적인 특성을 가지고 있다. 아동은 성인들을 주목하고 이들로부터 배운다. 예컨대, 교사는 아동들에 의해 권위를 가진 인물로 지각될 것이다. 교사는 과제 수행을 아동들에게 지시하고 과제는 대개 학습과 관련이 있다. 가게 주인은 다른 유형의 권위를 가지고 있는데, 그 권위는 가게에서의 행동에 국한된다. 이모와 삼촌은 조카와 질녀의 행동에 대해 전부는 아니나 어느 정도의 책임은 지기 때문에 명확한 경계가 없는 권위를 가진다. 부모는 아동 삶의 전반에 걸쳐 권위를 가진다. 개별 내담 아동은 독특한 환경에서 자라고, 그 환경에서 교사, 가게 주인, 이모와 삼촌, 가장 중요하게는 부모와 같은 다양한 부류의 사람과 상호작용하는 데 필요한 사회적 규칙을 배운다. 아동이 어떤 특정인에 대해 사용하는 사회적 규칙은 그 사람과의 관계에 대한 아동의 기대에 달려있을 것이다. 그러므로 상담을 받는 아동이 아동-상담자 관계의 본질을 이해하는 것은 필수적이다. 그래야 기대가 어떤 것인지를 알기 때문이다. 그렇지 않으면 아동들은 관계에서 안전감과 편안함을 느끼지 못할 것이다. 이 과정을 지원하기 위해 우리는 치료 관계의 시작 시점에 아동에게 허용되는 것과 그렇지 않은 것에 대해 지침이나 기본 규칙을 정해 아동이 명확히 알 수 있도록 한다. 우리가 사용하는 규칙은 2장에 제시되어 있다.

기본 규칙에 대한 설명은 상담을 받는 동안에 아동에게 허용되지 않는 것이 무엇인지를 알도록 해준다. 아동은 또한 규칙의 범위 내에서 본인이 편하게 생각되면 그것이 어떤 방식으로든 표현하는 것이 허용된다는 것과 사적이고 비밀스런 문제에 대해 이야기하는 것이 허용된다는 것을 알 필요가 있다.

관계에 대한 아동의 이해는 관계를 경험함에 따라 진전될 것이다. 아동은 관계를 테스트하고 상담자와의 관계 내에서 자신이 한 행동의 결과를 수용함으로써 배울 것이다.

요약하면 합류는 일차적으로 치료적 환경에서 아동의 욕구를 충족하는 관계를 형성하여 아동이 치료 과정에 참여할 만큼 편안하게 느끼도록 하는 것에 관한 것이다. 아동이 상담자와의 관계에서 편안함을 느낀다고 생각되면 상담자는 아동에게 자신의 이야기를 하도록 요청할 수 있다.

아동이 자신의 이야기를 하도록 요청하기

언어적 의사소통만을 사용한 상담 기법은 대개의 경우 아동에게는 전혀 쓸모가 없다. 의사소통 기술이 부족하거나 정서적 고통이 심하거나 급성 심리적 장애를 갖고 있는 아동의 경우 특히 그러하다. 종종 상담자가 단지 말로써 아동과 합류하는 것 자체가 가능하지 않을 수도 있다. 그러나 만약 아동에게 놀이나 다른 매체를 사용하여 자신의 이야기를 하도록 요청한다면 효과적인 합류에 이은 효과적인 치료는 대개 가능하다.

아동의 놀이를 위해 준비할 재료를 결정하거나 매체 선정 시 주의를 요한다. 놀이 환경과 매체를 선정할 때는 두 가지를 고려해야 한다. 하나는 아동의 연령이고, 다른 하나는 놀이 환경과 매체가 아동 자신의 이야기를 하도록 하는 데 얼마나 유용한가 하는 것이다. 놀이 환경과 매체는 아동에게 자신의 정서적·심리적 문제를 탐색할 기회를 제공하도록 선정되어야 한다. 놀이를 위해 어떤 재료를 준비해야 할 것인지를 결정하는 것과 관련된 상세한 정보는 19장을, 적절한 매체 선정에 대한 추가적인 정보는 21장을 참고하기 바란다. 매체와 놀이가 선정되고 나면 아동에게 자신의 이야기를 하도록 요청한다.

아동에게 자신의 이야기를 하도록 요청하는 것과 아동이 그 이야기를 할 수 있도록 하는 것은 모든 아동 심리치료 과정에서 가장 핵심이 되는 요소이다.

자신의 이야기를 함으로써 아동은 문제를 명료화하고 이해할 기회를 갖는다. 덧붙여, 아동은 고통스러운 감정을 표출할 수 있고 불안과 다른 정서적 고통을 극복할 수 있다. 아동은 심리적 변화가 일어나는 개인적인 치료 경험을 하게 된다.

이렇게 말하면 치료 과정이 매우 간명해 보일 수 있다. 우리는 방금 아동에게 자신의 이야기를 하도록 요청했고 치료는 시작되었다. 그러나 유감스럽게도 그것이 실제로는 항상 그렇게 간명하지 않다. 아동의 문제 본질과 직접적으로 관련된 요인으로 인해 상담 과정에서 어려움이 생길 수 있다. 이러한 어려움이 조심스럽게 다루어지지 않으면 그것이 후일 치료 과정을 위태롭게 할 수 있다.

심리적으로 고통받고 있는 아동은 종종 일관성 없이 행동하고 자신의 감정을 인식하고 소통하는 것을 어려워한다. 어떤 아동들은 충동 통제를 잘하지 못하고 집중력도 짧다. 병리적인 방어기제를 사용하는 아동도 있다. 치료 과정은 이런 문제들로 방해를 받을 수 있다. 이런 문제를 가진 아동을 치료에 참여시키는 것은 어렵다. 그러나 3부에 제시되어 있는 바와 같이, 상담 기법의 적절한 사용을 통해 이런 장애는 대개 극복될 수 있다.

아동에게 자신의 이야기를 하도록 요청할 때, 문제의 핵심은 신뢰이다. 적절한 수준의 신뢰 없이는 치료 관계의 진전은 방해를 받을 것이다. 이 문제가 중요하기 때문에 때때로 우리는 상담 초기에 매우 천천히 상담을 진행시킬 필요가 있다. 초기 회기에서 우리는 어린 아동이 자유롭게 놀이를 할 시간을 주거나 어린 아동이 상담 환경을 안전하고 편안하게 느끼도록 돕기 위해 나이가 좀 더 많은 아동을 게임에 참여시킨다. 어떤 경우에는 이러한 목적을 위해 특정 매체를 사용하기도 한다.

신뢰 관계가 형성되고 나면 우리는 아동이 자신의 이야기를 하도록 요청한다. 아동에게 자신의 이야기를 하도록 요청할 때 상담자는 치료 과정을 재촉하지 않고, 아동에게 자신을 표현하고 현재 자신을 힘들게 하는 느낌과 문제를 탐색할 기회를 준다. 상담자는 심문하지 않고 아동이 원하는 것을 말하도록 요청한다.

아동을 방해할 것 같은 상담자 행동이 있다. 이런 행동에는 시간이나 공간 또는 사용하는 매체에 구속되는 것이 포함된다. 초보 상담자는 초조해하며 아주 빨리 상담을 진행시키고 싶어 할 수 있다. 상담이 천천히 진행됨에 따라 좌절감을 느끼기 시작하는 경험이 많지 않은 상담자는 가끔 상담을 빨리 진행시킬 마음으로 질문을 사용하는 함정에 빠질 수도 있다. 유감스럽게도 질문을 너무 자주 하면 아동은 상담자가 자신의 개인적이고 민감한 문제에 침입할 것 같은 두려움에 말문을 닫아버릴 수 있다.

아동이 자신의 이야기를 할 수 있도록 하기

우리는 아동이 자신의 이야기를 하도록 요청하는 데 있어 신뢰, 적절한 환경 조성, 놀이와 매체 사용의 중요성에 대해 이미 언급하였다. 그러나 아동이 자신의 이야기를 할 수 있도록 하기 위해 아동상담 기술을 추가적으로 사용할 수 있다. 치료 과정이 효과적이기 위해서는 상담자가 다음과 같은 것을 조성하고 제공해야 한다.

- 신뢰 관계
- 적절한 매체
- 자유롭고 의미 있는 놀이를 위한 시설과 기회

● 적절한 아동상담 기술의 사용

적절한 아동상담 기술을 사용함으로써 상담자는 아동이 자신의 이야기를 할 수 있도록 하고 아동이 자신의 문제를 해결하기 위해 떠나는 탐색 여정에 그와 동행할 수 있다. 이 탐색 여정에서 상담자는 사용한 매체의 유형을 정기적으로 재평가하고 필요하면 바꾸기도 한다. 또한 상담자는 저항과 전이를 다루어야 할 필요가 있을지도 모른다(그림 6.1 참조). 전이 문제는 2장에서 언급한 바 있다. 전이와 저항을 다루는 방법에 대한 논의는 14장에 언급되어 있다.

문제해결

간혹 자신의 이야기를 하는 것 그 자체가 정서적 고통을 줄이고 자발적인 문제해결을 하는 데 효과가 있다. 그러나 아동이 특정 문제로 인한 고통에서 벗어나고자 한다면 상담자의 도움을 받을 필요가 있다. 상담자는 내담 아동의 문제해결을 위해 놀이와 상담기술을 사용하며, 간혹 교육적인 무언가를 투입하기도 한다. 문제가 적절하게 해결되면, 아동은 보다 편안하게 다른 사람과 관계를 맺을 수 있고, 불안을 덜 느끼게 되며, 자신의 사회적 · 정서적 환경에서 보다 적응적으로 살 수 있게 된다.

아동의 임파워먼트

그림 6.1에서 보면 임파워먼트가 문제해결 뒤에 나오지만, 아동이 자신의 이야기를 함과 동시에 임파워먼트가 나올 수도 있다. 아동이 자신을 이해해주고 판단하지 않으며 수용하고 믿어주는 환경에서 자신의 이야기를 할 수 있는 것은 임파워먼트 과정의 중요한 부분이다.

　임파워먼트는 문제를 해결해서 아동이 더 이상 불안을 야기하고 정상적인 적응관계를 방해하는 사고와 기억 때문에 과도하게 시달리지 않게 되는 것과 관련된다. 그래서 아동은 자신에 대한 다른 관점을 가지게 되고 그 결과 자존감과 사회관계가 향상되기 시작할 것이며, 결국 자신의 사회적 · 정서적 환경을 좀 더 편안하게 통합할 수 있다. 이야기 치료를 사용하여 임파워먼트를 증진시키기 위한 이야기 치료의 사용에 대해서는 8장에서 다루었다.

아동이 다르게 생각하고 행동하도록 돕기

17장에서 살펴보겠지만, 아동의 현존하는 사고와 행동의 일부가 여전히 도움이 되지 않는다면, 문제해결 후 아동과의 상담을 종결하는 것은 적절하지 않다. 상담을 완전하게 끝내기 위해서는 상담자가 아동이 새로운 방식으로 생각하고 행동하는 법을 배워 적응적으로 기능할 수 있도록 도와야 한다. 만약 그렇지 않다면 아동의 사고 패턴과 행동은 후일 또 다른 고통을 유발해서 아동이 다시 그 문제를 다루기 위해 상담을 받게 될 가능성이 있다.

치료 결과의 검토

최종 사정 및 평가

최종 사정은 아동과 가족의 협력으로 가장 잘 이루어진다(9장 참조). 사정은 현 시점에서 추가적인 상담이 필요하지 않거나 적절하지 않음을 확인해주는 것이다. 평가는 지금까지 이루어진 상담의 효과를 사정하고 권고하기 위해 요구된다.

사례 종결

최종 사정 및 평가 후 상담 과정은 끝나고 사례는 종결된다. 종결을 위한 상담 기술은 17장에서 다루었다.

아동 치료 과정을 기술함에 있어 가장 역점을 둔 부분은 아동이 자신의 이야기를 하도록 요청하는 것과 아동이 자신의 이야기를 할 수 있도록 하는 것이었다. 이것이 상담 과정의 중심이 되면 치료적 변화가 일어날 가능성은 최대화된다. 아동이 자신의 이야기를 하도록 하기 위해 우리는 아동상담 기술뿐만 아니라 놀이와 매체도 사용한다. 다음 장에서는 내담자에게서 일어나는 치료적 변화의 내적 과정에 대해 살펴볼 것이다.

핵심 요점

- 아동이 상담에서 효과를 보기 위해서는 아동이 자신의 이야기를 하도록 요청하고 또 그렇게 할 수 있도록 하는 것이 매우 중요하다.
- 의뢰 정보는 정확하지 않을 수도 있지만 일반적으로 유용하다.
- 부모와 합류하고 계약을 맺어 부모가 상담 과정에 대해 충분히 알고 편안해하는 것이 중요하다.
- 아동은 자신이 왜 상담을 받으러 오게 되었는지 그 이유를 알 필요가 있다.
- 상담자는 아동이 자신의 이야기를 하도록 요청하기 전에 먼저 아동과 합류해야 한다.
- 매체를 선정할 때 고려할 사항으로는 연령, 성별, 개인적 특징 및 정서 문제의 유형이 있다.
- 정서 문제를 제기하고 아동의 임파워먼트에 주목한 후에는 대개의 경우 아동이 다르게 생각하고 행동하도록 돕는 전략을 사용할 필요가 있다.

07
Chapter

아동에게서 일어나는
치료적 변화의 내적 과정

앞 장에서 우리는 아동에게서 치료적 변화를 가져오기 위해 상담자가 상담에 대한 시동을 걸고 상담을 촉진시키는 과정에 대해 다루었다. 이것은 어떤 의미에서 아동에게 있어 외적인 것이다. 왜냐하면 아동보다는 상담자에 의한 행위와 관련이 있기 때문이다. 상담 과정이 진행됨에 따라 그와 동시에 아동 내부에서도 어떤 과정이 일어난다. 아동 내부에서 일어나는 과정으로 인해 아동은 치료적 변화를 경험하게 된다. 이 내적 과정은 상담 환경에서 자연스럽게 발생하거나 상담자의 처치에 대한 반응으로 발생한다.

다음에 우리가 개발한 모델을 사용하여 아동의 내적 과정을 기술하였다. '치료적 변화의 나선형(Spiral of Therapeutic Change)'이라고 부르는 이 모델은 그림 7.1에 제시되어 있다.

아동은 개별적으로 모두 다르고 인간 행동은 복잡하기 때문에, 치료적 변화의 나선형 모델은 아동 내부에서 일어나는 혹은 일어날 것 같은 과정에 대한 전반적인 이해만을 제공해주는 것으로 봐야 한다. 모든 아동에게서 치료적 변화가 어떻게 발생하는지에 대한 정확한 모델을 개발하고자 한 것이 아니다.

지금부터 이 모델의 단계를 '아동이 정서적으로 고통을 받고 있다'로 시작해서 한 단계씩 살펴볼 것이다. 이 과정을 보다 실감나게 기술하기 위해 사례를 사용할 것이다. 이 사례는 가공한 것이긴 하지만 가장 전형적인 것이다. 내담자의 비밀보장을 위해 우리가 다루었던 몇 사례들로부터 얻은 정보를 통합하고 수정했다.

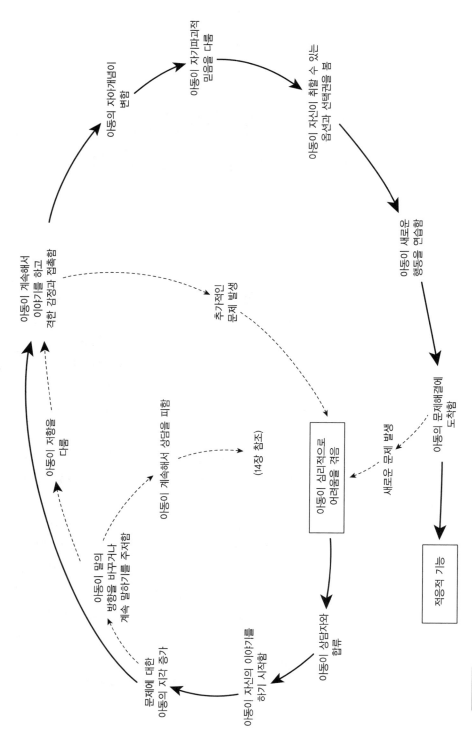

그림 7.1 치료적 변화의 나선형

사례 연구-배경 정보

은수는 11살이지만 나이에 비해 미성숙한 편이고 어머니하고만 산다. 어머니는 은수가 우울, 불안, 과민반응의 증상을 보이고 학교에서 갈등을 유발한다는 이유로 은수를 데리고 상담을 받으러 왔다. 은수는 잘 울고, 집중을 잘 못 하며 반항적이었다.

어머니와의 첫 면접에서 은수가 계획하지도 않았고 원하지도 않았던 임신으로 인해 태어난 아이였고 처음에 어머니로부터 버림을 받았다는 사실이 드러났다. 그러나 지난 몇 년 동안 어머니는 은수를 동료이자 친구같이 대했다. 또한 은수의 어머니는 은수에게 행동으로나 정서적으로 비현실적으로 높은 기대를 했다. 18개월 때 은수는 외할아버지에게 성 학대를 당했다.

첫 면접에서 은수의 어머니가 자신의 어머니에 의해 신체 학대를 받았고 자신의 아버지에 의해 성 학대를 받았으며 엄격하고 경직된 가족 규칙을 따라야 했다는 사실 또한 드러났다. 은수의 어머니가 자신의 부모에 의해 학대를 받았지만 자신의 형제자매는 자신처럼 학대를 당하지는 않았다. 은수의 어머니는 자신의 어머니가 자신을 양육했던 방식으로 은수를 양육하길 원치 않았고 은수에게 보다 나은 삶의 질을 제공하기 위해 어떠한 노력도 아끼지 않으리라 단단히 결심했다.

아동이 정서적으로 고통받고 있다

정서적인 문제를 갖고 있지 않는 한 아동은 상담실로 잘 의뢰되지 않는다. 그러나 가끔 의뢰인이 아동이 정서적으로 고통받고 있는 것을 인지하지 못하고 아동이 행동 문제를 가지고 있는 것으로 보는 경우가 있다.

이 사례의 경우, 어머니는 아동이 집중하지 못하고 반항한다는 행동 문제와 불안과 우울을 포함한 정서 문제를 인지했다.

아동이 상담자와 합류한다

아동과 상담자 간의 관계는 어떤 점에서는 상호적이고 또 어떤 점에서는 불공평하다. 합류에 대해서는 상호적이다. 만약 아동이 상담자와 합류해야 한다면, 상담자는 아동과 반드시 합류해야 한다. 합류가 성공하면 아동은 상담자에게 편안함을 느낄 것이다. 그리고 이것이 치료 과정이 잘 진행되도록 할 것이다.

처음에 은수는 자유 놀이를 하였다. 상담자는 인형의 집과 꼭두각시 인형을 가지고 놀이를 하고 있는 은수와 합류했다. 은수의 자유 놀이와 은수와의 상호작용을 통하여 상담자는 은수의 강점을 발견할 수 있었다. 은수는 상상력이 풍부했고 추상적 사고를 잘했으며 우호적이었다. 하지만 간혹 지나치게 순응적이었고 상대방 기분에 맞추려고 엄청 애를 썼다.

처음에 은수는 어머니가 말한 문제 행동 때문에 상담자로부터 비난을 받을 것이라 예상했고, 자신의 행동에 대한 어머니의 부정적인 진술에 동의했다. 상담자가 상담 관계의 본질과 목적에 대해 설명했을 때 은수는 매우 편안함을 느꼈고 상담자가 자신과 합류하도록 허락했다.

아동이 자신의 이야기를 시작한다

적절한 환경, 이용할 수 있는 적합한 매체 그리고 필요한 상담 기술을 구사하는 상담자가 주어지면 아동은 자발적으로 자신의 이야기를 시작할 것이다. 아동은 자신의 이야기를 직접적으로 드러내놓고 말하거나 놀이를 통해 간접적으로 할 수도 있다.

은수의 경우 상담자는 소형 동물모형을 사용하기로 결정했다(22장 참조). 상담자의 선택은 아동의 정서 문제가 어머니와의 관계와 관련이 있을 것이라는 가정에 기초한 것이다. 이러한 가정은 은수가 원치 않는 아이였고 어머니에게 버림을 받았었다는 사실과 은수의 어머니와 은수의 할머니와의 관계 또한 불만족스러웠다는 사실, 그리고 상담실에 온 이유가 자신의 문제 행동 때문이라고 은수가 생각하는 것 같다는 점에 근거하였다.

소형 동물모형을 사용함으로써 은수는 어머니, 할머니, 할아버지와의 관계를 투사적으로 보여줄 수 있었다. 그런 다음 은수는 이 관계를 좀 더 직접적으로 계속해서 이야기했다. 이 과정을 통해 다음과 같은 사실이 드러났다.

1. 은수는 어머니가 계속해서 자신을 밀어낸다고 믿었다.
2. 은수는 할아버지 때문에 걱정했지만 호기심 또한 있었다.
3. 은수는 자신이 착할 때만 할머니 가까이 갈 수 있다고 믿었다.

문제에 대한 아동의 지각이 증가한다

아동이 자신의 이야기를 하는 동안 격한 감정과 고통스러운 문제에 대한 아동의 지각이 강화될 것이다. 그런 결과로 아동은 자신의 이야기를 계속 이어가서 치료 과정이 앞으로 나아갈 수 있게 되거나 아니면 대화를 회피하거나 멈출지도 모른다.

은수와의 상담은 계속되었다. 계속된 상담에서는 인형을 사용하여 공주와 요정에 관한 판타지 이야기에 대한 역할놀이를 하였다(28장 참조). 은수가 이야기를 진전시킴에 따라 공주는 양육자의 역할을 맡았다. 이 이야기로부터 은수는 어머니와 신체적 접촉을 많이 하고 긍정적이고 온정적인 상호작용을 하는 친밀한 관계를 원한다는 것이 드러났다. 그러나 은수는 그러한 관계를 형성하기 위해 자신이 수행한 어떤 시도에도 어머니는 반응하지 않는다는 것을 알았다. 또한 은수는 자신이 말을 잘 듣지 않거나, 동네 아이들에게 얻어맞거나 놀림을 당하는 등의 피해를 받고 있을 때에만 어머니가 반응한다는 것을 깨달았다. 이것은 이해할 만한다. 왜냐하면 은수의 어머니는 특정 방식으로 양육하고자 하는 자신의 욕구에 반응하고 있었기 때문이다.

또한 은수는 할아버지에 대한 자신의 호기심을 채울 수 없었다는 것을 알게 되었다. 왜냐하면 어머니가 할아버지 근처에 가는 것을 허락하지 않았기 때문이다. 어머니는 성적 학대의 위험으로부터 은수를 보호하고 싶었다. 은수는 자신이 할아버지 근처에 갈 때마다 할아버지와 어머니가 싸웠고, 그 싸움에 대해 죄책감을 느꼈다는 것을 인식하기 시작했다. 또한 은수는 할머니와 멀리하고 어머니와 가까이 하기 위해 간혹 의도적으로 할머니를 거역했다는 것을 깨달았다.

아동이 대화를 회피하거나 멈춘다

격한 감정이나 어려운 문제를 다룰 때 아동들은 자연스럽게 자신의 고통을 다루는 대화를 회피하거나 침묵할 수 있다. 일상생활에서 이런 행동은 가끔 아동이 대처하는 데 도움을 주기 때문에 적응적이다. 그러한 회피는 치료 과정의 정상적인 부분인데, 그것을 저항이라고 부른다. 저항이 일어나면 상담자는 계속 이야기하도록 아동을 압박하지 않도록 조심해야 한다. 상담자는 압박하는 대신에 아동이 자신이 감당할 수 있는 방식으로 저항을 다루도록 도와야 한다.

어머니와의 관계의 중요성에 대한 은수의 지각이 증가하기 시작함에 따라 은수는 관계에 대해 이야기하는 것을 피하기 시작했다. 관계가 언급되면 은수는 고통에 직면하는 것을 피하기 위해 그 대화에서 벗어나 화이트보드에 그림을 그리거나 하는 관련 없는 활동을 했다.

아동이 저항을 다룬다

저항의 본질과 그것을 다루는 방법은 14장에 언급되어 있다. 저항을 다루는 데 있어 아동이 갖는 문제는 계속해서 이야기를 이어갈 것인가 아니면 이야기를 피할 것인가에 대한 선택이 중심이 된다. 저항은 무의식적 과정에 의해 작동되지만, 아동이 의식 수준에서 다음과 같이 생각할 수 있다. '이런 문제에 대해 말해도 괜찮을까?' '만약 내가 이야기를 한다면 향후 어떤 일이 생길까?' 이와는 달리 아동은 다음과 같이 생각할 수도 있다. '이건 너무 무서워.' '이건 내가 이야기하기에는 너무 고통스러워.' 만약 적절한 상담 기술이 사용된다면, 아동은 자신의 고통스러운 문제에 대한 이야기를 이어갈 수 있을 것이다. 그러나 아동이 이야기하는 것을 계속해서 피할 가능성 또한 있다. 확률은 반반이다. 만약 아동이 계속해서 이야기하기를 피한다면 상담자는 14장에서 설명한 바와 같이 저항을 직접적으로 다룰 필요를 느낄 것이다. 덧붙여, 상담자가 아동이 다른 방식으로 자신의 이야기를 할 수 있는 새로운 기회를 만듦으로써 상담 과정을 이전으로 되돌리는 것도 도움이 될 수 있다. 만약 매체를 바꾸어 상담 과정에 대한 아동의 흥미가 다른 방식으로 생긴다면 이 새로운 출발은 좀 더 쉽게 이루어질 수 있다.

은수가 고통스런 문제에 대해 이야기하는 것을 피할 때 상담자는 다음과 같이 말함으로써 은수의 주목을 끌었다. "은수야! 네가 어머니에 대해 갖고 있는 생각을 말하기가 몹시 힘든가 보네. 우리가 어머니에 대해 이야기할 때 네가 말하는 것을 멈추고 화이트보드에 그림을 그리는 등 다른 것을 하는 것을 몇 번 봤어. 선생님은 네가 어머니에 대해 이야기하는 것이 어떤 것일까 궁금해." 은수는 모르겠다는 말로 반응했다. 상담자는 계속해서 "선생님은 은수가 어머니에 대해 이야기하는 것이 두려운 건지 궁금해."라고 말한다. 은수는 그렇다고 말한다. 이로써 은수가 아직 어머니와의 관계에 대해 계속해서 이야기할 준비가 되어 있지 않다는 것이 명백해졌다. 상담자는 은수가 자신의 이야기를 이어가되 다른 방식으로 할 수 있도록 하기 위해 접근법을 달리 하기로 했다. 상담자는 은수가 찰흙을 사용하도록 했다(24장 찰흙놀이 참조). 은수가 찰흙을 사용하는 것에 익숙해졌을 때 상담자는 은수에게 찰흙으로 아기를 만들어보도록 했다. 그런 다음 은수가 자신이 만든 것(아기)을 보살피는 경험과 떨어지는 경험을 하도록 격려했다. 상담자는 은수에게 자신과 멀리 떨어진 방의 한 구석에 아기를 두도록 하고는 그것이 어떤 느낌인지를 탐색해보도록 격려했다. 이 활동으로 은수는 치료적 변화의 나선형 모델의 다음 단계로 나아갈 수 있게 되었다.

아동이 계속해서 이야기하고 격한 감정과 접촉한다

저항을 다룬 결과가 긍정적이면 아동은 계속 자신의 이야기를 이어가 격한 감정과 접촉할 가능성이 크다. 이렇게 되면 아동은 나선형 변화 과정을 따라 계속 나아가거나 아니면 새로운 문제를 제기하기 위해 처음으로 되돌아갈 것이다.

아기 인형을 자신에게서 멀리 치웠을 때, 은수는 아기 인형과 가까이 있는 것과 분리되어 있는 것이 어떤 느낌인지에 대해 경험하기 시작했다. 그때 상담자는 은수가 아기 인형과 대화를 나누고 대화를 나누는 동안 역할을 바꾸어보도록 격려한다.

그리하여 아기 인형으로서 은수는 '어머니 같은 인물(은수)'에게 말을 할 수 있었다. 아기 인형의 역할을 하는 동안, 은수는 '어머니'는 나를 사랑하지 않았고 절대로 사랑하지 않을 것이라는 자신의 두려움을 '어머니'에게 표현할 수 있었다. 은수는 어머니가 자신을 버릴지도 모른다는 두려움과 만약 그렇게 된다면 누가 자신을 돌봐줄 것인지에 대한 염려를 표현했다. 아기 인형과 어머니가 서로 대화를 나누는 동안 은수는 어머니와 자신의 개인적 경험에 대해 말하기 시작했다. 그러면서 은수는 울기 시작했고 자신의 슬픈 감정과 접촉하기 시작했다. 은수는 어머니에게 버림을 받았던 경험과 또 그럴지도 모른다는 두려움에 대해 계속 이야기했다.

은수는 왜 어머니가 자기를 좋아하지 않는지 그 이유에 대해 생각해보기 시작했다. 은수는 어머니가 자기를 사랑하지 않는 이유가 자신이 착한 아이가 아니고 사랑받을 만한 아이가 아니기 때문이라고 생각했다.

아동의 자아개념이 변한다

어머니와 할머니로부터 내면화한 메시지·때문에 은수는 자신이 착한 아이가 아니고 사랑스럽지도 않다고 생각하였다. 낮은 자존감과 무능감에 손상받지 않은 미래에 대한 선택을 하기 전에, 은수는 자신에 대해 좋은 느낌을 가질 필요가 있었다. 상담자는 은수에게 자신에 대해 생각해보도록 한 후 자신을 바깥에서 자라는 유실수에 비유해 기술해보도록 했다. 나무의 본질, 강점, 활동, 유연성 등에 대해 탐구해본 후 은수에게 자신과 나무를 비교해보고 자신에 대해 자신이 선호하는 대안적 이미지를 만들어보도록 했다. 자신이 타인을 위해 은신처와 열매를 제공했던 경우와 폭풍우를 견뎌낼 수 있었던 경우를 기억해보도록 했다. 점차 은수는 자신의 삶 속에서 실제 일어났던 일에 기초했지만 자신이 가지고 있었던 이미지와는 다른 자신에 대한 모습을 구축해갔다. 자신에 대한 이 선호하는 이미지는 은수가 자신의 장점에 근거하여 미래에 대한 결정과 선택을 할 자신의 능력에 확신을 가질 수 있도록 했다.

아동이 자기 파과적 믿음을 다룬다

아동이 자신에 대한 이미지를 바꾸면, 새로운 이미지로 인해 아동은 자신이 그동안 믿고 있었던 것에 대해 의문을 제기하게 된다. 이 시점에서 상담자는 아동이 자기 파괴적인 믿음을 인식하고 그것을 보다 적응적인 믿음으로 대체하도록 지원할 수 있다.

은수의 자기 확신은 향상된다. 하지만 은수는 계속해서 어머니와 할머니가 자신을 나쁜 아이로 바라보며 그것이 어머니와 할머니로부터 버림받는다는 느낌을 가지게 된 이유라고 믿고 있다. 이러한 믿음은 명백히 자기 파괴적이며 자신은 학교에서 친구가 없고 할머니와의 관계가 자신이 착한지 여부에 달려있다는 은수의 인식에 의해 강화되었다. 상담자는 은수가 다른 아이들의 행동을 보도록 해서 모든 아이들이 어떤 때는 착하지만 다른 때는 그렇지 않다는 것을 인식하도록 격려했다. 은수가 자신에 대해 좋은 이미지를 갖는 데 도움이 되지 않는 믿음에 대한 추가적인 심리-교육적 작업의 기회를 위해 활동지가 사용되었다.

아동이 선택권을 검토한다

아동은 이제 미래에 대한 선택을 고려할 수 있는 상황에 있다.

지금까지 이루어진 상담 결과로 은수는 선택권을 살피고 어머니와 학교 친구들과 관계를 맺는 다른 방식을 탐색하기 시작했다. 은수는 어머니가 자신과의 신체적 접촉을 위해 많은 시간을 할애할 수 없거나 할 의지가 없다는 걸 깨달았다. 은수가 취할 수 있는 한 가지 선택은 지금까지 해왔던 것처럼 자신이 원하는 접촉을 위해 계속해서 노력하는 것이다. 또 한 가지 선택은 어머니와 다른 형태의 관계를 맺기 위해 어머니와 협상하는 것이다. 은수는 후자를 선택했다.

은수는 학교 친구들과의 관계에 대한 선택권도 검토했다. 그리고는 그들과의 관계를 향상시키지 않기로 결정했다. 하지만 기본적인 사회성 기술이 부족했기 때문에 은수는 그걸 어떻게 할지에 대해서는 잘 모른다.

아동이 새로운 행동을 연습하고 실험해본다

상담의 이 단계에서 아동은 자신이 선택한 행동을 연습해보거나 실행에 옮긴다.

은수는 어머니와 서로의 공통된 관심사에 대해 함께 해볼 수 있다는 걸 알게 되었다. 이것은 두 사람 모두에게 만족스러운 결과를 가져다주었다. 즉 은수와 어머니의 관계가 변하였고 은수는 훨씬 더 안전감을 느꼈다.

상담자는 또한 활동지와 역할놀이를 사용하여 은수가 사회성 기술을 습득하도록 도왔다. 이 활동을 통해 은수는 직접적인 언어적 의사소통을 연습하였다(32장 참조). 역할놀이는 학교에서 친구들과의 관계에서 발생했고 은수가 일기장에 기록해 두었던 불만족스러운 일을 기반으로 이루어졌다. 이후 은수는 자신의 사회성 기술을 더 향상시키기 위해 그것을 다루는 집단상담에 참가했다.

아동은 문제를 해결하고 적절하게 기능한다

치료적 변화의 나선형 모델에 따른 여행이 완료됨에 따라 아동의 문제는 해결된다.

이제 은수는 정상적인 생활을 하거나 새로운 문제를 다루기 위해 치료적 변화의 나선형 모델의 처음으로 돌아갈 수 있다.

은수는 이제 어머니가 자신을 거부하고 자신을 버릴 것이라는 두려움과 관련된 문제를 해결했다. 어머니와의 관계와 어머니와 의사소통하는 능력이 향상되었다. 왜냐하면 은수는 이제 더 이상 자신의 감정을 공개적으로 표현하는 것을 두려워하지 않기 때문이다. 그 결과 은수는 어머니와의 대화를 통해 조부모와 관련된 문제도 해결할 수 있었다. 은수는 이제 잘 기능할 수 있게 되었고 자신의 문제를 상담에서 다루는 대신에 어머니와 직접적으로 대화할 수 있게 되었다.

치료적 변화의 나선형 모델 사용하기

상담에 따른 아동의 내면적 변화의 전 과정을 모두 보여주는 실제 사례를 사용하여 치료적 변화의 나선형 모델의 사용을 설명했다. 독자들은 지금까지 진술된 처치를 보고 상담을 쉬운 과정으로 생각할지 모르겠다. 사실 우리가 다룬 사례는 아주 드문 사례이다. 상담은 진행 과정에서 새로운 문제가 야기되기도 하는 아주 복잡한 과정이다.

원하는 목표를 달성하기 위해 나선형 모델의 일부만이 필요할 수도 있고, 어떤 경우에는 모델의 전 과정을 한 번 이상 여행할 수도 있다. 하지만 아동과의 상담에서의 진행 정도를 평가할 때 나선형 모델을 참고하는 것이 도움이 될 수 있다. 나선형 모델을 참고함으로써 우리는 아동이 문제해결 지점에 도달하기 위한 치료적 과정에서 요구되는 변화에 대한 의사결정을 내린다.

핵심 요점

- 그림 7.1에 제시되어 있는 상담의 연계 과정은 대개 도움이 된다.
- 상담자는 아동이 자신의 이야기를 시작하기를 기대하기 전에 아동과 합류할 시간이 필요하다.
- 아동이 자신의 이야기를 하고 문제에 대한 인식이 일어나면 아동은 격한 감정과 접촉할 가능성이 커진다.
- 격한 감정이 생기기 시작할 때 아동은 대화를 회피하거나 멈춘다.
- 저항은 발생할 수 있는데 이것은 14장에서 다룬다.
- 아동이 자기 인식을 바꾸는 데 도움이 되는 전략을 사용할 수 있다.
- 일반적으로 치료 과정을 완결하기 위해 아동은 자기 파괴적 믿음을 다루고, 선택권을 검토하고, 행동 변화를 할 필요가 있다.

08
Chapter

아동상담을 위한 통합 모델

앞 장에 기술되어 있는 치료적 변화의 나선형 모델(그림 7.1)은 상담이 진행되는 동안 아동에게 발생하는 과정에 대한 전체적인 이해를 제공해준다. 이 모델의 아동상담 중심 목표는 아동이 자신의 발달 단계에 맞는 건강하고 적응적인 기능을 하도록 돕는 것이라는 가정을 포함한다. 이 모델은 아동이 정서적으로 고통받는 상태에서 치료를 시작하고 호소 문제가 해결되어 아동이 적응적으로 잘 기능하는 시점에서 상담을 종결하는 과정을 예를 들어 설명한다.

상담자로서 우리는 아동 내부에서 일어나는 과정에 대한 이해와 더불어 상담 실제에 대한 명확한 모델을 가져야 한다. 여기에는 아동들이 나선형 모델을 따라 이동할 수 있도록 하기 위해 우리가 사용할 치료적 접근과 관련 있는 이론에 대해 명확히 이해하는 것을 포함한다.

우리는 아동상담을 위한 통합 모델(SPICC)이라고 부르는 상담 실제 모델을 개발했다. 이 시점 이후부터 우리는 이 모델을 SPICC 모델이라 부를 것이다. 이 모델은 계획적인 순차 과정에서 잘 확립된 여러 치료적 접근을 사용하는 통합 모델이다.

SPICC 모델은 통합 모델이기 때문에 다양한 치료적 접근에 속하는 아이디어, 전제, 개념과 틀을 사용한다. 이에 덧붙여 이 모델은 다양한 치료적 접근에서 온 전략과 처치를 사용한다. 이렇게 할 수 있기 위해서 이 모델은 다음 가정에 근거한다.

1. 치료 과정의 특정 시점에서 사용한 치료적 접근이 의도적이고 목적적이면 아동의 긍정적인 치료적 변화는 보다 빠르게, 보다 효과적으로, 그리고 보다 지속적으로 일어날 것이다.

2. 통합적 접근을 사용할 때 상담자는 특정 치료적 접근의 아이디어, 전제, 개념, 전략 및 처치를 그 접근의 아이디어, 전제 및 개념을 전체적으로 수용하지 않고서도 사용할 수 있다.

따라서 우리는 아동을 상담할 때 상징적인 작업을 융 방식의 해석에서 제한되거나 구속되지 않고 할 수 있다. 선호하는 '이야기'를 발견하고 그 이야기를 심화하는 것과 관련된 이야기 치료 개념을 사용할 수 있다. 이야기 치료 개념을 사용한다 하더라도 우리는 독특한 결과를 기반으로 하거나, 외부의 목격자를 사용하거나, 편지를 씀으로써 아동의 이야기를 심화하는 이야기 치료 접근의 임상 실제를 따라야 한다는 의무감을 느낄 필요가 없다. 대신에 우리는 아동이 자신의 이야기를 심화할 수 있도록 하기 위해 경험적 방법을 사용할 수 있다. 마찬가지로 우리는 아동이 정신분석적 심리치료에 기술되어 있는 정신내적 갈등으로부터 야기되는 불안을 대처하도록 돕기 위해 방어기제의 존재를 인정할 수 있다. 아동에게서 방어기제를 관찰하고 우리의 향후 상호작용과 처치의 방향을 정하는 데 이러한 관찰을 사용하지만 그렇다고 우리가 치료 관계에서 전이를 사용하여 아동에게 교정적인 정서적 경험을 제공하는 정신분석적 접근의 임상 실제를 채택할 필요는 없다.

상담에서의 변화 과정

SPICC 모델의 이론적 기초를 이해하기 위해서는 아동상담과 관련된 변화 과정에 대한 명확한 이해가 필수적이다. 대부분의 문헌은 성인 상담에 관한 것이지만 기술된 이론은 아동상담과도 관련이 있다.

대부분의 상담자는 상담의 일차적 목표는 내담자가 변화하도록 돕는 것이라고 생각한다(Lambert, 1992). 데네(Dene, 1980)에 의하면 무엇이 변화를 구성하고 야기하는지에 대한 공통 의견은 없다. 그래서 우리는 관련 문헌에서 변화가 어떻게 일어나는지에 대한 많은 아이디어를 찾아냈다.

단계 매칭 치료와 관련된 변화

프로차스카(Prochaska, 1999)는 사용하는 치료적 접근에 상관없이 변화에 대한 공통 경로가 있음을 제안했다. 그는 변화에 대한 조사를 통해 일반적인 사람은 일련의 단계를 거쳐 변화한다는 것을 발견했다. 사람들은 한 단계에서 다음 단계로 나아가기 위해 특정 과정을 적용하는데 이 과정은 시간에 따라 전개된다(Prochaska &

DiClemente, 1982, 1983). 이 단계 효과는 만약 준비 전에 즉각적인 행동을 하도록 한다면 대다수 사람들은 상담에서 진전을 보이지 않거나 상담 과정을 완수하지 못할 것이라는 것을 암시한다. 이에 덧붙여 프로차스카와 디클레멘테(Prochaska & DiClemente, 1983)는 특정 변화 과정은 특정 변화 단계와 매치될 필요가 있다고 제안했는데, SPICC 모델이 이렇게 되어 있다.

창의성 및 탐색과 관련된 변화

경험적 연구 결과에 의하면 변화는 창의적으로 누군가의 세계를 탐색하는 것과 관련이 있음을 보여준다(Corsini & Wedding, 2004; Duncan et al., 1997; Gold, 1994). 톨만과 보하트(Tallman & Bohart, 1999)는 치료의 안팎에서 이루어지는 궁극적인 변화 과정은 내담자가 자신의 세계, 즉 자신의 사고와 행동을 적극적으로 탐색하고 새로운 존재 방식과 행동 방식을 시험하고 과거에 배운 것에 창의적 변화를 주며 그들이 가져온 문제를 해결하는 과정이라고 생각한다. 마틴(Martin, 1994)과 부시(Bucci, 1995)는 내담자가 문제해결 시 언어적 측면과 경험적 측면을 연계하는 정도는 변화와 관련이 있다는 것을 발견했다. SPICC 모델은 아동이 창의적이고 경험적으로 자신의 내적·외적 세계를 적극적으로 탐색하도록 돕는 전략을 통합하기 때문에 이런 변화 이론과 일치한다. 이것은 나중에 살펴보겠지만 SPICC 모델의 2단계에서 일어난다.

내담자의 관점 변화와 관련된 변화

오셀(Osel, 1988)에 의하면, 상담에서의 변화 과정은 발생한 일(event)에 대한 내담자의 견해와 관련이 있고 종종 내담자의 관점 변화를 수반한다. 관점은 정신적 견해로 바뀔 수 있으며 내담자가 변화시킬 수 있는 것도 바로 이 정신적 견해이다. 발생한 일은 이미 지나가 버렸거나 내담자의 통제 범위를 벗어나기 때문에 변할 수 없는 경우가 종종 있다. 그러나 그것에 대한 내담자의 견해는 변할 수 있다. 만약 내담자가 일어난 일에 대한 자신의 해석을 바꾼다면, 자신의 관점은 변화되고 그럼으로써 보다 넓은 범위의 선택권을 가지게 된다. 올드햄 등(Oldham et al., 1978)은 만약 내담자가 자신의 관점을 조금이라도 변화시킬 수 있다면 내담자의 내적 세계의 상황에 변화가 뒤따른다고 진술하면서 이 변화 이론을 지지한다.

　SPICC 모델은 이 변화 이론과 일치한다. 즉 SPICC 모델은 아동이 직면한 문제에 대한 통찰력을 얻도록 하고, 선호하는 존재, 사고 및 행동 방식을 구축하도록 함으로써 일어난 일에 대한 자신의 해석을 바꾸는 데 도움을 준다.

요약

변화 촉진과 관련하여 제안된 것 중 가장 중요한 요소로는 내담자의 변화에 대한 준비, 내담자의 관점 변화, 내담자의 창의성 그리고 처리에 대한 경험적 측면과 언어적 측면의 연계 등이 있다. 변화 촉진 요소에 대해서는 학자들 간에 견해차가 있다. 하지만 이들 각자가 언급한 변화 촉진 요소는 변화 과정의 서로 다른 측면과 서로 다른 영향에 초점을 두었기 때문에 상호 배타적이지는 않다.

통합적 상담에 대한 체계적 접근의 이점

관련 문헌과 실제 임상 경험에 비추어볼 때 하나의 특정 치료적 틀로만 상담을 하는 상담자가 있기는 하지만, 대부분의 상담자는 다양한 출처로부터 아이디어를 추출하여 통합적 접근을 한다. 상담 실제에서 이것은 종종 변화 과정의 전체적인 요건에 대한 고려 없이 임시적이고 무계획적인 방식으로 상이한 접근으로부터 나온 아이디어를 사용하는 것과 관련된다. 유감스럽게도 이런 식의 상담은 문제가 될 수 있다. 이론적 개념이 혼란스러워지고 전체 처치 프로그램이 명확한 방향성을 잃을 수 있다. 이와는 대조적으로 순차적으로 계획된 SPICC 모델을 사용함으로써 치료 결과에서 상당한 이점을 얻을 수 있다. 앞서 설명한 바와 같이, SPICC 모델에서는 특정 방식으로 고안된 시퀀스를 치료적 접근에 이용하였다.

통합적 접근은 정당화될 수 있는가

관련 문헌에 의하면 심리치료에 대한 통합적 접근은 상당한 지지를 받는다(Alford, 1995; Davison, 1995; Goldfried & Castonguay, 1992; Jacobson, 1994; Pinsoff, 1994; Powell, 1995; Scaturo, 1994; Steenbarger, 1992). 많은 심리치료사들 또한 절충적/통합적 접근을 지지한다(Wakins & Watts, 1995). 특히 컬리(Culley, 1991)는 구체적인 상담 기술을 포함하고 있는 전략의 순차적 사용에 기반한 통합적 접근을 제안한다. 컬리의 접근은 상담을 위한 실제적 아이디어를 제공해주며 상담이 진행되는 동안에 발생하는 과정을 확인하는 데 유용하다.

 SPICC 모델은 개념상 컬리의 통합적 접근과는 다르며 아동상담을 위해 고안된 것이다. 컬리가 개별적 상담 기술을 포함한 특정 전략을 사용하는 시퀀스를 제공한 반면, SPICC 모델은 심리치료의 특정 이론적 모델을 순차적으로 사용했다.

SPICC 모델

SPICC 모델은 다양한 심리치료 접근으로부터 이론적 개념과 실제적 전략을 가져왔다. 여기에는 내담자 중심 상담, 정신역동적 심리치료, 게슈탈트 치료, 이야기 치료, 인지행동치료와 행동치료가 포함되어 있다.

앞서 설명한 바와 같이, 특정 치료적 모델의 전체 이론적 기초나 실제 방법을 전부 수용할 필요는 없다. 그러나 치료적 접근은 각자 고유한 변화 이론을 가지고 있다는 점을 인식하는 것은 중요하다. SPICC 모델은 상담 과정의 통합을 유지하기 위해 개별 치료 모델을 뒷받침하고 있는 변화 이론을 존중하고 사용한다.

통합적 변화 이론

특정 치료적 접근을 선호하는 상담자들은 자신이 사용하는 치료적 접근만으로 치료에서 요구되는 모든 목표를 달성하는 데 충분하다고 믿는다. 그러나 아동상담의 경우 어떤 치료적 접근은 다른 치료적 접근에 비해 상담 과정에서 특정 목표를 달성하는 데 더 빠르고 더 효과적이다. 예컨대, 내담자 중심 상담은 아동이 합류하고 자신의 이야기를 하도록 하는 데 특히 도움이 되고, 게슈탈트 치료는 아동의 지각을 높이고, 아동이 격한 감정과 접촉하도록 돕는 데 매우 유용하며, 이야기 치료는 아동이 자신에 대한 견해를 바꾸도록 돕는 데 아주 적절하고, 인지행동치료와 행동치료는 아동의 생각과 행동의 변화를 야기하는 데 가장 적절한 것으로 인정받고 있다.

SPICC 모델에서는 서로 다른 많은 치료적 접근이 특정 순서로 연계적으로 사용된다. 이 치료적 접근에는 각각 고유하고 구체적인 치료 이론이 있다. 그 결과, SPICC 모델의 전체 변화 이론은 특정 순서로 하나씩 사용된 많은 서로 다른 변화 이론으로 구성되어 있다. SPICC 모델은 많은 상이한 변화 과정을 순차적으로 통합하고, 상이한 목표가 상담 과정의 다양한 단계에서 성취될 수 있도록 하며, 전체 과정의 효과성이 증진되도록 한 모델이다. 그러므로 SPICC 모델에서 아동은 각 단계가 고유한 변화 과정을 가진 일련의 단계를 거쳐 나아간다. 항상 그렇지는 않지만 일반적으로 아동의 다음 단계로의 이동은 아동이 이전 단계를 완성했을 때 이루어진다.

SPICC 모델에서 전체 변화 과정은 왓슨과 레니(Watson & Rennie, 1994)가 기술한 과정과 비슷하다. 그들은 호소 문제에 대한 정보 공개하기로 시작하여, 개인의 경험에 초점 두기와 그것을 말로 명료화하기, 사고와 지각의 변화, 행동 실험과 새로운 경험 제공하기로 이어진다. 이 변화의 순환 과정은 아동 놀이를 특징짓는 모든 요소와 대인관계에 대해 아동이 배우는 방식을 포함하고 있기 때문에 아동상담의 패러

표 8.1 치료적 변화의 나선형 모델의 과정

왓슨과 레니(1994)가 제안한 상담 과정	치료적 변화의 나선형 모델에 기술되어 있는 상담 과정
호소 문제에 대한 정보 공개하기	아동이 상담자와 합류한다. 아동이 자신의 이야기를 한다.
개인의 경험에 초점 두기	아동이 계속해서 자신의 이야기를 한다.
자신의 경험을 말로 명료화하기	문제에 대한 아동의 지각이 증가한다. 아동이 자신의 정서와 접촉하고 약간의 카타르시스를 경험한다. 아동이 편향과 저항을 다룬다.
사고와 지각의 변화 시도하기	아동이 자신에 대한 다른 관점이나 견해를 개발한다. 아동이 자기 파괴적 믿음을 다룬다. 아동이 선택권을 검토한다.
행동 실험하기 새로운 경험하기와 순환 과정에 피드백 주기	아동이 새로운 행동을 연습, 실험, 평가한다.

다임으로 관심을 끌고 있다(Heidemann & Hewitt, 1992). 앞서 설명한 바와 같이, 왓슨과 레니(1994)가 기술한 변화 과정에서의 단계는 치료적 변화의 나선형 모델에서 기술한 바와 같이 변화의 내적 과정 단계와 일치한다(그림 7.1 참조). 그림 8.1은 나선형 모델의 단계가 어떻게 왓슨과 레니(1994)가 제안한 단계와 비교되는지를 보여 준다.

SPICC 모델은 어떻게 많은 치료적 접근을 통합하는가?

SPICC 모델은 표 8.2와 그림 8.1에 5단계로 기술되어 있는 치료적 변화의 나선형 모델과 대략 일치한다. 단계마다 아동이 나선형의 단계를 거쳐 나아갈 수 있도록 하기 위해 다른 치료적 접근이 사용된다. 상담 과정의 특정 단계에 특정 치료적 접근을 활용하는 것은 변화를 증진시키는 데 적절하다는 것이 밝혀졌다(Prochaska & DiClemente, 1983). 각 치료적 접근은 변화가 어떻게 일어나는지에 대한 독특한 이론을 제시하기 때문에, 아동의 욕구가 충분히 다루어지도록 이들 이론을 상담 과정의 관련 단계에 적용하는 것은 타당해 보인다.

표 8.2 SPICC 모델의 단계

	아동상담을 위한 통합 모델(SPICC)		
단계	치료적 변화의 나선형 모델에 기술되어 있는 상담 과정	SPICC 모델에서 사용된 치료적 접근	변화와 바람직한 결과를 낳는 방법
1단계	아동이 상담자와 합류한다. 아동이 자신의 이야기를 시작한다.	내담자 중심 심리치료	이야기 공유는 아동의 기분이 나아지기 시작하는 데 도움을 준다.
2단계	아동이 계속해서 자신의 이야기를 한다. 문제에 대한 아동의 지각이 증가한다. 아동이 자신의 정서와 접촉하고 약간의 카타르시스를 경험한다. 아동이 편향과 저항을 다룬다.	게슈탈트 치료	지각 증가는 아동이 자신의 문제를 명료화하고 자신의 격한 감정과 접촉하여 그것을 분출할 수 있게 한다.
3단계	아동이 자신에 대한 다른 관점이나 견해를 개발한다.	이야기 치료	아동이 선호하는 이야기를 재구성하고 심화시키는 것은 자기 지각을 증진시킨다.
4단계	아동이 자기 파괴적 믿음을 다룬다. 아동이 선택권을 검토한다.	인지행동치료	도움이 되지 않는 생각이나 사고 과정에 도전하는 것은 행동 변화를 낳는다.
5단계	아동이 새로운 행동을 연습, 실험, 평가한다.	행동치료	새로운 행동을 실험하는 것은 적응적 행동을 강화시킨다.

앞서 설명했듯이, SPICC 모델에서는 상담 과정의 각 단계별로 내담자 중심 치료, 게슈탈트 치료, 이야기 치료, 인지행동치료, 행동치료를 치료적 접근으로 선정하였다. 지금부터 SPICC 모델의 단계를 자세히 살펴볼 것이다. 치료적 변화의 나선형 모델의 특정 지점에서 특정 치료적 접근의 전략과 기법을 알고 사용하는 것이 어떻게 내담자가 나선형을 따라 자유롭게 나아갈 수 있도록 하는지를 예를 들어 설명할 것이다.

1단계 : 내담자 중심 치료

1단계에서 아동에게 일어나는 과정은 상담자와 합류하고 자신의 이야기를 시작하는 것

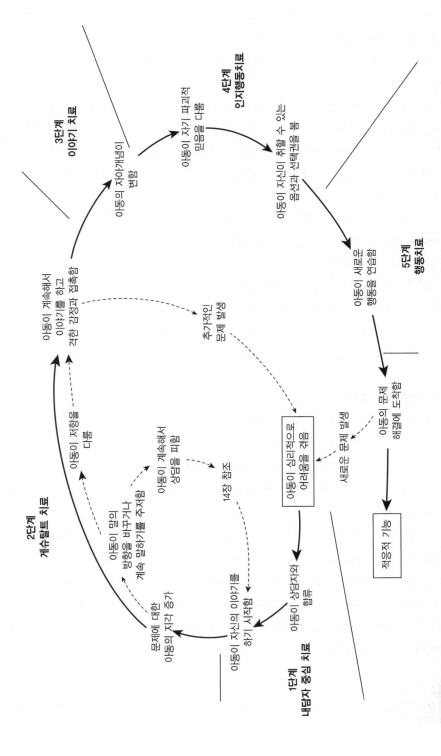

그림 8.1 SPICC 모델

이다. 이 단계는 관계 구축 단계이기 때문에 우리는 아동이 자신의 문제에 대해 자유롭게 말하고 편안함과 안전감 및 존중받는다는 느낌을 가질 수 있도록 하는 데 초점을 두는 치료적 접근의 전략과 처치를 숙지하고 선정하는 것이 현명하다고 생각한다.

이 단계는 아동이 상담 관계의 본질을 알아내고 상담자와 긍정적인 관계를 구축하는 단계이다. 이 단계에서 우리는 이 과정에 아주 적합하다고 생각되는 내담자 중심 상담의 개념과 전략을 사용한다. 합류는 치료사가 진솔하게 그리고 판단하지 않으며, 무조건적인 긍정적 배려로 온정적이고 공감적인 상담 관계를 만듦으로써 완성된다(Rogers, 1965).

이 접근에서 상담자는 자신을 전문가로 보지 않고, 판단하지 않고 경청하는 촉진자로 본다. 아동과 치료적 관계를 구축하는 것의 이러한 특징은 많은 치료적 접근에 공통적이다. 하지만 관계에 대한 내담자 중심 상담에 내재하는 믿음은 이 치료적 접근에 고유한 미시 상담 기술의 사용을 통해 분명해진다. 내담자 중심 상담에서는 반영, 요약, 피드백 주기, 개방적 질문의 사용과 같은 구체적인 미시 상담 기술을 특히 강조한다. 내용의 반영과 개방형 질문은 아동이 상담자가 자신의 이야기를 듣고 있고 자신이 이해받고 있다는 확신을 갖도록 하기 때문에 합류 단계에서 특히 중요하다.

이에 덧붙여 이 단계의 본질적 요소는 아동이 현 상황을 어떻게 지각하고 있는지에 대한 자신의 이야기를 할 수 있도록 하는 것이다. 아동은 놀이나 매체를 사용한 활동을 통해 직 · 간접적으로 자신의 이야기를 하도록 요구받고 권장된다. 아동은 로저스(1965)의 미시 상담 기술의 사용을 통해 자유롭게 의사소통하도록 요구받는다. 반영적 상담 기술은 아동이 편안함과 안전감을 느끼도록 하는데, 감정의 반영은 아동이 자신의 이야기와 관계된 정서와 접촉할 수 있게 한다.

정신역동적 원리 또한 이 단계의 상담 실제에 유익한 정보를 제공해줄 수 있다. 정신역동적 진술문(Psychodynamic formulation)[1]은 상담자에게 아동이 세상과 관계를 맺는 방식과 정신내적 갈등의 결과인 불안을 피하기 위해 그들이 사용하는 메커니즘에 대해 알려준다. 따라서 상담자는 아동이 염려하는 것이 무엇이고 아동이 그러한 염려에 어떻게 대처하는지에 대한 아이디어를 갖게 된다. 관찰을 통한 아동의 투사에 대한 가설 설정과 자유연상 또한 상담자가 아동을 이해하는 데 도움을 줄 수

---

1) 환자의 심리역동적 구조를 잘 이해함으로써 중심 갈등과 그것의 전이와 저항을 이해하고 치료 방향을 찾으려는 목적으로 작성되는 증상에 대한 요약적 진술이다.(역주)

있다.

아동 중심 접근이나 정신역동적 접근을 사용하면서 동물모형, 모래상자의 상징물, 스토리텔링과 미술활동을 하는 것은 아동이 자신의 이야기를 직·간접적으로 하도록 하는 좋은 기회를 제공해준다. 아동 관찰은 아동에게서 일어날 수 있는 내적 과정에 대해 상담자에게 알려주고 향후 탐색을 안내한다.

이 단계에서 상담자의 향후 치료적 탐색 및 처치의 구체적인 대상이 되는 아동의 중요한 문제가 드러날 것이다.

2단계 : 게슈탈트 치료

1단계는 아동이 안전감을 느끼고 상담자를 신뢰할 수 있도록 하여 보다 역동적인 접근이 사용될 수 있는 새로운 단계로 들어갈 준비를 할 수 있도록 해준다. 1단계에서 구체적인 문제에 대한 정보를 얻었기 때문에 변화를 위해 이제 필요한 것은 아동이 자신의 경험에 초점을 두고 그 경험을 말로 분명히 표현하도록 하는 것이다(Watson & Rennie, 1994). 다시 말하면 아동이 자신의 이야기를 함으로써 자신의 정서와 접촉하고 약간의 카타르시스를 경험함에 따라 자신의 문제에 대한 아동의 지각이 증가될 필요가 있다는 것이다. 아동의 내·외적 세계를 경험적으로 탐색하는 것에 주 초점을 두고, 변화는 증가된 지각의 결과로 발생한다는 개념에 기초한 게슈탈트 치료가 이 단계의 변화를 증진시키는 가장 적절한 방법을 제공해준다. 게슈탈트 치료는 자신의 지각이 증가됨을 경험함에 따라 아동이 계속해서 자신의 이야기를 하도록 하는 데 사용될 수 있다. 증가된 지각을 통해 아동은 격한 감정과 접촉하고 그것을 방출하게 된다. 증가된 지각을 강조하는 게슈탈트 치료는 아동이 신체적 감각, 정서적 느낌 및 사고에 대한 자신의 현재 경험과 접촉하도록 해준다.

1단계에서 드러난 중요한 문제는 개선될 수 있고 상담자에게 향후 치료적 탐색 및 처치를 위한 구체적인 목표 대상을 제공해줄 수 있다. 이런 문제를 탐색하고 그런 다음 아동이 그 문제와 관련된 경험을 이해하고 분명히 표현하도록 돕는 것은 아동이 변화하고 보다 나은 기분을 느끼도록 돕는 데 중요하다. 아동의 지각 증가와 그로 인한 격한 감정의 방출은 아동이 카타르시스를 경험하도록 해준다.

이 단계에서 가끔 아동은 대화의 방향을 바꾸려고 하거나 말을 멈출 수 있는데, 이럴 경우에는 저항을 다룰 필요가 있다. 일반적으로 대부분의 아동은 정서적 고통을 경험할 때 상담을 받으러 온다. 상담을 받으러 온 아동들 중에는 자신의 감정을 언어적 또는 비언어적으로 명료히 표현하는 아동도 있지만 감정 표현을 매우 조심스러워하는 아동도 있다. 자신이 현재 경험하고 있는 감정이 어떤 것인지 명료하게 알지 못하는 많은 아동들이 있다. 또한 대부분의 아동들은 강한 감정과 접촉하는 것을 거부할 것이다. 게슈탈트 치료는 저항을 구체적으로 다루고 아동이 자신의 저항과 접촉하도록 하여 결국에는 자신의 감정을 표현하도록 해준다(저항 다루기에 대해서는 14장 참조). 감정이 충분히 표현되고 나면 내담자는 자신과 세상을 새로운 방식으로 보게 되고(Pierce et al., 1983), 변화 과정의 3단계로 나아갈 준비를 갖추게 된다.

게슈탈트 치료는 변화의 역설적 이론을 제안한다. 이 이론에 의하면, 변화는 다른 사람이 되려고 시도하거나, 자아의 수용할 수 없는 부분을 부인함으로써 일어나는 것이 아니라 자신이 누구인지를 충분히 인지함으로써 일어난다. 아동이 자신을 수용하도록 도움으로써 그들은 혼란 대신에 명료함을 경험하게 될 것이다.

이 단계에서는 은유, 상징, 미술, 점토의 사용과 인형이나 소상(figurine)과 관련된 정신역동적 기법을 포함한 많은 창의적인 기법이 사용될 수 있다.

3단계 : 이야기 치료

3단계에서 아동은 자신에 대한 새로운 관점을 개발하도록 지원을 받게 되고 그 결과 자기 이미지와 자존감은 향상된다. 이 단계에서 가장 유용한 치료적 접근은 이야기 치료이다. 이야기 치료는 이야기 치료사가 '스토링'이라고 부르는 개념에 기초한다. 어떻게 아동의 문제가 자신의 삶에 영향을 주었는지에 대한 이야기를 듣고, 그 아동이 선호하는 대안적 이야기를 만들어 다시 듣도록 한다. 그러므로 변화의 이야기 이론은 내담자가 옛 이야기를 해체하고 자신과 자신의 삶에 대해 선호하는 이야기로 재구성하는 것에 기초한다(Morgan, 2000; Parry & Doan, 1994; White & Epston, 1990). 새롭고 선호하는 이야기가 나타나기 시작하면, 아동이 새 이야기를 고수하거나 유지하도록 돕는 것이 중요하다. 모래상자에서의 상징, 미술, 찰흙, 은유적 대화와 같은 많은 창의적인 전략이 대안적 이야기를 풍부하게 기술하는 데 도움이 될 수 있다.

4단계 : 인지행동치료

아동을 참여시켜 자신의 이야기를 하도록 하고, 아동의 지각을 높여 자신의 격한 감정과 접촉하고 그 감정을 분출할 수 있도록 돕고, 그런 다음 아동이 자기 이미지를 향상시키도록 돕는 것은 치료 과정의 중요한 부분이다. 하지만 그것만으로는 충분하지 않다. 우리 경험에 의하면 그러한 과정을 겪은 아동 중 많은 아동들이 자신의 사고와 행동을 다룰 수 있기 위한 직접적인 도움을 받지 않을 경우 계속해서 건강하지 못한 방식으로 생각하고 행동한다. 이것은 불가피하다. 왜냐하면 아동을 포함한 모든 인간은 시간이 지나면서 굳건히 자리 잡은 사고 및 행동 패턴을 개발하기 때문이다. 특히 아동이 정서적으로 혼란할 때, 그들은 그러한 혼란에 대응할 수 있는 사고 및 행동 방식을 찾는다. 종종 그러한 방식은 역기능적이고 부적응적이다.

앞선 단계에서 기술한 치료적 과정이 아동의 스트레스, 불안, 우울이나 다른 감정을 감소시켜주기는 하지만 건강하지 못한 사고 및 행동 양식은 지속될 가능성이 많다. 불행하게도 자신의 사고방식이나 행동방식을 바꿀 수 없는 아동들은 이후 문제 상황이 발생하며, 계속적으로 같은 문제를 다시 경험하기 쉽다. 그러므로 4단계에서 아동이 자신의 파괴적인 믿음을 다룰 수 있도록 조력하고 자신의 행동과 관련된 옵션과 선택권을 검토해보도록 돕는 것이 적절하다.

이 단계에서 가장 적절한 치료적 접근은 인지행동치료이다. 왜냐하면 이 치료적 접근은 사고와 행동을 직접적으로 다루기 때문이다. 그러므로 이 단계에서 아동은 그들에게 도움이 되고 트라우마와 정서적 고통의 결과로 갖게 된 인지부조화로부터 안도를 경험하도록 믿음, 태도, 사고 및 아이디어를 바꾸는 방법을 배운다.

아동은 자기 파괴적 믿음이 계속해서 정서적 고통과 부적응적 행동을 야기하지 않도록 새로운 사고방식을 배우는 데 지원을 받을 수 있다. 이와 더불어, 아동은 보다 적응적 기능을 하도록 하는 행동과 관련된 옵션과 선택권을 탐색하도록 격려받을 수 있다. 이 인지재구성 단계가 없다면 아동은 새로운 혹은 반복되는 정서적 트라우마를 낳게 할 과거의 행동을 계속 반복할 가능성이 있다는 것을 기억하는 것이 중요하다.

엘리스의 합리적 정서행동치료(REBT; Dryden, 1990, 1995)와 글래서의 현실 요법(Reality Therapy; Glasser, 2000)이 많은 아동기 문제를 다루는 데 특히 유용한 인지행동 접근이다.

5단계 : 행동치료

행동을 새롭게 할 것이라고 결심한 아동들이 추가적인 도움 없이도 새 행동을 할 것이라고 믿는다면 그것은 오산이다. 새 행동이 자리를 잡기 위해서는 그 행동을 실험하고 연습해야 한다. 그러므로 5단계에서 아동은 새로운 행동을 연습하고 실험하고 평가하도록 권장된다. 상담 상황에서 새로운 행동을 연습해 봄으로써 아동은 일상생활에서 이러한 행동을 실험해볼 수 있다. 행동치료는 아동이 옛 행동을 버리고 새로운 행동을 하는 데 필요한 기술을 습득하도록 돕는 데 사용할 수 있다. 이 과정은 타인이나 자신에게 보상이나 다른 결과물을 주고받음으로써 촉진된다. 상이한 행동을 사용하고 실험할 때 긍정적 혹은 부정적 결과를 체계적으로 기록하는 것은 아동이 새로운 적응 행동을 할 수 있도록 조력하는 데 도움이 될 수 있다. 동기 전략과 인센티브 전략을 채택함으로써 아동은 새로운 행동 기술을 변화시킬 수 있고 더 넓은 사회적 환경에 일반화할 수 있다.

요약

SPICC 모델은 6~12세 아동을 위한 간결하고 비용 효과적인 상담 방식을 제공한다. 내담자 중심 치료에서 시작하여 게슈탈트 치료, 이야기 치료, 인지행동치료를 거쳐 행동치료로 이어지는 체계적인 과정은 많은 아동들에게 긍정적인 결과를 가져다주는 간결한 치료적 개입을 제공해준다.

인지행동치료와 행동치료가 실패했음에도 SPICC 모델은 성공을 거두는 경우가 종종 있다. SPICC 모델은 아동들이 먼저 겉으로 잘 드러나지 않는 정서적 문제를 다루고, 정서를 표현하고 자신을 더 좋게 느끼도록 해준다. 그런 다음 인지행동치료와 행동치료를 다시 도입함으로써 SPICC 과정을 지속시키므로 효과적이다. 이와 비슷하게 자신의 문제가 다루어지고 정서가 분출되는 상담 과정을 통해 도움을 받은 아동들이 종종 계속해서 부적응적 행동을 보이는 경우가 있는데, 이것은 그들의 행동이 직접적으로 다루어지지 않았기 때문이다. 그러므로 통합적 SPICC 모델은 정서적 문제를 다룰 뿐만 아니라 인지재구성에 대한 요구를 계속해서 다루고 행동 변화를 이루는 데에도 도움을 준다는 점에서 보다 완전하다고 할 수 있다.

일반적으로 SPICC 모델을 사용한 치료적 개입은 6~10회기를 초과하지 않는다. 그러나 소수이긴 하지만 더 긴 시간을 요구하는 아동들이 있다. SPICC 모델의 전 단계에서 아동의 가족, 부모나 다른 중요한 사람들이 9장에서 언급한 방식으로 치료 과정에 함께 한다면 도움이 될 수 있을 것이다.

핵심 요점

- 치료 과정의 특정 시점에서 사용한 치료적 접근이 의도적이고 목적이 있다면 긍정적인 아동의 치료적 변화는 보다 빠르게, 보다 효과적으로 그리고 보다 지속적으로 일어날 것이다.
- 통합적 접근을 사용할 때 상담자는 특정 치료적 접근의 아이디어, 전제, 개념, 전략 및 처치를 그 접근의 아이디어, 전제 및 개념을 전체적으로 수용하지 않고서도 사용할 수 있다.
- SPICC 모델은 순차적으로 합류, 아동의 이야기 듣기, 아동이 감정과 접촉하는 것을 돕기 위해 아동의 지각 높이기, 자기 지각 사고 및 행동의 변화 증진시키기의 과정과 관련된다.
- SPICC 모델은 내담자 중심 상담, 게슈탈트 치료, 이야기 치료, 인지행동치료와 행동치료 기법을 사용한다.

09
Chapter

가족치료 맥락에서의 아동상담

아동들이 상담을 받기 위해 상담실을 방문하는 것은 많은 경우 정서적인 어려움 때문이다. 즉 아동에게서 정서적으로 불안정함을 목격한 부모나 보호자가 그 아동이 걱정이 되어 상담실로 데리고 오는 경우가 많다. 그러나 아동들이 상담을 받는 이유가 정서적인 것에만 국한되어 있는 것은 아니다. 아동이 보여주는 부적절한 행동이 걱정이 되어 부모나 보호자 또는 교사 등에 의해 의뢰되는 경우도 많다. 부적절한 행동을 보이는 아동들은 정서적 어려움 또한 가지고 있다고 우리는 생각한다. 아동들이 부적절한 행동을 하는 것은 학대, 트라우마, 위기 또는 대인관계 어려움과 같은 외적 스트레스원 때문이거나 그로 인한 혼란스러운 내적 과정 때문이다. 즉 아동의 부적응적 또는 수용할 수 없는 행동은 스트레스원에 대한 아동의 반응이다. 다시 말하면, 그런 행동은 불안에 대처하여 정서적 안정을 유지하려는 아동의 시도를 반영한다.

수용할 수 없는 아동의 행동은 불가피하게 다른 가족 구성원에게 영향을 준다. 그리고 만약 그런 행동이 해결되지 않는 정서적 문제에 기인하는 것이라면 이 문제는 아동이 대부분의 시간을 보내는 가족 환경과 관련이 있을 가능성이 높다. 우리의 경험에 비추어볼 때 많은 경우 가족 상호작용에 대한 정보는 가족체계가 아동이 보여주는 정서적·행동적 소란에 어떻게 기여하는지에 대한 단서를 제공해준다. 가족 상호작용에 대한 그러한 정보는 간혹 문제 행동이 애초에 어떻게 형성되었는지에 대한 암시를 주기도 한다. 따라서 아동을 상담할 때 가족을 상담 과정에 참여시키는 것이 도움이 된다. 또한 아동과의 개별 상담과 가족치료를 통합할 때 상담이 성공적일 가능성이 높다.

이 책을 읽는 과정에서 여러분은 우리가 앞서 제시했던 모델과 실행 틀이 아동의 변화능력과 적응적 반응을 향상시키기 위해 아동의 내적 자원을 연결시키는 능력에 초점을 두는 단기 접근법이라는 것을 알았을 것이다. 이 접근에 대한 근거는 8장에서 명확하게 설명하였다. 물론 장시간 집중적인 심리치료를 요하는 문제를 가진 아동도 있다. 하지만 이러한 심리치료가 상담을 받으러 오는 대부분의 아동들에게는 필요하지도 적절하지도 않다. 그러므로 우리는 시간과 비용 면에서 편리한 접근법을 채택한다.

가족치료와 개인상담의 비교

과거에는 아동상담과 관련하여 두 가지 다른 접근법이 있었다. 하나는 개인상담이고 다른 하나는 가족치료이다.

개인상담을 하는 많은 상담자들은 아동의 문제를 해결하기 위해서는 아동하고만 상담을 해도 충분하다고 믿는다. 마찬가지로 가족치료를 하는 많은 상담자들도 가족치료만으로 아동의 문제를 충분히 해결할 수 있다고 믿는다.

어떤 가족치료사들은 아동과의 개인상담은 아동을 희생양을 만들고, 낙인찍고, 병리적으로 보기 때문에 바람직하지 않다고 주장한다. 한편 개인상담을 하는 상담자들은 가족치료가 아동 자신의 개인적이고 민감한 문제를 심도 있게 다룰 기회를 제공하지 않는다고 생각한다. 우리의 경험에 비추어볼 때 아동은 전체 가족 맥락에서는 공개하기 어려운 개인정보를 개인상담에서는 공개하기 때문에 우리는 후자에 동의한다. 그러나 그동안의 임상 경험에서 우리는 아동이 개인상담에서 자신이 말하기 힘든 정보를 일단 공개하면, 이후 이 정보를 가족과 종종 공유할 수 있다는 걸 봐왔다. 만약 가족치료만을 사용한다면, 이러한 정보는 수면으로 올라오지 않을 수 있고 따라서 아동의 문제는 지속될 가능성이 있다. 이런 이유로 우리는 아동상담 시 개인상담과 가족치료를 통합하는 것이 아동의 빠른 변화를 촉진시킬 가능성을 높일 것이라고 믿는다.

개인상담과 가족치료의 통합

이 장에서 제시한 통합적 접근을 사용함으로써 우리는 아동상담에 개인상담과 가족치료를 통합할 수 있다고 믿는다. 그렇게 함으로써 아동과 가족에게 좀 더 종합적인 치료를 제공할 수 있다. 이러한 통합적 접근이 적절하고 세심하게 사용된다면, 아동은 희생양이 되거나 낙인찍히지 않게 된다. 그와 반대로 아동이 변화를 보이기 시작함에 따라, 다른 가족 구성원들도 자신의 사고, 믿음, 행동을 변화시킬 필요가 있다는 것을 깨닫게 된다.

우리의 경험으로 볼 때 개인상담과 가족치료를 통합하는 것은 아동이나 청소년이 관련되었을 때 사용할 수 있는 접근이다. 그러나 여기서 꼭 한 가지 지적하고 싶은 것은 청소년을 상담할 때 사용되는 전략과 아동을 상담할 때 사용되는 전략 간에는 중요한 차이가 있다는 것이다. 이것은 아동과 청소년은 매우 다른 발달 단계에 있기 때문이다. 청소년 상담에 관심이 있는 독자들은 *Counseling Adolescents: the Proactive Approach*(Geldard & Geldard, 2004)를 읽어보길 권한다. 가족치료 맥락에서 아동을 개별적으로 상담할 때 발생하는 과정을 이해하는 데 도움을 주기 위해 우리는 통합 모델에 대해 살펴보고자 한다. 이에 앞서 먼저 다음 사항을 살펴본다.

● 가족이란 무엇인가?
● 아동은 가족 내에서 한 개인으로서 어떻게 기능하는가?
● 가족치료의 가치

가족이란 무엇인가

오늘날 서구 사회에서는 전통적인 핵가족이 아동 양육을 위한 유일한 가족 형태라는 생각이 큰 변화를 겪고 있다. 우리 경험에 의하면, 많은 아동들이 한부모 가족이나 혼합 또는 복합 가족에서 잘 자라고 있었고, 아이를 잘 기르고 있는 동성애자 가족도 보았다. 어떤 사회에서는 확대가족이 특히 중요하고 가족체계의 기능에 중요한 역할을 한다. 가족구조가 어떠하든, 아동을 둔 대부분의 가정에 대해 다음과 같이 말할 수 있다고 우리는 믿는다.

● 가족은 대개 다세대로 구성되어 있다.
● 가족 내부에는 개별 성인의 개인사가 담겨 있다.
● 가족은 구성원의 개인사에 의해 영향을 받는다.

가족은 대개 다세대로 구성되어 있다

가족은 아동, 부모, 조부모로 구성되어 있다. 가족에는 이모, 삼촌, 사촌 그리고 가족 구성원과 밀접한 관계를 가진 다른 사람들이 포함될 수 있다. 가족은 세대차가 있는 가족 구성원들이 개별적으로 제공하는 기여에 의해 풍요로워질 수 있다. 예컨대, 어떤 문화에서는 할아버지와 할머니 그리고 연세 많은 동네 어른들이 가족과 지역사회의 구성원으로서 아주 높은 대접을 받는다. 그들은 종종 지혜와 안정감을 제공하는 중요한 자원이며 가족과 지역사회에 정체감을 준다. 다양한 연령의 아동들은 가족에 활기와 즐거움 그리고 양육과 보호의 기회를 줌으로써 가족에 기여할 수 있다. 부모와 다른 어른들은 가족의 어린 구성원들에게 역할 모델을 제공하는 방식으로 많은 기여를 한다. 가족은 수행해야 하는 나름의 발달적 욕구와 과제를 가지고 있고 이를 통해 성숙해지는 개인들로 구성되어 있다는 것을 기억하기 바란다.

가족 내부에는 개별 성인의 개인사가 담겨 있다

아동들은 성장함에 따라 자신을 둘러싼 세상으로부터 마음에 들고 유용하다고 생각되는 가치, 믿음, 태도를 통합한다. 그러나 이들이 성인이 되었을 때 그들은 자신이 다른 것들만큼 매력적이지 않는 믿음, 태도, 가치를 받아들였음을 알게 될 수도 있다. 이와 더불어, 성인 각자는 후일 과제를 적응적으로 다루는 능력에 영향을 주는 경험을 하게 될 것이다. 가족에서 성인 각자는 과거 경험으로 인해 상이한 믿음, 태도 및 가치를 갖게 될 것이다. 때때로 과거경험에 기초한 가치, 믿음, 태도는 가족 내의 다른 성인과 유사하기도 하지만 매우 다르기도 하다.

가족은 구성원의 개인사에 의해 영향을 받는다

가족은 아동이 살고 있는 정서적, 지적 및 물리적 환경의 핵심 제공자이기 때문에, 이러한 환경은 후일 아동의 세계관과 미래 도전에 대처할 수 있는 아동의 능력에 영향을 줄 것이다. 건강하게 기능할 가족의 능력은 가족 내의 성인에게 달려있다는 것은 명확하다. 가족 내의 성인 각자는 아동들을 양육하는 방법과 가족이 어떻게 성장하고 발전하는지 그리고 가족이 전체적으로 어떻게 기능하는지에 불가피하게 영향을 줄 개인사를 가지고 있다. 가족 유대와 구조는 아동의 이후 적응에 영향을 줄 것이다.

아동은 가족 내에서 한 개인으로서 어떻게 기능하는가

우리는 가족이 단일 실재(single monolithic entity)가 아니라 일군의 개인들로 구성되어 있다는 것을 기억하는 것이 중요하다. 아동의 부모를 포함한 이들 구성원 각자는 아동의 삶에 정서적으로 강력한 영향력을 발휘한다. 왜냐하면 아동들은 일반적으로 가정환경에서 시간의 대부분을 보내기 때문이다.

　그림 9-1은 가족 내에서 각 개인(상담에 의해 도움을 받고 있는 아동을 포함해서)이 기능하는 방식을 보여준다. 개별 가족 구성원의 사고, 행동 및 가족에 대한 지각

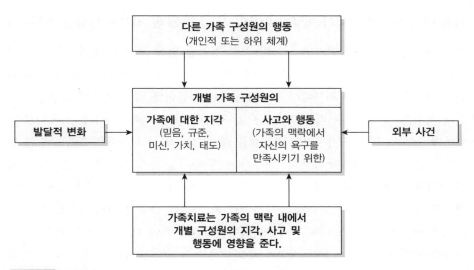

그림 9.1 개별 가족 구성원의 지각, 사고 및 행동에 대한 영향

은 다른 가족 구성원의 행동, 가족 내의 발달적 변화와 외부 사건에 의해 영향을 받는다. 이에 덧붙여 가족치료도 개별 가족 구성원의 가족에 대한 지각과 그들의 사고 및 행동에 영향을 줄 것이다.

아동을 포함한 가족에서 각 개인은 자신이 가족이라는 단위에서 존재하는 데 도움이 되는 생각과 행동을 할 것이다. 이런 사고와 행동은 그들이 자신의 개인적 불안을 감소시키고 가족체계 내에서 편안함을 느끼도록 돕는 방식으로 자신의 정서적 · 신체적 욕구를 충족시키도록 돕는다. 우리는 아동이 자신의 욕구를 충족시키기 위해 노력하는 방식이 때때로 부적절하거나 부적응적일 수 있고 그들과 가족의 다른 구성원들에게 문제가 될 수 있다고 언급하였다. 그럼에도 불구하고 아동은 자신이 알고 있는 최선의 방식대로 생각하고 행동한다.

가족 문화가 어떻게 아동의 사고, 행동 및 지각에 영향을 미치는가

아동은 자신이 살고 있는 가족에 대한 지각을 하게 된다. 가족에 대한 이런 지각은 아동에게 암묵적으로나 명시적으로 전달된 가족 믿음, 규준, 미신, 가치, 태도 및 문화적 영향에 기초한다. 예컨대, 아동들은 자기 가족의 중요한 규칙으로 가족사에 대한 정보는 외부로 발설해서는 안 되며, 가족 간의 신체적 접촉은 최소한으로 해야 한다고 지적할 수 있다. 따라서 아동들은 그런 지각을 준수하는 방식으로 행동할 것이다.

가족 내의 발달적 변화가 어떻게 아동의 사고, 행동 및 지각에 영향을 미치는가

가족 구성원 모두는 살아가면서 이런 저런 경험을 하며, 이것은 자연스럽다. 이런 변화는 대개 예견할 수 있다. 출생, 10대 자녀의 독립, 진로 변경, 노부모의 사망과 같은 사건은 삶의 특정 시점에서 경험하게 되는 것들이다. 준비 정도에 상관없이 이러한 경험은 가족 구성원의 사고, 행동 및 지각에 영향을 미칠 변화를 가져다준다. 예컨대, 부부가 아이를 가지기로 결정했을 때 그들은 자신의 라이프 스타일에 큰 변화가 있을 것임을 예견할 것이다. 부부가 둘째 아이를 가지기로 결정했을 때, 둘째의 출생은 첫째 아이에게 영향을 미칠 것이다. 첫째 아이는 자신의 자리가 빼앗기는 경험을 할 것이고, 따라서 가족 내에서 자기의 자리를 되찾기 위해 행동할 것이다. 부모가 어떻게 반응하느냐에 따라 아동은 변화된 가족에 대해 새롭게 지각하거나 이해를 하게 될 것이다. 10대 자녀가 부모에게서 독립하게 되었을 때, 그러한 발달적 변화는 남아 있는 자녀들의 사고와 행동에 영향을 미칠 것이다. 마찬가지로 노부모를 돌보고자 하는 부모의 결정도 가족에 대한 아동의 사고, 행동 및 지각에 큰 영향을 미칠 것이다.

가족이 정상적인 발달 경험에 직면하여 그것을 다루어야 하는 도전에 처하는 것은 불가피하다. 이러한 도전이 어떻게 다루어지느냐 하는 것은 불가피하게 아동의 사고, 행동 및 지각에 영향을 준다.

외적 사건이 가족에게 미치는 영향은 어떠하고 아동의 사고, 행동 및 지각에 미치는 영향은 어떠한가

가족 내에서 발생하는 어떤 사건은 예견하여 준비할 수 있지만 예견할 수 없는 경험 또한 많다. 전쟁, 가족이나 국가에서 추방되는 것, 홍수, 화재 그리고 다른 유사한 재난과 같은 개인 차원을 넘어서는 사건은 가족이 통제할 수 없다. 자동차 사고, 심각한 질병, 입원과 같은 보다 개인적인 사건은 일반적으로 예기치 않게 발생하기 때문에 예견할 수 없다. 아동들이 경험하는 많은 사건, 예컨대 이사, 전학, 부모와의 이별은 아동의 통제 밖에 있다. 우리가 언급한 사건의 발생은 아동의 가족에 대한 사고, 행동 및 지각에 영향을 준다.

가족의 다른 구성원과 상호작용하고, 가족 내에서 시간의 흐름에 따른 발달적 변화를 경험하고, 가족에 영향을 줄 예기치 않은 사건에 적응한 결과, 아동은 다른 가족 구성원이 가지고 있는 가족에 대한 '그림'과는 다소 다른 독특한 '그림'을 만들어 낼 것이다.

가족이 아동과 상호작용하는 방식은 아동의 사고, 행동 및 지각에 영향을 미친다

가족은 이런 저런 방식으로 무심결에 아동의 도움이 되지 않는 행동을 강화할 수 있다. 다음에 가족과 아동과의 상호작용이 아동에게 영향을 미칠 수 있는 방식에 대한 몇 가지 예를 소개한다.

- 부모는 자녀가 정서적으로 고통을 겪지 않도록 보호하길 원한다. 그래서 부모가 자녀에게 과거의 혼란스런 경험에 대해 이야기하는 것을 피하게 할 수 있다. 그 결과로 아동은 많은 감정과 단절되어 과거의 성가신 사건을 상기하지 못할 수 있다.
- 부모가 아동과 동질감을 느낄 수 있고, 본인이 표현하기 어렵다고 생각했던 감정을 아동이 표현할 수 있음에 기뻐한다. 그러므로 아동에게 유용할 행동을 형성하는 대신에 아동은 도움이 되지 않을 방식으로 행동하는 것에 격려받을 것이다.
- 자신의 부모가 자신을 양육했던 방식과 다른 방식으로 자녀를 양육하려는 결심을 하는 것이 일반적이다. 그 결과로 그들은 자신의 바람직한 양육을 반영하는 방식으로 자녀가 행동하도록 격려하기 위해 각별한 노력을 할 것이다. 이것은 아동이 가족이나 더 큰 시스템에서 도움이 되지 않는다고 판명된 행동을 하는 결과를 종종 낳는다.

위의 예에서 언급한 것과 같은 가족 내의 상호작용 패턴은 아동의 상이한 행동을 격려 내지 유지하게 하거나 심지어 문제를 악화시킬 수도 있다.

아동이 가족 내에서 생각하고 행동하는 방식은 다른 가족 구성원들이 개인 또는 하위 집단으로 행하는 방식과 관련이 많다. 예컨대, 형이나 누나/언니가 동생을 괴롭히는 것은 아동에게 영향을 미쳐 스스로를 열등하다고 생각하거나 자기 파괴적 행동을 하게 할 수 있다. 만약 아동이 괴롭힘을 당할 때 가족 중 어른이나 다른 사람으로부터 지원을 받지 못한다면, 아동은 자신의 가족 구성원들은 스스로를 보호해야 하고 다른 사람의 지원에 의지해서는 안 된다고 지각하게 될 것이다.

아동의 행동에 미치는 가족의 영향

때때로 좀 더 일반적인 체계의 관점에서 아동의 행동을 보는 것이 유용할 수 있다. 이 경우에 우리는 다음과 같이 질문할 수 있다.

- 아동이 가족 내에서는 암묵적으로 표현된 감정을 공개적으로 표현하는가?
- 아동의 행동이 좀 더 심각하거나 위협적으로 가족에게 영향을 주는 문제를 살피는 것을 방해하는가?

- 아동이 아주 과하게 요구하거나, 화를 내거나, 불안해함으로써 부모와의 관계에서 긴장을 조성하는가?
- 아동이 가족의 미신이나 강력한 믿음체계를 행동으로 나타내는가? 예컨대, 아동이 가정 폭력을 목격하고 있는 경우, 가족 문제는 사적인 것이라 외부로 발설해서는 안 된다는 가족 믿음이 있다면 아동은 이런 믿음을 존중하는 방식으로 행동할 것이다.

어떤 아동은 가족의 미신이나 믿음체계를 명백하게 표현하고는 그러한 것을 자유롭게 표현한 대가로 자신의 행동이 수용 가능한 건지 아닌지에 대해 염려할 것이다. 각각의 경우 아동은 자신의 불안에 대처하는 건강한 방식과 자기 규제를 개발하는 데 어려움을 겪을 것이다.

가족치료의 가치

우리는 먼저 아동의 문제가 가족 맥락과 어떻게 관련되는지를 파악할 수 있다면 도움이 될 것이라고 믿는다. 다음으로, 가족 내의 상호작용이 아동의 행동에 어떻게 영향을 미치는지를 가족이 지각하고 이해하는 것이 필수적이다. 마지막으로 우리는 가족이 자신의 문제해결을 위한 자원을 가지고 있으며 그로 인해 개별 가족 구성원과 전체 가족이 보다 적응적이고 편안해지게 된다는 개념을 강력하게 지지한다.

이 책은 아동상담에 대한 책이기 때문에 이 책에서 가족치료 모델을 자세히 기술하는 것은 적절하지 않다. 가족치료에는 다양한 모델이 있고 이들 모델은 모두 아동을 위한 개인상담과 결합하여 사용할 수 있다. 가족치료 모델을 자세히 기술할 생각은 없지만 통합 모델에 관심이 있는 사람이 있을 것 같아 간략히 설명한다. 우리 모델의 중심에는 게슈탈트 치료 이론과 실제 그리고 체계 이론에 대한 이해가 자리하고 있다(Resnick, 1995; Yontef, 1993). 그리고 치료 과정의 적절한 시기에 해결중심 상담(De Shazer, 1985), 이야기 치료(MOrgan, 2000; White & Epston, 1990) 그리고 인지행동치료(Jacobson, 1994)로부터 나온 아이디어를 사용한다. 이와 더불어 우리는 밀란의 체계적 가족치료 모델(Selvini-Palazzoli et al., 1980)에서 사용되는 순환 질문을 광범위하게 사용한다. 우리 모델은 가족 내의 과정과 상호작용 패턴을 확인하는 것을 매우 강조한다.

가족 내의 과정과 상호작용 패턴 확인하기

사용된 가족 치료 모델에 상관없이, 가족 구성원의 사고, 행동 및 지각에 영향을 준다. 사용하는 모델에 따라 가족치료사는 직접적 혹은 간접적으로 가족 구성원 각자에게 가족의 다른 구성원과의 관계에 대한 자신의 현재 생각, 행동 및 지각을 관찰하고 이해하도록 한 후 그것을 좀 더 도움이 되는 사고, 행동 및 지각으로 대체하도록 요청한다. 그러므로 그들이 자신과 가족의 다른 구성원에 대해 가지고 있는 그림은 변할 것이다. 이러한 변화는 가족상담 회기 내, 가족 구성원에 대한 개인상담 회기 내 그리고 상담 회기 사이에 발생한다. 우리의 가족치료 모델에서 가족의 상호작용 패턴을 확인하는 것은 (1) 가족에 대한 개인의 지각 공유, (2) 피드백 제공, (3) 지각 증진과 관련이 있다.

가족에 대한 개인의 지각 공유

가족 구성원 각자는 자신과 가족 경험을 다르게 보기 쉽다. 그것은 마치 가족 구성원 각자가 자신의 개별 렌즈를 통해서 보는 것과 같다. 만약 가족이 아동의 문제가 가족 맥락과 어떻게 관련되는지를 이해하려고 한다면, 다른 가족 구성원이 가족을 어떻게 보는지를 이해하는 것이 도움이 된다. 우리는 가족 구성원이 가족과 가족의 기능에 대한 자신의 관점을 공유하도록 요청함으로써 가족이 가족 내의 차이를 확인하도록 돕는 과정을 시작한다. 그들은 또한 아동의 바람직하지 못한 행동에 영향을 미치거나 그러한 행동을 유지하게 하는 상호작용 패턴을 지각하기 시작할 것이다.

　우리의 가족치료 과정에서 우리는 각 구성원이 가족 내에서 현재 일어나고 있는 것에 대한 자신의 개인적 지각을 말해보도록 요청한다. 그런 후 가족의 다른 구성원들이 가족을 어떻게 보는지에 대해 전체 가족이 알 수 있도록 가족 구성원들이 자신의 견해를 나누도록 격려한다. 이런 식으로 하면, 가족 구성원이 하나의 렌즈를 통해서만 자신의 가족을 보는 대신에 다중 렌즈를 통해 볼 수 있게 될 것이다. 이런 과정에서 가족 구성원들은 종종 서로 다른 의견을 개진하거나 자신의 처음 진술을 재평가하기도 한다. 이것은 고무적일 수 있다. 왜냐하면 각 개인이 다른 가족 구성원이 내어 놓은 다양한 진술을 경청하고 있다는 표시이기 때문이다.

　어떤 아동들은 개별 상담 초기에 가족의 비밀을 누설하거나 가족 구성원들에게 불충실하게 보일까 봐 터놓고 말하기를 꺼린다. 그러나 만약 다른 가족 구성원이 터놓고 말하는 가족치료 회기에 참여한다면, 그들은 이후 개별 상담 회기에서 터놓고 이야기해도 좋다는 허락을 받은 느낌을 갖게 된다. 때때로 가족치료 회기는 아동에게 가족 내 관계에 대한 새로운 정보를 제공한다. 이 정보는 나중에 아동과의 개별 상담 회기에서 공개적으로 논의될 수 있다.

　우리는 아동과 합류하기 위해서는 가족치료 회기 동안에 각 개인의 관점을 검토해보는 것이 중요하다고 생각한다. 개별 가족 구성원이 가족에 대해 가지는 그림을 검토함으로써, 가족 구성원은 상담자를 독립적인 사람으로 볼 것이다. 그들은 상담자가 상황과 각 구성원의 관점을 구별해서 볼 수 있다고 지각하기 시작할 것이다. 이렇게 함으로써 상담자는 나중에 개인상담에서 발생하는 배신과 불충실의 문제를 피한다. 이 과정을 통해 아동은 또한 가족에서 희생양이 되는 느낌을 덜 받을 것이고 자신을 다른 가족 구성원과 비슷하게 같이 볼 수 있게 됨에 따라 힘을 돋워주고 임파워링해주는 과정에 참여할 수 있게 된다.

개별 구성원들이 자신의 가족에 대한 지각을 공유함으로써 상담자는 상호작용 패턴을 관찰할 수 있게 되고, 가족 내 관계에 대해 알 수 있게 된다. 이와 더불어 상담자는 피드백을 제공함으로써 가족 구성원들이 다중 렌즈를 통해 보는 데 기여할 수 있다.

피드백 제공

가족이 상담자의 가족 지각에 대한 피드백을 받는 것은 도움이 될 수 있다. 가족은 대개 상담자의 피드백을 긍정적으로 받아들인다. 우리의 경험에 의하면, 가족 구성원들은 다른 사람이 자기 가족을 어떻게 보는지에 대해 알고 싶어 한다.

가족에 대한 상담자의 지각은 가족의 지각을 경청하고 가족이 관계 맺고 상호작용하는 패턴을 관찰함으로써 획득된다. 상담자의 지각에 대한 피드백은 가족에 대한 표상적 기술이나 은유적 기술을 사용함으로써 주어질 수 있다. 그러므로 상담자는 자신의 눈을 통해 본 가족에 대한 추가적인 그림을 제공한다. 그런 다음 가족 구성원은 그들 자신의 새로운 그림을 개발함에 있어 이 새로운 그림을 수용, 거부 또는 사용할 수 있다. 가족이 상담자의 피드백을 수용하느냐 거절하느냐는 중요하지 않다. 왜냐하면 설사 그들이 그것을 거절한다 하더라도 그것은 여전히 그들이 자신의 그림을 검토하도록 할 것이기 때문이다. 그러나 가족 구성원들이 상담자의 피드백에 대해 자유롭게 논의하도록 격려하는 것은 도움이 될 것이다. 이 과정에서 가족 구성원들은 상담자의 피드백에 동의하지 않거나 상담자의 피드백을 수정하기도 한다. 이렇게 함에 있어, 가족 구성원들이 다른 가족 구성원들에게 자신이 상황을 어떻게 보는지를 설명함으로써 자신이 상담자의 피드백에 동의하지 않음을 표현하는 것이 중요하다.

피드백은 가족체계 외부로부터 나온 렌즈를 추가적으로 제공하는 것이다. 피드백을 제시함에 있어서는 (1) 모든 가족 구성원이 자신이 할 수 있는 최선을 다하고 있다는 것을 강조하고, (2) 가족의 자원과 역량을 확인하며, (3) 가족 구성원 개인의 강점에 대해 언급하는 것이 중요하다. 또한 가족이 특정 발달적 또는 신체적 변화에 반응해온 방식에 대해 긍정적인 피드백을 제공하고, 과정과 상호작용 패턴과 관련하여 가족치료 회기에서 본 것에 대해 언급하는 것이 중요하다. 상담자의 피드백에 대한 가족의 반응과 토론은 가족 내에서 발생하고 있는 것에 대한 가족의 지각을 높이는 데 도움이 된다. 가족의 반응은 가족 구성원이 서로 더 가까워지고 서로의 관점을 나눌 기회를 제공해준다. 그들의 반응은 또한 후속 상담에서 보다 심도 있는 탐색과 논의를 위한 자료가 될 중요한 차이점을 부각시킨다.

지각 증진

현재의 상호작용 패턴에 대한 가족의 지각을 증진시키고 그들이 새로운 상호작용 패턴을 경험하도록 하는 것은 가족에게 변화할 기회를 제공한다. 지각을 증진시키기 위해서는 창의적인 전략과 함께 많은 처치가 사용될 수 있다. 창의적 전략이 사용될 때, 아동들이 과정에 참여하고 즐길 가능성이 높다.

지각 증진 과정 동안, 가족 구성원들은 자신이 서로를 어떻게 보는지와 현재 관계를 어떻게 생각하는지를 표현하고 관계가 어떻게 변화했으면 좋겠는지를 말할 기회를 가진다. 가장 중요한 것은 가족이 그들이 겪고 있는 어려움에 대한 해결책을 찾을 기운을 얻을 수 있다는 것이다.

때때로 지각 증진 과정의 결과로 가족 구성원이 개인적인 문제해결, 대인관계 문제 탐색 및 개인적인 성장과 발달 경험의 기회가 될 개별 상담에서 효과를 본다.

개인 및 하위 집단 상담과 가족치료의 통합 모델

아동상담이 의뢰될 때 우리는 만약 가족이 상담 과정에 참여할 준비가 되어 있다면 먼저 전체 가족을 만나기를 선호한다. 따라서 아동이 우리에게 의뢰될 때 우리는 자주 가족을 참여시킴으로써 상담 과정을 시작한다. 개인적인 문제로 도움이 필요한 아동과 다른 가족 구성원을 위한 상담 과정에서 우리는 몇 회기는 가족치료를, 또 몇 회기는 개인상담을 한다. 이에 덧붙여, 우리는 하위 집단(부부, 부부와 자녀, 형제자매)을 위한 상담도 몇 회기 한다. 예를 들어, 우리는 부부를 대상으로 상담을 하고, 어머니와 자녀을 대상으로 상담을 하며, 형제를 대상으로 상담을 한다. 우리가 개인과 하위 집단 상담을 가족치료와 통합하는 방식은 그림 9.2에 제시되어 있다.

그림 9.2에서 보는 바와 같이, 우리는 일반적으로 전체 가족을 대상으로 하여 상담을 시작한다. 그 회기 동안 우리는 가장 현명한 상담 방법에 대한 결정을 내린다.

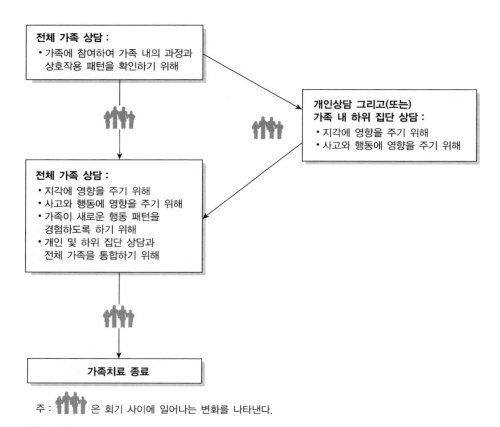

주 : 🚶🚶🚶 은 회기 사이에 일어나는 변화를 나타낸다.

그림 9.2 상담 실제 틀

우리는 빈번하게 문제아로 지목된 아동을 대상으로 개인상담을 하고 또한 가족 구성원을 대상으로 한 개인 또는 하위 집단 상담을 한다. 우리는 상담 방식 결정에 가족 구성원들이 참여할 수 있도록 이에 대해 공개적으로 논의한다.

가족 구성원을 위한 개인 및 하위 집단 상담

전체 가족 회기에서 지각을 증진시킨 결과로, 가족 구성원 한 명이나 몇 명이 관련된 문제가 드러날 것이다. 가령 가족은 특정 아동이 형제에게 공격적인 행동을 하는 것에 대해 분개할 수 있다. 전체 가족 회기 동안, 가족은 이 행동이 그들에게 미치는 영향에 대해 논의할 것이다. 그러나 그 아동은 아마 나머지 가족이 이해할 수 있게 자신의 느낌이나 행동을 설명하지 못할 것이다. 이러한 상황에서 아동이 개별 상담을 받는 것이 도움이 될 것이라는 것은 명백하다. 개별 상담에서 아동은 좀 더 개방적으로 가족 내에서의 자신의 생활에 대해 이야기할 수 있을 것이다. 예컨대, 아동이 전체 가족이 있는 상황에서는 언급할 수 없었던 것, 가령 부모 관계가 만족스럽지 않은 것 같아 걱정하고 있다는 것이 드러날 수 있다. 개별적으로 만나는 상황에서 아동은 부모가 헤어질지도 모른다는 생각에서 오는 두려움에 직면할 수 있고, 그후 자신의 불안을 어떻게 생산적인 방식으로 다룰 수 있을까에 대한 결정을 내리는데 도움을 받을 수 있을 것이다. 개인상담 그리고(또는) 하위 집단 상담에서 다룰 문제는 다음을 포함한다.

- 개인상담
  - 가족 구성원 중 성인의 개인 문제나 행동
  - 가족 구성원 중 아동의 개인 문제나 행동
- 부모/부부 상담
  - 관계 문제
  - 양육 방식 문제(원가족의 영향을 포함하여)
  - 양육 문제
- 하위 집단 상담
  - 관계 문제
  - 과거 트라우마에 대한 정서적 반응

전체 가족보다는 개인이나 하위 집단으로 상담을 하는 이유는 전체 가족 상황에서는 전체 가족이 상담에 관여하도록 해야 하기 때문에 특정 개인이나 하위 집단의 개별적인 문제에 초점을 둘 수 없기 때문이다. 때때로 가족 구성원은 자신의 민감한 개인적 문제를 전체 가족 앞에서 다룰 수 없다. 전체 가족이 있는 상황에서 정보를 공개함에 있어 안심하지 못할 수도 있다. 예를 들어, 이러한 경우는 아동이나 부모가 너무 두려워 가정에서 실재 어떤 일이 발생했는지에 대해 이야기할 수 없는 가정폭력 상황에서 전형적으로 발생한다.

개인 또는 하위 집단 상담과 전체 가족상담을 통합하기

아동, 다른 가족 구성원 또는 하위 집단과 상담을 하고 난 후 우리는 상담을 더 넓은 범위의 가족체계로 통합하길 원한다. 이것은 아동의 개인적인 문제를 바로잡음과 동시에 아동의 정서적·심리적 상태에 영향을 준 가족 내의 문제를 다룰 기회를 제공한다. 이 통합 과정에서 우리는 전체 가족을 상담에 참여시킨다. 이 상담 회기에서는 관련이 있는 개인이나 하위 집단이 정보를 나눌 수 있다. 이 상담 회기는 개인 상담에서 나온 문제를 다루기에 적절하다. 개인이나 하위 집단 상황에서는 전체 가족과 나누기에는 적절하지 않는 정보가 개방되는 경우가 종종 있다. 이런 이유로 우리는 비밀을 지키고 개인이나 하위 집단 상담에서 나온 정보가 다른 가족 구성원에게 전달되지 않도록 매우 조심한다. 대신에 우리는 개인이나 하위 집단 구성원들이 전체 가족과 나누길 원하는 정보를 공유하도록 격려한다.

개인이나 하위 집단 상담에서 나온 비밀보장 문제 때문에 경우에 따라서는 전체 가족을 참여시키기보다는 부모와 특정 아동 또는 하위 집단만 참여시켜 추가적인 상담을 하기도 한다. 이것은 개인상담이나 소집단 상담에서 전개된 정보, 믿음 및 아이디어를 나누기 위해 아동과 다른 가족 구성원을 함께 참여시키는 것을 수반한다. 예컨대, 아동이 개인상담 회기에서 의붓 가족과 함께 사는 것에 대한 자신의 불편함을 탐색하기 위해 소형 동물모형을 사용한다고 하자. 이 경우 아동의 부모는 아동이 불편을 느끼도록 하는 근본적인 문제를 아는 것이 중요할 수 있다. 그래야 아동이 더 편안함을 느끼도록 도울 수 있기 때문이다. 하지만 그런 문제는 나머지 가족 구성원에게는 도움이 되지 않을 수 있다. 따라서 이 경우 아동과 함께 그 아동의 부모만 상담에 참여시키는 것이 현명한 방법이 될 것이다.

아동이나 소집단을 대상으로 상담할 때, 상담자가 통합 작업을 위해 개인과 하위 집단을 준비시키는 것이 중요하다. 따라서 보다 넓은 가족 맥락에서 어떤 정보를 공유하고 어떤 정보를 비밀로 할 것인지에 대한 논의가 필요하다. 일어날 수 있는 결과에 대해 의견을 나누는 것이 갖는 의미 또한 논의될 수 있다. 때때로 치료사가 단순히 촉진자로서의 역할만 하는 상황에서 가족 구성원들이 통합 작업을 수행하는 것으로만 충분할 수도 있다. 이 상황에서 치료사는 비밀로 하고 싶은 것이 있을 것이라는 것을 명확히 하면서 가족 구성원들이 나누고 싶은 것은 무엇이든 나누도록 요청할 수 있다. 또 어떤 경우에는 치료 상황에서 통합 작업을 수행하는 것이 불필요할 수도 있다. 왜냐하면 개인이나 하위 집단 상담의 결과로 가족 구성원들의 문제가 저절로 해결되었기 때문이다. 개인상담을 전체 가족으로 통합하고자 할 때 그 목표는 일반적으로 해결 구축에 초점을 두고 변화를 확인하는 것이다.

해결 구축에 초점 두기

통합 작업은 종종 상담자가 촉진자로서 행동한 결과 발생한다. 이 상황에서 상담자는 가족 구성원들에게 자신이 나누고 싶은 것이 있으면 무엇이든 나누도록 요청한다. 이런 공유 과정의 결과로, 가족과 가족 내 구성원들은 해결 구축 과정에 착수하도록 격려를 받는다. 이 과정 동안에 상담자는 모든 가족 구성원들의 감정, 요구와 역할에 대해 존중하는 분위기를 만든다.

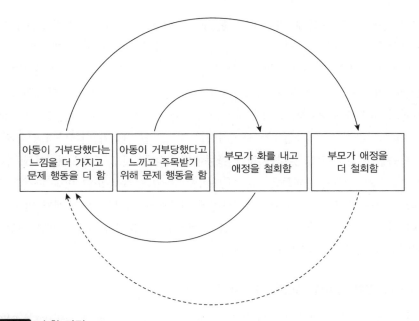

아동이 거부당했다는 느낌을 더 가지고 문제 행동을 더 함	아동이 거부당했다고 느끼고 주목받기 위해 문제 행동을 함	부모가 화를 내고 애정을 철회함	부모가 애정을 더 철회함

그림 9.3 순환 과정

　우리는 종종 가족이 겪는 어려움의 근원적인 문제는 가족 내의 힘과 친밀감의 갈등에 연유한다는 것을 발견한다. 많은 해결책은 가족 구성원이 권한을 부여받았음을 느낄 수 있고 동시에 자신의 정서적 욕구가 가족 내에서 편안하게 충족되는 기회를 가지는 방법을 포함한다.

변화와 순환 과정의 영향 확인하기

우리가 개별 아동뿐만 아니라 전체 가족과 상담하는 것을 선택한 중요한 이유는 가족체계 내의 순환 과정의 영향과 관련이 있다. 만약 우리가 아동만을 상담한다면, 우리가 얻는 치료적 열매는 제한될 것이다.

　그림 9.3에 제시되어 있는 순환 과정을 생각해보라. 이 예에서, 아동은 처음에 거부당했다고 느낄 것이고 주목받기 위해 문제 행동을 할 것이다. 문제 행동 때문에 부모는 화를 내고 애정을 철회할 것이다. 이것은 아동의 거부 감정을 증가시킬 것이다. 따라서 아동의 실행화된(acting-out) 행동과 부모의 위축 행동이 단계적으로 확대되고 있다. 이 과정은 순환적으로, 각 행동이 이전 행동에 대한 반응이 된다. 발생하는 순환 과정의 불가피성 때문에, 부모뿐만 아니라 형제자매가 특정 아동이 하는 변화와 때때로 개인 치료 동안에 아동이 직면하는 문제를 이해하는 것은 종종 도움

이 된다. 순환 과정 때문에, 가족 내의 한 구성원에 의한 변화는 친숙하고 도움이 안 되는 행동을 계속 하려는 다른 가족 구성원의 행위에 의해 명백히 제약을 받는다.

변화가 발생했을 때, 종종 가족 구성원들은 변화가 자신이 원하는 것이라고 생각하면서도 의도적 또는 무의식적으로 이런 변화에 저항한다. 가족 구성원들이 무심결에 변화 과정을 방해하거나 막을 수 있다는 것을 가족이 아는 것은 도움이 될 수 있다. 이와 더불어 상담 과정에서 긍정적이고 지속적인 변화가 일어나기 전 간혹 실패와 회귀를 경험할 수도 있다는 것을 아동에게 알리는 것도 중요하다. 미리 가족에게 알림으로써 가족 구성원들은 이것에 대비할 수 있고 이것 또한 변화 과정의 일부분이라는 것을 깨달을 수 있다. 치료 과정에 가족이 참여하는 것은 개별 가족 구성원들이 변화 과정에 대한 자신의 느낌을 표현하고 이 과정에 능동적이고 긍정적으로 관여할 기회를 제공해준다.

상담 회기 간에 일어난 변화 지각하기

상담에 참여한 가족에게서 발생한 변화는 대부분 상담 회기 간에 일어난다. 이것은 불가피하다. 왜냐하면 상담 회기 동안에는 증가된 지각으로 인해 변한 가족 구성원에 대한 개별적 지각과 새로운 행동을 사용할 가능성이 논의되기 때문이다. 이 회기 간 변화를 활용하여 그것이 지각되도록 하는 것이 중요하다. 회기 사이에 발생한 변화를 지각함으로써 더 큰 변화가 촉진될 것이기 때문이다.

종종 가족은 회기 간에 발생한 변화를 최소화한다. 예컨대, 가족은 다음과 같이 말하면서 회기 간에 일어난 변화를 최소화한다. '예, 그래요. 하지만 창수는 지난 며칠간 캠프에 참가하느라 우리랑 떨어져 있었는 걸요.' 변화가 지각되고, 소중히 여겨지며, 계속될 것이라는 것을 확실하게 함으로써 우리는 변화를 뉴스거리가 되도록 할 수 있다.

변화는 의도적으로 변화를 찾고 확인함으로써 뉴스거리가 될 수 있다. 예를 들어, 새 회기를 시작할 때 다음과 같이 질문하는 것은 유용하다. '지난번 우리가 만난 이후로 상황이 어떻게 나아졌습니까?' 이 질문은 긍정적 변화가 일어났음을 가정하고 가족이 문제에 집중하기보다는 나아진 상황을 찾도록 격려하고자 하는 것이다. 다른 방법은 다음과 같이 질문하는 것이다. '지난번 우리가 만난 이후로 상황이 나아졌습니까? 악화되었습니까?' 이렇게 질문하는 것의 장점은 문제에 집중하고 있는 가족 구성원이 자신의 관점을 표현할 기회를 가지는 것이다. 그리고 이것은 이후 긍정적 변화가 발생한 더 큰 그림으로 통합될 수 있다.

특히 어린 아동의 경우 화이트보드 위에 도표가 뒤따르는 척도 질문을 하는 것이 유용할 수 있다. 예를 들어, 상담자는 다음과 같이 질문할 수 있다. '1은 아주 불행한 것을, 10은 아주 행복한 것을 나타내. 1에서 10까지의 척도에서 너희 가족은 어디에 해당되니?' 척도를 화이트보드에 그린 후 가족 구성원에게 상담을 시작할 때의 가족 상태와 현재의 가족 상태를 척도 위에 표시하도록 해도 좋다.

가족이 변화를 공고히 하도록 도울 때 변화를 확인해줄 수 있는 증인을 찾는 것도 유용할 수 있다. 예컨대, 다음과 같이 질문하는 것이 도움이 될 수 있다. '이 변화를 본 누군가가 있니?' 그리고 '무엇을 다르게 했니?' 또는 '다르게 한 누군가가 있니?'라고 질문함으로써 변화가 어떻게 달성되었는지를 탐색하는 것도 도움이 될 수 있다. 이런 질문을 하는 것은 자신들이 변화하도록 도왔던 개인 및 가족 자원을 확인하고 그런 자원에 대해 좋은 감정을 가지도록 도움을 줄 수 있다. 종종 긍정적 변화는 간과될 수 있기 때문에 자신들이 노력하여 만든 변화에 대해 가족을 축하해주는 것이 중요하다. 혼돈스러운 가족의 경우 특히 그러하다.

옹호의 필요성

때때로 아동이 적절한 정보를 다른 가족 구성원과 나누기 위해서는 옹호자의 도움이 필요할지도 모른다. 이것은 아동이 부모 앞에서 자신의 감정이나 욕구를 명료화할 수 없을 때 특히 그러하다. 가령 위의 예에서, 상담자가 먼저 개별 회기를 요약해주어 아동이 자신의 현재 위치에 도달하도록 돕는 과정이 가족에 의해 이해된다면 아동은 더 쉽게 정보를 나눌 수 있을 것이다.

아동을 위한 옹호자로서의 역할을 할 때 먼저 아동의 문제가 이해될 수 있도록 아동과 잠시라도 시간을 함께 보내는 것이 중요하다. 다음으로, 아동과 가족에서 그들을 옹호하는 것의 함의를 논의하고 무엇을 언제 어떻게 말해야 하는지에 대해 합의하는 것이 꼭 필요하다. 이것은 아동이 개인적이거나 민감한 정보를 공개하는 과정에 대해 어느 정도의 통제력을 갖도록 해준다. 아동의 안전과 관련된 문제가 있을 경우 우리는 2장에 제시한 가이드라인을 따른다.

의뢰 기관에게 피드백

아동이 문제를 해결하고 힘을 얻게 되고 난 후에는 상담자가 부모의 허락하에 치료 작업을 아동의 더 넓은 환경과 통합하는 것이 바람직하다. 학교와 지역사회 조직과 같은 의뢰 기관(referral sources)은 치료를 통한 아동의 변화에 대한 피드백으로부터 혜택을 볼 수 있다. 사적 정보를 누설하여 비밀을 위반하지 않는 일반적인 피드백이 주어져야 한다는 것이 중요하다. 아동은 중요한 사람들이 자신의 과거 행동을 이해하고 행동 변화에 대해 건설적으로 협력해준다면 혜택을 볼 수 있다. 그러한 협력은 아동이 새로운 행동을 계속 실험하고 새로 발견한 적응 기술을 연습할 수 있도록 해준다.

핵심 요점

- 아동들은 다른 가족 구성원이 있는 상황에서 자신의 곤란한 문제를 상담자에게 편하게 개방하지 못한다.
- 만약 아동이 변한다면, 가족 내의 변화를 독려하는 것이 아동의 변화를 약화시키기보다는 지원하는 데 도움이 될 것이다.
- 가족치료는 가족이 도움이 되지 않는 순환 과정을 다루도록 하는 최선의 방식이다.
- 개인상담과 가족치료를 통합하는 것은 가족 구성원 각자, 특히 아동이 자신뿐만 아니라 가족 전체에게 영향을 미칠 문제를 다루도록 해준다.
- 때때로 아동들은 중요한 정보를 다른 가족 구성원들과 나눌 수 있도록 상담자가 옹호인 역할을 해줄 것을 요구한다.

10
Chapter

아동집단상담

우리는 이 책을 읽고 있는 여러분들이 안전하고 비밀을 보장해주는 상황에서 자신의 이야기를 하고, 문제를 제기하며 사고와 행동에 변화를 주려는 것을 가능하게 해주는 개인상담의 가치를 지각했을 것으로 본다. 많은 아동에게 있어 개인상담은 최선의 선택이다. 그러나 특별한 문제를 가진 아동이나 특정 상황에서는 다른 아동들과 함께 집단으로 하는 상담에 그들을 포함시키는 것이 더 나은 선택일 수 있다.

집단으로 아동을 상담하는 것에 특별한 관심을 가진 독자들은 우리가 저술한 *Working with Children in Group*(Geldard & Geldard, 2011)을 읽어보길 권한다. 이 책에서 우리는 아동을 대상으로 집단을 운영하는 것과 관련된 문제를 포괄적으로 다루었다. 이 책에는 가정 폭력을 경험했거나, 자존감 문제를 가진 또는 사회성 기술에 어려움을 겪거나 ADHD로 진단받은 아동을 대상으로 개발된 프로그램이 포함되어 있다.

집단 작업을 할 것인지 말 것인지를 결정할 때는 관련 아동들의 성격, 문제의 본질 그리고 자신과 가족의 선호도 등을 중요하게 고려해야 한다. 집단상담의 리더는 집단상담의 이점을 알고, 집단상담이 더 건강한 기능과 발달을 촉진시키는 데 사용될 수 있으며, 성장을 위한 촉매가 된다는 확신을 가지는 것이 중요하다(Kymissis, 1996). 집단은 더 넓은 사회적 환경을 반영할 수 있기 때문에, 개인상담을 통해서는 성취하기 어려운 변화를 종종 증진시킬 수 있다.

아동집단상담의 이점

자신의 내담자 중에 비슷한 문제를 가지고 있거나 비슷한 경험을 한 아동들이 많을 경우 집단 상황에서 아동들과 치료적 작업을 하는 것이 이로울 수 있다. 집단 상황에서 상담을 함으로써 아동들은 자신이 혼자가 아니며 다른 아동들도 자신과 비슷한 문제를 가지고 있거나 경험을 하고 있다는 것을 발견한다. 이러한 발견은 아동이 자신의 개인적 문제에 대해 집단에서 또래들과 마음의 문을 열고 자유롭게 이야기할 수 있게 하는 데 큰 힘이 될 수 있다. 이것은 치료적으로 매우 유용할 수 있다.

공통의 문제나 경험을 한 아동들로 집단을 구성하는 것은 대개 어렵지 않다. 왜냐하면 상담을 받으러 오는 아동들 중에는 비슷한 경험을 한 아동들이 있기 마련이다. 예컨대, 가족 역기능, 가족 붕괴, 가정 폭력, 혼합 가족의 문제, 사망이나 이별을 통한 중요한 사람의 상실, 방임이나 신체적 · 정서적 학대를 겪은 아동들이 있다. 이들 상담 집단 중 하나에 참여한 아동들은 서로 경험을 나누고, 서로에게서 배우고, 집단을 이끌고 있는 상담자로부터도 배운다.

집단에서 아동을 상담하는 것이 갖는 또 하나의 이점은 아동이 집단 내에서의 사회적 상호작용으로부터 배우도록 돕는 사회적 상황을 제공한다는 것이다. 이것은 사회성 문제를 겪고 있는 아동들에게 특히 유용하다. 왜냐하면 아동들이 집단 내 자신의 행동에 대해 다른 아동들의 상호작용에 영향을 주는 집단 리더로부터 피드백을 받아서 보다 유용한 행동을 사용하도록 학습할 수 있기 때문이다. 물론 개인상담도 아동의 사회성을 향상시키는 데 도움이 된다. 하지만 집단 내에서 새로운 행동을 연습함으로써 사회성 기술을 배우는 것이 훨씬 더 이점이 많다. 우리 경험으로 볼 때, 집단상담이 개인상담보다 사회성 기술이 부족한 아동의 행동을 보다 빨리 보다 효과적으로 변화시킬 것이다.

집단상담은 사회성이 부족한 아동뿐만 아니라 부정적인 자기 이미지, 낮은 자존감, 특정 행동 문제를 가진 아동들의 성장을 촉진시키는 데도 사용할 수 있다. 집단은 자존감 문제를 다루는 데 특히 유용하다. 왜냐하면 낮은 자존감은 또래와 긍정적으로 상호작용하지 못한 결과로 나타나는 경우가 종종 있기 때문이다. 낮은 자존감을 가진 아동을 대상으로 한 집단상담이 의도하는 결과는 아동이 자신을 다른 집단 구성원과 동일시하고, 자신의 능력, 강점 및 기술을 가치 있게 여기고 그것을 증진시키며 다른 사람과 관계를 맺는 보다 효과적인 방법을 학습하도록 하는 것이다. 집단은 아동이 안전하고 지지적인 환경에서 새로운 행동을 실험해보고 다른 아동들과 성공적으로 상호작용하는 경험을 맛볼 수 있는 기회를 제공한다. 집단이 발달함에 따라 참가자들에게 소속감을 제공하며 이것은 아동의 자기가치에 긍정적인 영향을 미칠 수 있다.

상담 집단은 또한 어려운 상황에서 살아가고 있는 아동들을 위해 지지적인 역할도 수행할 수 있다. 상담지지 집단에 속함으로써 혜택을 보게 되는 아동들의 예로는 알코올 중독자의 아이들, 맞벌이 부부의 아이들, 위탁 아동, 정신건강 문제를 가진 부모의 아이들을 들 수 있다.

아동집단상담의 한계

유감스럽게도 집단상담은 특정 아동 집단에게는 다양한 이유로 인해 적절하지 않다. 집단 상황에서 아동을 상담하는 것은 충동 통제가 잘되지 않거나 지나치게 에너지가 넘치거나 공격적인 행동을 하는 아동에게는 문제가 될 수 있다(Kraft, 1996). 또한 집단상담은 집단에서 요구되는 사회적 교환의 스트레스 때문에 대상 부전의 위험이 있는 정신장애를 겪고 있는 아동이나 표현 언어장애 또는 혼재된 수용-표현 언어장애를 가진 아동 그리고 공격적인 발작 이외의 방법으로 자신의 좌절을 표현하는 데 어려움이 있는 아동에게도 성공하기 어렵다(Gupta et al., 1996).

아동집단상담의 또 하나의 한계는 집단 구성원 한 개인의 문제를 다루기 위해 많은 시간을 보낼 수 없다는 것이다. 심각한 정서 문제를 가진 아동의 경우 그 아동을 집단 프로그램에 참여시키는 것이 도움이 될 수 있는 경우도 있지만 개인상담이 필요하다.

아동집단상담의 유형

아동집단상담은 집단의 특정 회원 자격과 목표에 따라 크게 두 가지 유형으로 구분할 수 있다. 한 가지 유형은 집단을 사용하여 변화를 야기하는 것을 목적으로 하는 치료 집단이다. 치료 집단은 참가자가 집단 상황에서 자신의 정서적 문제에 대해 이야기하고, 자신의 감정을 표현하고 사고와 행동을 변화시키려는 활동에 참여하도록 함으로써 자신의 정서적 문제를 해결할 수 있게 한다. 또 하나의 유형은 심리-교육적 방법을 사용하여 변화를 야기하는 것을 목적으로 한다.

치료 집단

치료 집단은 외상후 스트레스 장애, 조현병, 불안장애, 우울장애, 파괴적 행동장애,

품행장애, 적대적 반항장애, 특정 발달장애와 같은 정신장애 진단을 받았거나 심각한 정서문제를 겪고 있는 아동에게 특히 유용하다(Shelby, 1994; Speers & Lansing, 1965; Gupta et al., 1996).

치료 집단은 또한 심각한 정서문제를 갖고 있지는 않지만 삶의 도전에 의해 만들어진 스트레스를 대처하는 데 어려움을 겪는 아동들에게도 유용하다. 이 집단의 주 초점은 문제의 탐색과 해결에 있다. 이 집단은 아동으로 하여금 자신을 힘들게 하는 감정과 접촉하게 하고 그 감정을 방출하게 한 다음 그들의 믿음, 태도 및 행동을 수정하게 한다. 참가자는 주요 문제로 발달하기 전에 자신의 개인적 경험, 사고와 느낌을 나눌 기회를 갖기 때문에 이 집단은 문제가 보다 심각해지는 것을 예방하는 데 아주 효과적이다. 집단 참가자들은 자신의 문제, 행동, 믿음, 태도와 관련하여 지지, 격려, 피드백을 받는다. 그런 결과로 그들은 자신에 대해 더 많은 것을 발견하게 되고 태도 및 행동 변화와 관련하여 자신들이 생각하는 것보다 더 많은 선택의 여지가 있음을 깨닫게 된다.

아동을 위한 치료 집단을 운영하는 상담자는 아동이 자신의 문제에 대해 이야기할 수 있도록 대개 많은 매체와 활동을 사용한다.

심리-교육 집단

아동을 위한 다른 상담 집단은 본질적으로 심리-교육적이다. 이 집단의 목적은 아동들이 자신의 일상생활에 보다 적응적인 방식으로 행동할 수 있도록 돕기 위한 정보를 제공하는 것이다. 심리-교육 집단은 정보와 지식의 획득을 강조하기 때문에, 이 집단은 일반적으로 치료 집단보다 구조화되어 있다. 심리-교육 집단은 구조화된 교육과정에 따라 내용을 개발한다. 이 집단은 대개 구체적인 목표가 있고 집단 구성원에 대한 기대가 명확하다. 초점이 학습에 있기 때문에 과정은 대개 관련 주제에 대해 집단 구성원들이 자신의 사고, 느낌, 경험, 태도, 믿음, 가치를 나누고 논의하는 것으로 이루어진다.

치료 집단과 마찬가지로 아동을 위해 심리-교육 집단을 운영하는 상담자는 아동이 상담 과정에 참여하여 제시된 심리-교육적 자료에 대해 토의하는 데 도움을 주기 위해 대개 많은 놀이매체와 활동을 사용한다.

집단 운영 계획

특정 아동을 위한 집단을 운영하려고 계획하기에 앞서 먼저 관련 아동을 위한 집단 운영이 각 아동을 개별적으로 상담하는 것보다 적절한지에 대해 결정해야 한다. 어떤 아동은 개인상담을 통해 최선의 도움을 받고, 또 어떤 아동은 집단상담에 참여함으로써 더 많은 도움을 받을 수 있다. 또한 개인상담을 받음과 동시에 집단 프로그램에 참여하는 것이 최고의 효과를 가져다주는 아동도 있다.

아동을 개별적으로 상담할 때는 아동과 상담자 간에 의미 있는 관계가 의도적으로 개발된다. 그러한 관계는 성인과의 친밀감을 잘 조절할 수 있는 아동에게는 도움이 되겠지만, 그렇지 못한 아동들에게는 마치 사적인 관계인 것처럼 관계의 정도를 넘어서는 행동을 할 수도 있다. 그런 아동에게는 집단상담이 최고의 선택이다. 왜냐하면 집단상담에서는 관계의 강도가 상담자에게 분산되기 때문이다. 집단에서도 밀접한 관계가 발달한다. 하지만 많은 아동들에게 있어 그 관계는 집단의 리더보다는 또래에게로 향하는 경향이 있다(Swanson, 1996).

어떤 부모들은 자신의 자녀가 부모가 없는 상황에서 성인과 일대일 관계에 들어가는 것에 대해 걱정한다. 이 경우 부모의 불안은 효과적인 결과에 대한 장애물이 된다. 이 때에는 아동을 집단에 포함시키는 것이 유리할 수 있다. 왜냐하면 집단 상황에서는 일대일 상황보다는 불안을 덜 느낄 것이기 때문이다.

아동을 위한 개인상담이 진행되고 있는 동안에 아동을 상담 집단에도 포함시키는 것이 유용할 때가 간혹 있다. 이것은 아동이 집단 상호작용의 결과로 일어났던 정서적 문제를 개인상담 회기에서 다루도록 해줄 수 있다. 종종 그러한 문제는 집단 상황에서 아동이 제기하기에는 너무 어렵기 때문이다.

아동을 위한 집단을 운영하고자 계획하고 있는 상담자들은 아동의 욕구, 집단의 목표 및 사용할 치료적 과정에 대해 아주 명확한 아이디어를 가지고 있어야 한다. 그리고 적절한 경우 일련의 회기를 운영할 주제와 활동에 대한 구체적인 프로그램이 설계될 수 있을 것이다.

집단 프로그램 포함 여부를 결정하기 위한 아동 평가

집단 구성원을 선정하는 것은 기껏해야 '추측(guesswork)'이라는 견해가 있다(Henry, 1992). 그러나 경험적으로 볼 때, 구체적인 몇 가지 요인을 고려하여 아동 집단을 구성할 경우 재앙 또는 적어도 집단에 해로운 것으로 입증된 주요 갈등은 피할 수 있다(Fatout, 1996). 따라서 특정 집단에 어떤 아동을 포함할 것인지를 결정함에 있어 공식적인 평가 과정을 사용하는 것이 현명하다.

평가 과정은 아동의 욕구가 목표 집단의 욕구와 일치하는지, 아동이 계획하고 있는 집단 프로그램으로부터 도움을 받을 수 있을지 그리고 아동을 포함하는 것이 균형잡힌 집단 구성의 결과를 가져다줄지를 결정한다. 집단 구성은 연령, 성별, 문화와 집단의 목적 및 계획한 활동의 유형을 고려해야 한다.

다양한 특성, 경험 및 행동을 가진 집단에 아동을 포함하는 것이 유익하다. 이런 식의 집단 구성은 집단이 작용하는 방식에 긍정적인 영향을 준다. 이에 덧붙여, 다양한 배경을 가진 구성원들로 집단을 구성하는 것은 집단에 이득이 되도록 작용할 수 있는 유용한 자료를 만들어내는 결과를 낳는다.

평가 과정은 아동이 집단에서 기능할 수 있을지 여부를 결정하고 다음 질문에 대한 답을 찾는다.

1. 아동이 집단에 필요한 자아 강도와 대처 기술을 가지고 있는가?
2. 아동이 다른 집단 구성원과 어울릴 수 있는가?

평가 과정 동안에 부모와 꼭 상의를 해야 한다. 부모가 집단의 본질, 목표, 집단이 수행할 활동에 대해 잘 알고 집단의 리더에 대해서도 편안해할 때만 아동을 집단에 포함시켜야 한다. 아동이 특정 집단에 적합한지 여부는 집단의 본질에 따라 임상 평가나 심리측정적 평가 또는 둘 다를 통해 이루어질 수 있다. 임상 평가는 집단에 대한 아동의 적합성 여부를 행동, 지적 기능, 말과 언어, 운동 기술 및 아동의 자기-지각 측면에서 평가하는 것이다. 특히 정신건강 문제가 있는 아동들을 위한 집단의 경우에는 심리측정적 평가를 포함하는 것이 좋다.

상담 집단 운영 계획

집단의 운영을 결정할 때는 먼저 집단에 포함될 아동의 수, 위치, 개별 회기의 길이, 집단 프로그램의 전체 기간을 결정하는 것이 중요하다. 집단 크기에 대한 일반적인 규칙은 없다. 왜냐하면 집단 크기는 프로그램의 목표, 아동의 나이, 행동화의 정도, 소란의 징후, 계획된 활동에 따라 다르기 때문이다. 로즈와 에덜슨(Rose & Edleson, 1987)은 치료 집단을 언급하면서 아동 집단의 크기는 대개 3명에서 8명 정도를 제안하였다. 규모가 더 큰 집단은 모든 구성원들이 집단 회기에서 자신의 개인적 욕구를 충족시키기 어렵기 때문이다. 그러나 4명 이하의 아동과 집단상담을 하는 것도 매우 어렵다. 왜냐하면 3명의 아동들로 집단을 구성할 경우 한 명을 배제한 두 사람만의 합류가 있을 수 있기 때문이다.

집단상담실을 세팅할 때 고려해야 할 사항으로는 계획한 활동을 수행할 수 있는 충분한 공간과 가구가 있어야 하고, 외부로부터 소음이 들리거나 시각적으로 혼란이 있어서는 안 되며, 아이에게 위험하거나 아이의 시선을 뺏을 수 있는 물체가 없어야 한다는 것이다.

집단 회기의 시간은 목표 집단의 요구, 수행해야 할 활동, 참가자의 연령 범위에 따라 달라진다. 스니츠 드 뉴하우스(Schnitzer de Neuhaus, 1985)는 일반적으로 초등학교 저학년 아동들을 위해서는 45분 정도, 초등학교 고학년 아동들의 경우에는 60분에서 90분 정도를 제안한다. 이러한 제안에 대해 활동은 거의 하지 않고 언어적 상호작용을 주로 하는 집단의 경우에는 동의한다. 하지만 우리의 경험에 의하면, 대부분의 아동들에게는 1시간 반에서 2시간 정도가 적절한 시간이다. 아동을 대상으로 한 집단 프로그램은 놀이매체와 활동을 포함하도록 설계되어 있고, 활동을 바꾸는 데도 시간이 필요하며 집단이 운영되는 속도가 상대적으로 느리기 때문에 이 정도가 적절하다고 본다.

아동을 대상으로 하는 대부분의 상담 집단의 경우 일주일에 1~2시간 만난다면 최소한 8~10주 정도가 필요하다. 이러한 기간은 집단응집력의 확립과 같은 집단 과정의 발달을 감안한 것이고 집단 과정이 집단의 긍정적인 결과에 기여할 기회를 최대화한다.

집단 프로그램의 설계

일단 특정 목표의 아동 집단의 요구가 확인되고 나면, 처리해야 할 특정 목표 집단의 요구를 충족시키기 위해 집단을 운영하는 상담자가 구체적인 프로그램을 설계하는 것이 유용하고 만족스러울 것이다. 이 과정에서, 우리는 먼저 전체 프로그램을 구성하고 그런 다음 각 회기별 프로그램을 설계하기를 제안한다.

말레코프(Malekoff, 1977)와 로즈(Rose, 1998)를 포함한 많은 저자들이 아동을 개별적으로 상담을 할 때와 마찬가지로 집단으로 상담할 때도 활동과 매체를 사용하는 것이 중요하다는 우리의 믿음을 지지한다. 아동집단상담에 사용할 매체로는 미술 재료, 게임, 활동지, 손인형, 소형 동물모형, 비디오테이프나 DVD, 기능재료(craft materials), 찰흙, 구성재료(construction materials)를 들 수 있고, 아동집단상담에 사용할 활동으로는 자유 놀이, 규칙이 있는 조직화된 게임하기와 역할놀이를 들 수 있다. 놀이매체와 활동의 사용은 아동의 흥미를 끄는 데 도움이 되고, 유능감, 집단에 대한 소속감, 자기 발견, 발명과 창의성을 증진시킬 수 있다. 놀이 활동을 하는 동안 아동들이 상호작용을 한 결과로, 만약 집단 리더가 적절한 상담 기술을 사용한다면 아동들은 자신의 행동이 또래 관계에 영향을 주는 방식에 대해 배울 수 있다.

집단상담에서 중요한 것은 특정 활동이나 활동의 결과가 아니라 활동이 처리되는 방식이라는 것을 명심해야 한다. 활동을 처리하는 기술에 대해서는 18장에서 논의할 것이다.

특정 집단 회기를 위한 프로그램에 변화를 주는 것은 아동의 흥미를 유지하는 데 도움이 된다. 만약 여러분이 아동을 위한 상담 집단을 운영하고자 한다면, 우리가 저술한 *Working with Children in Groups*(Geldard & Geldard, 2001)을 참고하기 바란다.

아동 집단에 요구되는 상담 기술과 촉진 기술

집단에서 아동을 상담하는 것은 아동을 개별적으로 상담하는 것과는 매우 다르다. 상담자는 집단 상황에서 사용하기에 적합한 상담 기술을 익혀야 할 뿐만 아니라 집단 상담 과정을 촉진시키는 방법에 대한 지식도 쌓아야 한다. 집단상담 과정의 촉진과 집단상담 기술과 관련된 정보는 18장에 간략하게 제시되어 있다.

핵심 요점

- 비슷한 문제를 가지고 있거나 비슷한 경험을 한 아동들이 많을 경우 집단 상황에서 아동들과 치료적 작업을 하는 것이 이로울 수 있다.
- 집단상담은 사회성 문제를 가지고 있는 아동에게 특히 유용하다. 왜냐하면 집단은 아동이 새로운 방식으로 관계를 형성하고 유지하는 법을 배우고 연습할 수 있는 안전한 환경을 제공해주기 때문이다.
- 상담 집단은 또한 어려운 상황에서 살아가고 있는 아동들을 위해 지원적인 역할도 수행할 수 있다.
- 치료 집단은 정신건강장애 진단을 받았거나 심각한 정서 문제를 겪고 있는 아동에게 특히 유용하다. 치료 집단은 또한 심각한 정서적인 문제를 갖고 있지는 않지만 삶의 도전에 의해 만들어진 스트레스를 대처하는 데 어려움을 겪는 아동들에게도 유용하다.
- 심리교육 집단은 아동에게 자신의 일상생활에 보다 적응적인 방식으로 행동하는 데 도움이 되는 정보를 제공하는 데 유용하다.
- 아동을 대상으로 한 개인상담에서와 마찬가지로 집단상담에서도 상담자는 많은 놀이매체와 활동을 사용한다.
- 특정 집단에 아동을 포함하는 것이 적절한지의 여부는 임상관찰이나 심리검사 또는 두 가지 방법을 모두 사용하여 평가한다.
- 상담 집단을 계획할 때는 집단의 목표, 프로그램 설계, 집단 구성, 집단 크기, 집단 회기 시간, 집단상담 장소의 적절성 등을 고려해야 한다.

아동상담 기술

상담을 받으러 오는 아동들은 다양한 연령과 성격의 소유자이고 호소 문제 또한 다양하다. 그래서 우리는 상담을 할 때 개별 아동에게 가장 도움이 될 것이라고 생각하는 방법을 사용한다. 다시 말하면 내담자에 따라 사용하는 상담 방법의 효과에 차이가 있을 수 있다는 것이다. 가령 어떤 아동에게는 적극적이고 직접적인 방법이 효과적인 반면 어떤 아동에게는 부드럽고 자기발견적인 방법이 유용할 수 있다. 그러나 아동들 간의 차이와 상담 방식의 차이와 무관하게 일반적으로 유용한 기본적인 아동상담 기술이 있다.

치료 과정의 단계에 따라 적절한 상담 기술은 다르다. 일반적으로 이러한 치료 과정은 여러 회기를 포함하게 되고, 각 회기별로 상담자는 다양한 기능을 수행한다.

- 아동과의 합류(2장)
- 아동 관찰(11장)
- 적극적 경청(12장)
- 변화 촉진을 위한 지각 증진 및 문제해결(13~16장)
- 아동의 자아개념 및 자기 파괴적 믿음 다루기(15장)
- 적극적 변화 촉진(16장)
- 상담의 종결(17장)

위의 기능은 각각 한 가지 이상의 상담 기술과 관련이 있다. 이 부에서는 각 기능과 관련된 기술을 다룰 것이다. 합류의 기능은 아동-상담자 관계에 대한 논의를 할 때 다루었다.

11
Chapter

관찰

관찰은 상담자가 아동이 부모와 맺고 있는 관계, 아동이 부모와 얼마나 쉽게 분리되는지 그리고 아동의 일상적인 행동을 관찰하는 합류 단계 초기에 시작된다. 관찰된 정보는 상담자가 상담을 어떻게 진행할지를 결정하는 데 큰 도움을 준다. 효과적인 관찰을 수행하는 한 가지 방법은 아동과 적극적으로 상호작용하지 않고 뒤로 물러서서 드러나지 않게 관찰하는 것이다. 이런 식으로 관찰할 때, 우리는 대개 아동에게 놀이치료실에 준비해둔 장난감, 게임 그리고 재료를 가지고 놀도록 하고 아동들이 놀이를 하는 동안 우리는 조용히 앉아 있을 것이라고 말한다. 아동을 관찰하는 동안 아동이 한 행동에 대해 판단하고 해석하지 않도록 우리 자신의 행동을 모니터링한다.

관찰을 수행하는 또 한 가지 유용한 방법은 여러분이 아동의 공간에 침범하거나, 아동과의 상호작용을 강요하거나, 다른 방식으로 행동했을 때 어떤 일이 일어나는지를 지켜보는 것이다. 만약 여러분이 아동을 관찰하도록 요구받았다면 무엇을 관찰할 것인가? 다음 내용을 읽기 전에 우리는 여러분이 아동을 관찰할 때 중요하게 관찰해야 할 것에 대한 목록을 작성해보기를 권한다. 아동상담 시 꼭 관찰하면 좋겠다고 생각하는 몇 가지를 제시하면 다음과 같다.

- 전반적인 외모
- 행동
- 기분 또는 정서
- 지적 기능과 사고 과정

- 말과 언어
- 운동 기능
- 놀이
- 상담자와의 관계

전반적인 외모의 관찰

전반적인 외모의 관찰은 아동이 옷을 입는 방식, 아동의 각성 수준 그리고 정상적인
아동과의 두드러진 차이점(예, 신체적 차이)에 대한 관찰을 포함한다. 신체적 발달
과 영양 수준과 관련된 정보뿐만 아니라 아동의 매력 정도도 관련이 있다. 아동의
특이한 행동(예, 안면 경련) 또한 주목할 필요가 있다.

행동의 관찰

아동이 보이는 행동을 관찰할 때, 상담자는 다음 질문을 할 수 있다.

- 행동이 조용하고 조심스러운가 아니면 시끄럽고, 난폭하고, 공격적이고, 파괴적
  인가?
- 아동이 산만한가 아니면 적절한 집중시간을 갖고 있는가?
- 아동이 위험한 행동을 하려고 하는가?
- 아동이 기꺼이 위험을 감수하려 하는가?
- 아동이 다정하고 상담자와의 상호작용에 의존적인가?
- 신체적 접촉에 대해 아동이 어떻게 반응하는가?
- 아동이 방어적이거나 반응적인가? 또는 접촉을 추구하는가?
- 아동이 적절한 경계를 갖고 있는가?
- 아동이 적극성을 보여준 다음 신호를 기다림으로써 접근-회피 경향성을 보여주
  는가?

행동을 관찰하는 동안 상담자는 억압, 회피, 부정과 같은 방어기제의 존재에 대해
주목할 필요가 있다.

아동의 기분 또는 정서의 관찰

상담 회기 동안에 아동의 기분이나 정서를 관찰하는 것은 아동의 겉으로 드러나지 않는 정서 상태에 대한 단서를 제공해준다. 일반적으로 아동은 행복해 보이거나, 슬퍼 보이거나, 화가 나 보이거나, 우울해 보이거나, 흥분해 보일 수 있다. 어떤 아동들은 감정을 거의 보이지 않거나 아무런 감정을 보이지 않는 것처럼 보일 수 있다. 또한 어떤 아동들은 자기에게만 몰두해 있을 수도 있다. 간혹 이미 관찰된 행동이 아동의 내적 기분이나 정서 상태에 대한 정보를 줄 수도 있다. 예를 들어, 공격적인 놀이는 아동이 화가 났음을 나타낸다.

상담을 하는 동안에 발생한 기분 변화와 자신의 기분에 대한 아동의 지각 및 상담 동안의 정서적 반응 수준을 관찰하는 것 또한 유용하다.

지적 기능과 사고 과정의 관찰

4~8세 아동의 경우, 지적 기능의 정도에 대한 정보는 아동에게 퍼즐 맞추기, 신체 부위 이름 대기, 색상 구별하기와 같은 구체적인 과업을 하도록 요청함으로써 획득할 수 있다. 나이가 좀 더 많은 아동의 경우에는 일반적인 대화가 아동의 문제해결 능력과 개념화 능력 및 통찰 수준을 보여준다. 아동이 시간, 장소 또는 사람에 관하여 자신이 처한 위치를 알아차리는 능력이 있는지 여부는 최근 사건에 대한 질문을 통해 알 수 있다. 아동의 현실감과 사고 조직을 검토함으로써 상담자는 망상과 환각을 포함한 비정상적인 사고 패턴을 알 수 있게 된다.

말과 언어의 관찰

아동과 대화를 나누어 봄으로써 상담자는 아동의 언어 기술에 대한 평가를 할 수 있다. 예를 들어, 상담자는 아동이 적절하게 의사소통을 하지 못해 좌절감을 겪고 있거나 아동이 비언어적 의사소통 방식에 의존하는 경향이 있음을 알 수 있다. 또한 아동의 말이 명확하지 않거나, 혀짤배기 말을 하거나, 말을 더듬거나 하는 것을 관찰할 수 있다.

운동 기능의 관찰

대 · 소근육 운동 조정은 아동이 놀이치료실에서 활동을 하는 동안 관찰할 수 있다. 아동이 대부분의 시간을 앉아서 보내는지, 걷는지, 점프하는지, 뛰는지, 웅크리고 앉아 있는지를 관찰하라. 그리고 아동이 한 장소에서 다른 장소로 쉽게 이동하는지 어렵게 이동하는지를 관찰하라. 아동의 신체 표현이 위축되어 있는지 자유로운지를 관찰하라. 불안한 아동은 때때로 호흡을 조절하는 데 다른 아동들과 차이를 보이기 때문에 호흡정지, 한숨 또는 헐떡임을 주목해야 한다.

놀이의 관찰

아동이 놀이는 나이와 발달 정도에 따라 다르다. 따라서 전형적으로 발달하는 아동의 놀이를 이해하는 것이 관찰을 통한 비교에 필수적이다. 일반적으로 말하면, 아동의 놀이가 나이에 맞게 창의적인지, 전형적인지, 반복적인지, 제한적인지를 관찰하는 것이 도움이 된다. 후자의 예로 아동이 모래상자에서 모래를 반복적으로 부었다 쏟았다 하는 것을 들 수 있다.

만약 아동이 놀이를 시작할 수 있다면 상담자는 놀이에 영향을 주고자 할 때 말고는 놀이에 참여할 필요가 없다. 상담자는 뒤로 물러나 아동이 하는 놀이 주제의 발달을 관찰한다. 이에 덧붙여, 상담자는 놀이의 질을 관찰하고, 놀이가 목표 지향적인지 이해할 수 있는 계열을 따라가는지 그리고 놀이 재료가 적절하게 사용되고 있는지를 관찰한다.

놀이가 창의적인지 또는 전형적인지는 아동의 발달적 성숙 수준을 나타낸다. 예컨대, 상담자는 아동이 상자를 쇼핑 카트로 사용하는 걸 보고 이 아동이 놀이에서 물건을 대체할 수 있다는 것을 안다. 상담자는 또한 아동의 놀이가 퇴보하는지, 유치한지, 거짓되게 성숙한지 여부를 안다.

3~5세 아동의 놀이는 일반적으로 아주 상상력이 풍부하고 창의적이다. 이 나이 때 아동의 놀이를 관찰할 때는, 상상의 표현과 주제가 발달적으로 적절해야 한다는 것을 명심하는 것이 중요하다. 놀이에서 아동의 감정 모드와 강도 또한 중요하게 관찰해야 할 부분이다.

아동과 상담자 관계의 관찰

아동과 상담자의 관계를 관찰할 때 중요한 측면은 전이의 문제와 관련이 있다(14장 참조). 아동의 온정과 친근감, 시선 접촉, 사회성 수준, 상호작용 방식, 이 모든 것이 상담자가 치료 과정에서 요구하는 정보에 영향을 미친다. 상담자는 또한 아동이 위축되어 있는지, 고립되어 있는지, 친밀한지, 믿음직한지, 의심스러운지, 경쟁적인지, 부정적인지, 협조적인지 등을 관찰한다. 이 정보의 많은 부분은 아동이 상담자와 맺은 관계를 관찰함으로써 획득된다.

상담자가 아동을 관찰하는 동안에 아동이 자신의 이야기를 시작할 수 있다. 만약 아동이 그렇게 한다면, 상담자가 그 이야기에 흥미가 있음을 아동이 충분히 알 수 있도록 해야 한다. 그렇게 하기 위해서는 상담자가 적극적 경청 기술(12장에서 설명)을 사용해야 한다.

핵심 요점

- 관찰은 아동과 어떻게 상담을 진행해나갈 것인지를 결정할 때 상담자에게 유용할 수 있는 소중한 정보를 제공해줄 수 있다.
- 전반적인 외모를 관찰할 때 보통 아동들과 다른 점에 주목하라.
- 행동 관찰에는 방어기제의 존재를 관찰하는 것이 포함된다.
- 기분이나 정서 관찰은 아동의 겉으로 드러나지 않는 정서 상태에 대한 정보를 줄 수 있다.
- 지적 기능의 관찰은 아동의 지적 능력과 비정상적 사고 패턴의 유무에 대한 정보를 제공해준다.
- 아동의 말과 언어에 대한 관찰은 아동이 적절하게 의사소통할 수 있는 능력이 있는지를 보여줄 수 있다.
- 운동 기능의 관찰은 아동의 신체 표현이 위축되어 있는지 자유로운지를 밝혀준다.
- 놀이의 관찰은 상담자에게 아동의 발달 정도를 보여줄 수 있다.
- 아동이 상담자와 관계를 맺는 능력은 아동의 전반적인 정서 상태와 사회성 기술에 대한 정보를 제공해줄 수 있다.

12
Chapter

적극적 경청

적극적 경청과 관련된 기술은 내담자 중심 상담으로부터 나왔으며 8장에서 설명한 SPICC 모델의 1단계에서 특히 중요하다.

상담자로서 우리는 관찰과 경청을 통해 아동에 대한 정보를 얻는다. 이러한 상담자의 기능을 수행함으로써 우리는 아동이 자신의 이야기를 하도록 도울 수 있고 아동의 문제를 확인할 수 있다. 이렇게 함에 있어, 우리가 얻고 있는 정보에 주목하고 그것을 소중하게 생각한다는 것을 아동이 알도록 하는 것이 중요하다.

우리가 주목하고 있다는 것을 아동들이 어떻게 알겠는가? 아동들이 우리에게 주고 있는 정보를 우리가 받아들이고 있고 그것을 소중하게 생각한다는 것을 아동들이 어떻게 알겠는가?

안타깝게도 혼자 시간을 보내고, 어른들에 의해 존중받지 못하고 무시당하는 데 익숙해 있는 아동들이 있다. 우리가 그들의 세계에 기꺼이 들어가 그들의 견해를 존중할 것이라는 것을 아동들이 알도록 어떻게 할 것인가? 우리는 적극적 경청을 통해 이것을 할 수 있다.

적극적 경청에는 네 가지 주요 요소가 있다.

1. 몸짓 언어의 매치
2. 최소 반응의 사용
3. 반영의 사용
4. 요약의 사용

몸짓 언어의 매칭

아동과 상담자의 관계를 증진시키는 효과적인 방법은 상담자가 아동의 비언어적 행동을 매치시키는 것이다. 이 매칭은 아동에게 상담자가 귀 기울여 듣고 있다는 메시지를 전달한다. 예컨대, 아동이 모래상자 옆 바닥에 앉아 있는 경우, 상담자도 아동과 비슷한 자세로 아동과 함께 바닥에 앉아 있는 것이 도움이 된다. 이것은 상담자가 자연스럽고 편안하게 했을 때 최고의 효과를 볼 수 있다. 그렇지 않으면 억지로 꾸민듯해 보일 것이고 아동은 상담자의 이러한 불일치한 행동으로 인해 심리적으로 단절될 것이다.

아동이 말하는 속도와 목소리 크기를 매치시키는 것도 아동과 상담자의 관계를 증진시키는 데 도움이 된다. 아동이 빠르게 말하는 경우, 상담자가 아동이 타인과 관계하는 방식으로 합류하고 아동과 비슷하게 반응한다면 도움이 될 것이다. 만약 아동이 느리게 행동한다면, 상담자 또한 보다 여유 있게 행동함으로써 변화에 맞추면 된다.

상담자가 아동의 비언어적 행동과 자세를 적절하게 매치시킬 수 있을 경우 얻을 수 있는 추가적인 이점이 있다. 그것은 아동이 상담자가 자신과 합류하고 경청하고 있다고 느낄 뿐만 아니라 시간이 약간 지난 후 상황이 반전될 수도 있다는 것이다. 상담자가 잠시 동안 아동들에게 맞추어주게 되면, 아동이 의미 있는 변화를 보이면서 상담자를 따를 가능성이 높다는 것이다. 상담자가 불안해하는 아동의 말하는 속도, 목소리 크기 및 호흡을 맞추어준다고 상상해보라. 상담자가 그렇게 하고 싶을 때, 그들은 자신의 호흡과 말하는 속도를 늦출 수 있고 보다 편하게 앉아 있을 수 있을 것이다. 아동도 상담자의 행동을 따라 느긋해지기 시작할 가능성이 높다.

매칭 행동에는 눈 맞춤 수준의 매칭도 포함된다. 눈 맞춤은 아동과 라포를 형성하는 데 중요하다. 그러나 편안해하는 눈 맞춤의 정도는 아동들마다 다르다. 그러므로 상담자는 이런 점을 고려하여 아동의 행동을 관찰하고 적절하게 반응해야 한다. 어떤 아동들은 눈 맞춤을 피하고 이야기하는 동안 특정 활동을 하면 더 편안함을 느끼고 더 자유스럽게 이야기한다.

최소 반응의 사용

최소 반응의 사용은 우리가 말을 하기보다는 주로 들을 때 우리 대화에서 자동으로 생겨나는 무엇이다. 최소 반응은 말을 하는 사람에게 말을 듣는 사람이 주목하고 있음을 보여준다. 이러한 반응은 때때로 비언어적이고 그냥 머리를 끄덕이는 것을 포함한다. 언어적 최소 반응은 '아하', '음', '예', '좋아'와 같은 표현을 포함한다. 이보다 좀 더 긴 반응도 비슷한 기능을 하는데, 예를 들어 상담자가 '알겠어요', '이해가 돼요'라고 말할 수 있다.

최소 반응과 보다 긴 반응 모두 아동이 자신의 이야기를 계속하도록 격려하는 데 매우 유용하다. 언어적·비언어적 최소 반응을 할 때 중요한 것은 그러한 반응이 긍정적이든 부정적이든 판단적으로 해석되지 않도록 해야 한다는 것이다. 만약 아동이 자신의 이야기를 정확하게 해야 한다면, 자신의 이야기가 상담자의 승인 또는 불승인에 대한 아동의 지각에 크게 영향을 받지 않아야 한다는 것이 중요하다. 예를 들어, '우와'와 같은 큰 함성으로 인해 아동은 상담자의 믿음과 태도에 대해 어떤 결론을 내릴 수 있다. 이러한 결론은 상담자의 승인을 얻거나 상담자의 불승인을 피하기 위해 아동에게 영향을 미쳐 아동이 자신의 이야기를 왜곡하도록 할 수 있다. 비슷한 맥락에서, 어떤 비언어적 최소 반응은 아동이 말하고 있는 것의 내용에 대한 판단의 표현으로 지각될 수 있다.

상담자로서, 여러분의 최소 반응 간격을 적절하게 하라. 너무 자주 최소 반응을 하면, 그 반응이 거슬리고 주의를 산만하게 할 수 있다. 최소 반응은 상담자가 아동의 말을 듣고 있음을 단순히 인정하는 것이 아니라는 것을 기억하라. 최소 반응은 또한 미묘하게 다른 메시지를 전달하는 방식일 수도 있다. 따라서 최소 반응은 조심스럽게 사용해야 한다. 그렇지 않으면 치료적으로 유용하지 않은 메시지가 무심코 전달될 수 있다.

반영의 사용

매칭과 최소 반응은 아동이 상담자가 자신과 함께 하고 자신에게 주목하고 있다는 감을 느끼도록 분위기를 조성한다. 아동이 상담자가 자신이 하고 있는 이야기의 세부 내용에도 주목하고 있음을 확신하는 것 또한 중요하다. 일반적으로 아동에게 이러한 확신을 주는 가장 효과적인 방법은 '반영'이라고 부르는 기술을 사용하는 것이다. 반영에는 두 가지 유형이 있다. 하나는 내용 반영이고, 다른 하나는 느낌 반영이다. 내용 반영은 '바꾸어 말하기'라고 한다. 이 두 가지 유형은 결합될 수도 있다.

내용 반영(바꾸어 말하기)

이 기술을 사용하여, 상담자는 글자 그대로 아동이 상담자에게 말한 것을 아동에게 되돌려 반영한다. 상담자는 아동이 말한 것을 그대로 말하거나 앵무새처럼 말하지 않고 그것을 다른 말로 바꾸어 표현한다. 이 말은 상담자가 아동이 한 말 중 가장 중요한 내용을 뽑아 그것을 보다 명확하게 그리고 아동들의 말이 아닌 자신의 말로 다시 표현하는 것을 의미한다.

반영은 반드시 아동과의 대화 속에 일어날 필요는 없다. 반영은 치료사가 놀고 있는 아동을 관찰하는 동안에도 일어날 수 있다. 내용 반영의 몇 가지 예를 들면 다음과 같다.

[예 1]

아동의 진술: '우리 엄마와 아빠는 항상 일해. 우리 아빠는 일하느라 집을 자주 비워. 등산도 가고. 안 가는 데가 없어. 우리 엄마는 사장이야. 다른 사람들에게 일을 시켜.'

상담자 반응: '엄마, 아빠가 너와 함께 시간을 많이 보내지 않는다는 말처럼 들리는구나.'

[예 2][모래상자에서 소형 동물모형을 가지고 놀고 있는 아이]

아동의 진술: '이리 와, 공룡. 펜스를 뛰어 넘어. 여기는 아주 좋아. 이리 와 날 봐. 스파이키, 이리로 와. 내가 도와줄게, 너를 데리러 내가 돌아올 거야.'

상담자 반응: '네 동물이 스파이키가 와서 함께 놀기를 원하는 것 같구나.'

[예 3][인형 가족과 인형의 집에서 놀고 있는 아이]

아동의 진술: '내가 말했지. 방바닥을 엉망으로 만들지 말라고. 빨리 치우는 게 좋을 걸. 네 물건을 온 방바닥에 어질러 놓았잖아, 이 말썽꾸러기야.'

상담자 진술: '네 엄마는 아이가 어질러진 걸 깨끗하게 치우길 원하는구나.'

[예 4]

아동의 진술: '나는 이번 철자 시험에서 하나도 틀리지 않았어요. 근데 연희는 틀렸어요. 그리고 연희는 버릇없는 말을 해서 혼나게 생겼어요. 버릇없이 굴면 타임아웃 방에 가야 하거든요. 나는 한 번도 타임아웃 방에 가본 적이 없어요.'

상담자 진술: '어쨌든 너는 괜찮은데 연희는 혼나게 생겼구나.'

내용을 반영할 때 상담자가 하는 것은 글자 그대로 아동이 방금 상담자에게 말했던 것 중 가장 중요한 것을 명료하고 간략하게 아동에게 말하는 것이다. 상담자가 이것을 할 때, 아동은 상담자가 자신의 말을 들었다는 느낌을 갖게 된다. 내용의 반영을 사용함으로써 상담자는 또한 아동 자신이 한 말을 더 잘 인지하도록 만들고, 그렇게 함으로써 이것에 대한 아동의 지각을 강화한다. 그런 다음 아동은 상담자와 나누는 이야기의 중요성을 보다 풍부하게 음미하고 혼란을 해결할 수 있게 된다. 그러므로 내용의 반영은 아동이 탐색 과정에서 앞으로 나아가도록 돕는 데 유용하다.

느낌 반영

상담자는 내용을 반영할 뿐만 아니라 느낌도 반영한다. 느낌 반영은 아동이 경험하고 있는 정서적 느낌에 대한 정보를 아동에게 되돌려 반영하는 것과 관련된다. 아동이 놀이를 할 때, 느낌 반영은 아동이 상상의 인물, 상징 또는 놀이 속의 장난감 동물에 부여하는 정서적 느낌과 관련하여 사용될 수도 있다.

느낌 반영은 아동이 자신의 느낌을 더 잘 알아차리도록 하기 때문에 핵심 상담 기술 중 하나이다. 느낌 반영은 아동이 중요한 정서적 느낌을 회피하기보다는 다루도록 격려한다.

상담자가 사고와 느낌을 혼동하지 않고 그 차이를 분명히 아는 것은 중요하다. 만약 우리가 이 책을 읽는 여러분에게 사고와 느낌의 차이에 대해 말해보라고 요청한다면 무어라고 말할 것인가? 사고는 일반적으로 그것을 기술하는 문장이 필요하지만 느낌은 대개 한 단어만 있으면 된다. 다음과 같은 느낌 단어는 정서 상태를 기술한다.

행복한	슬픈	화난
혼란스런	실망한	놀란
절망스런	압도당하는	겁먹은
걱정스런	만족한	불안정한
거절된	배신당한	무력한
책임 있는	영향력 있는	

이 목록을 보면 알겠지만, 감정을 나타내는 단어는 대부분 반대어를 가지고 있다. 상담자로서 우리는 아동들이 부정적이고 불편한 느낌을 적응적인 방식으로 다루도록 돕는다. 그러나 현실적이고 아동의 부정적인 느낌을 없애는 것은 불가능하다는 것을 지각하는 것이 중요하다. 그럼에도 불구하고, 우리는 아동이 이런 부정적인 감정들이 변할 때 적절하게 다룰 수 있도록 도울 수 있다.

느낌 반영은 '슬픈가 보네', '화가 난 것 같구나', '실망스러워 보이네'와 같이 '느 낌' 단어를 포함하는 진술을 하는 것과 관련된다. 다음에 느낌 반영의 예를 몇 가지 제시하였다.

[예 1]

아동의 진술: '엄마에게 이모 집에 가도 되냐고 물을 때마다 엄마는 안 된다고 말씀 하세요. 문정이는 이번 주말에 이모 집에 간대요. 이번 주는 내 차례인데.'

가능한 상담자 반응: '실망스러웠겠네.' 또는 '화가 난 것 같구나.'(정확한 반응은 맥 락과 비언어적 단서에 달려있다.)

[예 2][차 사고로 동생이 죽었다.]

아동의 진술: '내 동생은 차에 치였을 때 자신이 정말 좋아하는 강아지와 함께 있지 도 않았어.'

상담자 반응: '매우 슬펐겠구나.' 또는 '매우 슬퍼하는 것 같구나.'

[예 3] 상상적 가상 놀이를 하고 있는 아이]

아동의 진술: '사람들이 우리를 찾기 전에 빨리 여기를 나가자. 빨리 움직여, 그들이 오고 있어.'

상담자 반응: '두려운가 보구나.'

[예 4][인형의 집에서 인형의 집 식구들과 놀고 있는 아이]

아동의 진술: '방바닥을 어지르지 말라고 말했지. 빨리 치우는 게 좋을 걸. 네 물건 을 온 방바닥에 어질러 놓았잖아, 이 말썽꾸러기야.'

상담자 반응: '엄마가 매우 화가 난 것 같구나.'

아동들은 자주 슬픔, 절망, 분노, 불안과 같은 격한 감정을 피하고 싶어 하기 때문에 자신의 감정을 탐색하지 않으려 한다. 그러나 정서와 접촉하는 것은 대개 정서적으 로 기분이 나아지는 쪽으로 나아가고 그럼으로써 합리적인 결정을 할 수 있다는 것 을 의미한다. 때때로 아동은 우리에게 직접적으로 자신이 어떤 기분인지를 말한다. 예컨대, 아동이 '저는 형에게 몹시 화가 나 있어요.'라고 말할 수 있다. 하지만 아동 들은 대체로 자신이 어떤 기분인지를 직접적으로 우리에게 말하지 않는다. 그러는 대신에 비언어적 단서를 주거나 자신의 상황에 대해 간접적으로 이야기한다.

만약 상담자로서 당신이 아동에게 집중한다면, 여러분 자신의 감정은 아동의 그 것과 매치되기 시작할 것이며 아동의 현재 느낌을 더 쉽게 알 수 있을 것이다. 연습을 하면, 아동의 자세, 얼굴 표정, 움직임 및 놀이 행동으로부터 고통, 슬픔, 분노와 같은 감정을 알아차릴 수 있다. 아동의 감정을 정확하게 반영한다면, 아동은 자신의 감정과 좀 더 깊이 있게 접촉할 수 있다. 만약 그 느낌이 고통스러운 것이라면, 아동은 울기 시작할 것이다. 상담자로서 이런 상황이 여러분에게는 어떤가? 우리는 이런 상황이 가끔 힘이 든다. 상담자는 아동의 눈물로 인해 야기되는 자신의 감정을 다룰 수 있어야 한다.

아동의 화를 반영해주는 것이 간혹 극적인 결과를 낳기도 한다. 상담자가 '화가 났구나' 또는 '매우 화가 난 모양이구나'라고 말하면서 화를 반영해주었는데, 아동이 '나 화 안 났어요'라는 말을 내뱉고는 놀이실에서 잠시 동안 거친 행동을 할 수 있다. 이런 일이 생겼을 경우, 상담자는 놀랄 것이다. 그러나 아동의 반응은 자신이 공개적으로 갖고 싶지 않은 분노를 표현하는 능력을 반영한 것이다. 상담자는 그런 다음 아동이 놀이매체 사용을 통해 자신의 분노를 보다 적절하게 표현하도록 격려할 수 있다.

요약하면, 감정 반영은 아동이 자신의 정서를 보다 깊이 있게 경험하게 하여 그런 감정을 방출한 결과로 기분이 나아지도록 해준다. 일단 감정이 방출되면 아동은 좀 더 명확하게 생각할 수 있고 건설적인 옵션을 고려하여 미래에 대한 선택을 할 수 있다. 따라서 감정 반영은 가장 중요한 상담 기술 중 하나이다.

내용 반영과 감정 반영의 사용

경험을 통해 여러분은 자주 내용 반영과 감정 반영을 결합하여 사용할 수 있다는 것을 알게 될 것이다. 예를 들어, 여러분은 '슬픈가 보구나'와 '주말에 아빠가 함께 놀아주지 않는다는 말이지'라는 표현을 결합하여 '주말에 아빠가 함께 놀아주지 않아 슬픈가 보구나'라고 반응할 수 있다. 다음에 내용과 감정을 결합한 반영의 예를 몇 가지 제시하였다.

[예 1]

아동의 진술 : '진수와 나는 정원에서 왕자와 공주 놀이를 하곤 했죠. 진수는 늘 왕이 되어 옥좌인 돌 위에 앉길 원했어요. 이제 진수는 하늘에 있기 때문에 그럴 수가 없어요.'

상담자 반응 : '진수와 더 이상 놀 수 없어 슬픈가 보구나.'

[예 2]

아동의 진술 : '네가 떠난 뒤에도 큰 아이들이 너의 뒤를 따라가더라. 네가 선생님께 이런 사실을 말씀 드리면 그들이 방과 후에 너를 괴롭힐 걸. 어떤 것도 소용이 없어.'

상담자 반응 : '너를 괴롭히는 형들을 어떻게 할 수 없어 절망스러운가 보구나.'

[예 3]

아동의 진술 : '시간 맞춰 도착하도록 선호하는 과목 표시와 함께 내가 듣는 모든 과목을 적어서 엄마에게 부쳤어요. 하지만 엄마는 아직도 그것을 학교에 가지고 가지 않았어요.'

상담자 반응 : '엄마가 너를 실망시켜 화가 났구나.'

내용과 느낌을 반영할 때, 상담자는 아동의 내적 과정에 지나치게 침입하지 않도록 자신의 반응을 짧게 하는 것이 바람직하다. 긴 진술은 아동을 자신의 현재 경험에서 벗어나게 하고 자신의 세계에서 끄집어내어 상담자의 세계로 이동시킨다. 상담자는 내용, 느낌 또는 내용과 느낌 모두 중에서 어떤 것을 반영하는 것이 최선인지를 결정할 때 스스로 결정해야 한다. 간혹 내용과 느낌 둘 다라기보다는 내용이나 느낌 중 어느 하나를 사용하는 것이 간결성의 이점 때문에 더 적절하다.

억압하고자 하는 느낌을 가지고 있는 아동을 돕는 경우에는 느낌 반영만 사용하는 것이 유용할 수 있다. 그렇게 하면 아동은 그 느낌에 집중하여 그것을 더 잘 다룰 수 있다. 예를 들어, 만약 상담자가 아동에게 '너는 정말 슬픈가 보구나.'라고 말한다면, 그 진술은 아동이 말한 내용을 다룸으로써 아동이 고통스런 경험으로부터 벗어나도록 격려하기보다는 아동의 고통에 집중하게 된다. 그 진술은 아동이 감정 모드보다는 인지 모드로 이동시키기 때문에 아동은 그 고통을 피할 수 없다. 대신에 그것은 치료 상황에서 적절하게 다루어야 한다.

가능할 때면 언제나 아이들이 자신의 정서적 느낌을 억압하기보다는 경험하도록 도와라. 느낌을 충분히 경험하는 것은 종종 고통스럽다. 하지만 그것은 카타르시스가 되며 치료적으로 바람직하다. 몸짓 언어의 매칭, 최소 반응 그리고 반영은 상담 관계를 형성하는 데 가장 유용한 기술이다. 이런 기술을 사용함으로써 아동은 자신의 마음을 열고 상담자와 정서적 고통을 야기하는 문제를 나누도록 격려한다. 때때로 상담자가 아동에게 지금까지 다루었던 것을 검토해보도록 하는 것이 도움이 된다. 이 검토는 요약이라는 기술을 사용하여 수행된다.

요약의 사용

상담자는 아동이 몇 분에 걸쳐 진술한 많은 정보를 아동에게 되돌려줌으로써 요약을 한다. 요약은 말한 내용 중 핵심 요점을 이끌어내며 진술하는 아동의 감정 또한 고려한다. 요약은 내담자가 한 말을 그대로 다시 말하는 것이 아니며 아동이 한 말 중 가장 두드러진 점이나 가장 중요한 점을 선택하는 것이다. 아동은 자신이 한 이야기의 세부적인 내용에 의해 종종 혼동할 수 있다. 요약은 아동이 그동안 한 말을 명료하게 해주고 정보를 조직화된 포맷 속으로 통합시켜주어 아동이 명료한 그림을 가지고 보다 집중하게 해준다.

몇 분에 걸쳐 아동이 여러분에게 많은 정보를 주었다고 상상해보라. 이 정보에는 아동이 자기 부모가 함께 하기를 원했는데, 아무도 함께 하지 않았던 상황을 포함한 몇 가지 구체적인 상황이 포함되어 있다. 또한 아동이 아버지가 약속을 한 번 이상 어겼다고 말하고, 아동의 목소리와 얼굴 표정이 매우 슬퍼 보인다. 아동에게서 들은 이 정보를 당신은 어떻게 요약하겠는가?

이 경우 다음과 같이 요약할 수 있을 것이다. '엄마, 아빠가 필요할 때 엄마, 아빠가 자주 곁에 없었고, 아빠가 약속을 하고는 지키지 않아서 네가 많이 슬펐다고 말하고 있구나.' 이러한 유형의 요약은 아동이 혼란스런 많은 정보를 통합하여 명료한 그림을 만들어내도록 할 수 있다. 아동은 보다 집중할 수 있고 문제해결로 향할 기회를 가질 수 있을 것이다.

요약은 또한 상담자가 개인상담을 종결하고자 할 때도 유용하다. 요약은 아동이 상담을 끝내고 떠나기 전 그동안 나누고 경험한 것을 통합하도록 해준다. 이 장에서 언급한 적극적 경청 기술이 아동이 자신의 이야기를 하도록 격려해줄 것이다. 다음 장에서는 아동의 지각 수준을 높여 정서적·행동적 변화 가능성을 증가시키는 데 요구되는 기술에 대해 살펴볼 것이다.

핵심 요점

- 몸짓 언어의 매칭, 최소 반응 사용하기, 반영, 요약에 의한 적극적 경청은 아동에게 상담자가 주목하고 있고 아동이 한 말을 소중하게 받아들이고 있음을 알게 해준다.
- 몸짓 언어의 매칭은 아동의 비언어적 행동, 자세, 말하는 속도, 음량과 눈 맞춤 수준을 매치시키는 것과 관련된다.
- 최소 반응의 사용은 상담자가 경청하고 있음을 확인시켜주고 아동이 계속 자기 이야기를 이어가도록 격려해준다.
- 내용 반영은 아동이 한 말을 상담자의 말로 아동에게 되돌려주는 것과 관련된다.
- 느낌 반영은 아동이 표현하고 있는 정서적 느낌을 되돌려주는 것과 관련된다.
- 때때로 내용과 느낌 모두를 반영하는 것이 유용하다.
- 요약은 아동의 이야기에서 가장 두드러진 점을 선별하고 그것을 아동이 표현한 감정과 결합하여 아동에게 되돌려주는 것과 관련된다.

13
Chapter

아동이 자신의 이야기를 하고 격한 감정과 접촉하도록 돕기

앞장에서 언급한 적극적 경청 기술은 8장에서 언급한 대로 좋은 상담 관계를 형성하는 것을 돕고 아동이 자신의 이야기를 할 수 있도록 하는 SPICC 모델의 1단계에서 유용하다. 만약 상담자가 적극적 경청 기술을 사용한다면, 아동에 대해 상담자가 알 필요가 있는 정보의 많은 부분은 자연스럽게 그리고 자발적으로 나올 것이다. 아동과 관계를 구축하고 아동의 이야기를 듣기 위해 이러한 기술을 사용했다면, 상담자는 SPICC 모델의 2단계로 나아갈 수 있다. 2단계에서 추가적인 기술, 특히 게슈탈트 치료 기술을 도입하는 동안, 상담자가 아동의 의식을 높이고 아동이 격한 감정과 접촉하여 그것을 방출할 수 있도록 계속 관찰하고 적극적 경청 기술을 사용하는 것은 유용하다. 2단계에서 중요한 추가적인 기술에는 질문과 진술의 사용이 포함된다. 1단계에서와 같이, 상담 기술은 아동의 놀이매체 및 활동지 사용과 함께 사용된다.

불행하게도, 상담실에 오는 많은 아동들이 도움을 받지 않고 스스로 맞서기에는 너무 고통스러운 문제를 가지고 있다. 때때로 아동들은 이런 문제를 안다. 하지만 종종 그런 문제는 아동들의 무의식 속에 온전히 또는 부분적으로 숨겨져 있다. 어떤 아동들은 너무나 고통스러워 억압되어 의식에서 사라진 정보 때문에 과거의 외상 사건에 대해 오해를 한다. 만약 아동이 무의식 속에 부분적으로 혹은 온전히 묻혀 있는 문제를 알게 된다면, 상담자는 아동이 그 문제에 대한 지각을 높이도록 지원할 것이다. 이 지원은 아동에게 수용될 수 있고 더 이상 추가적인 고통이 유발되지 않는 속도로 기술적이고 조심스럽게 제공되어, 아동이 고통스러운 문제에 맞부딪힐 수 있게 된다. 상담실에 온 어떤 아동들은 자신의 문제를 다룰 준비가 되어 있지 않기 때문에 그렇게 하도록 압박을 받지 않도록 해야 한다. 이것을 인정한다면, 우리는 또한 아동이 정서적 고통으로부터 벗어나고 그 고통과 관련된 문제를 회피하는 데 전문가라는 것을 지각할 필요가 있다. 이런 이유로, 상담자는 아동이 어려운 문제를 제기하고 해결할 수 있도록 적절한 기술을 사용해야 한다. 우리의 견해로는 상담이 효과적이려면 아동이 고양된 지각으로 관련 문제에 집중하고 관련 정서를 경험하고 방출해야 한다.

종종 아동들은 자신을 괴롭히는 문제에 대해 어른과 자유롭게 이야기하는 것이 어렵다는 것을 알기 때문에, 상담자는 아동과 합류하려고 시도하고, 아동이 자신의 이야기를 하도록 요청할 뿐만 아니라 그렇게 하는 것이 어렵고 고통스럽더라도 아동이 계속해서 자신의 이야기를 할 수 있는 환경을 조성해야 한다. 이러한 환경은 다음에 제시된 것을 사용함으로써 조성된다.

- 관찰과 적극적 경청 기술
- 질문
- 진술
- 매체

관찰과 적극적 경청 기술의 사용

관찰과 적극적 경청 기술은 11장과 12장에서 이미 언급하였다. 이들 기술은 아동들이 자신의 이야기를 하도록 하는 데 유용하다. 그러나 대개의 경우 이들 기술만으로 아동이 관련된 정서적 느낌과 충분히 접촉할 수 있도록 하여 숨겨진 문제에 대한 아동의 의식을 고양시키기에는 충분하지 않다.

질문의 사용

일반적으로 아동들은 많은 질문에 대한 답을 가지고 있을 것이라고 성인이 기대하는 세계에 산다. 그러나 여러분이 놀고 있는 아동들을 관찰해보면, 아동들은 서로에게 거의 질문을 하지 않는다는 것을 알게 될 것이다. 그들은 질문을 하는 대신에 자신이 하고 있는 것이나 친구가 하고 있는 것을 관찰한 것에 대해 진술한다.

아동들은 어른과 마주하면 대개 그들로부터 많은 질문을 받는다. 이모와 삼촌, 학교 선생님, 엄마와 가족의 친구들은 모두 선의로 아동들에게 질문을 한다. 그러한 질문에 대해 많은 아동들은 자신들이 '옳은' 답이라고 생각하는 것을 만들어내는 데 능숙하다. 그것은 아동들이 질문하는 사람을 만족시킬 것이라고 생각하는 답이다. 그것은 아동들이 사실이라고 믿는 그런 것이 아니다. 그것은 아동의 경험과 맞지 않거나 아동이 생각하는 것과 맞지 않을 수 있다. 따라서 만약 상담자가 질문에만 의존한다면, 아동이 실제로 생각하고 있는 것이나 경험하고 있는 것을 결코 알 수 없을 것이다. 그 대신 치료 과정에 도움이 안 되는 잘못된 답변이 주어질 것이다.

질문하는 것과 관련된 또 하나의 문제는 상담 방향이 아동의 에너지가 이끄는 방향을 따르는 대신 상담자가 하는 질문에 영향을 받거나 통제받기 쉽다는 것이다. 더 안 좋은 것은 만약 상담자가 너무 많은 질문을 할 경우 아동은 스스로 생각하고 자신에게 중요한 것을 말하기보다 상담자가 질문해주기를 기대하거나 상담자의 더 많은 질문을 기다리게 된다는 점이다. 그럼으로써 상담 시간은 심문 시간으로 변질될 것이다. 이때 아동은 자신을 개방하지 않고 의사소통도 하지 않으며 고통스런 문제를 회피하려고 할 것이다.

만약 초보 상담자인 당신이 계속해서 질문을 하는 자신을 발견하게 된다면, 이러한 질문을 하는 당신의 목표가 무엇인지를 발견하는 것이 중요하다. 만약 당신의 목표가 아동을 자극해서 이야기하도록 하는 것이라면 당신은 명백히 잘못된 방법을 사용하고 있다. 종종, 반영적 상담 기술은 질문을 하지 않고도 아동이 계속해서 자신의 이야기를 이어가도록 격려해준다.

위와 같이 경고에 따라 우리는 질문이 적절하고 간헐적으로 사용된다면 지각을 증진시키기 위한 강력한 도구라고 말할 필요가 있다. 질문에는 두 가지 유형이 있는데, 하나는 폐쇄형이고 다른 하나는 개방형이다.

폐쇄형 질문

폐쇄형 질문은 구체적인 답으로 이끄는 질문이다. 폐쇄형 질문은 '예' '아니요'와 같은 응답이나 23과 같이 구체적인 정보를 주는 응답을 요구하기 때문에 이 질문에 대한 응답은 대개 매우 짧다. 폐쇄형 질문의 몇 가지 예를 들면 다음과 같다.

1. 오늘 자동차로 여기에 왔니?
2. 몇 살이니?
3. 여행 좋아하니?
4. 형이 싫어?
5. 화났어?

위의 질문에 대한 답은 다음과 같을 것이다.

1. 예
2. 여섯 살
3. 아니요
4. 아니요
5. 예

어떤 아동들은 위에서 제시한 것보다 더 길게 답할 수도 있다. 하지만 대부분의 아동들은 그렇지 않을 것이다. 폐쇄형 질문의 문제점은 다음과 같다.

- 아동은 짧은 사실적 응답만 할 것이고 그 응답을 확장하지 않을 것이다.
- 아동은 한계를 느끼고 질문에 대해 의미 있는 방식으로 자유롭게 응답하지 못할 것이다.
- 아동은 터놓고 편안하게 이야기하는 대신에 다른 질문을 기다릴 것이다.

특정한 사실적 정보를 얻기 위해서는 폐쇄형 질문이 적절하다. 그러나 일반적으로 상담자로서 우리의 의도는 아동이 우리가 설정한 의제에 제한됨이 없이 중요한 문제에 대해 터놓고 이야기하도록 격려하는 것이다.

개방형 질문

개방형 질문은 대개 효과가 매우 다르다. 개방형 질문은 한 단어로 답할 것을 요구하는 대신에 아동에게 관련 문제와 느낌을 탐색할 많은 자유를 준다. 개방형 질문의 예는 다음과 같다.

1. 형과 같이 사는 것이 어떠니?
2. 너희 가족에 대해 말해주겠니?
3. 기분이 어때?
4. 너의 학교에 대해 말해 줄래?

위의 질문은 모두 아동이 질문에 대해 자유롭게 생각할 수 있게 하고 아동이 상담자의 의제에 제한 없이 충분하고 확장된 응답을 하도록 요청한다. 예를 들어, 위의 질문 '너의 학교에 대해 말해줄래?'에 대해 다음과 같이 응답할 수 있을 것이다.

- 우리 학교는 크고 학생이 많아요.

- 우리 학교 남학생들 중에는 겁쟁이가 있어요.
- 우리 학교는 집에서 멀어요.
- 우리 학교는 재밌어요.
- 우리 학교는 여름에 더워요.

위에서 보듯이 개방형 질문에는 광범위한 응답이 가능하다는 것을 알 수 있다. 이 응답을 폐쇄형 질문 '너는 큰 학교에 다니니?'의 응답과 비교해보라. 폐쇄형 질문에 대한 응답은 아마도 단순하게 '예' 아니면 '아니요'일 것이다. 아동이 응답을 확장했더라도 응답의 범위는 질문에 의해 제한될 것이다. 개방형 질문에 대한 응답은 풍부한 정보를 제공해줄 수 있을 뿐만 아니라 종종 상담자가 아동이 계속 하도록 격려할 내용이나 느낌을 반영할 수 있게 하는 정보를 포함한다. 개방형 질문은 아동이 자신에게 가장 흥미롭고 가장 중요한 것들에 대해 이야기할 수 있도록 한다. 예컨대, '너의 형제자매에 대해 말해볼래?'라는 개방형 질문에 대한 반응에서 아동은 특정 형제자매에 초점을 둘 수 있다. 그러한 반응은 상담자가 직접적으로 찾을 수 없는 내담 아동의 삶에서 그 형제자매의 중요성에 대한 많은 정보를 준다.

만약 우리가 '이 책이 도움이 되니?'라는 폐쇄형 질문을 한다면, 여러분의 응답은 아마도 우리가 '이 책에 대해 우리에게 말해줄래?'라는 개방형 질문에 비해 우리에게 제공하는 피드백 측면에서 볼 때 도움이 덜 될 것이다. 그러나 개방형 질문과 폐쇄형 질문은 모두 동등하게 개방적이고 유익한 반응을 자극한다. 그러나 우리는 여러분이 성인이고 아주 개인적인 문제로 우리와 논의를 하도록 요청받지 않고 있다는 사실을 상기할 필요가 있다. 상담 중인 아동이 처한 상황은 아주 다르다. 그들은 종종 말하기를 꺼린다. 아주 개인적인 문제에 대해서는 특히 그러하다. 그렇기 때문에 가장 개방적인 의사소통이 되도록 상담 기술을 사용하려면 현명해야 한다.

개방형 질문보다 폐쇄형 질문이 보다 더 적절할 때가 있다. 폐쇄형 질문은 구체적으로 응답을 하게 하고, 아동이 제한된 반응을 하도록 하며, 아동이 보다 정확하도록 도와 구체적인 정보를 이끌어내는 데 유용하다. 일반적으로 '왜'로 시작하는 질문을 하지 않으려고 시도하는 것이 현명하다. '왜' 질문이 갖는 문제점은 아동이 자신의 내면에 일어나고 있는 것에 초점을 둔 대답을 하기보다는 지적으로 만들어낸 대답을 하도록 할 가능성이 높기 때문이다. '왜' 질문은 아동의 외부에서 발생한 일이나 사건과 관련된 대답, 아동의 내적 경험과 관련이 없는 대답, 정서적 내용이 결핍된 대답 그리고 종종 사소하거나 납득하기 어려운 대답을 만들어내는 경향이 있다. '왜' 질문에 대한 대답은 빈번하게 변명이나 지성화의 범주에 속한다. 아동상담의 경

우, 다음과 같은 규칙을 지킨다면 아동이 자신의 이야기를 하도록 하는 데 성공할
수 있을 것이다.

1. 필요한 질문만 하라.
2. 적절할 때마다 폐쇄형 질문보다는 개방형 질문을 하라.
3. 꼭 그렇게 해야 할 이유가 없다면 '왜' 질문은 피하라.
4. 당신 자신의 호기심을 만족시키기 위한 질문은 절대 하지 마라.

네 번째 규칙과 관련하여, 상담자로서 당신이 정보를 구하기 전에 정말 그것이 필요
한지를 체크하라. 질문을 하기 전에 자신에게 물어라. '내가 이 정보를 가지고 있지
않더라도 아동을 효과적으로 도울 수 있는가?' 이 질문에 대한 대답이 '예'라면 그
질문은 불필요하다. 그 질문을 하려는 열망은 아마도 여러분 자신의 욕구나 호기심
때문일 것이다.

　질문이 적절하고 필요에 따라 사용될 때, 질문은 중요한 문제에 대한 아동의 지각
을 높이는 데 힘을 발휘할 수 있고, 문제해결을 향해 앞으로 나아갈 수 있다.

지각을 높이는 질문

게슈탈트 치료사들은 인간을 총체적으로 본다. 그들은 신체, 정서 및 사고가 내적으
로 서로 연결되어 있고 상호의존적이라고 믿는다. 이러한 패러다임을 사용하여, 우
리는 신체 감각이 직접적으로 정서적 느낌 및 사고와 연결되어 있다고 믿는다. 따라
서 아동이 문제가 되는 사고와 정서를 충분히 지각할 수 있도록 도울 때 상담자는
아동이 신체 내부적으로 느끼는 방식과 자신의 정서적 느낌 및 사고를 연결할 수 있
도록 질문이나 피드백 진술을 사용하는 것이 유용할 수 있다.

　아동의 지각을 높여 아동이 관련 문제 및 관련 정서적 느낌과 좀 더 완전히 접촉
하도록 하는 데 도움이 되는 적절한 질문의 예를 몇 가지 제시하면 다음과 같다.

- 네 몸이 지금 어떤 느낌인지 말해주겠니?
- 네 몸의 어떤 부분이 지금 가장 불편하니?
- 발생했던 일에 대해 생각할 때 네 몸은 어떤 느낌이니?
- 네 몸 어디가 긴장되니?
- 네 몸이 불편하다는 걸 안 지금 기분이 어떠니?
- 네가 불편함을 느끼는 신체 부위가 너에게 무슨 말을 한다면 뭐라고 할까?
- 너의 눈물이 말을 한다면 뭐라고 할까?

- 지금 무슨 생각을 하는지 말해줄래?

게슈탈트 치료에 입각한 이러한 질문은 종종 아동이 고통스런 문제와 연결되어 있는 격한 감정과 접촉하고 그것을 방출하도록 돕는 데 사용할 수 있다.

진술의 사용

상담자가 한 진술은 아동이 자신의 이야기를 할 때 궤도를 벗어나지 않도록 돕고, 중요한 문제와 관련된 정서에 대한 아동의 지각 향상을 돕는 데 매우 귀중할 수 있다. 진술은 다양한 방식으로 사용될 수 있다.

- 진술은 아동이 특정 감정을 느끼고 표현하도록 허락한다. 상담자는 자신의 화를 억누르고 조용히 말하는 아동에게 '화가 나면 나는 큰 소리로 말해.'라고 말할 수 있다. 이러한 진술은 아동에게 자신의 분노와 접촉하고 표현하게 할 수 있다.
- 진술은 상담자가 특정 시점에 아동에게 일어날 수 있는 것에 대한 생각을 떠올리는 데 도움을 준다. 예컨대, 상담자가 당황하고 있다고 생각되는 아동에게 '내가 만약 너라면 당황스러울 것 같은데.'라고 말할 수 있다.
- 진술은 상담자에게 아동의 강점을 확언하는 도구를 제공한다. 예컨대, 상담자는 '그렇게 한 걸 보니 너는 정말 용감함에 틀림없어.'라고 말할 수 있다.
- 진술은 활동을 하는 동안 중요한 사건을 강조하기 위해 사용될 수 있다. 예를 들어, 만약 아동이 모래상자에서 가지고 놀 놀잇감을 고르는 것을 힘들어하고 있다면, 상담자는 '놀잇감을 고르는 것이 힘든가 보구나.' 또는 '네가 원하는 놀잇감을 찾는 게 참 힘들지.'와 같이 말할 수 있다. 이러한 진술함으로써, 상담자는 아동에게 선택에 있어 겪는 어려움에 대한 피드백을 주고, 아동이 자기 행동의 이러한 면을 탐색할 기회를 만들어준다.
- 진술은 아동이 하고 있는 것에 대해 판단 없이 피드백을 주기 위해 사용될 수 있다. 예컨대, 상담자는 '네가 진흙으로 동굴을 만든 걸 봤어.'라고 말할 수 있다. 내용 반영과 비슷하게, 이러한 피드백은 아동이 자신이 한 것에 대해 이야기하도록 만든다.
- 진술은 아동이 하는 활동의 요소에 대한 지각을 향상시키거나 상담자가 아동의 문제에 대해 가지고 있는 아이디어를 떠올리도록 하기 위해 사용될 수 있다. 예컨대, 만약 아동이 손 인형을 가지고 노는데, 쥐 모양의 손 인형이 숨고, 아동이 연약한 상태라는 걸 상담자가 느꼈다면, 상담자는 '그 쥐가 숨고 있네. 나는 그

쥐가 잡힐까 봐 걱정하고 있는지 궁금하네.'라고 말 할 수 있다.

중요한 문제와 관련된 지각을 향상시키기 위한 진술

이 장 앞부분에서 우리는 게슈탈트 치료에서는 신체, 정서와 사고가 서로 관련되어 있고 상호의존적이라는 인식이 있음을 설명하였다. 이러한 상호의존성의 결과로, 상담자는 중요한 문제와 관련된 정서에 대한 아동의 지각을 향상시키기 위해 이 장 앞부분에서 제안한 것과 같은 질문을 사용할 수 있다. 종종 그러한 질문을 하기 전에 다음과 같은 피드백 진술을 주는 것이 유용할 수 있다.

- 네가 주먹을 꽉 쥐고 있는 걸 봤어.
- 숨을 가쁘게 쉬는구나.
- 슬퍼 보이네.
- 저 동물을 서둘러 내려놓았네.

이러한 진술은 독자적으로 사용될 수 있다. 하지만 종종 그러한 진술 뒤에 신체적 경험, 정서적 느낌이나 사고와 관련된 질문이 뒤따르면 유용하다. 예컨대, 만약 우리가 위에 열거한 피드백 진술을 사용한다면, 그 진술에 뒤이어 다음 예에서와 같이 질문할 수 있다.

- 네가 주먹을 꽉 쥐고 있는 걸 봤어. 그리고 네가 그렇게 할 때 어떤 기분인지가 궁금해?(이 질문은 자신의 신체적 행동에 대한 아동의 지각을 높이고 그런 다음 관련 정서에 대해 탐구하게 한다.)
- 숨을 가쁘게 쉬는구나. 현재 어떤 기분인지 말해주겠니?
- 슬퍼 보이네. 지금 무슨 생각을 하고 있는지 말해줄래?(이 질문은 정서에 대한 지각 향상에서 관련 사고에 대한 탐구로 이동시킨다.)
- 저 동물을 서둘러 내려놓았네. 저 동물에게 뭐라고 말하고 싶어?

마지막 질문 '저 동물에게 뭐라고 말하고 싶어?'는 아동이 동물과 이야기를 하는 데 있어 표현을 더 잘하도록 격려할 수 있다. 예컨대, 아동이 화난 목소리로 동물에게 무언가를 말했을 경우, 상담자는 '너 화나 많이 났구나.'라고 말함으로써 다른 피드백 진술을 뒤따르게 할 수 있다.

여러분은 피드백 진술이나 적절한 질문을 함으로써 아동이 자신의 감정과 보다 완전하게 접촉하고 그 감정을 방출할 수 있도록 우리가 도움을 줄 수 있다는 것을 알겠는가?

놀이매체의 사용

4부에서 우리는 놀이매체의 사용에 대해 보다 상세하게 살펴볼 것이다. 매체의 사용에 대해 살펴볼 때, 우리는 아동이 자신의 이야기를 하고, 그럼으로써 해결되지 않은 현재와 과거 문제에 대한 아동의 지각을 높이기 위해 상담 기술과 놀이매체가 함께 사용되는 방식에 대해서도 알아볼 것이다.

놀이매체는 아동에게 자신의 흥미를 유지하고 집중하도록 돕는 활동을 제공한다. 매체 사용을 통하여, 아동은 자신의 이야기를 직·간접적으로 한다. 아동들은 이 매체를 사용하는 동안 자신을 괴롭히는 문제에 대해 직접적으로 이야기하거나, 자신의 이야기의 요소를 매체에 투사함으로써 간접적으로 자신의 이야기를 한다. 매체는 또한 아동이 자신의 정서와 연결되도록 해주고, 아동들이 자신의 감정을 표현할 수 있는 수단으로 작용하기도 한다. 이것은 2단계 과정이다. 아동은 먼저 자신의 정서적 느낌과 접촉하고 그런 다음 그것을 표현한다.

치료 과정에서, 상담자는 처음에 아동이 놀이매체를 사용하는 것이 어떤 느낌인지에 대해 이야기해보도록 한다. 또한 아동이 매체를 가지고 하는 것에 대해 직접적으로 초점을 둔다. 치료 과정의 후반부에서는, 초점이 놀이매체와 관련된 활동의 내용에 대한 논의에서 벗어나 아동의 생활 상황과 미해결 과제를 직접적으로 다루는 것으로 이동한다. 때때로 아동이 놀이매체를 가지고 놀면서 매체를 통해 이야기할 때, 상담자는 '네가 지금 하는 것이 너의 생활과 맞니?' 또는 '네가 하는 말을 들어보니 너에게 어떤 일이 일어나고 있는 것 같네?'와 같이 직접적으로 묻는 것이 좋다.

때때로 아동은 자신이 매체를 통해 하고 있는 이야기와 자신의 실제 삶의 이야기 간의 관계를 자연스럽게 인식한다. 어떤 경우에는 아동이 갑자기 침묵을 지키기도 한다. 이러한 일이 발생했을 때 아동에게 다음과 같이 물을 수 있다. '방금 무슨 일이 일어났니?' 그러면 아동은 자신의 현재 삶과 어떤 방식으로든 연결되어 있는 것에 대해 이야기하기 시작할 것이다.

어떤 상황에서는, 아동이 이야기하고 있는 것의 반대 내용이나 아동이 이야기하지 않은 것에 대해 언급해주는 것이 유용할 수 있다. 예컨대, 만약 아동이 상황의 흥분과 즐거움에 대해 이야기한다면, '네 생활이 별로 즐겁지가 않은 모양이구나.'라고 말하는 것이 적절할 수 있다.

대개의 경우 아동은 자신의 삶의 즐거운 경험에 대해서는 쉽게 이야기한다. 그리고 일단 행복한 경험에 대해 이야기하고 나면 종종 슬픈 것에 대해서도 이야기한다.

계속 이야기를 이어감에 따라, 아동들은 자신이 기억과 관련하여 상반되는 느낌을 표현했다는 것을 알게 될 수도 있다. 이때 아동들은 자신이 표현했던 서로 다른 느낌 때문에 당황하거나 혼란스러워진다. 상이하고 명백히 모순되는 느낌을 가지는 것이 문제가 될 것이 없다는 것을 아동이 인식하도록 돕는 것은 아동이 자신을 보다 명확하고 정확하게 표현하도록 하는 데 도움이 될 수 있다.

아동이 자신의 이야기나 그림 또는 아동이 하고 있는 어떤 작업의 상이한 부분 간에 대화를 하도록 하는 것이 도움이 될 수 있다.

아동의 어투, 자세, 얼굴 표정과 신체 표현, 호흡과 침묵으로부터 단서를 찾는 것이 상담자에게 정보를 줄 수 있다. 예컨대, 아동은 불안이나 두려움을 검열하고, 기억하고, 생각하고, 억압하거나 새로운 무언가를 알 수 있다. 상담자로서 여러분이 방금 언급한 비언어적 행동을 관찰한다면, 이러한 비언어적 행동을 더 많이 표현하도록 하는 단서로 사용할 수 있을지도 모른다. 예컨대, 만약 아동이 자신의 이야기를 하는 동안 한숨을 쉰다면, 당신은 '방금 큰 한숨을 쉬는 걸 봤어. 그렇게 큰 한숨을 쉬면 어떤 기분이 들어?'라고 말할 수 있다.

정서적인 어려움을 겪고 있는 많은 아동들은 자신의 접촉 기능에 어떤 손상이 있는 것처럼 보인다. 접촉의 도구는 보기, 말하기, 만지기, 듣기, 움직이기, 냄새 맡기, 맛보기이다. 때때로 접촉 기능에 초점을 둠으로써 우리는 아동이 자신의 느낌을 말로 표현하도록 격려할 수 있다. 아동이 신체적 느낌 및 감각과 접촉하도록 도우면 아동들은 자신이 경험하고 있는 정서적 느낌과 연결될 수 있다. 가령 우리는 아동에게 '빨리 그리고 매우 바쁘게 움직이는 너를 지켜보니 내가 지치네. 너 지금 매우 피곤하지.'라고 말할 수 있다.

요약하면, 놀이매체를 적절한 상담 기술과 함께 사용함으로써 아동이 자신의 이야기를 하고, 그럼으로써 중요한 문제와 정서와 접촉하도록 도울 수 있다. 이 과정에서 다음 중 하나를 수행한다.

- 아동이 상담에서 현재 하고 있는 것에 대해 이야기하도록 격려한다.
- 아동이 상담 시간에 하고 있는 경험을 아동의 현재 및 과거 삶의 문제와 연결하도록 돕는다.
- 아동이 중요한 미해결 과제를 탐색하도록 격려한다.
- 아동이 정서적 느낌을 충분히 경험하고 느끼도록 격려한다.
- 아동의 이야기에서 반대되는 것과 빠진 것에 대해 탐색한다.
- 모순되는 느낌을 가질 수 있도록 해준다.
- 아동이 억압된 정서에 접근하는 것을 돕기 위해 접촉 기능에 초점을 둔다.

● 아동에게 확언을 해준다.

이 과정의 결과로 아동은 격한 감정과 접촉하게 된다(그림 7.1 참조). 그런 다음 우리는 자기 파괴적 믿음, 옵션과 선택 그리고 이후의 행동을 위한 연습에 대해 다룸으로써 아동이 나선형 치료 모델의 다음 단계로 나아가도록 돕는다. 이것은 15장과 16장에서 다룬다.

> ### 핵심 요점
>
> ● 만약 상담자가 관찰, 적극적 경청, 적절한 질문과 피드백 진술을 매체의 사용과 결합하여 사용한다면, 아동은 계속해서 자신의 이야기를 이어가고, 정서와 접촉한 후 그것을 방출할 수 있을 것이다.
> ● 폐쇄형 질문은 대개 일방향적인 답을 하도록 한다.
> ● 개방형 질문은 대개 아동이 편안하게 이야기하도록 하고 자신이 이야기하고 있는 것을 확장하도록 한다.
> ● 진술은 아동이 정서를 느끼고 표현하도록 허락하고, 상담자가 아이디어를 떠올리도록 돕고, 아동의 강점을 확언하고, 활동을 하는 동안 중요한 사건을 강조하며, 피드백을 주고 아동의 지각을 높이기 위해 사용될 수 있다.
> ● 놀이매체와 활동은 아동이 자신의 이야기를 직·간접적으로 하는 동안에 흥미를 가지고 집중하도록 해준다.

14
Chapter

저항과 전이 다루기

앞장에서 우리는 아동이 정서적 고통을 피하는 경향이 있고, 고통스런 정보는 때때로 부분적으로 또는 전체적으로 아동의 무의식에서 억압된다는 점을 언급했다. 아동의 지각이 증가하기 시작함에 따라, 아동들은 억압된 내용이나 정서적으로 고통스런 내용을 알아가기 시작한다. 이런 일이 생기면, 아동은 자연스럽게 추가적인 탐색을 차단당하게 된다. 이것을 저항이라고 하며, 그림 8.1에 제시되어 있는 SPICC 모델에 '아동의 방향 바꿈이나 철회'란 이름의 점선으로 된 화살표로 표시되어 있다.

아동이 문제를 해결하기 위해 SPICC 모델의 다섯 단계를 만족스럽게 여행하도록 돕는 것을 방해할 수 있는 또 하나의 문제는 전이의 문제이다. 따라서 상담자로서 저항과 전이를 다루는 방법을 알아야 한다.

저항 다루기

실질적인 측면에서 보면, 아동이 차단을 당했을 때, 상담자는 아동이 고통스럽거나 성가신 문제가 떠오르면 연결된 무언가에 대해 논의하지 않으려고 한다는 걸 깨달을 것이다. 이러한 방향 전환(deflection)으로 인해 아동은 침묵 내지는 위축되거나, 시끄럽거나 소란스러워짐으로써 문제를 회피한다. 아동은 또한 다음에서 살펴보게 될 대처 행동을 하기도 한다. 아동이 이런 식으로 차단당했을 때, 정신역동적 상담자와 게슈탈트 심리치료사는 이것을 치료 과정에 대한 아동의 저항이라 일컫는다. 우리는 저항이 의식적일 수도 있고, 전의식 수준에서 일어나는 과정으로 아동이 그

것이 일어남을 깨닫지 못한 채 발생할 수도 있다고 본다.

상담 중인 아동은 거의 모두 상담 과정에서 저항을 보인다. 아동이 저항할 때 우리는 그것이 그들 스스로를 보호하는 방식이고 스트레스를 주는 상황에 대처하는 방식이라는 것을 안다. 때때로 이러한 대처 행동은 효과를 발휘하며, 아동은 불편한 기분을 다루는 것을 피할 수 있다. 하지만 그들이 대처할 때 취하는 행동은 종종 그들을 둘러싼 성인들에 의해 부적절한 것으로 생각되고, 때때로 상황을 더욱 악화시킨다. 이런 행동을 반복적으로 사용하는 것은 아동을 기진맥진하게 하고 대개의 경우 보다 중요한 잠재적인 문제를 감출 뿐이다.

저항은 종종 아동이 탐색하고 해결해나가는 데 도움이 되는 중요한 재료나 심각한 문제의 징후이다.

아동들이 불안과 스트레스를 다루기 위해 사용하는 몇 가지 행동

상담자로서 우리가 어떤 문제가 아동에게 중요하고 해결되어야 할 필요가 있는지를 이해하는 것은 중요하다. 그리고 어떻게 아동이 그러한 문제로 인해 야기되는 불안을 경험하지 않도록 자신을 보호하는지를 이해하는 것 또한 중요하다. 당신이 상담하고 있는 아동이 저항하고 있다는 것을 알았을 때 다음 질문이 유용하다. '이 아동이 말하기 힘들어하는 것이 무엇이고, 무엇으로부터 자신을 보호하려고 하는가?' 아동들이 고통스럽거나 성가신 문제를 경험하지 않도록 자신을 보호하기 위해 사용하는 방어기제라고 하는 몇 가지 행동을 다음에 열거하였다.

퇴행

나이가 어린 아동들은 불안을 대처할 때 상대적으로 나이가 많은 아동들에 비해 보다 원시적인 방법을 사용한다. 예를 들어, 나이가 어린 아동은 이전의 발달 단계로 회귀함으로써 불안을 다룬다. 가령 어린아이들은 동생이 태어났을 때 생기는 강한 분노와 질투심 때문에 위협을 느끼거나 걱정할 수 있다. 높은 적개심을 보이는 것은 부모에게 수용되지 않을 것이라는 것을 알기 때문에, 수용되지 않는 분노를 억압함으로 인해 야기되는 스트레스에 대처하기 위한 방법으로 '아기 같은(babyish)' 행동을 할 수 있다. 이렇게 함으로써, 아동은 동생이 생겼음에도 불구하고 자신이 계속해서 부모로부터 사랑과 보호를 받을 것이라고 믿는다.

부인

상황의 현실이 매우 충격적일 때, 어린 아동들은 그것을 왜곡하거나 자신에게 보다 수용적인 시나리오를 만들어 공상에 잠김으로써 현실을 부인한다. 예컨대, 부모가 별거를 했을 때, 아버지 부재 현상에 대해 아이는 아버지가 직장 때문에 장시간 집을 비우는 것으로 기술한다. 사실의 왜곡은 아동이 불편한 기분을 느끼지 않도록 보호해준다. 아이가 나이가 들어감에 따라, 이런 식의 대처는 잘 통하지 않게 된다. 왜냐하면 상황의 현실이 공상 속에 감추어질 수 없기 때문이다. 나이가 좀 더 든 아동은 대개 현실을 왜곡하지 않고 성가신 느낌에 대처하는 대안을 찾는다.

회피

아동들은 불편한 기분을 느끼기 시작하면 고통스럽거나 성가신 화제를 바꾼다. 예컨대, 아동은 학대하는 어머니와의 관계에 대한 질문을 받으면 인형의 집으로 이동하여 여러분을 위해 그곳을 정리해주겠다고 제안할 수 있다.

억압

나이가 좀 더 든 아동들에게 있어 내적 불확실성과 갈등으로부터 야기되는 불안은 보다 복잡하다. 어릴 적 겪었던 고통스런 경험을 억압하면 이런 경험에 대한 기억이 아동의 지각으로부터 완전히 대체된다. 그러므로 아동은 이런 경험에 대해 기억하지 못하고, 초기의 고통스런 경험을 상기시키는 상황에 처하게 되면 부인과 회피라는 방어기제를 사용한다. 예를 들어, 상담자로서 여러분은 현재 상담하고 있는 아동이 트라우마를 경험했다는 것을 안다. 그러나 상담을 하는 동안 아동은 그 트라우마를 기억해내지 못하고 그로 인해 그것에 대해 이야기하지 못한다. 기억해보도록 요청을 받으면, 그 아동은 그 사건을 설명하기 위해 논리적인 대안이 될 수 있는 이유를 만들어낼지도 모른다.

투사

때때로 아동은 원치 않는 정서적 느낌을 다른 사람이나 대상에게 투사한다. 이렇게 함으로써 아동은 불편하고 수용할 수 없는 감정을 갖지 않을 수 있다. 그러나 이렇게 할 경우 아동은 상당한 비용을 치르게 된다. 예컨대, 아동은 놀이를 하는 동안 상상의 친구 역할을 맡을 수 있다. 이 놀이를 하는 동안 아동은 상상의 친구인 체하면서 상상의 어머니와 아버지가 별거를 했기 때문에 그들이 하게 될 파괴적이고 분노에 대해 이야기할 것이다.

 앞으로 언급하게 될 많은 활동들은 아동이 불편하고 수용할 수 없는 감정을 표현하도록 돕기 위해 투사를 사용한다. 투사는 아동이 느낌을 부인하는 것에서 그것을 소유하고 있음을 인정하는 쪽으로 이동할 수 있도록 하는 디딤돌 같을 수 있다. 이렇게 함으로써 그들은 보다 정서적으로 원기 왕성해지고 발달적으로 적응적이 될 것이다.

지성화와 합리화

지성화와 합리화는 둘 다 아동이 경험에 수반되는 정서와 접촉함이 없이 경험에 대해 이야기하도록 돕는다. 예를 들어, 또래에 의해 받아들여지지 않아 느끼는 고통스런 기분을 회피하기 위해 아동은 자신이 동물의 친구가 되어 주는 것을 선호한다는 것에 대해 이야기할 수 있다. 이 아동은 다른 아동들보다는 동물이 친구로 더 좋다는 믿음을 강하게 가질 것이다.

반동 형성

때때로 아동들은 아주 강한 부정적인 정서로 걱정을 하게 된다. 아동들은 만약 자신이 이러한 느낌을 표현하게 되면, 통제력을 잃거나 타인과 자신에게 수용될 수 없는 방식으로 행동하게 되지나 않을까 걱정한다. 그런 결과로 그들은 자신이 그렇게 하고 있다는 걸 인지하지 못한 채로 이런 느낌을 정반대의 느낌으로 바꾼다. 반동 형성은 나이가 좀 든 아동과 성인에게서 발생하며, 어린 아동의 경우 정상적이고 유용한 대처 방식이다. 불행히도, 이런 대처 방식이 빈번하게 사용되면, 아동이 일치하는 감정과의 접촉을 잃어버리는 결과를 낳을 수 있다.

방어기제의 사용

상담을 하는 동안, 방어기제에 주목하고, 방어기제에 의해 만들어진 전환이 현 상황에 대한 불안이나 과거 문제와 관련해서 일어나는 내적 갈등에 대한 불안을 반영하는지를 결정해야 한다.

어린 아동들이 방어기제를 사용하는 것은 아무런 문제가 없다. 나이가 좀 더 많은 아동의 경우, 방어기제가 과하게 사용되지 않는다면, 아동이 정서적 평형을 경험하고 그리하여 그들이 보다 쉽게 배우고 보다 쉽게 타인과 상호작용할 수 있도록 돕는다. 그러나 나이가 보다 많은 아동들이 방어기제를 주 대처 방식으로 사용하는 것은 부적응적이다.

아동이 불안을 다루기 위해 지속적으로 방어기제를 사용한다면, 나이에 맞는 기술을 습득하고 만족스런 대인관계를 맺고 재미있게 지내는 것이 위태롭게 될 가능성이 많다.

다른 방어 행동

때때로 앞에서 언급한 방어기제를 과도하게 사용하는 아동들과는 대조적으로 아동들은 스스로를 대처할 수 있도록 돕기 위해 바람직하지 않은 행동을 개발한다. 종종 이런 아동들은 자신이 규제하기 힘든 강렬한 감정을 보여줄 것이다. 강렬한 감정은 아동이 정서적 폭발을 통제하고, 차례대로 하고, 만족을 지연시키는 데 어려움을 겪고 있을 때 볼 수 있다. 더불어 아동은 어떤 문제를 논의하거나, 새로운 게임을 배울 때 잘 집중하지 못하거나, 혼자 놀이를 할 때 극도의 고통을 보여줄 수 있다. 자기 규제를 하고 어려운 과제가 점차 어려워질 때 스스로를 차분하게 하고 안심시키기 위한 방법이 이 아동들에게는 없다.

저항을 다루어야 하는 이유

여러분이 앞에서 살펴본 치료적 변화의 나선형 모델을 보기를 권한다. 모델에서 볼 수 있듯이, 어떤 아동들은 저항을 경험하지 않고 자신의 이야기를 하고 격한 감정과 접촉하는 반면 어떤 아동들은 방향을 바꾸거나 철수한다. 후자의 경우 아동들이 치료적 과정에서 무언가를 얻으려면 저항을 다루어야 한다. 아동들이 저항을 다루도록 돕는 것이 상담자가 해야 할 일이다.

아동이 어떻게 치료에서 차단당하고 그럼으로써 고통스런 문제에 대한 추가적인 탐색을 저항하는지 예를 생각해보라. 치료를 받는 동안, 부모가 자신을 거부하고 위탁 가정에 맡긴 문제에 대한 아동의 지각은 고양되었다. 이 아동이 이러한 문제에 직면하는 것은 몹시 무서운 일이기 때문에 아동은 방향을 바꾸거나, 철수하거나, 행동으로 표출함으로써 저항을 나타낸다. 상담자는 아동을 압박하여 아동이 피하고자 하는 고통스러운 문제에 대해 계속해서 이야기하게 하려는 유혹을 느끼지만, 그렇게 할 경우 대개 치료적으로 참담해진다.

만약 상담자로서 우리가 아동을 압박하여 고통스런 문제에 대해 이야기하도록 시도한다면, 아동의 불안 수준은 높아질 것이고, 그 결과 아동은 더 뒤로 물러나 결국 의미 있는 의사소통을 완전히 차단할 것이다. 설상가상으로 아동은 더 이상 상담 상황에서 안전감을 느끼지 못해 후속 상담에 참여할 가능성은 최소화될 것이다.

만약 아동이 저항하면 그것을 무시하고 계속 밀어붙이기보다는 아동이 그 저항을 다루도록 돕는 것이 중요하다. 이것은 저항을 확인하고 아동에게 그것에 대한 피드백을 주어 저항에 대한 아동의 지각을 높임으로써 달성될 수 있다. 예컨대 앞서 언급한 사례의 경우, 상담자는 저항이 아동이 거부 문제에 대해 이야기하는 것을 두려워하는 것과 관련이 있음을 확인할 수 있다. 저항의 본질을 확인했다면, 상담자는 아동에게 피드백을 주어야 한다. 예를 들어, 상담자는 아동에게 '엄마와 아빠에게 집으로 가지 않겠다고 말하는 것이 약간 두려울 것 같구나.' 그리고 '두려울 땐 너처럼 막 도망치고 싶을 것 같아.'라고 말할 수 있다. 상담자는 아동의 두려움을 확인했고 그런 식으로 느끼는 것이 정당하며 이야기를 더 이상 하지 않는 반응도 수용 가능하다는 것을 명확히 했다.

역설적이게도, 일단 아동이 더 이상 이야기를 하지 않아도 된다는 허락을 얻게 되면, 아동이 이야기를 계속할 가능성이 오히려 더 높아진다. 이것은 아동이 더 이상 이야기하고 싶지 않은 소망이 존중될 것을 알고, 만약 그것이 강화되거나 되풀이된다면, 아동들이 이야기를 이어가는 것에 대해 더 안전하게 느낄 것이기 때문이다.

만약 아동이 계속 이야기를 이어간다면, 상담자는 아동이 저항을 이해하고 이겨내도록 돕는 질문을 할 수도 있다. 이전 예를 사용하여, 상담자는 다음과 같이 질문할 수 있다. '엄마와 아빠에 대해 생각할 때, 가장 무서운 것이 뭐라고 생각하니?' 이 질문은 아동이 저항과 관련된 두려움에 충분히 맞서 그것을 다루도록 도울 수 있게 설계되어 있다.

아동은 '저는 엄마와 아빠가 저를 더 이상 사랑하지 않을까 봐 무서워요.'라고 말하면서 반응할지 모른다. 상담자는 이제 아동이 저항 밑에 깔려 있는 가장 고통스러운 문제에 부딪히도록 하고 그들이 이 문제와 관련된 슬픔과 접촉하도록 도울 수 있다. 이제 아동은 나선형 모델의 '아동이 계속해서 이야기하고 격한 감정과 접촉한다.'라고 명명된 지점으로 이동한다.

저항을 직접적으로 확인하기

위에서 기술한 과정, 즉 아동이 저항을 극복하고 계속해서 자신의 이야기를 하는 것이 발생하지 않을 수도 있다. 상담자가 아동에게 피드백을 줌으로써 아동이 저항에 주목하도록 했는데도 아동이 계속해서 이야기를 하지 않을 수 있다. 이러한 상황은 '치료적 변화의 나선형 모델'에 '아동이 계속해서 상담을 피한다'라는 표현으로 이어지는 점선으로 표시되어 있다. 우리가 언급한 아동은 아마도 '나는 무섭지 않아요.'라고 말할 수 있다. 그리고는 계속해서 유용한 자료에 대해 이야기하기를 피할 것이다. 만약 아동이 계속해서 이런 식으로 저항한다면, 치료사는 아동이 자유 놀이를 하도록 허락하고 아동과의 긍정적 관계를 유지하는 데 초점을 둠으로써 아동에게 압박을 가하지 않을 것이다. 그런 다음 적절한 시점에, 상담자는 아동에게 자신의 이야기를 다른 방식으로 할 수 있는 새로운 기회를 제공해줄 수 있다. 종종 이것은 새로운 놀이매체를 도입함으로써 달성될 수 있다. 그러므로 아동은 나선형 모델의 앞부분에 있는 '아동이 자신의 이야기를 하기 시작한다'라고 명명된 지점으로 되돌아오도록 요청받는다. 아동은 자신에게 일어난 일에 대해 다루어본 경험이 있고, 이제 자신의 이야기를 할 새로운 기회가 주어졌기 때문에, 이번에는 아동이 아마도 저항을 다룰 수 있을 것이다.

위에서 언급한 저항을 다루는 과정은 12장에 기술되어 있는 반영적 경청 기술과 요약 기술과 결합하여 사용된다. 저항에 맞서기 위해 이러한 기술을 사용함으로써 아동은 저항을 극복하고 계속해서 자신의 이야기를 이어갈 수 있을 것이다.

아동이 저항에 맞설 수 없을 때

상담자로서 우리가 알아야 할 것은 상담이 항상 목표 달성에 성공하지는 않는다는 것이다. 특히 간단한 치료 모델을 사용하는 경우 일부 아동들은 저항에 직면하여 다룰 수 없을 것이다. 그러한 경우 취할 수 있는 두 가지 선택이 있다. 한 가지 선택은 아동이 곤경에 빠져 있음을 인식하고 인정한 후 아동과 부모 또는 보호자에게 이야기하는 것이다. 아동에게 이렇게 말할 수 있다. '네가 …(문제와 관련된 어떤 것이든지 좋다)에 관해 이야기하는 것이 너무 어려운(무서운, 염려스러운, 등) 것 같구나. 그리고 만약 이런 것들에 대해 말하고 싶지 않다면 안 해도 좋다.' 상담자는 아동이 일상적인 문제를 다루는 실제적인 전략을 발견하도록 도울 수 있다. 이 접근은 중요한 정서적 문제가 다루어지지 않기 때문에 명백히 우리가 선호하는 치료적 변화의 나선형 모델을 벗어난다. 그러나 시간이 짧기 때문에 이것이 가능하지 않을 수 있다. 덧붙여, 상담자는 아동이 민감한 문제에 대해 말할 준비가 되어 있지 않음을 부모나 보호자에게 말함으로써 이들의 상담 결과에 한계가 있고, 후일 아동이 현재 막혀 있는 어려운 문제에 대해 이야기할 수 있게 되었을 때 다시 상담을 받을 필요가 있음을 알게 해야 한다.

아동이 저항을 다루지 못했을 때 취할 수 있는 다른 선택은 아동이 상담자가 아동과의 긍정적 관계 형성을 유지하는 데 초점을 두는 자유 놀이와 관련된 장기 심리치료를 받도록 하는 것이다. 이런 식으로 그 문제는 간접적으로 해결될 수 있고, 아동은 나선형 모델의 '계속해서 자신의 이야기를 하고 격한 감정과 접촉한다'라고 명명된 지점으로 나아갈 수 있다.

전이 다루기

전이의 본질은 2장에서 논의하였다. 우리가 전이를 치료적 변화의 나선형 모델에 구체적으로 포함시키지는 않았지만, 아동이 자신의 이야기를 하는 과정은 저항뿐만 아니라 전이에 의해서도 영향을 받을 수 있다.

앞서 논의한 바와 같이, 불가피하게 전이와 역전이가 상담 과정의 어느 시점에서 발생한다. 불행히도 전이와 역전이가 발생했을 때 만약 그것이 무시된다면, 아동과 상담자 간의 관계의 질은 변할 것이다. 관계의 질에 있어 이러한 변화는 치료 과정을 방해하고 위태롭게 할 것이다.

전이와 역전이의 발생이 의심될 때, 상담자는 상담 관계에서 뒤로 물러나 가능한 대로 객관적이 되려고 하는 것이 도움이 된다. 이것을 하는 최선의 방법은 슈퍼바이저에게 전이에 대해 말하는 것이다. 상담 상황에서는 부모처럼 행동하는 것을 피하기 위해 정서적으로 충분히 분리되고 객관적이기 위해 항상 방심하지 않고 경계해야 한다. 또한 전이 과정에 대한 아동의 지각을 높이는 것도 중요하다.

그동안의 상담 경험을 통해 전이 과정에서는 자료가 상담자에게 투사되는 두 가지 차원이 있다는 걸 알게 되었다. 이들 두 차원은 첫째는 '좋은' 엄마에 대한 아동의 경험 및 환상과 관련이 있고, 둘째는 '나쁜' 엄마에 대한 아동의 경험 및 환상과 관련이 있다. 엄마 같은 존재와 관련된 전이는 일반적으로 여자 상담자와 발생한다. 남자 상담자에게 있어 전이는 일반적으로 아버지 같은 존재와 관련이 있다. 또한 남자 상담자에게는 여러 개의 상이한 시나리오가 있는데, 이 중 일부는 전이와 관련이 있고 또 다른 일부는 보다 광범위한 투사 문제와 관련이 있다.

'좋은' 엄마에 대한 아동의 경험 및 환상과 관련된 전이를 생각해보라. 이 경우, 아동은 상담자가 자신의 모든 욕구를 채워줄 것이라는 기대를 가질 것이다. 명백히 상담자가 그렇게 할 수는 없다. 그러나 역전이는 예컨대 아동을 보호하고, 포용하고, 양육함으로써 아동의 욕구를 충족시켜주고자 하는 상담자와 관련된다. 만약 상담자가 이런 식으로 반응한다면, 아동은 결국 실망하게 될 것이고, 자신의 욕구가 진짜 어머니에 의해 충족되지 못하는 고통스런 문제에 직면하는 것을 피하게 될 것이다.

이제 '나쁜' 엄마에 대한 아동의 경험 및 환상과 관련된 전이를 생각해보자. 이 경우, 아동은 자신의 어머니에 대해 부정적으로 지각된 행동을 상담자에게 투사할 것이다. 그 결과, 아동은 상담자를 공격적이거나 모욕적으로 대하게 되고, 상담자가 아동에게 화를 내거나 처벌하는 방식으로 대하는 역전이가 발생할 것이다. 또한 전이의 결과로 아동이 위축되고, 복종적이거나 순종적이 될 수도 있고, 상담자가 짜증을 내거나 몹시 화를 내게 되는 역전이가 발생할 수도 있다. 전이를 다루기 위해 상담자가 취해야 할 적절한 행동은 다음과 같다.

1. 아동의 행동에 대한 반응으로 생기는 자신의 감정과 문제를 인식하고 다루라.
2. 부모처럼 행동하려는 유혹에 저항하고 객관적이 되어라.
3. 자신의 행동에 대한 아동의 자각을 높여라. 예컨대, 상담자는 이렇게 말할 수 있다. '마치 내가 너의 좋은 엄마가 되어주기를 바라는 것 같구나.' 부정적인 사례를 다루는 경우에는, '내가 너의 엄마 같아서 나에게 화가 난 건지(또는 나를 무서워하는지) 궁금하구나.'
4. 상황을 일반적인 어머니-아동 관계에 대한 아동의 지각을 탐색하기 위해 사용하고, 그런 다음 아동이 가정에서 실제로 경험하는 어머니-아동 관계를 보라.

1단계와 2단계는 역전이 및 그것의 관련 행동을 다룬다. 3단계는 전이 행동에 대한 아동의 자각을 높이고, 아동에게 아동-상담자 관계는 어머니-아동 관계와 다르다는 것을 명확히 한다. 그렇게 하면 아동이 상담 관계에 대해 비현실적인 기대를 할 가능성이 줄어들 것이다. 상담자와 부적절한 관계를 맺음으로써 현재 문제를 회피하려고 하는 대신에 4단계에서 아동은 자기 엄마와의 관계와 관련된 실생활 문제에 초점을 두도록 격려를 받는다.

때때로 아동은 3단계에서 전이 투사의 사실을 부인한다는 점을 지적하고 싶다. 이 경우 우리는 아동의 감정이 관련되어 있는 것을 탐색하고 그런 다음 4단계로 나아간다.

상담이 진행되는 동안 전이 행동은 불가피하게 발생한다. 그러므로 상담자는 그 문제가 일관되고 효과적으로 다루어질 수 있도록 항상 경계를 게을리하지 않아야 한다.

핵심 요점

- 저항은 아동이 자신의 문제에 대해 이야기하지 않으려 할 때 발생한다.
- 저항은 의식적으로 발생할 수도 있고 무의식적으로 발생할 수도 있다.
- 저항은 아동에게 자신이 정서적 고통을 경험하지 않도록 보호해주는 방법을 제공한다.
- 불안과 스트레스를 다루기 위해 아동들이 사용하는 방어 행동으로는 퇴행, 부인, 회피, 억압, 투사, 지성화와 합리화, 반동 형성 등이 있다.
- 어떤 아동들은 스트레스에 대처하기 위해 방어기제를 사용하는 대신에 바람직하지 않은 행동을 한다.
- 아동이 고통스러운 문제에 대해 이야기하도록 억압하면 아동의 불안이 높아지게 되고, 더 이상 그 문제에 대해 이야기하지 않을 가능성이 높다.
- 확인된 저항에 대해 아동에게 공개적으로 이야기하고 아동이 그것에 대해 이야기하지 않을 수 있도록 허락하는 것이 도움이 될 수 있다.
- 전이와 역전이는 아동과 상담자 간의 관계를 방해한다. 그리고 만약 전이와 역전이가 다루어지지 않는다면 그것이 치료 과정을 위태롭게 할 것이다.
- 전이를 다룰 때 상담자는 부모로서 반응할 유혹을 이겨내고 전이 행동에 대한 아동의 자각을 높여야 한다.
- 역전이를 다루는 데 곤란을 느끼는 상담자는 그 문제를 슈퍼바이저와 의논하는 것이 도움이 된다.

15
Chapter

자아개념과
자기 파괴적 믿음 다루기

앞 장에서 우리는 아동이 자신의 이야기를 하고 격한 감정과 접촉하고 그것을 방출할 수 있도록 돕는 기술에 대해 언급했다. 이 장에서는 아동이 자신의 지각을 바꾸도록 돕는 SPICC 모델의 3단계에 적절한 기술에 대해 살펴볼 것이다. 이런 기술은 이야기 치료로부터 나왔다. 또한 아동이 자기 파괴적 믿음을 다루도록 돕기 위해 인지행동치료를 사용하는 SPICC 모델의 4단계에 도움이 되는 기술에 대해서도 살펴볼 것이다.

아동들은 성장함에 따라 자연스럽게 그리고 적응적으로 주변의 성인과 아동들로부터 나온 아이디어와 믿음을 흡수한다. 아동이 획득한 이런 아이디어와 믿음은 그 아동이 살고 있는 문화의 영향을 많이 받는다. 아동은 가족과 지역사회의 맥락 안에서 자신에 대한 개념을 형성하기 시작한다. 아동은 보통 이런 식으로 자아개념을 형성하고, 개인적인 행동과 사회적인 행동에 관해 수용되는 것과 수용되지 않는 것에 대해 배운다. 불행히도 아동들이 흡수한 어떤 믿음은 적절하지 않거나 도움이 되지 않고, 정서적 문제를 야기할 수도 있다.

예컨대, 부모가 아동에게 모든 낯선 사람에게 예의 바르게 행동하라고 가르칠 수 있다. 그 결과, 아동은 자신을 예의 바르고 말 잘 듣는 아이로 볼 것이다. 그런데 이후 그 아동은 모든 사람에게 예의 바르게 행동해야 한다는 믿음 때문에 낯선 사람의 부적절한 접근을 거절하지 못하는 상황에 처할 수 있다. 이와 비슷하게, 아동이 자기에게 주어진 과제를 수행하지 못했기 때문에 자신이 쓸모없는 존재라는 메시지를 주변 사람들로부터 반복적으로 받을 수 있다. 그 결과로, 아동은 자신을 사랑스럽지 않은 존재로 생각하고, 자신은 새로운 활동이나 과제를 수행할 수 없다고 믿는다.

아동들이 자신을 보는 방식은 그들이 자신에 대해 갖고 있는 생각 혹은 믿음과 밀접하게 관련되어 있다. 아동이 자신, 자신의 믿음, 사고 및 태도를 보는 방식은 아동의 자아개념을 반영한다. 아동이 자신을 소중하게 여기는 정도는 자존감의 표시이다. 우리는 31장에서 아동의 자존감 향상에 대해 논의할 것이다.

우리가 말했듯이, 아동의 자아개념은 아동이 자신을 어떻게 보느냐와 무엇을 생각하고 믿느냐로 구성되어 있다. 먼저 아동의 자신에 대한 생각(자아개념)을 살펴보고 그런 다음 자아개념에 영향을 주는 아동의 믿음, 사고와 태도에 대해 살펴보고자 한다.

자아개념

상담 과정에서 아동이 격한 감정을 경험한 결과로, 종종 자신을 상담으로 이끌었던 골치 아픈 문제에 대해 자신이 어떤 영향을 미쳤는지에 대한 질문이 아동의 마음에 자연스럽게 생긴다. 잘 알다시피 아동은 일이 잘못되었을 경우 자기 책임이라고 생각한다. 예컨대, 폭력 가정에 속해 있는 아동은 종종 어른들 간에 발생하는 폭력이 자신의 책임이라고 생각한다. 이와 비슷하게, 성 학대가 발생한 상황에서 아동은 종종 그 일에 자신이 협조했다고 지각하여 고통을 받고, 발생한 부정적인 결과에 대해 자신을 비난한다.

아동이 자신을 보다 긍정적으로 보도록 돕기 위해 우리는 이야기 치료의 개념을 사용한다. 우리는 아동의 자신에 대한 자발적인 질문을 자연스럽고 부드럽게 따라가는 것이 아동이 긍정적인 자아개념을 형성하도록 돕기 위한 유용한 방법임을 알게 되었다.

부정적인 자아개념은 아동이 자신의 과거 행적과 그 이후의 경험을 교활, 무능, 부적절, 불충실, 버릇없음, 저속함 또는 어리석음으로 해석할 때 형성될 수 있다. 같은 맥락에서 긍정적인 자아개념은 만약 아동이 그들이 지금 현재 초점을 두고 있는 것과 다르며 보다 긍정적인 결과를 낳을 과거 사건이나 경험을 기억하도록 도움을 받을 수 있다면 증진될 수 있다. 부정적인 사건과 경험에 대한 이런 '예외'를 찾는 것은 아동이 자신이 어떤 사람인가에 대한 대안적인 그림을 개발하는 데 도움을 준다. 따라서 그들이 자신을 긍정적으로 보고, 용감한, 정직한, 능숙한, 배려하는 등과 같은 긍정적인 형용사를 사용하여 자신을 묘사하기 시작할 것이다. 아동이 자신에 대한 견해를 바꾸고 '예외'를 찾도록 상담자가 도울 수 있는 한 가지 아주 좋은 방법은 미술이나 찰흙과 같은 어떤 창의적인 매체와 결합된 메타포(은유)의 사용을 통해서이다.

메타포란 함축된 비교를 포함하고 있는 말의 비유를 말한다. 메타포는 어떤 것을 다른 것으로 표현한다. 아동의 어떤 구체적인 측면에 대해 직접적으로 진술하는 대신에, 메타포는 실제 삶의 모습을 상징적으로 나타내기 위해 대안적인 모습과 그것의 내용을 사용한다. 메타포를 사용하는 데는 만약 메타포의 어떤 측면이 현실과 부합한다면, 다른 측면 또한 부합할 것이라는 가정이 잠재되어 있다. 이 가정은 상담자가 아동 자신에 대한 지각을 좀 더 완전하게 탐색하도록 하기 위해 아동과 함께 메타포를 사용할 수 있도록 하는 데 유용할 수 있다. 예를 들어, 상담자는 아동에게 자신이 과일 나무라고 생각하고 자신을 그려보라고 요청할 수 있다. 아동이 일단 그림을 완성하면 상담자는 나무에 대한 질문을 함으로써 아동의 그림을 가공할 수 있다. 이때 상담자가 다음과 같이 질문할 수 있다. '이 나무는 어디에서 자라니? 야외에서 혼자 자라니?, 정원에서 다른 나무들과 같이 자라니? 아니면 비슷한 과일 나무와 과수원에서 자라니?' 이 질문에 대한 대답은 상담자에게 아동이 자신의 사회적 관계 및 대인 관계와 관련하여 자신을 어떻게 보는가라는 측면에서 아동의 삶과 비교될 수 있는 정보를 제공해준다. 상담자는 두려움을 다루는 것과 관련하여 아동이 자신을 어떻게 지각하고 있는지를 탐색하기 위해 '이 나무는 거센 폭풍우를 어떻게 감당하니?'라고 질문할 수 있고, 아동의 내적 강점과 자원에 대한 아동의 인식을 탐색하기 위해 겨울에는 이 나무에게 어떤 일이 생기니?'라고 질문할 수 있다. 상담자는 메타포적 과정을 확장하여 '예외'를 찾을 수 있다. 이렇게 함으로써, 아동은 자신이 긍정적이고 순화적으로 행동했던 시기를 생각해낼 수 있다. 상담자는 아동이 특정 시기, 예컨대 나뭇가지가 아래로 떨어지지 않았던 때를 생각해보도록 할 수 있고, 또 열매가 일 년 내내 성장할 수 있기 위해서는 어떤 일이 있어야 할 것인지에 대해 생각해보도록 할 수 있다. 우리는 자신에 대해 좀 더 직접적으로 이야기하는 것을 힘들어하는 아동들이 이 열매 나무 메타포를 사용하여 자아개념을 더 잘 탐색할 수 있다는 것을 알게 되었다.

자기 파괴적 믿음

아동이 자신을 다르게 볼 수 있도록 도와줌으로써 상담자는 아동이 자신에 대해 가지고 있는 부정적인 견해를 지원하는 부적절한 믿음을 탐색하도록 도울 수 있다. 만약 아동이 부적절한 믿음을 견지한다면, 아동은 힘을 발휘하지 못하게 되고, 불안해지며, 순응적이 되고, 대인 관계에 어려움을 겪게 된다. 부적절한 믿음은 종종 아동이 치료적 변화의 나선형 모델을 따라 격한 감정을 경험하게 되는 지점에 이르렀을 때 상담자에 의해 인식된다. 유용한 치료적 변화가 일어나기 위해서는 아동이 부정적인 믿음을 버리도록 지원받아야 한다. 상담자는 아동이 부적절하고 자기 파괴적인 믿음을 보다 유용한 믿음으로 대체해주는 전략을 사용한다.

도움이 안 되는 믿음을 버리고 다른 유용한 믿음으로 대체하도록 아동을 돕는 데 있어 상담자가 부모 또는 보호자를 개입시키는 것이 필요할 때가 있다. 그것은 아동이 자신에게 유용하고 적절한 믿음을 배우도록 도울 책임을 가진 자가 대개 부모이기 때문이다. 아동이 가지는 부적절하거나 자기 파괴적인 믿음의 몇 가지 예를 다음에 제시하였다.

- 아버지가 엄마를 때린 데 대해 내가 책임을 져야 한다.
- 너무 어리기 때문에 난 어떤 통제력도 없다.
- 남자아이는 여자아이보다 더 나아야 한다.
- 내가 형과 다르게 취급을 받는 건 공정하지 않다.
- 나는 부모님 말씀을 잘 안 듣는다. 그것이 엄마가 나를 사랑하지 않은 이유이다.
- 인기가 있으려면 강인해야 한다.
- 아이가 문제 행동을 하면 부모가 이혼한다.
- 우리 부모가 나를 벌해서는 절대로 안 된다.
- 사실대로 말하면 곤란해진다.
- 우리 엄마와 아빠는 항상 나를 돌봐주실 것이다.
- 항상 행실을 반듯하게 해야 한다.
- 어른들에게 항상 공손해야 한다.
- 네가 화가 났음을 보여주는 것은 나쁘다.
- 어른에게 '아니요'라고 말해서는 안 된다.
- 절대로 실수를 해서는 안 된다.
- 항상 이겨야 한다.
- 울어서는 안 된다.

위에 열거한 믿음에 덧붙여, 트라우마의 효과와 관련된 자기 파괴적인 믿음이 있다. 트라우마를 겪은 후에 아동들은 때때로 정상적인 일상생활로 돌아가는 것을 막는 불가역적인 부정적 변화가 발생했다고 믿는다. 그러므로 새로운 다른 기타의 가능성도 없이 순응적이고 편안한 방식으로 삶을 살 길이 없다고 아동은 믿게 된다. 이것은 매우 파괴적인 믿음이다. 왜냐하면 그 믿음이 아동이 트라우마를 뒤에 남기고 다시 한 번 삶을 즐길 수 있는 공간으로 나아가는 것을 막기 때문이다.

자기 파괴적인 믿음에 도전하기

자기 파괴적인 믿음에 도전한다는 아이디어는 내담자가 합리적 신념으로 소위 '비합리적 신념'을 대체하도록 도전을 받는다는 합리적 정서행동치료로부터 나왔다(Dryden, 1995 참조). 우리의 접근은 아동이 부적절하고 자기 파괴적인 믿음에 도전해서 그런 믿음을 보다 도움이 되거나 적응적인 믿음으로 대체하도록 격려하는 것이다. 일단 아동들이 이것을 하면 그들은 치료적 변화의 나선형 모델의 다음 단계, 즉 아동이 자신에게 주어진 옵션과 선택권을 보도록 하는 단계로 나아갈 수 있다.

부적절한 신념에 도전함에 있어 첫 번째 단계는 아동에게 상담자가 아동의 믿음이라고 지각하는 것을 반영하는 것이다. 아버지가 어머니를 폭행하는 데 대한 책임이 자신에게 있다고 믿는 아동을 예로 들어 보자. 이 경우 상담자는 아동에게 '아버지가 어머니를 폭행한 데 대한 책임이 너에게 있다고 믿고 있구나.'라고 말할 수 있다.

다음 단계는 아동이 그 신념의 타당성을 검증하도록 돕는 것이다. 이것을 하기 위해서는 그 믿음이 아동 자신의 경험으로부터 나왔는지 아니면 다른 사람이 자신에게 한 말로부터 어느 정도 나왔는지를 확인하는 것이 중요하다. 예컨대, 상담자는 다음과 같이 질문할 수 있다. '아버지가 어머니를 폭행한 것이 너의 잘못이라는 것을 어떻게 아니?'

아동의 응답은 자신의 믿음이 아버지가 어머니를 폭행하는 것이 그들의 잘못이라고 말해왔던 그들의 부모로부터 나왔다는 것을 보여준다. 이 경우, 만약 아동의 부모가 치료 과정에 참여하고 그래서 이 믿음이 변할 수 있다면 그것이 최선이다. 이런 경우와 달리, 아동의 반응과 믿음이 자신의 행동과 아버지의 행동 간의 연계성에서 아동 자신의 지각과 관련이 있음을 나타내는 것일지도 모른다. 그런 다음 상담자는 아동의 생각을 뒷받침하고 있는 논리를 탐색하고 아동이 대안적인 믿음을 고려해보도록 할 수 있다. 이것은 다음과 같은 질문을 통해 이루어진다. '만약 네가 누군가를 쳤다면, 그것은 너의 잘못이야 아니면 다른 사람의 잘못이야?' 이런 질문을 통해 상담자는 아동이 어떤 이유로 간과하고 있거나 혼자 힘으로 찾지 못한 다른 믿음에 대한 아동의 자각을 증진시킨다. 상담자는 또한 아동이 자기의 경험과 다른 아동의 경험에 대한 그들의 인식을 비교하도록 도울 수 있다.

자기 파괴적이거나 부적절한 믿음에 도전하는 것은 아동의 자각과 아동이 받아들이기 쉽지 않은 정보를 수용할 수 있는 방식으로 활성화시키는 것과 관련이 있다.

아동은 듣고 싶지 않은 정보를 받아들여야 할 필요가 있을지도 모른다. 예컨대, 이 아동은 자신의 아버지가 폭력적으로 행동할 수 있다는 것을 받아들이길 원치 않을 것이다. 이때 상담자는 인내심을 가지고 조심스럽게 아동이 현실을 받아들이도록 지원해야 한다. 이 과정에서 아동은 자신을 괴롭혀온 사건에 대해 부분적으로 책임이 있음을 수용해야 할 필요가 있을지도 모른다. 발생한 사건에 대해 아동이 책임져야 할 부분과 아동에게 책임이 없는 부분을 분리하도록 돕는 것이 중요하다. 요약하면, 부적절하거나 자기 파괴적인 믿음에 도전하는 것은 다음과 관련이 있다.

- 아동이 현재 갖고 있는 믿음을 반영한다.
- 아동이 현재 갖고 있는 믿음의 타당성 여부를 그러한 믿음이 어디에서 나왔는지를 확인해봄으로써 검토해보도록 돕는다.
- 아동의 생각을 뒷받침하고 있는 논리를 탐색한다.
- 아동이 대안적인 믿음을 탐색해보도록 돕는다.
- 받아들이기 쉽지 않은 정보에 대한 아동의 자각을 증진시킨다.
- 아동이 자신이 책임져야 할 행동과 남이 책임져야 할 행동을 구분하도록 돕는다.
- 아동이 부적응적인 믿음을 보다 적절한 믿음으로 대체하도록 한다.

다음에서 부적절하거나 자기 파괴적인 믿음에 도전하는 두 가지 예를 살펴본다.

[예 1]

여자는 남자보다 열등하기 때문에 남자와 같은 권리를 가져서는 안 된다는 믿음이 강하게 있는 폭력 가정에서 자란 남자아이를 생각해보자. 상담자는 이 아동의 믿음에 '너는 남자가 여자보다 더 우수하다고 믿고 있구나.'라고 말하면서 아동의 믿음을 반영할 수 있다. 이 아동이 자신이 갖고 있는 믿음이 타당한지를 검토해보도록 돕기 위해, 상담자는 '남자가 여자보다 우수하다는 걸 어떻게 아니?'라고 질문할 수 있다. 이 질문을 받은 아동은 자기 집에서는 남자가 여자보다 더 나은 대접을 받는다는 것을 암시하는 대답을 할 것이다.

이제 상담자는 대안적인 생각을 떠올린다. 예컨대, 상담자는 '아빠는 할 수 없는데 엄마는 할 수 있는 것이 없니?'라고 질문할 수 있다. 또는 '남자와 여자는 다르다.'와 같이 진술할 수 있을 것이다. 그런 다음 상담자는 차이가 있다는 것이 우수하다거나 열등하다는 것을 의미하는 것이 아니며, 남자와 여자는 서로 다른 특성을 가진다는 것을 아동이 인식하도록 돕는다. 이 정보가 처음 제시되었을 때 아동은 받아들이기 쉽지 않을 것이다. 하지만 그 문제에 대한 탐색이 있고 난 뒤에는 수용될 수 있을 것이다. 일단 아동이 대안적인 믿음을 수용하게 되면, 그 아동은 자신의 행동이 자신이 겪고 있는 관계 문제에 어떻게 영향을 미쳤는지를 검토할 수 있다.

[예 2]

아버지는 절대로 자신을 벌해서는 안 된다고 믿고 있는 아동을 생각해보자. 이 경우, 상담자는 아동의 믿음을 반영한 후 그 믿음이 어디에서 왔는지를 찾아봄으로써 그 믿음의 타당성을 검토한다. 아동이 '우리 엄마는 해서는 안 되는 것을 하지만 어떤 문제도 없어요.'라고 말할 수 있다. 그러면 상담자는 아동과 부모가 같다는 가정을 포함한 아동의 논리를 탐색해야 한다. 이를 위해 상담자는 다음과 같이 질문할 수 있다. '너의 가장 친한 친구 은수는 엄마에게 벌을 받니?' '누가 가족 규칙을 정하니, 부모 아니면 아이들?' 그럼으로써 수용하기 어려운 정보에 대한 아동의 자각이 증진되고, 실제로는 부모가 아이들을 통제한다는 것을 깨닫게 될 것이다. 그런 다음 상담자는 아동이 자신의 행동이 불가피하게 처벌을 받을 것이라는 것을 알도록 도울 수 있다.

위에서 기술한 과정에서 부적절하거나 자기 파괴적인 믿음에 도전하기 위해 사용할 수 있는 유용한 기법이 두 가지 있는데, 리프레이밍(reframing)과 노멀라이징(normalizing)이 그것이다.

리프레이밍

리프레이밍을 뒷받침하고 있는 아이디어는 아동이 자신이 처한 상황을 지각하는 방식을 바꾸는 것이다. 아동이 자신을 둘러싸고 있는 세상에 대한 그림을 수용하고 그 그림을 추가적인 정보를 포함하도록 확장함으로써 이것을 할 수 있다. 그리하여 아동은 자신이 처한 상황을 다르게 그리고 보다 건설적으로 지각할 수 있다. 예컨대, 여자아이가 오빠가 방을 깨끗하게 사용하라고 끊임없이 잔소리한다고 불평한다. 이 경우 이렇게 리프레이밍을 할 수 있다. '오빠가 너를 너무 사랑해서 네가 방을 지저분하게 사용하여 네가 곤란한 상황에 처하지 않도록 하기 위해 계속해서 말해주는 것이라고 생각할 수 있지 않을까?'

노멀라이징

아동이 자신의 생각, 느낌, 행동이 다른 아동들의 그것과 유사하다는 것을 아는 것이 도움이 될 때가 가끔 있다. 아동에게 이런 정보를 주는 것을 아동의 경험을 노멀라이징한다고 한다. 예컨대, 상담자가 '부모가 이혼한 많은 아동들은 너처럼 부모가 헤어진 것이 자기 탓이라고 믿는단다.'라고 말할 수 있다. 노멀라이징을 할 때 아동의 느낌과 관련된 불편함을 무효화하지 않도록 하는 것이 중요하다.

핵심 요점

- 아동의 믿음, 사고 및 태도는 그들의 자아개념에 영향을 미친다.
- 아동들은 종종 다른 사람과 관련된 상황이 잘못될 경우 자신의 책임이라고 잘못 생각한다.
- 이야기 치료와 메타포는 아동이 긍정적인 자아개념을 형성하도록 돕는 데 유용하게 사용될 수 있다.
- 자기 파괴적 믿음은 아동의 자아개념과 행동에 부정적인 영향을 미친다.
- 현재 믿음을 뒷받침하고 있는 논리를 탐색하고 아동이 대안을 탐색하도록 도움으로써 자기 파괴적 신념에 도전할 수 있다.
- 리프레이밍은 아동의 그림을 추가적인 정보를 포함하도록 확장하여, 아동이 자신이 처한 상황을 다르게 그리고 보다 건설적으로 지각하도록 하는 것과 관련이 있다.
- 아동이 자신의 생각, 느낌, 행동이 다른 아동들의 그것과 유사하다는 것을 아는 것이 도움이 될 수 있다.

16
Chapter

적극적 변화 촉진

앞에서 우리는 합류하기와 아동이 자신의 이야기를 하고, 자신의 정서와 접촉한 후 이를 분출하도록 돕는 데 적합한 기술과 자아개념을 변화시키기 위한 기술에 대해 언급했다. 그러나 이러한 과정이 잘 진행되었다고 해서 치료적인 작업이 완수되었다고 말할 수는 없다. 종종 힘든 경험을 한 결과로 아동들은 건강하지 못한 사고 및 행동 방식을 갖게 되는데, 이러한 사고 및 행동 방식은 직접적으로 다루지 않으면 변화되지 않을 수도 있다.

앞에서 설명한 바와 같이, 우리는 부적절하고 자기 파괴적인 믿음에 도전하고 아동이 그것을 보다 도움이 되는 것으로 대체하도록 격려함으로써 도움이 되지 않는 사고방식을 다룰 수 있다. SPICC 모델의 4단계에서 다음에 해야 할 작업은 아동이 자신에게 주어진 여러 선택을 잘 생각해보도록 돕기 위해 인지행동치료를 계속해서 사용하는 것이다. 이 작업이 끝나면 마지막 단계인 5단계에 이르게 되는데, 5단계에서 상담자는 행동치료를 사용하여, 아동이 새로운 행동을 연습하고 실험해보도록 격려한다.

선택 탐색

방금 지적한 바와 같이, 과거 경험의 결과로 아동들은 자신에게 도움이 되지 않고 다른 사람에게도 수용될 수 없는 행동을 배운다. 예컨대, 아동은 지나치게 순종적이거나 공격적이거나 부정직하거나 퇴행적인 방식으로 행동하도록 배울 수 있다. 따라서 아동들은 이제 다르게 행동하는 법과 선택을 검토하는 법을 배울 필요가 있다.

그림 16.1 연재만화

아동이 선택을 탐색하도록 돕기 위한 한 가지 방법은 자신이 원하는 행동이면 어떤 행동이든지 할 수 있지만 반드시 자신이 선택한 행동의 결과에 책임을 져야 한다는 글래서의 현실요법 아이디어를 사용하는 것이다. 우리는 아동을 상담하기 때문에 현실요법 아이디어를 연재만화를 사용하여 소개한다.

연재만화 연습

우리가 신문에서 보는 많은 연재만화는 그림 16.1a에 제시되어 있는 바와 같이 이야기를 담은 연속적인 세 개의 프레임을 갖고 있다.

연재만화 연습에서 우리는 그림 16.1b에 제시되어 있듯이 세 가지 프레임을 다르게 사용한다. 연재만화의 왼쪽 끝에 위치한 첫 번째 프레임에 있는 아동은 그들에게 문제를 야기하고 있는 특정 행동, 즉 도움이 되지 않는 행동을 나타내는 스케치를 하거나, 추상적인 상징을 사용하도록 격려받는다.

연재만화의 오른쪽 끝에 위치한 세 번째 프레임에 있는 아동은 대안적 행동, 즉 도움이 되는 행동을 나타내는 스케치를 하거나, 추상적 상징을 사용하도록 격려된다. 여기서 도움이 되는 행동은 보다 긍정적인 결과를 낳고 첫 번째 프레임에 그려져 있는 도움이 되지 않는 행동을 대신할 수 있는 행동을 말한다.

중앙 프레임에 있는 아동은 자화상을 그리도록 격려받는다.

사례 연구

이제 가상 사례를 활용하여 아동상담 전문가가 연재만화를 상담에 어떻게 사용하는지를 보여주고자 한다. 아동상담 전문가인 내가 실제로 상담을 진행했다고 가정하고 '나'를 주어로 하여 진술한다.

화가 나면 여동생을 때리고, 의도적으로 물건을 던지고, 물건을 부수는 등 끊임없이 말썽을 피우는 현기라는 이름을 가진 남자아이를 상담하고 있다고 상상해보라. 연재만화를 사용하기 전에 나는 현기가 자신의 이야기를 하고 자신의 화난 감정과 접촉한 후 그 감정을 발산하도록 도왔다. 그러나 이러한 상담 과정을 다 거쳤음에도 불구하고, 현기는 화가 나면 가끔씩 여동생을 때리고 물건을 집어 던지거나 물건을 부수기도 하였다. 왜냐하면 이것이 현기가 오랜 기간에 걸쳐 배운 좌절 상황에서의 대처 방식이기 때문이다. 현기가 이런 도움이 되지 않는 행동을 보다 도움이 되는 행동으로 대체하는 법을 배우는 것이 중요하다는 것은 명백하다.

이 과정에서 1단계는 내가 현기와 그가 한 문제 행동에 대해 이야기를 나누는 것이다. 또한 나는 좌절 상황에서 그가 생각해낼 수 있는 다른 행동이 있었는지에 대해 현기와 함께 검토했다. 그런 다음 나는 현기에게 연재만화의 왼쪽 프레임에 이런 문제 행동을 나타내는 스케치를 하도록 요청했다. 나는 현기에게 이런 행동이 문제가 되며 자신이 현기가 문제 행동을 하지 않도록 돕고 싶다고 말했다.

현기의 연재만화의 왼쪽 프레임은 그림 16.1c의 왼쪽 프레임처럼 보일 수 있다.

프레임의 왼쪽 구석에 있는 현기가 여동생을 때리는 장면에 주목하라. 현기가 이 장면을 그렸기 때문에, 나는 현기에게 화가 나서 여동생을 때리기 전에 어떤 일이 있었는지에 대해 물었다. 현기가 이렇게 말할 수 있다. '여동생이 내 물건을 가져가요. 그리고는 나를 항상 놀려요.' 나는 현기에게 이렇게 설명한다. '여동생이 아주 성가시고 너를 짜증나게 하는 건 알겠어. 하지만 여동생을 때리는 건 옳지 않아. 여동생을 때리는 건 폭력이야. 더구나 네가 여동생을 때리면 너는 큰 곤란에 처하게 돼. 나는 네가 그런 곤란에 처하지 않도록 돕고 싶어.'

그런 다음 나는 현기에게 왼쪽 프레임에 다른 그림 두 개를 그리라고 요청한다. 그림 16.1c의 왼쪽 프레임 위에서 볼 수 있는 바와 같이 하나는 여동생이 자신의 물건을 가져가는 것을 보여주는 것이고, 다른 하나는 여동생이 자신에게 집적거리는 것을 보여주는 것이다.

나는 현기에게 그의 부모가 자신에게 현기는 화가 나면 종종 물건을 던지거나 부수는데, 그의 부모가 현기가 하고 싶은 것을 못하게 하거나 원하는 것을 주지 않을 때 특히 그렇다고 말했던 것을 상기시켜준다. 나는 현기에게 그림 16.1c에 있는 그림의 왼쪽 구석 아래에서 볼 수 있는 바와 같이, 왼쪽 프레임에 자신이 물건을 던지고 부수는 장면을 추가하라고 말한다.

다음 단계에서, 나는 현기의 스케치를 하나씩 차례로 보고 현기와 함께 현기에게 더 나은 결과가 생기도록 하기 위해 현기가 할 수 있는 것, 즉 여동생을 때리는 것 대신에 할 수 있는 것과 물건을 집어 던지거나 부수는 대신에 할 수 있는 것에 대해 탐색한다.

그런 다음 현기에게 자신이 사용할 수 있는 대안 행동을 나타내기 위해 오른쪽에 있는 '도움이 되는 행동' 프레임에 스케치를 하도록 요구한다. 나는 처음에 현기 스스로 도움이 되는 행동을 생각해보도록 격려한다. 그런 다음 자신이 유용하다고 생각하는 행동을 제안한 후 현기의 동의 여부를 알아보기 위해 현기와 이야기를 나눈다.

현기는 그림 16.1c의 오른쪽 프레임에 보이는 것과 같이 스케치를 한다. 그 프레임의 왼쪽 구석 아래에 있는 스케치는 현기가 여동생이 자신을 집적거릴 때 여동생에게 반응하지 않고 걸어 나가는 것을 보여준다. 오른쪽 구석 아래에 있는 장면은 여동생이 허락 없이 자기 물건을 가져갔다는 것을 엄마에게 이야기하는 것을 보여준다. 왼쪽 구석 위에 있는 장면은 현기가 정말 화가 났을 때는 침실로 가서 문을 닫아버리고는 매트리스가 자신의 분노를 나타낸다고 상상하면서 침대에 누워있는 걸 보여준다. 그림은 그가 '나는 화나는 게 싫어, 나는 화나는 게 싫어.'라고 반복적으로 말하면서 매트리스를 때리는 것을 보여준다. 이것이 현기가 누군가를 아프게 하거나 또는 어떤 것에 피해를 주지 않으면서 자신의 분노를 터뜨리는 방식이다.

상담자가 이 마지막 전략을 사용할 때는 주의해야 한다. 때때로 우리는 초보 상담자로부터 화난 아이들이 샌드백을 주먹으로 때림으로써 자신의 화를 풀도록 격려하는 것이 괜찮은 것인지 아닌지에 대해 질문을 받는다. 우리는 아동들이 분노를 제거하기 위해 이것을 하도록 권장하는 데에는 위험이 있다고 생각한다. 샌드백을 때리는 것은 다른 사람을 때리는 것과 매우 유사하다. 샌드백을 때림으로써 그들은 더 세게 때리는 법을 배우고 이후 어느 시점에서 화가 많이 났을 때 샌드백을 치는 대신에 사람을 때릴 수도 있다는 것을 배웠다. 화난 아동과의 상담을 통해서 볼 때 다른 사람을 때리는 것은 옳지 않고 물건을 던지고, 물건을 부수고, 문을 쾅 닫고, 고함을 지르고, 물건을 쾅쾅 두드림으로써 사람을 놀라게 하는 것도 모욕적이라는 것을 강조하는 것이 중요하다.

마지막으로, 연재만화의 오른쪽 프레임의 위쪽 중앙을 보면 두 장면이 있는데, 하나는 현기가 친구를 방문하는 것이고, 다른 하나는 자전거를 타러 나가는 것이다. 이런 식으로 현기는 여동생에게서 도망칠 수 있다.

이런 식으로 연재만화 전략을 사용할 때, 연재만화를 부모에게 보여주거나 적어도 자신이 할 새로운 행동에 대해 부모에게 이야기하는 것이 좋겠다고 아동에게 제안하는 것이 중요하다. 만약 아동들이 이것을 할 수 없다면, 그들의 부모는 의도하지 않게 아동이 새로운 행동을 하려는 시도를 위태롭게 만들 수 있다. 부모는 또한 아동과 다른 가족 구성원에게 적용할 몇 가지 규칙을 설정할 필요가 있다. 현기의 경우, 부모는 여동생에게 오빠의 허락 없이 물건을 가져가는 것은 옳지 않다는 것을 이야기해주고, 현기에게는 만약 여동생이 그런 행동을 했을 경우 자신에게 말 하도록 이야기를 해둔다.

이와 더불어 부모는 경계를 설정하여 현기가 혼자 있기를 원하거나 자신의 화를 개인적으로 분출하기 위해 자신의 방에 들어가 문을 닫은 후에는 여동생이 현기의 방으로 들어가지 않도록 할 필요가 있다. 현기의 부모는 또한 현기에게 문제가 되는 상황에서 벗어나려고 친구 집에 가거나 자전거를 타고자 할 경우 어떻게 허락을 받아야 할 것인지에 대해 현기에게 명료하게 말해줄 필요가 있다.

아동이 '도움이 되지 않는 행동'과 '도움이 되는 행동' 프레임의 그림을 완성하면, 다음 단계로 나는 아동에게 중앙 프레임에 자신의 자화상을 그리도록 한다. 현기의 연재만화는 최종적으로 그림 16.1c에서 볼 수 있는 바와 같다.

연재만화 과정의 마지막 단계는 아동이 어떤 행동을 할 것인지에 대한 선택권이 자신에게 있고 그런 행동의 결과에 대한 책임 또한 자신에게 있음을 인식하도록 돕는 것과 관련이 있다. 먼저 나는 아동이 모든 그림에 나타나 있는 행동으로부터 나올 수 있는 다양한 결과를 탐색하도록 돕는다. 나는 의도적으로 아동에게 압력을 가해 '도움이 되는 행동' 프레임에 있는 그림에 기술되어 있는 방식으로 항상 행동해야 한다고 믿도록 하지 않으려고 노력한다. 실제로 나는 아동에게 이렇게 말한다.

때때로 너는 그렇게 하면 곤란을 겪게 될 가능성이 많다는 것을 알면서도 '도움이 되지 않는 행동' 프레임에 기술되어 있는 것을 의도적으로 선택할지도 모르겠다. 또한 '도움이 되지 않는 행동' 프레임에 기술되어 있는 것을 하고자 한다는 것을 인식했을 때 너에게 선택권이 있으니 만약 네가 원한다면 그렇게 할 수 있어. 하지만 '도움이 되는 행동' 프레임에 있는 것을 할 수도 있어. 선택권은 너에게 있어. 하지만 너는 네가 선택한 행동과 관련된 결과를 수용해야 해.

나는 도움이 되지 않는 행동 중 하나를 할 경우 어떻게 될까에 대해 아동과 충분히 고려할 것이고 그런 다음 도움이 되는 행동 중 하나를 신중하게 선택할 것이다. 나는 아동이 도움이 되지 않는 행동을 버리고 그것을 도움이 되는 행동으로 대체할 때 겪게 될 어려움을 최소화하지 않으려고 주의할 것이다.

때때로 나는 아동이 롤페이퍼에 크게 연재만화를 그리게 하고는 그것을 펼쳐 바닥 위에 두도록 한다. 그런 다음 아동에게 중앙에 있는 자화상 프레임 옆에 서도록 한다. 그런 다음 특정 행동에 대해 이야기를 나누면서 어떤 선택이 자신에게 가장 잘 맞는지를 생각해보도록 하여 왼쪽이나 오른쪽 프레임으로 가도록 한다. 이러한 이동은 연습에 또 다른 차원을 추가함으로써 아동의 선택에 대한 책임을 강조한다. 아동이 특정 행동을 선택할 때마다, 나는 그렇게 행동했을 경우 어떤 결과가 나올지를 생각해보도록 한다.

연재만화 과정을 마친 후 나는 아동에게 '너의 연재만화를 엄마나 아빠에게 보여주길 원하니? 아니면 그걸 비밀로 하고 싶니?'라고 질문한다. 나는 아동에게 연재만화를 엄마나 아빠에게 보여주면 그들이 너에게 도움을 줄 수 있다는 좋은 점이 있음을 말해준다. 예컨대, 만약 현기가 도움이 되지 않는 행동을 막 하려고 한다는 것을 아빠가 알아챘다면, 아빠가 현기에게 귀띔을 한 후 그것을 대신할 도움이 되는 행동을 제안해줄 수 있다. 나는 현기에게 '아빠가 이런 식으로 너를 도와주길 원하니?'라고 묻는다. 다시 한 번 말하지만 결정은 현기의 몫이다.

여러분은 내가 왜 아동에게 선택할 기회를 주는 것을 그렇게 강조하는지 궁금해할 수 있다. 내가 이렇게 하는 이유는 만약 아동이 자신이 선택권을 가지고 있고 그러한 선택의 결과에 대한 책임을 질 수 있다고 믿으면 행동 변화에 성공할 가능성이 훨씬 더 클 것이라고 믿기 때문이다. 이런 점에서, 나는 ' 때때로 네가 도움이 되는 행동을 선택하는 것이 어렵겠지만 나는 그렇게 할 수 있을 것이라고 생각한다. 어떻게 생각해?'라고 말함으로써 아동을 격려한다. 이후 상담에서 나는 아동이 도움이 되는 행동을 선택하는 데 성공했는지를 검토하고, 성공했을 경우 '잘했다. 나는 네가 그렇게 할 수 있을 거라 생각했어.'라고 말하면서 아동을 축하해준다.

연재만화 기법은 많은 아동들에게 효과가 있다. 그러나 어떤 아동들은 너무 심하게 충동적이어서 자신의 그런 행동을 다루는 데 도움이 필요하거나, 도움이 되지 않는 행동을 도움이 되는 행동으로 대체하는 데 성공하지 못할 수도 있다는 것을 인식하는 것이 중요하다. 아동이 자기 관리 기술을 배우도록 돕기 위해 사용할 수 있는 두 가지 전략이 있다. 나이가 어린 아동의 경우에는 '내 안에 괴물' 전략이 매우 유용할 수 있고, 나이가 좀 더 많은 아동의 경우에는 '멈추기-생각하기-행동하기' 과정이 효과적일 수 있다. 이에 대해서는 나중에 설명할 것이다.

변화 결심

만약 아동이 보다 적응적으로 행동하는 것을 배운다면, 부모, 가족 구성원 및 다른 사람들은 기뻐할 것이다. 그러나 인간은 변화를 싫어한다. 그리고 만약 아동이 자신의 행동을 변화시킨다면, 그 아동과 상호작용하는 사람들 또한 자신의 행동을 변화시켜야 한다. 예컨대, 만약 고분고분하게 행동하던 아동이 자신의 욕구와 관련하여 보다 적극적으로 행동한다면, 부모와 다른 사람들은 아동의 그런 행동을 수용하기가 어려울 것이다. 아동 주변의 다른 사람들도 다르게 행동하는 법을 배워야 하는데, 처음에는 이렇게 하는 것을 싫어할 것이다. 그러므로 아동의 행동이 변화함에 따라, 아동은 다른 사람들이 보이는 약간의 불쾌한 반응을 다루어야 한다. 아동들은 그런 반응에 대처할 수 없고, 새롭게 발견한 행동을 수행할 기술도 부족하다는 걸 알게 될지도 모른다. 이 문제를 다루는 한 가지 방법은 9장에서 논의한 바와 같이 아동을 위한 개인상담을 가족치료와 통합하는 것이다. 하지만 이것이 언제나 가능한 것은 아니다.

만약 아동이 다르게 행동하리라 결심했다면 위험을 감수해야 한다. 왜냐하면 앞으로 어떤 일이 발생할지 예상할 수 없기 때문이다. 아동들은 과거에 했던 것처럼 계속 그렇게 행동하는 것이 훨씬 더 쉬울 것이다. 만약 행동을 변화시키지 않는다면 그들이 알고 있는 고통을 계속 겪을 것이라는 것은 확실하다. 하지만 만약 아동들이 위험을 감수하고 다르게 행동한다면, 그들은 새로운 고통에 직면하게 될 것이다. 변화를 결심하는 것이 어렵다는 것은 명백하다. 아동은 자신의 감정뿐만 아니라 다른 사람의 반응에 대해서도 대처해야 한다.

다른 어려움은 변화 결심으로 인한 상실이나 비용 측면과 관련이 있다. 결심과 관련된 상실의 수용 여부를 결정하는 것은 결심과 관련된 긍정적인 이득을 선택하는 것보다 종종 더 어렵다. 공격적이고 고집이 세며 어른과 비협조적으로 행동하는 아동을 생각해 보자. 이런 행동 때문에, 이 아동은 또래로부터 추앙을 받아왔고 리더의 역할을 맡고 있다. 상담의 결과로 이 아동은 자신의 행동에 대한 통찰을 얻어 자신과 자신 주변의 사람들이 얼마나 파괴적인지를 깨닫게 될 수 있다. 그러나 부적응적인 행동을 포기하는 것은 손실을 수반한다. 그들은 부적응적인 행동을 포기하는 대가로 리더십 역할, 힘, 추앙과 또래에 대한 통제를 잃을 수도 있다. 아동은 행동을 변화시킬지 말지에 대한 결정을 행동을 변화시킴으로써 얻게 될 긍정적인 것보다는 잃게 될 것이라고 본다. 상담자가 아동이 잃게 될 것보다는 얻게 될 것이 더 중요하다는 것을 입증하지 못한다면, 아동의 바람직한 행동 변화는 차단될 수 있다.

항상 옳은 선택과 잘못된 선택이 있다고 배웠기 때문에 선택에 어려움을 겪는 아동들이 있다. 불행히도 현실 세계에서의 결정은 복잡하다. 선택에는 여러 상이한 옵션이 주어지고, 이런 옵션에는 이점이나 긍정적인 측면뿐만 아니라 비용이나 단점도 있다. 그러므로 상담자는 의사결정이 일반적으로 옳고 그름이나 흑과 백 중 하나를 선택하는 것처럼 단순하지가 않음을 아동이 이해하도록 도와야 한다. 대부분의 결정은 회색톤의 다양한 색상 중 하나를 선택하는 것과 관련된다.

우리가 위에서 언급했던 아동을 다시 한 번 생각해보자. 그 아동이 선택할 수 있는 옵션 중에서 처음에 자신의 분노를 억누르고, 좀 더 협력하고, 고분고분하고, 리더 대신에 추종자가 되는 결정을 할 수 있다. 그러나 아동이 더 많은 선택권을 갖도록 새로운 아이디어를 내는 것은 상담자의 몫이다. 분노를 억누르는 데 대한 대안으로 상담자는 아동 자신의 분노를 다르게 다루고 단호해지도록 하는 옵션을 제기할 수 있다. 상담자는 복종과 순응 대신에 주도성 보여주기라는 개념을 소개할 수 있다. 그러므로 아동은 다른 행동을 사용함으로써 다른 방식으로 또래들로부터 추앙을 계속 받을 수 있도록 하는 옵션을 제공받는다. 따라서 그들은 계속해서 리더십 역할을 발휘할 수 있고 어떤 상황에서 적절한 수준의 통제력을 발휘할 수 있을 것이다. 그러나 상담자는 대안적 옵션을 제안만 해야지 아동을 설득하려고 해서는 안 된다는 것을 기억해야 한다. 아동은 자신이 할 수 있고 자신에게 잘 맞는 선택인 경우에만 잘 실행할 수 있을 것이다.

요약하면, 옵션과 선택권을 탐색하는 것은 다음과 관련된다.

- 옵션의 이점과 불리한 점을 비교한다.
- 행동 변화와 관련된 위험을 검토한다.
- 가능한 손실이나 비용에 대해 현실적이 된다.

- 행동 변화에 대해 다른 사람들의 반응이 있을 것이라는 것을 이해한다.

위에서 언급한 문제를 아동이 헤쳐나가도록 돕는 것은 상담자의 임무이다.

위의 논의를 통해 볼 때 자신의 행동을 변화시키는 것이 어려운 아동이 있을 것이라는 것은 명백하다. 특히 우리는 상담 실제에서 많은 아동들이 먼저 생각하지 않고 충동적으로 반응하는 성향을 통제하는 데 문제를 가지고 있다는 것을 발견했다. 이러한 성향은 아동이 화가 나기 시작할 때 특히 위력을 발휘하는 것처럼 보인다. 우리는 종종 아주 성급하게 화를 내고 그 결과로 부적절하게 행동하는 아동들에 대한 이야기를 듣는다. 이런 문제를 가진 아동들을 돕는 데 유용한 두 가지 전략이 있다. 하나는 '내 안에 괴물'이라는 전략으로, 어린아이들에게 사용하기에 특히 적절하다. 다른 하나는 '멈추기-생각하기-행동하기' 전략이다. 이 전략은 나이가 상대적으로 많은 아동들에게 매우 도움이 된다.

'내 안에 괴물' 전략

상담자로서 내가 '내 안에 괴물' 전략을 어떻게 사용하는지에 대해 설명할 것이다. 이 전략은 자신의 행동이 자신을 통제하도록 하는 대신에 아이가 자신의 행동을 통제할 능력을 가지고 있음을 인식하도록 돕는 인지행동치료 접근을 채택한다. 이 전략은 '문제를 외재화하기(externalizing the problem)'라는 이야기 치료 기법과 함께 사용된다.

'내 안에 괴물' 전략을 사용할 때 내가 하는 것은 아이에게 그들의 부모가 나에게 너희들이 큰 곤란에 처해 있다고 말했다는 것을 이야기해주는 것이다. 나는 아이들이 큰 곤란에 처하게 된 것이 그들의 잘못이라고 생각하지 않는다고 말해준다. 그것은 그들 안에 살고 있는 괴물 때문이라고 생각한다. 즉 그것은 괴물의 잘못이다.

이런 이야기를 들었을 때, 여러분은 내가 그런 행동을 한 아이의 책임을 면제시켜 준다고 생각해서 불편할 수도 있다. 아이에게는 내가 그렇게 하는 것처럼 보일 수도 있을 것이다. 하지만 사실 나는 그렇게 하고 있지 않다. 왜냐하면 나는 나중에 괴물을 통제하는 것은 아이의 책임이라는 것을 명확하게 할 것이기 때문이다.

나는 아이에게 다음과 같이 말한다.

나는 네 안에 살고 있는 이 괴물 때문에 네가 곤란에 처해 있다고 생각한다.
대개 이 괴물은 잠들어 있지. 그리고 그가 잠들어 있을 때는 그는 줄어들어 아주 작아지지. 그는 핀의 머리보다 더 작아. 나는 네가 화를 내기 시작하면 이 괴물이 잠에서 깨어 점점 커지기 시작한다고 생각해. 그런 다음 그는 너를 점령해서 아주 끔찍한 일을 하지. 주변에 있는 물건을 집어 던지고, 차고, 꼬집고, 소리치고, 괴성을 지르지. 그런 결과로 너는 엄청나게 곤란한 상황에 처하게 되지. 그건 공평하지 않아.

괴물이 방금 다시 잠을 자러 갔고 어떠한 곤란한 상황에도 처해 있지 않아. 하지만 너는 곤란에 처해 있지.

이제 나는 네가 이 펠트펜으로 너 안에 살고 있는 큰 괴물 그림을 그렸으면 해.

아이가 괴물 그림 그리기를 마쳤을 때, 나는 다른 종이에 자신을 그려보라고 한다. 그런 다음 괴물이 자신의 내부 어디에 살고 있는지를 나에게 보여주기 위해 자신을 나타내는 그림 위에 점을 찍으라고 한다.

내가 묻는다. '괴물이 너의 복부나 머리에 살고 있니, 아니면 다른 어디에 살고 있니?' 나는 대개 아이에게 말한다. '너는 매우 터프한 아이 같아 보인다. 하지만 내 생각에 이 괴물도 터프할 것 같구나. 이 괴물이 너보다 더 터프하니, 아니면 네가 괴물보다 더 터프하니? 누가 보스야, 괴물이야 너야?' 나는 아이가 스스로를 보스라고 믿도록 격려한다. 그리고 대개 아이들은 어쨌든 자신이 보스라고 말한다.

다음으로 나는 내 생각에 이 괴물은 매우 교활하다고 말한다. 그리고 아이에게 너를 곤란한 상황에 처하도록 한 것은 괴물이라고 생각한다는 것을 다시 한 번 말해준다. 나는 아이가 알지 못하도록 괴물이 갑작스럽고 몰래 들어온다고 말해준다.

나는 아이에게 네가 화를 내기 시작하면 괴물이 잠에서 깨어나 점점 더 커진 후 밖으로 나온다고 다시 한 번 말해준다.

나는 아이에게 물을 것이다. '네가 화가 나기 시작할 때 가장 먼저 어떤 일이 일어날 것 같니? 네 얼굴이 붉어지며, 주먹을 꽉 쥐어지고, 머리카락이 쭈뼛 쭈뼛 서니? 나의 목표는 분노 폭발을 촉발시키는 심리적 단서를 아동이 인식하도록 돕는 것이다.

이 단계에서는 행동치료를 사용하는 것이 도움이 된다. 행동치료를 위해서는 부모의 협력이 요구된다. 부모는 강화물을 주거나 철회함으로써 아이의 새로운 행동을 모니터링하고 그 행동을 강화한다. 나는 괴물이 매우 교활하기 때문에 네가 보스로 남기 위해서는 엄마나 아빠로부터 도움을 받는 것이 좋다고 아이에게 말한다. 그런 다음 나는 부모를 방으로 부른다. 나는 부모에게 비난을 받아야 하는 것은 아이가 아니라 괴물이며, 아이가 보스가 되어 괴물을 통제할 수 있다는 것을 내가 믿는다고 말해준다. 그리고 부모에게 자신의 생각에 괴물이 막 밖으로 나가려 한다고 생각할 때 아이가 그것을 알도록 할 방법을 제안해 달라고 요청한다. 종종 그 방법은 비밀스런 상징의 방식으로 행해진다. 왜냐하면 아이는 괴물이 밖으로 나오려 한다는 것을 부모가 자신에게 귀띔해준다는 것을 다른 가족 구성원이 아는 것을 원치 않기 때문이다.

나는 만약 그 기간 동안 자신이 괴물의 보스가 되는 데 성공했을 경우, 아침, 오후, 저녁 시간에 아이는 별을 받는 별표 차트를 사용할 것을 제안한다. 나는 만약 괴물이 밖으로 나오려고 하는데, 아이가 그 괴물을 통제하는 데 성공했다면 별표를 받을 것이라는 것을 확실히 한다. 왜냐하면 비록 괴물이 밖으로 나오기 시작했을지라도 자신이 보스가 되는 데 성공했기 때문이다.

그런 다음 나는 아이가 일정량의 별표를 모으면 받을 보상을 부모와 아이가 협상하도록 격려한다. 첫 한 주 동안 요구되는 별표 숫자가 너무 많지 않도록 하여 아이가 반드시 성공하도록 노력한다.

나는 대개 두 번째 주에도 발표 차트를 사용한다. 하지만 더 이상은 사용하지 않는다. 왜냐하면 나의 경험에 비추어볼 때, 별표 차트의 효과는 두 주 후가 되면 빠르게 줄어든다.

'내 안의 괴물' 전략은 어린 아동의 경우 아주 효과적이다. 하지만 나이가 많은 아동들에게는 유치하게 보일 것이다. 나이가 많은 아동들의 경우 충동적 행동을 다루기 위해서는 '멈추기-생각하기-행동하기' 과정을 사용하는 것이 더 낫다.

'멈추기-생각하기-행동하기' 과정

이 인지행동치료 전략은 윌리엄 글래서의 현실요법에 기원을 두고 있으며, 카셀맨(Caselman, 2005), 밀러(Miller, 2004), 피터슨과 애들리(Petersen & Adderley, 2002)가 기술한 과정을 수정한 것이다.

내 생각에 '멈추기-생각하기-행동하기' 과정은 아동이 두 가지 목록을 만들게 함으로써 시작하는 것이 좋다. 하나는 부정적인 결과를 낳는 행동 목록이고, 다른 하나는 긍정적인 결과를 낳는 행동 목록이다.

앞서 연재만화 연습을 기술할 때 설명했듯이, 아동에게 부정적인 결과를 낳을 행동을 하는 것을 선택할 수도 있고, 긍정적인 결과를 낳을 행동을 하는 것을 선택할 수도 있다고 설명한다. 나는 아동에게 어떻게 행동할 것인지에 대해 스스로 결정할 수 있는 능력이 있음을 강조할 것이다. 그러나 그들의 선택은 불가피하게 긍정적인 또는 부정적인 결과를 낳을 것이다. 나는 아동에게 그렇지 않으면 좋겠지만 네가 가끔 부정적인 결과를 낳을 충동적인 행동을 할 것이라고 생각한다는 것을 알려줄 것이다. 그런 다음 나는 칠판에 다음 단어를 크게 쓸 것이다.

멈 추 기

생 각 하 기

행 동 하 기

나는 만약 네가 행동하기 전에 잠시 동안 멈출 수 있다면, 네가 취할 가능한 선택에 대해 생각하고, 행동이 낳을 결과를 고려하면서, 행동하길 원하는 방식을 결정할 시간을 갖게 될 것이라고 설명한다.

나는 때때로 멈춘다는 것이 어렵고, 그들이 멈추도록 돕기 위해서는 그들이 자신의 정서가 멈추어서 생각을 먼저 하지 않고 행동으로 옮길 수준까지 고조되고 있다는 것을 인식하는 것이 중요하다는 것을 알고 있다고 말할 것이다.

'내 안에 괴물' 전략에서와 마찬가지로, 나는 아동이 행동을 표출하려고 한다는 것을 아동들이 알도록 하는 데 사용할 수 있는 생리적 지표에 대해 아동과 검토할 것이다.

나는 그들의 정서가 올라가기 시작할 때 어떤 신체적 변화를 감지했는지 물어볼 것이다. 주먹을 꽉 쥐었는지, 얼굴이 붉어졌는지, 심장이 빨리 뛰었는지, 그 밖의 다른 증상을 느꼈는지 등을 물어볼 것이다. 나는 그들이 나에게 말한 것을 칠판에 쓸 것이다.

나는 그들이 행동을 표출하기 전에 멈출 수 있다면 그들이 생각하고, 행동이 낳을 결과를 고려하면서 선택하고, 부정적인 결과가 아니라 긍정적인 결과를 낳을 어떤 것을 할 시간을 갖게 될 것이라고 되풀이하여 말할 것이다.

'내 안에 괴물' 전략에서와 마찬가지로 어떤 경우에는 부모를 참여시켜 아동이 '멈추기-생각하기-행동하기' 과정을 사용하려고 한다는 것을 부모가 알도록 하는 것이 유용할 수 있다. 이것은 부모가 자신의 자녀들이 행동 표출을 하려고 한다는 징후를 아동들이 인식하도록 도울 수 있는 위치에 있게 만든다.

시연과 새로운 행동 실험

아동이 미래 행동에 대해 결정한 후, 상담자는 아동이 바람직한 행동을 시연하고 연습하도록 도울 수 있다.

어떤 아동들은 새로운 행동을 어떻게 실험하고 수행할지를 결정할 때 실행 계획을 사용하는 것이 도움이 된다는 것을 알게 된다. 실행 계획을 사용함으로써, 상담자는 아동이 자신이 성취하고자 희망하는 목표를 확인하도록 도울 수 있고 이런 목표가 어떻게 달성될 수 있는지를 볼 수 있다. 이렇게 함에 있어, 아동은 처음에 원하는 행동을 수행할 기술이 부족하고, 이런 기술을 획득하기 위해 상담자로부터 도움을 받을 필요가 있다고 생각한다.

앞의 예를 사용해서 설명해보면, 상담의 결과로 아동은 과거에 했던 공격적 행동이 얼마나 파괴적이었는지에 대한 통찰력을 갖게 된다. 그런 다음 그들은 자신이 덜 공격적으로 행동하리라 결심한다(목표 1). 하지만 그들은 또한 자신의 욕구가 계속해서 충족될 수 있도록(목표 2), 어느 정도의 통제력을 유지하고자 한다. 이제 이런 목표를 확인했으니, 이런 목표가 달성될 수 있도록 계획을 실행하는 것이 바람직하다. 그 계획은 다음과 같은 단계를 포함하고 있다.

1. 분노가 커지고 있음을 경고해줄 신호를 확인한다.
2. (자기 파괴적 믿음에 도전하고 다른 분노 통제 기법을 사용하여) 그 분노를 다루는 방법을 배운다.
3. 주장 행동을 배운다.
4. 위의 내용을 역할놀이에서 연습한다.
5. 가족, 학교나 사회적 상황에서 새로운 행동을 실험한다.
6. 다른 사람의 반응에 대응하여 자신의 행동을 조정한다.

계획을 세웠기 때문에, 상담자는 아동이 그것을 실행하도록 도울 수 있다. 상담자는 상담 회기에서 1~4단계를 다룬다. 그런 다음 상담자는 아동이 5단계를 수행할 시기를 결정하도록 도울 수 있다.

우리는 새롭거나 어려운 과제를 수행해야 할 때, 시간이 적절하지 않다는 핑계로 우리가 결정한 것을 실행하는 것을 종종 미룬다. 그런 결과로, 지연된 행동은 가끔 행동을 하지 않게 되는 결과를 낳는다. 아동을 상담할 때는, 아이들은 새롭고 어려울 경우 그것을 하지 않고 미루는 경향이 있다는 것을 아는 것이 중요하다. 아동과 함께 적절한 시간 선택의 바람직성과 새로운 행동을 연습할 장소를 탐색하는 것이 유용하다. 이 탐색은 두 가지 목적을 만족시켜준다. 먼저, 탐색은 아동이 지연 행동을 피하도록 도와주고, 부적절한 시간에 새로운 행동들을 사용할 위험이 있을 경우 이를 경고해준다는 것이다.

가족이 일을 하러 가거나 등교를 준비하는 아침에 아동이 새롭게 배운 주장 행동을 사용하는 것은 부적절하다. 이 시간에 새로운 행동을 사용하는 것은 실패로 끝날 것이다. 왜냐하면 부모와 다른 가족 구성원들이 그것을 기대하지 않을 것이고, 아마도 그들이 일상적으로 하는 것을 고수하는 것과 관련하여 압박을 느낄 것이기 때문이다. 그러므로 새로운 행동을 시도하고자 할 때, 상담자는 적절한 시간 선택에 대해 아동과 의논하는 것이 중요하다.

아동이 새로운 행동을 시도한 후, 상담자는 결과를 보고 아동이 필요한 행동 조정을 하도록 도울 수 있다. 상담자는 아동이 좋은 기분을 느끼고 자신이 새로운 행동을 시도함에 있어 용기를 보였다는 것을 인식하도록 지원할 수 있다. 새로운 행동을 시도했지만 긍정적인 결과를 얻지 못한 아동은 만약 그들이 새로운 방식으로 행동하고자 하는 용기를 가지고 있음에 대해 칭찬을 받는다면 변화를 위한 추가적인 시도를 계속해서 할 가능성이 더 높을 것이다. 아동의 부모와 자주 대화를 나누는 것은 아동이 새로운 행동이나 보다 적절한 행동을 할 때 아동이 확실히 보상을 받도록 도울 수 있다.

간혹 상담의 결과로 아동은 이전에는 없었던 기대하지 않은 행동을 개발한다. 이런 행동은 아마도 순응적일 것이다. 하지만 이런 행동이 항상 부모와 가족에게 맞는 것은 아니다. 상담자는 부모에게 아동이 상담을 받는 동안 성장·발달하고 있음을 상기시킴으로써 반응할 수 있다. 아동들은 자연스럽게 계속 발달하고 변화한다. 그렇기 때문에 아동이 상담에 참여하는 동안 아동의 행동은 거의 불가피하게 상당히 변할 것이다. 예기치 못한 행동 변화가 일어났을 때, 상담은 부모가 이런 행동에 대처할 수 있도록 돕는 데 초점을 둘 필요가 있다. 간혹 이런 변화를 다루기 위해 상담 전략은 조정될 필요가 있다.

핵심 요점

- 아동은 종종 성가신 경험을 한 결과로 도움이 되지 않는 사고 및 행동 방식을 개발한다.
- 아동이 자신의 이야기를 하고, 격한 감정을 확인하고 이를 발산한 후 상담은 인지행동치료와 행동치료를 사용하여 도움이 되지 않는 사고와 행동을 다룰 수 있다.
- 연재만화 연습은 아동이 옵션과 선택권을 확인하도록 돕는 데 유용하다.
- '내 안에 괴물' 전략은 나이가 어린 아동들이 바람직하지 못한 행동의 발산을 통제하도록 돕는 데 유용하다.
- '멈추기 - 생각하기 - 행동하기' 전략은 나이가 많은 아동의 충동적 행동을 통제하도록 돕는 데 유용하다.

17
Chapter

상담의 종결

상담을 언제 종결할 것인지를 결정하는 것은 때로 어려울 수 있다. 앞서 제시한 치료적 변화의 나선형 모델(그림 7.1)을 보면 종결 시점이 명확해 보인다. 아동이 나선형의 '해결' 지점에 도달하면, 상담은 더 이상 요구되지 않고 아동은 적응적으로 기능하게 될 것이다. 그러나 상담 실제에서 종결 시점을 결정하는 것은 종종 그렇게 쉽지 않다. 종결을 어렵게 하는 몇 가지 경우에 대해 살펴보자.

1. 치료 관계를 종결하는 것에 대해 불안을 느끼는 아동이 다시 이전의 행동을 보이는 회귀가 가끔 발생한다.
2. 종결이 가까워졌는데 아동이 다른 문제를 제기한다.
3. 상담자가 부지불식간에 상담 관계에 의존하게 되었다.
4. 상담자의 견해로는 더 많은 변화가 필요한데, 아동이 치료 과정에서 정체 국면에 접어든 것처럼 보인다.

1번(아동 회귀의 문제)에 대해서는 상담자가 분리, 유기, 거부의 문제를 제기함으로써 반응할 수 있다. 이것은 아동이 임박한 종결에 대한 자신의 반응을 인식하고 지금 그리고 앞으로 자신의 반응을 다루는 새로운 방식을 탐색할 수 있도록 할 것이다.

2번에 대해서는 상담자가 아동이 다시 전체 치료 과정에 들어가도록 할 것인지 말 것인지에 대해 결정을 내려야 한다. 이 결정은 새로운 문제의 중요성에 대한 평가와 상담의 도움을 받지 않고 스스로 그 문제를 다룰 수 있는 아동의 능력에 대한 평가에 달려있다.

3번은 어떤 상담자에게나 항상 중요한 문제이다. 상담자가 의존하게 되면, 종종 그것을 인식하는 데 어려움을 겪는다. 그러한 의존을 확인할 수 있는 최선의 방법은 상담자가 경험이 많은 상담자와 자신의 사례에 대해 논의하는 슈퍼비전을 정기적으로 받는 것이다.

4번에 대해서는, 정체 국면에 들어선다는 것은 상담 과정의 결과로 발생한 변화를 아동이 통합하고 조절할 기회가 필요하다는 표시일 수 있다. 이때가 종종 상담을 종결할 좋은 시기이다.

장기간의 치료를 요하는 아동들도 가끔 있지만, 일반적으로 아동들은 장시간에 걸친 상담을 받을 필요가 없다. 어른들은 다르다. 어른들은 오랜 기간 해결하지 못한 문제를 쌓아왔을 수 있다. 이것이 문제해결을 더욱 어렵게 한다. 따라서 상담자는 성인 내담자가 현재 문제뿐만 아니라 많은 미해결 과제를 해결하도록 도울 필요가 있다. 삶의 경험이 제한적이기 때문에, 아동들은 일반적으로 누적된 신경증적 행동이나 부적응적 행동이 없을 것이다.

책임 있는 상담은 목표 달성 여부를 점검하기 위해 상담자가 계속해서 상담 과정을 검토하도록 요구하고 만약 목표가 달성되었다면 상담 과정을 끝낼 것을 요구한다. 예외적인 경우를 제외하고는 만약 아동이 몇 달에 걸쳐 계속해서 상담을 받으러 온다면, 상담자가 사례를 검토하고 목표를 수정하거나 종결로 나아갈 것을 고려해 보는 것이 중요하다. 일반적으로, 우리는 두세 달간 매주 한 번씩 아동을 상담한다. 그러나 어떤 아동의 경우에는 두세 번의 만남으로 상담을 종결하기도 한다.

상담자로서 우리는 다음과 같은 단서가 있을 때 종결을 고려한다.

1. 아동이 정체 국면에 접어들었다.
2. 아동이 계속 방어적이고 저항을 적응적으로 다룰 수 없다. 이것은 존중될 필요가 있다. 그러므로 아동은 압력을 느끼지 않고 나중에 너무 고통스런 작업을 하도록 강요받지 않는다는 것을 알게 되면 다시 상담을 받으러 올 수 있다.
3. 상담을 계속 하기 위해서는 자신이 현재 제공할 수 있는 것보다 더 강한 내적인 힘이 필요하다고 아동이 느끼는 것 같다.
4. 아동이 친구와 스포츠나 클럽에서 행복하게 활동하게 되었다. 나아가 상담을 자기 삶의 불필요한 침입자로 보고 상담받기를 원하지 않는다.
5. 상담자가 상담 회기가 더 이상 치료적 목표를 달성하는 데 도움이 되지 않는다고 인식하면서, 상담의 초점이 이동하고 상담자가 치료적 작업을 하는 대신에 '놀이'를 시작한다.
6. 아동이 상담 과정에서 충분히 멀리 갔기 때문에 아동은 스스로 계속해서 진전을

보일 수 있다. 이것은 특히 부모가 변화의 과정에 열심히 참여할 때 그러하다.
7. 부모나 학교의 보고에 의하면 아동의 행동이 변했다.

위의 7번과 관련하여 한 가지 지적하고 싶은 것은 개선된 행동 그 자체만으로는 상담 과정을 종결하는 충분한 이유가 되지 않을 수 있다는 것이다. 행동은 아동이 상담자에게 자신을 개방하고 내면의 깊은 것을 표현하는 것으로도 변할 수 있다. 그러므로 당시 상담 과정에서 어떤 일이 벌어지고 있는지를 보는 것이 중요하다.

상담자로서 아동들이 가능한 한 독립적이 되도록 돕긴 하지만 많은 아동들이 상담자에게 애착을 형성하는 것은 불가피하다. 그러므로 상담 관계가 끝나는 것은 아동에게 있어서는 상실이 될 것이다. 따라서 아동이 종결을 적절하게 준비하는 것이 중요하다. 이러한 준비로, 상담자는 아동과 임박한 이별에 대해 공개적으로 이야기하고 이것과 관련된 아동의 감정을 탐색한다. 아동이 상담 관계를 떠나는 것이 어떨 것 같은지에 초점을 두는 활동에 참여하도록 하는 것이 도움이 될 수 있다.

아동들은 때때로 상담 관계를 끝내는 것에 대해 양가감정을 느끼는데, 아동들이 이런 감정을 나누도록 허락하는 것이 중요하다. 마지막으로, 우리는 아동이 상징적으로 상담 관계를 마칠 수 있도록 특별한 종결 회기를 갖길 원한다.

때때로 상담자는 아동이 종결 상황을 보다 편하게 느끼도록 하기 위해 제한된 기간 동안 접촉을 유지하는 결정을 내릴 수 있다. 아동과의 접촉은 추가적인 평가, 편지나 전화의 형태로 이루어질 수 있다.

종결 과정 동안, 상담자는 자신의 감정과 반응을 살펴보고 적절한 시기에 적절한 종결을 방해하지 않도록 해야 한다. 상담자 자신이 상담 관계에 일정 정도 의존하고 있음을 인식했다면, 자신의 슈퍼바이저와 그것에 대해 이야기를 나눌 필요가 있다.

핵심 요점

- 일반적으로 아동을 장시간 상담 과정에 참여시키는 것은 바람직하지 않다.
- 목표 달성 여부를 점검해서 적절한 시기에 종결이 이루어지도록 하기 위해서는 상담 과정을 지속적으로 검토하는 것이 좋다.
- 장시간 상담이 요구되는 아동의 경우에는, 목표 수정이나 상담 관계의 종결을 위해 사례를 정기적으로 살펴보아야 한다.
- 종결이 되면 아동은 상담 관계를 상실하기 때문에, 아동에게 종결에 대해 미리 알려주어 적절하게 준비하도록 하는 것이 중요하다.
- 상담자는 자신의 감정과 반응을 살펴보고 이것이 적절한 시기에 적절한 종결을 방해하지 않도록 해야 한다.

18
Chapter

아동집단상담 기술

제 10장에서 설명한 바와 같이 때때로 아동들을 대상으로 집단상담을 진행하는 것이 도움이 될 때가 있다. 아동집단상담에서는 상담자가 개별 아동의 요구를 처리해야 할 뿐만 아니라 집단상담 과정도 촉진시켜야 하기 때문에 개인상담에 요구되는 기술에 덧붙여 추가적인 기술이 요구된다. 그러므로 상담자는 집단상담이 진행되는 동안 몇 가지 일을 동시에 수행해야 한다. 집단상담자는 집단 활동을 촉진시키는 동안, 상담자는 집단 전체의 문제를 관찰하고 주목하고 반응해야 할 뿐만 아니라 집단 구성원의 개별 요구를 계속 처리해야 한다. 따라서 우리는 집단상담은 두 명의 리더가 진행하는 것이 바람직하며, 또한 필수적이라고 생각한다.

리더십

두 명의 리더는 두 세트의 관찰, 두 가지 관점 그리고 보다 넓은 전문성을 제공한다. 그들은 서로의 강점과 약점을 보충해줄 수 있고, 그들의 관계는 아동들의 관계를 위한 성공적인 역할 모델이 될 수 있다(Siepker & Kandaras, 1985). 집단이 혼란스러운 경우에는 리더가 두 명인 것이 특히 바람직하다. 난폭한 행동이 있을 가능성이 있는 집단의 경우에는 두 명의 리더가 필수적이다. 일반적인 아동 집단의 경우, 리더를 두 명 두게 되면 한 사람은 전체 집단을 다루고, 다른 한 사람은 개별 아동의 개인적인 요구를 다룰 수 있기 때문에 실질적으로 상당한 이점이 있다.

리더와 공동리더

두 명의 리더가 있는 경우, 집단 회기를 시작하기 전에 각자의 역할과 책임에 대한 동의가 필수적이다. 우리가 선호하는 모델은 한 사람은 리더의 역할을 맡고 다른 사람은 공동리더(sweeper)의 역할을 맡는 것이다. 리더는 원할 경우 서로 역할을 바꿀 수 있다. 그렇게 되면 특정 개인이 집단을 주도적으로 이끌지 않게 된다. 이것은 리더의 성별이 서로 다른 경우 특히 중요하다.

리더의 역할은 집단 활동을 직접적으로 조직하고 처리하는 것과 관련된다. 리더는 다음에 무엇을 할 것인지를 결정하며 집단상담 전체를 책임진다. 공동리더의 역할은 다르지만 똑같이 중요하다. 공동리더의 역할은 리더를 지원하고, 집단 구성원의 개인적인 문제가 전체 집단 상황에서 다루어질 수 없을 때 그 문제를 다루며, 집단상담에 필요한 자료를 준비하고, 집단 과정의 결과로 일어나는 문제를 다루는 것을 포함한다. 공동리더가 다루는 문제의 예로는 집단 구성원 중 한 명이 까다로운 행동을 하는 경우, 이 문제를 전체 집단 상황에서 다룬다면 관련된 아동에게 역효과를 낳거나, 중요한 집단 과정을 심각하게 침해할 수 있을 경우 공동리더가 그 아동의 행동을 다룰 수 있다.

리더십 스타일

모든 리더는 자기 나름의 리더십 스타일을 가지고 있다. 하지만 그 스타일은 사용하는 상담 모델에 의해 영향을 받는다. 예컨대, 인지행동치료를 사용하여 집단을 운영하는 리더의 리더십 스타일은 교훈적이고 직접적인 경향이 있는 반면, 인본주의적/실존적 상담 접근을 사용하여 집단을 운영하는 리더의 리더십 스타일은 반영과 관찰에 대한 피드백에 더 초점을 둘 것이다.

리더십 스타일은 또한 집단상담에 참여한 아동의 요구를 고려한다. 예컨대, 주의력결핍 과잉행동장애(ADHD) 아동들을 대상으로 하는 집단의 리더는 행동을 포함시키고, 권위주의적일 필요가 있는 반면 불안한 아동들을 대상으로 하는 집단의 리더는 부드러운 접근이 보다 적절할 것이다. 어떤 리더십 스타일이 사용되든지 간에 리더의 역할은 집단 구성원의 정서적·신체적 안전을 보장하고 변화를 성취하기 위한 가능성을 최대화하는 행동을 취하는 것이다.

리더가 사용하는 리더십은 자신의 성격과 매치되어야 하는데, 그러기 위해서는 자신의 성격 특성을 고려해야 한다. 리더는 민주적, 권위주의적, 자유방임적 리더십 중 어느 하나를 선택할 수 있다. 그러나 우리는 이런 리더십 스타일을 결합하는 순향적(proactive) 접근을 선호한다. 순향적 접근에서는 리더가 융통성이 있어서 어느

한 스타일에서 다른 스타일로 이동하는 것이 가능하다. 그러므로 집단상담 동안 그리고 집단상담이 끝난 이후에도 우리는 집단 내에서 일어나는 기회를 최대화하고, 어느 특정 시점의 집단의 양식과 활동에 맞추기 위해 우리의 스타일을 변화시킨다.

대개 리더십에 대한 우리의 순향적 접근은 집단의 개별 구성원들이 집단에 의해 설정된 범위 내에서 자유롭게 의사소통을 함과 동시에 안전을 제공하는 민주적 리더십 스타일을 주 스타일로 사용한다. 그러나 필요할 때는 집단 규칙을 따르고 목표가 달성되도록 하기 위해 권위주의적으로 집단을 운영할 수도 있다. 또 어떤 경우에는 아동들에게 더 많은 자유를 주기 위해 리더가 의도적으로 자유방임적인 스타일을 사용한다. 이 자유 시간 동안 그들은 집단의 상호작용, 행동 및 사회성 기술을 관찰할 수 있다. 여기에 대해서는 나중에 논의할 것이다.

디브리핑과 슈퍼비전

한 집단에 두 명의 리더가 있을 때 리더들은 상호 좋은 관계를 유지해야 한다. 이렇게 하기 위해서는 집단 운영 과정에서 발생하는 어떤 부정적인 감정도 이야기를 통해 해결하는 것이 좋다. 디브리핑(debriefing)은 또한 리더들이 서로에게 피드백을 주고, 서로를 지지해주며, 집단 과정에 대한 문제를 다룰 수 있도록 해준다. 디브리핑 동안 리더들은 개별 아동의 필요와 이러한 필요에 대처하기 위해 집단을 촉진하는 방식에 있어 요구되는 변화에 대해 논의할 수 있다.

일반적인 상담에서와 마찬가지로 집단상담자도 경험이 많은 상담자로부터 슈퍼비전을 지속적으로 받아야 한다.

집단 촉진

전체 집단을 위해 개발한 문제를 처리하는 동안 리더는 개별 아동의 문제 또한 다루어야 한다. 어떤 아동들은 집단 프로그램에 예기치 못한 과다반응을 한다. 예컨대, 그들은 프로그램 내용이나 다른 아동들의 반응의 결과로 높은 수준의 불안을 보이거나, 분리나 퇴행 현상을 보인다. 이들 중 몇 명은 처치 전략과 상담 기법을 사용함으로써 전체 집단 상황에서 그들의 요구를 다루는 것이 가능하다. 하지만 나머지는 이것이 불가능하다. 이런 경우, 리더는 계속해서 집단의 요구를 다루고, 공동 리더(공동리더)는 그 아동의 개인적 감정과 집단 프로그램에 의해 야기된 문제를 탐색함으로써 문제 아동을 개별적으로 다룰 필요가 있다. 그러한 처치 결과로서, 아동은 집단 프로그램에 다시 적응할 수 있거나, 그 아동의 집단에 대한 멤버십이 재평가될 필요가 있을 것이다. 집단을 운영할 때, 집단 프로그램을 미리 계획해서 구체적인 목표 달성을 증진시키는 방식으로 집단이 상호작용하도록 하는 활동이 선정될 수 있도록 하는 것이 현명하다.

집단 회기 동안 리더는 집단과 개별 아동의 목표가 충족될 수 있도록 집단 과정을 관찰하고 영향력을 발휘해야 한다. 아동들이 자연스럽고 편안하게 집단의 의미 있는 활동과 논의에 참여할 수 있도록 집단 프로그램을 편성하는 것이 집단 리더의 중심 역할이다. 효과적인 촉진은 안전과 포함의 분위기를 만들어 아동들이 자유롭게 자신을 탐색하고 표현할 수 있도록 해주고 그러한 경험으로부터 무언가를 얻도록 해 준다. 집단 리더는 방향 제시와 지시, 활동 소개 및 조직, 논의 촉진, 필요할 때 개별 아동 지지, 가르치기, 충고하기, 적절한 행동의 모범 보이기 등과 같은 역할을 수행한다. 이와 더불어 리더는 집단의 문제가 발생할 때 그것을 다룬다. 예를 들어, 아동이 집단에서 중도탈락하거나, 새로운 아동이 집단에 합류할 때, 리더의 역할은 집단이 재적응하도록 돕는 것이다.

비밀보장 문제를 인식하고 다루기

아동집단상담에서 참가자는 어느 정도의 비밀보장이 된다는 것을 신뢰할 수 있어야 한다. 만약 그렇지 않다면 참가자는 자유롭게 참여하지 못할 것이고 자신의 문제와 관련된 정보를 공개하려 하지 않을 것이다.

비밀 보장 문제는 복잡하다. 왜냐하면 부모나 보호자는 자신의 자녀에 대한 정보권을 가지고 있기 때문이다. 그러므로 10장에서 논의한 바와 같이, 집단에 포함시키는 것이 적절한지 여부를 평가하는 단계에서 부모와 비밀보장 문제를 논의하는 것이 바람직하다. 또한 집단 리더는 집단에 참여한 아동들이 다른 구성원의 비밀을 보장할 것이라고 확신할 수 없음을 인정해야 한다.

아동집단상담에서는 집단 구성원이 부모나 다른 사람에 의해 행해진 학대 행위를 공개할 가능성이 있다. 만약 이런 일이 생긴다면, 그 정보는 아동의 지속적인 안전과 보호를 보장하기 위해 부모나 보호자 그리고 관계 당국에 보고해야 한다. 특히 보고에 대한 법적인 요구는 준수해야 한다. 집단에서 아동들과 비밀보장의 문제를 논의하는 경우 리더는 비밀보장의 한계에 대해 숨기지 않아야 하고 집단상담 초기에 비밀보장과 관련해서 적용될 수 있는 조건과 예외를 명료하게 알려야 한다.

활동 소개 및 조직

활동을 소개하거나 조직할 때 집단 리더는 자신이 기대하는 바를 명확하게 설명해야 한다. 종종 어떤 집단 구성원은 특정 활동을 잘 아는 반면 다른 구성원은 잘 모르는 경우가 있다. 활동을 소개하면서 이 활동이 집단의 목표와 어떻게 관련되는지를 설명하는 것이 대체로 좋다.

논의 촉진

논의를 촉진시키기 위한 리더의 역할에는 집단 구성원들 간의 언어적 교환을 안내하는 것이 포함된다. 논의가 이루어지는 동안 아동들에게 자신의 생각, 감정 및 주제와 관련된 아이디어를 공유할 기회를 주기 위해 나중에 기술할 상담 기술이 사용될 수 있다. 리더는 독점적인 행동과 방해 행동을 다루어야 하고 집단 구성원 간의 상호작용에 참여하지 않는 아동들을 격려해야 한다. 또한 리더는 주의가 산만하지 않도록 해야 하고 모든 집단 구성원이 적절한 정도로 활동에 참여할 수 있도록 해야 한다.

아동집단상담 기술

집단을 운영하기 위해 어떤 상담 기술을 사용할 것인지는 집단의 유형과 리더의 이론적 입장에 따라 다르다. 그러나 아동을 위한 상담 집단에서는 다음과 같은 상담 기술이 널리 사용된다.

- 관찰
- 적극적 경청
- 요약
- 피드백 주기
- 질문하기
- 직면
- 지시하기
- 프로세싱 기술

관찰

11장에서 기술한 바와 같이, 관찰 기술을 사용할 때 리더는 대개 현재 행동과 사회성 기술뿐만 아니라 집단이 진행됨에 따라 나타나는 변화를 관찰한다. 그런 다음 만약 필요하다면 집단 프로그램은 그러한 변화를 충족시키기 위해 조정되어야 한다.

적극적 경청

적극적 경청 기술은 비언어적 반응, 최소 반응, 내용과 느낌의 반영과 요약을 포함한다. 이런 기술은 아동들이 집단에서 자신을 공개하고 구성원과 개인적 정보를 나누도록 격려할 때 특히 유용하다.

요약

요약 기술은 리더가 집단에서 논의된 것을 압축하여 집단에 피드백해줌으로써 아동들이 논의한 내용의 핵심 주제를 이해할 수 있도록 하기 때문에 집단상담에서 특히 유용하다. 간혹 아동의 의사소통 능력이 다소 부족하거나 말을 아주 길게 했을 경우, 다른 집단 구성원들에게 명확해질 수 있도록 아동이 한 말을 요약하는 것은 유용하다.

피드백 주기

피드백 주기는 집단의 개별 구성원과 전체 집단이 집단에서 일어나고 있는 행동을 깨닫는 데 도움을 준다. 집단에 대한 피드백은 '이 집단에 방해 행위가 많이 있네요.'와 같은 말을 통해 그리고 개인에 대한 피드백은 '수민이가 오늘 매우 적극적이네.'와 같은 말을 통해 할 수 있다.

간혹 피드백은 집단 과정에 주목하도록 하기 위해 주기도 한다. 예컨대, 리더는 이렇게 말할 수 있다. '지연아! 민수가 무슨 말을 할 때마다 한숨을 쉬네.' 이러한 피드백은 지연이가 민수에 대한 자신의 감정을 이야기하도록 해주고, 민수로 하여금 자신의 행동을 보도록 격려해주거나, 집단의 다른 구성원에게 집단 과정과 관련된 자신의 지각과 감정에 대해 언급할 기회를 줄 수도 있다.

로즈와 에들레슨(Rose & Edleson, 1987)은 역할놀이를 통해 새로운 행동을 연습하고 있는 아동들에게 피드백을 주는 것에 대한 가이드라인을 제공한다. 이 가이드라인은 아동이 역할놀이에 참여하는 것에 대해 강화를 받고, 비판에 보다 수용적이 될 수 있도록 먼저 긍정적인 피드백을 주도록 제안한다. 피드백은 구체적이어야 하고 비판은 대안으로 사용될 수 있는 행동이나 진술로 표현되어야 한다. 예를 들어, 리더는 '지수야! 잘했다. 저 역할놀이는 어려운데 잘해냈구나.'라는 말로 시작한 후 이어서 '이전에는 네가 원하는 것이 무엇인지 힌트만 주는 부드러운 접근을 사용했었는데.'라고 말할 수 있다. 그런 다음 '너는 이전과 다르게 은수에게 네가 원하는 것을 직접적으로 요구할 수도 있고, 그것이 보다 효과적일 수 있어.'라고 말할 수 있다.

질문하기

질문은 개인상담에서는 드물게 사용하는 것이 최선이지만 집단상담에서는 매우 유용할 수 있다. 집단상담에서는 많은 상이한 이론적 입장에 기초한 다양한 유형의 질문이 사용될 수 있다. 이들 질문의 몇 가지 예를 들어 보면 다음과 같다.

아동의 인식을 높이는 질문 : 이런 질문은 아동이 자신의 감정과 사고를 인식하고 소유하도록 돕는다. 질문의 예 : '지금 기분이 어때?', '지금 안에서 어떤 일이 일어나고 있니?', '너의 눈물이 뭐라고 말하니?'

더 많은 정보를 이끌어내기 위한 후속 질문 : '좀 더 말해 줄 수 있니?', '더 말할 것이 있니?'와 같은 질문은 그렇게 하지 않았더라면 말하지 않았을 정보를 아동들이 계속해서 공개하도록 격려하는 데 유용하다.

순환적 질문 : 순환적 질문은 한 아동에게로 향하지만, 그 아동에게 다른 아동의 생각이나 느낌에 대해 묻는다. 그러므로 이 질문은 모든 집단 구성원이 다른 사람의 사고, 행동, 느낌에 대해 생각해보도록 한다. 이 질문의 사용은 종종 아동들 간의 유용한 논의를 증진시키고 이로 인해 집단 응집력이 고양된다. 질문의 예 : '문정아! 영수가 영미에게 말하고 있는데, 영미가 그것을 무시했을 때, 영수가 어떻게 느꼈을 거라고 생각하니?', '명철아! 자기 팀의 대표 자리를 성수에게 넘긴 성훈이가 지금 무슨 생각을 하고 있을 것 같니?'

전환 질문 : 전환 질문은 아동들이 방해받았던 이전의 논의 내용으로 되돌아오도록 돕는다. 이 질문은 말하기가 어려운 화제로부터 쉽게 벗어나는 아동들의 집단에서 특히 유용하다. 질문의 예 : '지은아! 좀 전에 너의 부모님의 별거에 대해 말했잖아, 지금 네 기분이 어떨지 궁금하구나.', '좀 전에 민수가 자기 형이 칼로 아버지를 공격했던 것에 대해 말했잖아. 혹시 이 중에 이렇게 무서운 경험을 한 사람이 있니?'

선택 질문 : 선택 질문은 아동 집단에서 일어났던 사건의 결과를 처리할 때 유용하다. 질문의 예 : '동진이가 네 연필을 잡아챘을 때 네가 할 수 있었던 보다 나은 선택은 어떤 것이었을까?', '만약 같은 상황이 다시 일어난다면, 어떻게 할 것 같니?'

지지, 강조 및 증폭 질문 : 이런 질문은 바람직한 행동 변화가 일어났다는 것을 인식하고 확언한다. 또한 변화를 뉴스거리로 만들어서 아동이 변화된 행동에 대해 강화를 받도록 한다. 이런 질문은 예외 지향 질문에 뒤이어 할 때 특히 유용하다.

질문의 예 : '그걸 어떻게 했니?', '어떻게 그런 결정을 했니', '대단하다!', '그렇게 하기가 정말 힘들었을 텐데. 어떻게 그걸 했니?'

척도 질문 : 척도 질문은 아동들이 목표를 설정하고 집단 내·외부에서 일어난 자신에게 생긴 변화를 인식하도록 돕는 데 유용하다. 이 질문을 사용할 때, 전체 집단은 집단 구성원의 목표 설정을 지원하기 위해 사용될 수 있다. 질문의 예 : '1에서 10까지의 척도에서 1은 쥐죽은 듯 조용한 것을 나타내고, 10은 사나운 공룡처럼 시끄러운 것을 나타낸다면, 지금 너는 어디에 해당된다고 생각하니?', '오늘은 10점 척도에서 어디에 있고 싶니?', '10점 척도에서 이 지점에 도달하기 위해 할 수 있는 건 뭘까?', '네가 이 지점에 도달하도록 돕기 위해 집단이 할 수 있는 건 뭘까?'

직면

때때로 리더는 직면을 할 필요가 있다. 리더는 집단 구성원이 말한 것과 행한 것 또는 비언어적으로 표현한 것 간의 불일치한 것에 아동이나 집단이 주목하기를 원한다. 리더는 또한 수용할 수 없는 행동에 대해 아동이나 집단을 직면시킬 필요가 있다. 직면할 때의 일반적인 규칙은 아동을 직면하기에 앞서 리더는 직면이 무의식적인 유발 요인에 대한 자동반사적인 반응이 아니라 의식적이고 의도적인 행위로 이루어진다는 것을 확실히 하는 것이다(Spitz, 1987). 직면은 대개 '지금 여기'에서 구체적인 결과를 얻도록 설계되어야 한다는 것이 중요하다. 적절한 직면은 진솔한 관심과 배려의 공감적 분위기에서 부드럽고 동시에 강경하게 이루어진다.

지시하기

집단에 합류할 때 아동들이 집단의 리더가 자신에게 어떤 기대를 갖고 있는지를 모르는 것은 당연하다. 아동들이 안전감을 느끼기 위해서는 누가 이 집단의 책임자인지 그리고 그 책임자가 필요할 때 통제를 하고 지시를 하는지에 대해 확신이 필요하다. 또한 아동들은 집단의 규칙과 책임 그리고 비밀보장과 관련된 문제에 대해 명확히 알고 있어야 한다.

프로세싱 기술

상호작용과 활동을 처리하는 것이 집단상담의 본질적인 부분이라고 생각한다. 여기서 '프로세싱'이 무엇을 의미하는지 궁금할 것이다. 그래서 설명한다. 활동이나 집단 구성원 간의 상호작용이나 논의를 처리하는 것은 개별 아동과 전체로서의 집단이 활동이나 상호작용 또는 토론에 참여하면서 경험했던 것을 언어적으로 탐색하는 것과 관련된다. 프로세싱은 집단에서 발생한 것에 초점을 두도록 하고, 집단에서 발생한 것과 관련한 아동의 느낌, 사고, 의견 및 신념에 대한 아동의 지각을 증진시키기 위해 리더가 의도적으로 사용하는 처치이다.

활동과 상호작용을 진행시키기 위해 리더가 반복적이지만 과도하지 않게 집단상담의 정상적인 흐름을 방해했을 경우 얻을 수 있는 상당한 이점이 있다. 프로세싱은 활동이나 상호작용이 끝난 후에 수행되거나 때때로 즉각적인 처리를 감안하여 활동이나 상호작용이 방해를 받은 후에 수행된다.

프로세싱은 대개 상담 기술의 사용과 관련된다. 리더가 활동이나 상호작용을 처리하기 위해 하는 것은 개별 아동이 활동이나 상호작용에 참여하면서 경험했던 느낌, 지각, 사고, 의견 및 신념을 발견하기 위해 질문을 하고 관찰한 데 대한 피드백을 주는 것이다.

프로세싱을 통하여 아동들은 자신의 감정과 사고에 주목하고 이것이 자신의 신념, 태도, 인지 과정과 행동에 미치는 영향을 인식하는 것을 배운다. 높아진 인식으로 신념, 태도, 인지 과정 및 행동에 변화가 일어난다. 아동들이 행동, 사고 및 감정이 자신 및 타인에게 미치는 영향을 인식하는 것은 중요하다. 이러한 인식은 그들이 의사소통하는 방식과 그들이 타인과 맺는 관계에 영향을 미친다. 프로세싱은 집단 구성원이 개인으로서의 자신에 대해 배울 수단을 제공할 뿐만 아니라 집단의 구성원으로서의 자신에 대해 배울 수단을 제공해준다(Ehly & Dustin, 1989).

핵심 요점

- 아동집단상담에 두 명의 리더를 두는 것은 유용하다. 이들 중 한 명은 주 리더의 역할을 하고 나머지 한 명은 공동리더의 역할을 한다.
- 공동리더의 주요 역할은 리더를 지원하고 개별 아동의 문제가 집단에서 충족될 수 없는 경우 이를 다루는 것이다.
- 프로그램의 각 회기별 계획을 미리 세우는 것은 유용하다. 왜냐하면 이것이 특정 목표 달성을 증진시키기 때문이다.
- 촉진은 상담 기술의 사용, 방향 제시와 지시하기, 활동 소개 및 조직하기, 논의 촉진하기, 지지하기, 가르치기, 적절한 행동을 시범 보이기, 발생한 문제 다루기와 상호작용과 활동 처리하기와 관련된다.
- 프로세싱은 아동이 활동이나 상호작용에 참여하면서 경험한 정서적 느낌, 지각, 사고, 의견 및 신념을 발견하기 위해 질문하기와 관찰한 것에 대해 피드백 주기를 포함한 상담 기술의 사용과 관련된다.

놀이치료
놀이매체와 놀이 활동의 적용

19
Chapter

놀이치료실

다양한 놀이기구와 시설이 구비되어 있는 놀이치료실에서 아동을 상담하면 효과적이다. 아동을 상담할 때 상담자는 되도록 상담의 목적에 맞는 시설이 갖추어져 있는 공간을 사용하는 것이 좋다. 그러나 상담의 목적에 맞는 시설이 잘 갖추어져 있는 공간에서 상담을 하는 것이 항상 가능하지는 않을 뿐만 아니라 시설과 장소가 좀 부적절하더라도 효과적인 상담은 가능하다. 예를 들어 상담을 위한 특별한 시설과 장비가 갖추어지지 않은 학교, 병원, 정부기관과 같은 곳에서도 효과적인 아동상담이 가능하다. 그러나 이 장에서는 이상적인 놀이치료실이 갖추어야 할 요건에 대해 설명하고자 한다.

먼저 놀이치료실은 치료와 상관이 없는 소음이 아동을 산만하게 하지 않는 조용한 곳이 좋다. 조용한 치료실에서 아동은 상대방이(상담자가) 자신의 말을 흘려듣지 않는다는 믿음을 가지게 된다. 또한 놀이치료실에 창문이 설치되어야 하는데 창문이 있으면 아동이 내부에 갇혀 있다는 느낌이나 밀실공포증을 느끼지 않는다.

놀이치료실은 다른 임상 실험실과는 달리 아늑하고 편안한 느낌을 줄 수 있어야 한다. 또한 활동적이고 구조적이며 역할극과 같은 놀이를 아동이 할 수 있는 충분한 공간도 있어야 한다. 다음에 제시된 그림 19.1은 전형적인 놀이치료실의 구조를 그려놓은 것이다.

놀이치료실에는 아동이 찰흙이나 그림을 그린 후 손을 씻거나 물놀이용 장난감을 가지고 놀 수 있는 싱크대나 개수대도 있으면 좋다. 싱크대 부근 바닥은 비닐 또는 다른 재질을 깔아 놓아서 아동이 싱크대가 아닌 나머지 공간에서 앉고 돌아다니는 등의 활동도 할 수 있도록 한다.

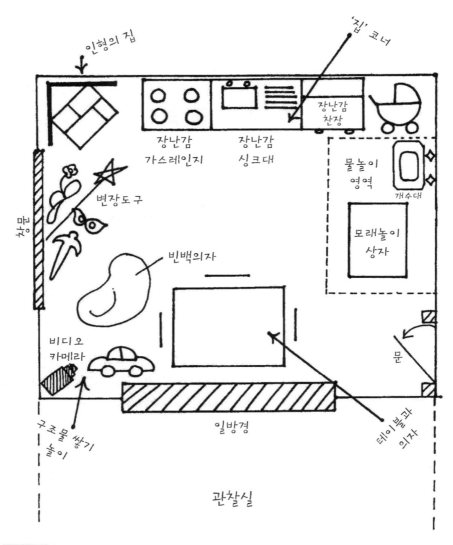

그림에서 보는 바와 같이 놀이치료실에는 인형의 집, '집' 코너, 장난감 찬장, 장난감 가스레인지, 장난감 싱크대, 물놀이 영역, 개수대, 모래놀이 상자, 변장도구, 빈백의자, 비디오 카메라, 구조물 쌓기 놀이, 일방경, 문, 테이블과 의자, 커튼, 관찰실

그림 19.1 놀이치료실

그림 19.1에서 보는 바와 같이 놀이치료실에는 일방경(one-way mirror)과 비디오카메라가 있다. 이 거울을 통해서 관찰자는 치료실 안의 상담 상황과 치료 과정을 방해하지 않고 들여다볼 수 있다. 또한 치료실에는 일방경과 더불어 내부에 있는 사람들의 대화를 들을 수 있는 사운드 시스템도 필요하다. 근래에는 비디오카메라와 사운드 시스템이 함께 구비된 놀이치료실이 보편화되고 있는 추세이다.

놀이치료실의 일방경은 다음과 같은 목적으로 사용된다.

- 상담자가 아동의 놀이를 방해하지 않고 관찰할 수 있게 해준다. 이것은 부모나 형제자매가 해당 아동과 함께 치료실에 있을 때 유용하다. 또한 상담자는 아동의 놀이를 관찰할 수 있고 아동이 부모를 포함한 가족과 상호작용하는 것을 볼 수 있다.
- 관찰실에서 동료 치료사와 함께 일을 할 수 있게 해준다. 동료 치료사는 일방경을 통하여 상담 과정과 아동을 방해하지 않고 지켜볼 수 있다.
- 슈퍼바이저가 상담 과정을 직접적으로 관찰할 수 있도록 해준다.

관찰실을 사용하지 않을 때는 일방경에 커튼을 쳐 놓는 것이 좋다. 이것은 아동에게 놀이치료실은 누군가가 자신을 관찰하는 공간이 아닌 자신만을 위한 공간임을 확신할 수 있게 해주기 때문이다.

위에 언급한 것과 같이 비디오카메라는 아동상담을 실습하는 데 도움이 되고 필요한 도구이다. 그러므로 다음과 같은 목적으로 사용될 수 있다.

- 아동이 새로운 행동을 배우고 연습하는 데 도움을 준다. 아동이 역할놀이를 한 후 카메라에 담긴 자신의 모습을 보면서 자신의 행동에 대해 어떻게 생각하는지를 확인할 수가 있다.
- 부모가 자녀를 양육하는 보다 효과적인 방법을 발견하는 데 도움을 준다. 부모는 자신이 자녀와 상호작용하는 모습을 담은 비디오테이프를 보면서 자신의 행동이 자녀에게 도움이 되었는지 도움이 되지 않았는지를 파악할 수 있다.
- 슈퍼비전을 통해서 상담기술을 향상시킨다. 상담자가 상담 실습 중에 녹화된 테이프에 담긴 자신의 모습을 보면서 더 나은 상담방법에 대해 배우게 된다. 이때 동료 학생과 지도교수가 함께 영상자료를 보며 서로의 의견을 주고받을 수 있고 이것은 모두에게 효과적일 수 있다.

일방경과 비디오카메라를 사용하기 전에 반드시 어머니와 해당 아동에게 알리고 동의를 구하도록 한다. 일반적으로 부모들은 이러한 도구를 사용하는 이유와 그 장점에 대해 알고 있고 동의를 해주는 편이다. 놀이치료를 실시하기 전에 부모들에게 서면동의를 구할 때 주로 다음의 세 수준 중 하나에 해당하는 동의를 구하면 된다.

- 1수준 : 비디오카메라는 상담 목적으로만 사용되고 그 후에는 반드시 없앤다.
- 2수준 : 비디오카메라는 상담과 임상 목적으로만 사용되고 그 후에는 반드시 없앤다.
- 3수준 : 상담자는 위 1, 2수준의 목적과 더불어 카메라에 촬영된 내용을 시청각 교육과 훈련의 목적으로 사용할 수 있다.

그리고 상담자는 부모가 원할 때는 언제든지 동의를 철회할 수 있다는 사실도 반드시 미리 공지해야 한다.

가구, 장치, 장난감과 교구들

놀이치료실의 장난감과 놀이교구들은 다양한 놀이형태를 이끌어갈 수 있기 때문에 되도록이면 다양한 도구들을 놀이치료실에 갖추어 놓는 것이 좋다. 나무블럭, 레고, 카드상자와 같은 교구들은 아동이 구조적인 놀이를 하는 데 영감을 주고 인형 옷 입히기나 소꿉놀이는 아동의 상상력을 풍부하게 하며 가상현실의 효과를 연출해낼 수 있기 때문에 도움이 된다. 다음은 놀이치료실에 비치되어 있으면 좋은 장난감과 놀이기구 항목을 작성한 것이다.

가구

장난감 스토브
장난감 부엌 찬장
장난감 세면기
(위의 항목들은 아동이 가족역할놀이를 할 때 적당하다.)
아동용 책상과 의자들
빈백 의자(Bean Bag)[1]

〈빈백 의자〉

장난감

인형 집과 인형 가족들

---

1) 헝겊이나 비닐로 큰 공 모양같이 만들어 적당히 바람을 **뺀** 앉기에 편안한 의자(역주)

인형 침대

인형 유모차

베개와 유모차시트

봉제인형

아기인형

곰인형

인형 옷

플라스틱 그릇과 식기도구들

아기 우유병

아기 인형 일회용 기저귀

장난감 전화기 2대

거울

장난감 자동차

쇼핑 바구니

빈 음식 봉투

장난감 돈

도구

모래상자놀이

모래상자놀이에서 사용될 다양한 상징물들

찰흙

진흙 반죽

종이

크레파스

사인펜

핑거페인트

인형극 놀이용 인형

마분지 상자들

실 꾸러미

담배 파이프 청소도구들

풀

가위

찍찍이 테이프
색종이와 마분지
양모, 양털
나무주걱
나무블럭

동물완구 미니모형과 기타 인형

농장동물
동물원동물
다양한 크기의 공룡모형
영웅·기타 인기캐릭터 미니어처

역할놀이 소품

다양한 옷과 변장소품(예, 액세서리, 가발, 장난감 무기, 핸드백 등)
의사와 간호사 의상
다양한 마스크

책

특정 주제를 담은 다양한 이야기책

게임

연결게임(Connect 4)2), 카드게임, 도미노 등 다양한 게임들

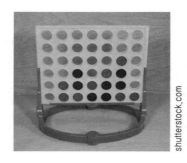 

〈연결 게임〉

---

2) 오목과 유사한 게임으로 동그란 말 4개를 연결하여 먼저 한 줄의 선을 만들면 이기는 게임(역주)

놀이치료실은 정리정돈이 잘되어 있어야 한다. 제대로 정리가 되어 있지 않은 장난감들과 기구들을 보면 아동이 혼란스러워질 수도 있기 때문이다. 특히 산만한 아동이나 주의력이 결핍된 아동 그리고 충동적인 아동에게는 더욱이 정리된 환경이 필요하기 때문에 이 점을 주의해야 한다. 선별된 교구들과 장난감 그리고 여러 도구들은 상담 회기 때마다 꺼내서 사용하고 사용 후에는 벽장에 다시 넣어서 보관하는 것이 좋다. 이러한 정리 작업은 상담을 마칠 즈음 아동과 함께 하기를 권한다.

놀이치료실에서 아동은 자유롭게 맘껏 움직일 수 있어야 한다. 그러므로 아동에게 놀이치료실의 공간이 제한적이라는 느낌을 주지 않도록 가구와 도구들을 최대한 고려하여 배치해야 한다. 또한 놀이치료실에 아동이 조용히 앉아 쉴 수 있는 공간도 마련하는 것이 좋다. 이런 점에서 빈백 의자는 유용하다. 즉 빈백 의자는 아동이 혼자 앉아 있을 때나 쉴 때 또는 상상의 나래를 펼치는 시간에 활용하면 좋다.

놀이치료실에서 아동은 자신의 방같이 편안함을 느낄 수 있어야 한다. 지난번 상담 회기 때 아동이 사용하다가 두고 간 놀이 환경을 그대로 유지하는 것이 좋다. 이렇게 하면 아동이 놀이치료실로 다시 돌아왔을 때 곧바로 소속감을 느끼고 놀이를 시작할 수 있기 때문이다. 그러나 현실적으로 이것이 쉽지 않을 때가 있다. 이런 경우에는 아동이 가지고 놀던 장난감들 중 눈에 띄는 몇 개의 중요한 장난감과 도구만이라도 이 전 놀이상태를 그대로 유지하면 좋다. 이렇게 하면 아동이 상담을 위해 다시 놀이치료실로 돌아왔을 때 쉽게 소속감을 느끼고 장난감과 함께 상담에 임할 수가 있다.

적절한 장난감과 놀이도구의 선별이 아동상담에 중요하다는 사실을 19장에서 살펴보았다. 장난감과 놀이도구와 여러 놀이 활동들을 선택하여 사용할 때 연구에 의해 놀이치료의 효과가 검증된 것들을 고려하여 사용하는 것이 좋다. 그러므로 다음 장에서는 아동상담과 관련된 놀이치료에서 사용되는 놀이도구나 놀이 활동을 주제로 과거에 행해진 연구들을 참고하고 이것을 적용할 수 있도록 이와 관련된 정보들을 살펴보도록 하겠다.

핵심 요점

- 아동상담은 상담 목적에 따라 준비된 공간에서 하면 더 쉽고 효과적이다.
- 아동상담이 가능하지 않는 특수한 장소와 상황에서도 간혹 상담이 이루어질 수 있다.
- 놀이치료실에 아동이 자신의 손을 씻을 수 있거나 물놀이 장남감을 가지고 놀 수 있는 싱크대가 따로 마련되어 있으면 좋다.
- 놀이치료실에 일방경과 비디오카메라가 있으면 좋다.
- 비디오 촬영을 위해서 상담 전에 부모에게 사전 동의를 얻는 것이 바람직하다.
- 놀이치료실에는 책과 게임을 포함한 장난감, 다양한 놀이도구와 장치 등과 같은 놀이매체들이 준비되어 있어야 한다.
- 각 상담 회기의 상담 주제에 적합한 놀이매체를 선택하여 사용하면 아동에게 혼란을 주지 않을 수 있다.

20
Chapter

연구에 의해 효과가 검증된
놀이치료와 아동상담

연구에 의해 효과가 검증된 상담은 아동상담에서 중요한 고려사항이다. 상담을 하려는 사람들은 상담에 적용되는 방법의 효과가 이미 검증된 것인지 확실히 할 필요가 있다. 아동상담이라는 분야는 앞서 5장에서 살펴본 바와 같이 먼저 이론적인 근거를 바탕으로 다양한 범위에 걸쳐 기여해왔으며 학문적으로도 깊고 오랜 역사를 가지고 있다. 이러한 상담의 이론적 토대는 사례연구를 근거로 하여 초기 연구 자료에서 자주 언급되었다. 근래에는 아동상담을 할 때 놀이 활동의 효과를 증명한 많은 실험연구가 발표되고 있는 실정이다. 45년이 넘는 역사를 가진 놀이치료 연구 자료들 중 이 장에서는 최근에 행해진 연구들을 중점적으로 살펴보도록 하겠다. 22장에서부터 30장에 걸쳐 설명될 놀이치료 도구와 놀이 활동의 범위에 관한 연구는 현재 다양한 임상이나 상담 상황에서 진행되고 있다. 이 장에서는 장기병원체류 경험이나 충격을 경험한 아동과 감정표현과 조절을 필요로 하는 아동 그리고 문제행동으로 인해 행동지원이 필요한 아동들을 놀이치료가 어떻게 도움을 주었는지 조사한 연구들을 살펴보도록 하겠다. 검증된 놀이치료에 대해 더 많은 관심이 있으면 필립스(Phillips, 2010) 그리고 배글리와 브래튼(Baggerly & Bratton, 2010)의 연구를 포함한 과거의 종합적인 연구들이 발행되었으니 그 자료를 참고하기 바란다.

병원

장기병원체류 경험과 오랜 질병을 앓아온 아동을 돕기 위해서 놀이치료가 광범위하게 사용되었다. 병원에 입원 중인 아동을 지원하기 위해 사용된 놀이치료 도구와 놀이 활동과 관련된 많은 연구결과들이 과거에 나왔고(Baggerly & Bratton, 2010; Phillips, 2010), 입원을 준비하는 아동에게도 도움이 된 연구가 과거에 많이 행해졌다. 또 다른 연구에서는 다양한 놀이치료가 만성질병을 앓아온 건강장애 아동에게 효과가 있었다는 것을 언급한 바가 있다.

장기입원을 위해 아동 준비시키기

장기입원을 준비하는 아동을 위한 다양한 놀이치료 도구와 활동들이 상담에 사용되었다. 놀이치료는 주로 병원관계자들에 의해 제공되는 표준정보를 보충하기 위해 사용되거나 입원 전 병원 사전방문 등과 같은 기타 활동에도 사용되었다(Brewer et al., 2006). 병원을 주제로 한 놀이 도구와 활동으로는 실제 의학 장비, 장난감 모형 의학 장비, 외과수술을 흉내 낸 인형의학놀이(Hatava et al., 2000; 28과 29장), 아동과 병원을 방문한 가족을 담은 비디오 영상(Ellerton & Merriam, 1994), 책과 이야기(Felder-Puig et al., 2003; 27장), 인형극에 사용되는 봉제인형(Zahr, 1998; 28장), 미술활동(Favara-Scacco et al., 2001; 25장) 등이 있다. 과거 대부분의 연구는 외과수술을 앞두고 있는 아동만을 집중적으로 다루었으나 몇몇 연구에서는 자기공명영상촬영(MRI)을 앞둔 아동에 대해서도 조사한 바 있다.

수술을 앞둔 아동에게 놀이치료는 아동의 불안수준(Brewer et al., 2006; Kain et al., 1998)과 정서적인 부담을 낮추고(Felder-Puig et al., 2003; Lynch, 1994), 마취를 하는 단계에서 부정적인 느낌을 완화시키며(Hatava et al., 2000; Li and Lopez, 2008; Li and Lopez, 2007a), 심장박동과 혈압을 낮추고(Li, 2007; Zahr, 1998), 수술 과정에 아동이 협조하도록 돕고(Favara-Scacco et al., 2001; Lynch, 1994), 수술 후 아동의 행동에 긍정적인 변화를 도모하고(Athanassiadou et al., 2009; Margolis et al., 1998), 입원에 관한 정보를 아동과 부모가 기억하도록 돕고(Ellerton & Merriam, 1994; Hatava et al., 2000), 아동의 자신감을 높여주었으며(Goymour et al., 2000), 수술과 관련된 과정에 대한 부모의 전반적인 만족도를 증가시키는 데(Hatava et al., 2000; Li at al., 2007b) 효과적이었다는 연구결과가 나왔다.

또한 놀이치료는 MRI 촬영을 한 아동에게도 도움이 되었는데, 아동이 MRI 검사를 하는 동안 마취의 필요성을 감소시키고 스트레스와 불안을 줄인다는 연구결과가 나왔다(Hallowell et al., 2008; Pressdee et al., 1997).

입원과 만성질병에 대처하기

당뇨나 천식과 같은 만성질환을 가지고 있는 아동이나 장기입원 중인 아동에게도 놀이치료가 도움이 되었다는 것을 많은 연구가 증명하였다. 병원에 입원하는 동안 장난감을 이용한 놀이치료(Macner-Licht et al., 1998; 28장과 29장), 스케치와 같은 미술활동(25장), 물감으로 그리기(25장), 찰흙놀이(24장)(Madden et al., 2010)를 포함한 다양한 놀이도구와 활동들이 사용되었다. 대다수의 연구는 수술 시간 동안 아동의 불안감 감소와 같은 단기적인 효과에 집중한 것이 아니라 아동의 자존감이나 삶의 질 향상과 같은 장기적인 효과에 집중하였다. 놀이치료는 만성질환으로 인해 장기입원 중인 아동의 자기개념과 자존감(Beebe et al., 2010; Colwell et al., 2005)을 높이고, 아동의 감정조절을 도우며(Johns & Landreth, 2002; Macner-Licht et al., 1998), 아동의 기분을 좋게 해주며(Beebe et al., 2010; Madden et al., 2010), 아동이 가지고 있는 질병에 적응하여(Johns & Landreth, 2002) 삶의 질을 향상시키는 데 (Beebe et al., 2010; Hamre et al., 2007) 유익하다는 결과를 도출하였다.

충격적인 일을 경험한 아동 지원하기

일상생활 속에서 충격적인 일에 노출되는 경우는 흔하다. 16세에 이른 아동의 68% 가 적어도 한 번의 충격적인 경험을 했다는 연구결과가 있다. 이 아동들 중 13.4%가 외상후 스트레스장애(Post Traumatic Stress Disorder : PTSD)를, 9.8%가 불안장애를, 12.1%가 우울증을, 19.2%가 행동장애를 경험했다(Copeland et al., 2007). 놀이치료 는 이러한 아동의 감성과 행동 문제를 아동발달과 연결시켜 아동에게 적절한 방법 으로 지원하기 위해 적용되었다(Hanney & Kozlowska, 2002). 그리고 크게 두 영역, 즉 아동학대나 방임을 경험한 아동을 지원할 때 상담에서 사용하는 놀이치료 도구 와 활동, 그리고 자연재해를 경험한 아동을 위한 놀이치료의 사용에 대해서도 조사 한 여러 선행연구들이 있다.

아동학대와 방임

선행연구에서 아동학대나 방임 또는 가정 폭력을 경험한 아동을 지원하기 위해 사 용된 놀이치료에 대해 살펴보았다. 장난감 놀이(Fantuzzo et al,, 2005; 28장과 29장), 미술활동(25장), 모래상자놀이(Ernst et al., 2008; 23장)와 같은 놀이도구와 활동이 연구에 사용되었다. 연구에 참여한 아동에게 상호놀이 기술과 협력과 대인 관계 기 술이 향상되는 결과를 가져왔고, 혼자서 놀이를 하는 아동의 수가 감소하였으며, 아 동의 자기통제능력(Fantuzzo et al,, 2005; Fantuzzo et al,, 1996)이 향상되었으며, 아 동의 행동 문제(Fantuzzo et al,, 2005; Fantuzzo et al,, 1996; Kot et al., 1998)가 개선

되었고, 아동의 자아개념(Kot et al., 1998)이 확립되는 데 놀이치료가 도움을 주었다. 또한 놀이치료를 통해 아동이 자신을 자책하지 않으면서 가정폭력을 이해하는 시각을 가질 수 있게 되기도 했다(Ernst et al., 2008).

자연재해

태풍과 지진과 같은 자연재해를 경험한 아동을 지원하기 위해서 놀이매체와 놀이 활동을 사용하였다. 장난감 놀이(Shen, 2002; 28장과 29장), 미술활동(Chemtob et al., 2002; 25장)과 책과 이야기(Macy et al., 2003; 27장) 등을 상담에 적용한 연구가 과거에 행해졌다. 자연재해 발생 후에 상담에 참여한 아동들에게 불안과 우울증 수준이 낮아졌고(Macy et al., 2003; Shen, 2002), 자살률(Shen, 2002)도 감소하였으며, 외상후 스트레스장애(PTSD)의 수준도 완화되었고(Chemtob et al., 2002), 아동의 자아존중감도 높아지고 감정조절도 잘할 수 있도록 도움을 주었다(Macy et al., 2003).

감정 표현과 조절

때로는 감정을 표현하고 이해하며 조절하는 일이 쉽지 않다. 언어 표현을 자유자재로 할 수 없는 아동과 연령에 비해 언어발달이 제대로 이루어지지 않아서 자신의 감정을 표현하고 조절하는 데 어려움을 겪는 아동을 도와주기 위하여 놀이치료가 사용되었다. 선행 연구에서 그림 그리기를 해보지 않은 아동보다 그림 그리기를 해본 아동이 자신의 감정을 더 잘 표현하고 의사소통을 잘한다는 것을 발견하였고(Driessnack, 2005), 또 다른 연구에서는 인지 능력을 이용하여 자신의 감정을 표현할 수 없는 아동이 그림으로 과일을(사물) 그려서 자신의 감정을 은유적으로 표현할 수 있다는 것도 확인하였다(Geldard et al., 2009). 기타 연구에서도 노숙자를 대상으로 한 놀이치료, 가족관계에서 스트레스를 받는 사람들, 큰 슬픔과 상실감을 느끼는 사람들에게 놀이치료가 도움이 된다는 결과를 얻었다. 아동상담에서도 아동이 자신의 기분을 표현하고 조절할 수 있도록 장난감(Baggerly & Jenkins, 2009; 28장과 29장 참조), 게임(Burroughs et al., 1997; 30장 참조) 그리고 미술활동(Nabors et al., 2004; 25장 참조) 등의 여러 놀이도구와 활동들을 함께 사용하여 아동을 도와주었다.

노숙 아동을 놀이치료에 참여시킨 연구에서 연구가 종료된 후 아동의 우울증과 불안이 감소하였고(Baggerly, 2004), 정서적인 안정감을 회복할 수 있었다(Baggerly & Jenkins, 2009)고 보고하였다. 놀이치료는 아동의 자존감(Baggerly, 2004)과 또래 놀이집단과 잘 섞이고 반응하는 사회적인 행동에도 긍정적인 효과가 있었다(Baggerly

& Jenkins, 2009). 가족관계를 개선하기 위해 놀이치료를 받은 아동들의 부모-자녀 관계에서 오는 스트레스 수준이 치료 후에 많이 완화되었다(Dougherty & Ray, 2007). 또한 부모가 이혼한 지 5년 이하인 아동들이 놀이치료를 받고 난 후 우울증과 불안수준이 많이 낮아졌다(Burroughs et al., 1997). 사랑하는 이의 죽음을 경험한후 놀이치료 '슬픔 워크숍(Grief camp)'에 참여한 아동들은 밀려드는 슬픔과 걱정을 미술활동으로 위안을 받고 그리기 활동으로 자신들의 감성을 표현하며 도움을 받았다고 말했다. 아동과 부모 모두가 '슬픔 워크숍'은 매우 좋은 경험이었으며 사랑하는이의 죽음을 먼저 경험한 사람들과의 만남에서 많은 위로와 슬픔을 극복할 수 있는방법에 대해 배웠다고 말했다(Nabors et al., 2004).

행동

아동의 문제 행동을 지원할 때 놀이매체와 놀이 활동이 어떻게 도움을 주었는지를 조사하였다. 특히 발달장애 아동과 공격성을 보이는 아동의 행동 문제에 관한 놀이 치료의 영향에 대해 살펴보았다. 이러한 아동을 위해 사용한 놀이치료 도구와 활동은 장난감 놀이(Legoff & Sherman, 2006; 28장과 29장)와 게임(Garaigordobil et al., 1996; 30장) 그리고 책과 이야기(Shechtman, 1999; 27장)이다.

발달장애 아동에게 적용된 놀이치료는 아동의 사회적인 상호작용을 원활하게 해 주었고(Kaduson & Finnerty, 1995; Legoff & Sherman, 2006; O'Connor & Stagnitti, 2011), 아동의 사회적 고립과 산만한 행동을 감소시켰다(O'Connor & Stagnitti, 2011). 더불어 아동의 사회적 유능성과 적응행동을 향상시켰으며(Legoff & Sherman, 2006) 집중력과 관련된 행동(Kaduson & Finnerty, 1995; Ray et al., 2007)과 자기통제 력(Kaduson & Finnerty, 1995)을 향상시킨 것으로 나왔다. 또한 상담에서도 놀이매 체와 놀이 활동을 사용하였는데, 이것의 활용이 아동의 불안감을 완화시켰고 정서적인 안정을 주는 등 아동의 감성에 긍정적인 도움이 된 것으로 과거 연구는 증명하고 있다(Ray et al., 2007).

더 구체적으로, 상담에서 사용한 다양한 놀이매체와 활동은 아동의 공격적인 행동을 감소시키고 친사회적 행동을(협력, 반응, 공감 등) 북돋워주어 전반적으로 아동의 긍정적인 사회성과 정서기술에 도움이 되었다(Bay-Hinitz et al., 1994; Garaigordobil et al., 1996; Garza & Bratton, 2005; Shechtman, 1999). 마지막으로 놀이치료는 문제 행동으로 염려되는 아동의 대인관계에 대한 이해력에도 도움을 주었다(Karcher & Shenita, 2002).

아동과 상담자와의 관계

아동과 상담자와의 관계에 대해 다시 한 번 강조하고 이 장을 마무리하고자 한다. 앞서 2장에서 이미 언급했듯이 아동을 상담하는 데 있어서 아동과 상담자와의 관계는 매우 중요하다. 상담에서 사용되는 그 어떤 훌륭한 상담 전략이나 상담 방법보다 치료 과정에서 상담자와 내담자 사이에 자연스럽게 형성되는 관계가 성인(Lambert & Ogles, 2004)과 아동(Karver et al., 2006; Shirk & Karver, 2003)에게 더 나은 치료 효과와 변화를 불러일으켰다는 연구결과가 있다. 여러 임상에서 얻은 경험에 의하면 놀이매체와 놀이 활동도 아동에게 맞는 안전하고 긍정적인 환경을 조성해주었고 아동과 상담자의 관계를 발전시키는 데 도움이 되었다(Kool & Laer, 2010). 아동과 상담자의 관계에 있어서 놀이치료적 접근이 두 사람 사이의 관계 변화를 불러오는 효과적인 촉진제 역할을 했을 뿐만 아니라 상담을 진행시켜 나가는 데도 중요한 요소였다는 것을 선행연구가 증명하고 있다. 그러므로 다음 장에서는 아동을 상담하는 데 아주 중요한 구성요소인 놀이매체와 놀이 활동을 어떻게 적절하게 선별하고 선택하는지에 대해 자세히 살펴보도록 하겠다.

> **핵심 요점**
>
> - 상담에서 사용된 놀이매체와 놀이 활동은 병원에서 아동상담을 위해 유용하게 사용되었다. 특히 충격을 경험한 아동이나 발달장애 아동과 공격성을 보이는 아동을 지원하기 위해 사용된 놀이치료의 효과가 연구를 통해 검증되었다.
> - 놀이치료는 상담의 중요한 요소인 아동과 상담자의 관계형성과 발전에 도움이 된다고 선행연구에서 밝히고 있다.

적절한 놀이매체와 활동의 선택

놀이매체와 놀이 활동은 아동이 상담 중에 자신의 이야기를 하거나 상담에 참여하도록 도와주는 중간 매개체로서의 역할을 한다. 개개인의 아동이 가지고 있는 문제와 문제 행동이 다르다는 것을 감안하여 적절한 놀이매체와 놀이 활동을 선택하는 것이 좋다. 상담이나 치료에 사용되는 놀이매체와 놀이 활동은 각각의 속성을 가지고 있다. 그러므로 상담자는 아동의 능력과 필요에 따라 이것을 지혜롭게 연결시킬 수 있어야 한다. 상담자가 선택할 때 고려해야 하는 요소들은 다음과 같다.

- 아동의 연령
- 개인 또는 집단상담 여부
- 현재 아동이 가지고 있는 문제에 대한 상담 목표

적절한 놀이매체와 놀이 활동 선택에 도움을 주기 위하여 다음에 나온 네 개의 표가 만들어졌다(표 21.1~21.4). 이 표들은 여러 영역에 걸쳐 각각의 놀이매체와 활동의 적합성을 구분해준다. 가장 적절한 것은 진한 회색으로, 적절한 것은 옅은 회색으로, 적절치 않은 것은 하얀색으로 표시되었다.

다양한 연령을 위한 놀이매체와 놀이 활동의 적합성(표 21.1)

표 21.1은 아동발달을 고려하여 가장 적절한 놀이매체와 활동을 선택하는 데 도움을 주도록 만들어졌다. 예를 들어 상상을 이용한 가장놀이는 2세에서 5세 취학 전 아동들에게 가장 적합하다. 가장놀이는 추상적인 사고를 하는 사춘기 초기나 사춘기 후

표 21.1 다양한 연령을 위한 놀이매체와 놀이 활동의 적합성

놀이매체 ＼ 연령	취학 전 2~5세	초등학교 6~10세	사춘기 초기	사춘기 후기
책과 이야기	■	■	▨	□
찰흙	▨	■	■	■
구조물 쌓기	■	■	□	□
그리기	▨	■	■	■
핑거페인팅	■	■	▨	▨
게임	■	■	■	■
상상력을 이용한 가상여행	□	▨	■	■
상상을 이용한 가장놀이	■	■	■	□
소형 동물모형	■	■	■	■
그리기/콜라주	▨	▨	■	■
손 인형/봉제인형	■	■	▨	■
모래상자놀이	▨	■	■	■
기호/상징물	■	■	■	■
활동지	□	■	■	□

가장 적합	■
적합	▨
적합하지 않음	□

기 학생들에게 별로 흥미를 주지 못하며 이 학생들에게는 소형 동물모형이나 다양한 놀이 상징물들이 오히려 더 적절할 것으로 판단된다.

아동의 성별 차이는 연령과는 달리 놀이매체와 활동의 선정에 별로 영향을 미치지 않는 것으로 조사되었다. 남녀 아동 모두가 위에 작성된 리스트에 해당하는 놀이매체와 활동에 적극적으로 참여하였다.

과거의 경험을 비추어볼 때 정서적으로 상처받고 충격적인 사건을 경험한 몇몇 아동은 사회성이나 정서 또는 인지상태가 또래 아동들보다 양호하지 못했기 때문에 이러한 아동에게는 자신의 연령보다 더 어린 아동에게 사용하는 놀이를 활용하는 것이 적절하다.

상담 대상에 따른 놀이매체와 놀이 활동의 적합성(표 21.2)

대부분의 상담자는 개인 아동을 대상으로 상담을 하고 때로는 해당 아동의 형제나 자매를 상담하기도 하며 비슷한 문제를 경험한 아동을 집단으로 상담하기도 한다. 또한 상담자는 가족을 상담하기도 한다(9장 참조).

표 21.2는 상담 대상에 따른 놀이매체와 활동의 적합성에 대해 표시해 놓았다. 어떤 놀이매체와 활동은 개인상담을 위해서는 적절하지만 집단이나 가족상담을 위해서는 적절하지 않을 수도 있다.

표 21.2　상담 대상에 따른 놀이매체와 놀이 활동의 적합성

놀이매체 ＼ 상황	개인상담	가족상담	집단상담
책과 이야기	가장 적합	적합하지 않음	적합하지 않음
찰흙	가장 적합	가장 적합	가장 적합
구조물 쌓기	가장 적합	적합하지 않음	적합
그리기	가장 적합	적합	가장 적합
핑거페인팅	적합	적합	가장 적합
게임	가장 적합	적합	적합
상상력을 이용한 가상여행	가장 적합	가장 적합	적합하지 않음
상상을 이용한 가장놀이	가장 적합	가장 적합	적합
소형 동물모형	가장 적합	가장 적합	적합하지 않음
그리기/콜라주	가장 적합	가장 적합	적합
손 인형/봉제인형	가장 적합	가장 적합	가장 적합
모래상자놀이	가장 적합	가장 적합	적합하지 않음
기호/상징물	가장 적합	가장 적합	적합하지 않음
활동지	가장 적합	가장 적합	적합

가장 적합	
적합	
적합하지 않음	

특정 목표 달성을 위한 놀이매체와 놀이 활동의 적합성(표 21.3)

표 21.3은 치료적 변화의 나선형 모델의 각 단계와 관련이 있는 광범위한 목표를 기술하고 있다(그림 7.1, p. 70 참조). 이 표는 어떤 놀이매체와 놀이 활동이 아동상담에서의 목표를 달성하기 위해 가장 적절한지를 보여주고 있다.

표 21.3 특정 목표 달성을 위한 놀이매체와 놀이 활동의 적합성

놀이매체 \ 목표	문제와 사건 능숙하게 다루기	신체 표현을 통해서 힘 기르기	감정 표현 하기	문제해결과 결단력 기르기	사회성 기르기	자아 개념과 자아 존중감 기르기	의사 소통 기술 기르기	이해력 기르기
책과 이야기	■	■	▥	■	▥	▥	■	▥
찰흙	▥	▥	■			▥		▥
구조물 쌓기				▥	■	▥		■
그리기	■	▥	■			■		■
핑거페인팅	▥	■	■			■		
게임				■	■	▥	▥	■
상상력을 이용한 가상여행	■		▥	▥		▥	▥	▥
상상을 이용한 가장놀이	■	▥	■	▥	■	■	▥	
소형 동물모형	▥		▥		■	▥	▥	
그리기/콜라주	■	▥	■		▥	■		▥
손 인형/봉제인형	■	▥	■	▥	■	■	■	
모래상자놀이	■		■	▥	▥		■	■
기호/상징물	▥		▥	▥		■	▥	▥
활동지				■		▥		■

가장 적합	■
적합	▥
적합하지 않음	

문제와 사건을 능숙하게 다루기

아동이 과거에 경험한 사건이나 현재 자신을 괴롭히는 문제에 적절하게 대응하기 위해서 다음과 같이 시도해볼 수 있다.

- 과거의 사건과 충격을 되짚어보기 위해서 다시 한 번 그 과정을 실행해보고 설명해본다. 여기서 아동은 과거의 상황에서 자신이 어떻게 다르게 대처할 수 있었는지 어떻게 하면 동일한 상황에서도 편안함을 느낄 수 있었을지를 상상해볼 수 있다. 또한 아동은 바뀐 역할과 상황을 상상하며 그 속에 자신을 개입시켜본다. 이런 과정에서 아동은 과거의 문제와 과거의 사건을 극복할 수 있고 더 나아가 극복했다고 느낄 수 있다.
- 아동이 이전에 경험해보지 못한 느낌, 즉 자신이 힘과 통제력을 가지고 있다는 사실을 인식하도록 한다. 과거의 사건과 문제를 극복하기 위해 아동이 힘을 발휘할 수 있는 가상환경을 만들고 이것을 가능하게 해주는 놀이매체를 사용하게 한다. 예를 들어 아동에게 슈퍼맨같이 강력한 힘을 가진 허구역할을 떠올리게 하고 시연해보도록 권유한다.
- 기존의 이야기책의 내용을 변화시켜 응용할 수도 있다. 아동은 이야기 속에 주인공과 자신의 상황을 연결시켜 자신의 상황에 맞게 이것을 투영해볼 수 있다.
- 그림 그리기를 통해서 충격적인 사건을 그려내며 되짚어볼 수 있다. 아동은 그림에 자신을 힘과 통제력을 갖춘 사람으로 변화시켜 그려낼 수 있다.
- 상상을 펼치며 떠나는 상상력을 이용한 가상여행 속에서 자신의 삶에서 주요한 상황들을 다시 되새겨보게 된다. 과거에는 자신이 못했으나 상상력을 이용한 가상여행에서는 어려운 상황을 극복하고 통제력을 가지고 새로운 행동을 하는 자신을 떠올려볼 수 있다.
- 상상력을 이용한 가장놀이에서 아동은 자신이 힘과 통제력을 가진 역할을 한다.
- 그리기와 콜라주는 그림 그리기 활동과 유사한 방법으로 적용할 수 있다.
- 아동이 힘과 통제력을 가진 인물을 손에 끼워서 움직이는 손 인형과 봉제인형으로 역할극을 해본다.
- 모래상자놀이는 아동이 상황을 통제하는 놀이를 하게 해준다.
- 기호와 상징물은 손 인형과 동일한 방법으로 사용하고 초등학교 고학년 학생들도 다양한 기호와 상징물을 사용할 수 있다.

신체표현을 통해서 파워(힘) 기르기

아동이 자신이 처한 환경에서 파워(힘)를 가졌다고 생각할 때 비로소 자신이 강하다고 느낀다. 스스로가 통제할 수 있고 자유자재로 조작할 수 있는 놀이매체를 선택하고 실행해보면서 힘을 가진 역할을 시도해볼 수 있다. 예를 들어

- 찰흙덩어리가 납작해질 때까지 주먹으로 친다.
- 핑거페인팅을 할 때 그림판의 그림을 자유롭게 바꾸고 흩어버릴 수 있다.
- 상상력을 이용한 가장놀이에서 아동은 장난감 무기로 콩 주머니를 공격한다.
- '선'과 '악' 사이의 가상전쟁을 해본다. 초등학교 고학년 학생들도 작은 조각 인형으로 유사한 활동을 할 수 있다.
- 장난감을 모래에 파묻거나 자유자재로 모래로 그 흔적을 없애는 놀이를 한다.

아동은 위와 같은 활동을 하면서 정서적으로 카타르시스를 느낀다.

감정 상태 표현 격려하기

아동이 자유롭게 자신의 감정 상태를 표현하는 일은 중요하기 때문에 상담자는 이를 적극적으로 권유해야 한다. 이것을 위한 적절한 놀이매체와 활동은 다음과 같다. 예를 들어

- 찰흙은 분노, 슬픔, 공포, 걱정을 표현하도록 유도한다.
- 그림 그리기는 아동의 생각을 반영할 뿐만 아니라 감정까지도 나타낸다.
- 핑거페인팅은 기쁨과 행복을 표현하도록 도와준다.
- 아동은 자신의 감정을 연결시켜 색칠하기와 콜라주로 표현한다.

문제해결과 결단력 기르기

아동은 치료적 변화의 나선형 모델 과정 속에서 위험을 감수하면서도 새로운 선택을 하고 자신의 행동을 변화시키기 위해 노력한다. 여기에 도움을 주는 놀이매체는 다음과 같다.

- 책과 이야기 : 발생한 문제의 해결과 대체방안을 고려하기 위해서 상담자는 책과 이야기를 활용할 수 있다. (예, 상담자는 이야기책의 빨간 망토가 여우에게 잡혀 먹히기 전에 할머니를 구해내기 위해 덫을 놓았다는 예를 아동에게 알려준다.)
- 손 인형과 봉제인형 : 아동이 둘이나 그 이상의 수의 캐릭터와 문제해결용 대화를

할 때 손 인형과 봉제인형을 사용할 수 있다.

- 모래놀이상자 : 아동이 놀이 활동을 위해 활용할 수 있는 도구를 배열할 수 있는 모래놀이상자를 이용한다.
- 상징기호나 작은 조각상 : 초등학교 고학년 학생들을 위해서 손 인형과 봉제인형과 다양한 상징기호나 작은 조각상들을 함께 활용할 수 있다.
- 활동지 : 직접적인 문제해결과 아동의 결정력 증진을 위해서 활동지도 함께 사용할 수 있다.

사회성 기르기

아동이 다른 사람과 관계를 형성하기 위해 필요한 사회성은 '친구 만들기', '자신이 필요로 하는 것 얻기', '확신 가지기', '경계선 개념 가지기', '다른 사람과 협력하기' 등을 포함한다.

적절한 사회성을 배우기 위해서 아동은 자신의 행동에 반드시 결과가 따른다는 것을 이해하고 경험하는 것이 중요하다. 다음에 제시한 것들을 통해서 아동의 사회성을 개발하는 데 적용할 수 있다.

- 아동과 게임 혹은 아동에게 피드백 주기
- 유아나 어린 아동이 사회성에 대해 배우거나 직접 실행해볼 수 있는 상상력을 이용한 가장놀이하기
- 사회성에 대해 배우거나 직접 실행해볼 수 있는 꼭두각시 인형이나 봉제인형 사용하기
- 구체적으로 아동의 사회성에 대한 내용을 담은 활동지 사용하기

자아개념과 자아존중감 기르기

심각한 사건이나 충격을 경험하면 아동의 자아존중감이나 자아개념이 망가지게 된다. 이러한 아동을 위해 상담자는 아동의 독립성을 키우고 자기 성취감을 맛볼 수 있게 하는 놀이매체와 활동을 선택한다. 아동은 이것을 탐색하고 받아들여 자신의 강점과 보완해야 할 점의 가치에 대해 생각해본다. 여기에 적합한 놀이매체와 활동은 다음과 같다.

- 만화 그리기 : 이 활동으로 아동의 강점을 개발하고 아동의 생각이나 행동의 변화를 유도한다. (예, 아동은 영·유아기부터 현재까지 주요하게 기억해야 하는 것을 강조하여 그린다.)

- 핑거페인팅 : 뛰어난 기술이 없어도 아동이 만들어내는 모든 결과물이 수용된다.
- 게임 : 아동이 발달시켜야 하는 특정 영역을 목표로 하여 그 목표에 도달하도록 도전한다.
- 상상을 이용한 가장놀이 : 아동이 지도자나 조력자가 될 수 있다.
- 색칠하기나 콜라주 : 핑거페인팅 방법과 유사하게 활동할 수 있다.
- 활동지 : 아동의 자아존중감과 자아개념 문제를 논의할 수 있다.

의사소통 기술 기르기

아동이 자신의 이야기를 친구나 친한 사람에게 이야기할 때 듣는 사람 입장에서 그 이야기가 믿겨지지 않고 논리 정연하게 들리지 않을 수도 있다. 이러한 아동에게는 이야기의 순서를 강조하는 놀이도 도움이 되고 이야기와 연관된 주제, 특정 사건에 대한 아동의 이해, 그리고 그 사건에 대한 아동의 느낌이 어떻게 다른지를 생각해보게 하는 놀이 활동도 도움이 된다. 이러한 놀이의 예는 다음과 같다.

- 아동의 의사소통 기술 향상에 도움이 되는 이야기하기.
- 발생한 사건에 대한 인식과 기억을 좀 더 쉽게 떠올리기 위한 상상력을 이용한 가상여행.
- 역할놀이로 소통하고 상상력을 이용하는 가상놀이.
- 사람들과의 관계인식에 관해 논의할 수 있는 소형 동물모형(사진 자료 활용도 가능).
- 아동이 언어로 자신의 감정과 인물을 표현하고, 인물을 통해 아동의 인식을 표출하는 꼭두각시 손 인형과 봉제인형.
- 아동이 자신에게 발생했던 사건을 시각화하고, 시간적인 순서대로 배열할 수 있도록 하는 모래상자 속의 상징물 사용. 이러한 시각적인 그림은 아동이 자신의 이야기를 할 수 있도록 하고 이것을 통해서 아동은 의사소통 기술을 연습할 수 있다.

자신과 타인에 대한 이해력 기르기

아동이 자신과 타인을 이해하는 능력을 기르면 특정한 사건이 어떻게 발생하고 자신이 그 사건에 어떻게 개입되어 있는지 혹은 그 경험이 적절한지를 이해하게 된다. 예를 들어

- 책과 이야기는 행동 후에 발생하는 결과를 설명하기 때문에 아동의 이해력을 개발하는 데 도움이 된다.

- 그리기는 아동이 사건에 점차적으로 자신을 개입시켜 사물을 보는 안목을 가질 수 있도록 도와준다. 상담자는 과거에 일어난 사건의 순서를 아동에게 만화로 그려보라고도 권할 수 있다.
- 상상력을 이용한 가상여행은 아동이 과거에 개입했던 사건과 경험에 대한 기억을 더듬어 볼 수 있게 하여 통찰력을 기르게 한다.
- 상상력을 이용한 가장놀이는 역할극에서 맡은 역을 한 후 자신의 행동과 다른 사람들의 행동과 동기를 들여다보는 기회를 가진다.
- 소형 동물모형의 동물들을 가깝게 또는 멀리 배치하는 동안 아동은 관계에 대한 안목을 가지게 된다.
- 상상력을 이용한 가장놀이나 손 인형과 봉제인형은 영·유아와 어린 아동에게 사용하면 적절하고, 상징과 조각모형은 초등학교 고학년 아동에게 활용하면 좋다.
- 아동에게 이미 발생했을 혹은 미래에 발생할지도 모를 사건을 모래상자에 배열해 보도록 하면 아동은 상황의 순서에 대한 이해력을 가지게 된다.

놀이매체와 놀이 활동의 속성(표 21.4)

각각의 놀이매체와 놀이 활동은 고유한 속성이 있다. 이것을 네 개 영역으로 나누어 표 21.4에 나타내었다.

자유롭고 포괄적인 놀이매체와 놀이 활동

자유롭고 포괄적인 놀이매체와 활동은 특별한 경계나 제한이 없기 때문에 치료나 상담에 다양하게 사용할 수 있다. 이것은 촉각을 포함한 모든 운동 감각요소들을 포함하기 때문에 아동이 자유롭게 움직일 수 있다. 예를 들어 아동이 '상상력을 이용한 가상여행'을 하는 동안 마음껏 자신의 상상력을 펼칠 수 있고 '상상을 이용한 가장놀이'는 각본 없는 상황극을 진행하고 아이디어를 발전시켜 나갈 수 있으며 '핑거 페인팅'과 '찰흙'은 운동감각과 촉각을 자극할 수 있다. 이러한 놀이매체와 활동들은 특별한 기술을 요구하지 않기 때문에 아동에게 치료나 상담에 적용했을 때 실패하는 경우가 드물다.

생각하고 집중하는 놀이매체와 활동

이 놀이매체와 활동은 아동이 도전하고 집중하게 한다. 아동이 세심한 주의와 집중을 하고 난 후 완성된 결과물을 얻는다. 예를 들어 레고를 이용한 조각물을 만들 때

표 21.4 놀이매체와 놀이 활동의 속성

놀이매체 \ 놀이속성	자유로움 & 포괄적	생각함 & 집중함	익숙함 & 안정됨	교육적
책과 이야기	가장 적합	적합	가장 적합	가장 적합
찰흙	가장 적합	적합하지 않음	적합하지 않음	적합하지 않음
구조물 쌓기	적합	가장 적합	적합	적합
그리기	적합	적합	가장 적합	적합하지 않음
핑거페인팅	적합	적합하지 않음	적합하지 않음	적합하지 않음
게임	적합하지 않음	가장 적합	적합	가장 적합
상상력을 이용한 가상여행	가장 적합	적합하지 않음	적합	적합하지 않음
상상을 이용한 가장놀이	가장 적합	적합하지 않음	가장 적합	적합
소형 동물모형	적합	가장 적합	적합	적합
그리기/콜라주	적합	가장 적합	적합	적합하지 않음
손 인형/봉제인형	가장 적합	적합	가장 적합	적합
모래상자놀이	가장 적합	적합	가장 적합	적합
기호/상징물	적합	적합	적합	적합
활동지	적합하지 않음	가장 적합	적합하지 않음	가장 적합

가장 적합	(진한 회색)
적합	(연한 회색)
적합하지 않음	(흰색)

자신이 만들고자 하는 것에 대해 생각하고 계획하고 특정한 부분에 집중하여 완성된 작품을 얻을 수 있다.

생각하고 집중하는 놀이매체와 활동

이 놀이매체와 활동은 아동이 도전하고 집중하게 한다. 아동이 세심한 주의와 집중을 하고 난 후 완성된 결과물을 얻는다. 예를 들어 레고를 이용한 조각물을 만들 때 자신이 만들고자 하는 것에 대해 생각하고 계획하고 특정한 부분에 집중하여 완성된 작품을 얻을 수 있다.

익숙하고 안정된 놀이매체와 활동

익숙하고 안정된 놀이매체와 활동을 통해서 안정적이고 예측이 가능한 활동을 아동이 간단하고 반복적이고 정형화된 상호작용으로 실행한다. 예를 들어 상상을 이용한 가장놀이를 할 때 아동에게 이미 익숙하고 안정된 주제를 잡아 계속적으로 반복한다. 이 반복적인 활동은 불안하고 혼란스러운 경험을 한 아동에게 사용하면 아동이 안정감을 찾을 수 있어서 도움이 된다.

교육적인 놀이매체와 활동

이 활동은 아동이 학습이나 수용 그리고 규칙의 거부와 같은 내용을 연습할 때 적용하면 좋다. 이 활동은 구조화되어 있기 때문에 수평적인 사고를 요구하지 않으면서도 정해진 목표와 사물을 향한 일을 점차적으로 진행시킬 수 있게 한다. 이것을 할 때 활동지도 더불어 사용하면 도움이 된다.

결론

이 장에서는 아동을 위한 적절한 놀이매체와 활동을 어떻게 선택하여 활용할 수 있는지에 대해 살펴보았다. 다음 장에서는 다양한 놀이매체와 활동을 아동에게 어떻게 적용하면 되는지에 대해 살펴보도록 하겠다.

사례 연구

13세 지영이와 두 번 정도 상담을 했다. 상담시간 동안 지영이는 치료적 변화의 나선형 모델 주변을 서서히 맴돌다가 예전에 잠시 함께 살았던 의붓아버지의 성적학대에 대한 이야기하기 시작했다. 지영이가 자신의 이야기를 충분히 풀어내고 정서적인 위로를 받게 해주는 놀이매체와 활동에는 어떤 것들이 있을까? 어떤 이유에서 이 놀이매체와 활동을 선택했는가? 어떻게 이 놀이매체와 활동으로 지영이가 바뀔 수 있을까? 이에 대해 논의해보자.

핵심 요점

- 놀이매체와 놀이 활동의 선택은 아동의 발달연령(연령), 개인 혹은 집단상담의 여부 그리고 상담목표에 따라 달라진다.

(계속)

- 상담 시 가능한 목표
  - 아동이 가지고 있는 문제와 사건을 극복하는 것
  - 신체적으로 파워(힘)를 표현하고 기르는 것
  - 감정표현을 할 수 있도록 격려하는 것
  - 문제해결 능력과 결정력을 증진시키는 것
  - 사회성을 향상시키는 것
  - 자아개념과 자아존중감을 가지는 것
  - 의사소통 기술을 개발하는 것
  - 자신과 타인에 대한 이해력 기르기

22
Chapter

소형 동물모형의 활용

아동상담을 위한 통합 모델의 1단계에 접어들 때, 소형 동물모형을 사용할 수 있다. 이것은 아동이 상담 초기에 자신과 가족에 대해 어떻게 생각하는지를 파악할 수 있도록 도와준다(그림 8.1, p. 85 참조). 소형 동물모형의 활용에 대해 다음과 같은 순서로 설명할 것이다.

1. 필요한 물품들
2. 소형 동물모형 사용 목표
3. 소형 동물모형 활용법
4. 소형 동물모형을 활용한 상담 기술
5. 소형 동물모형의 적합성

필요한 물품

작고 다양한 종류의 동물모형을 비롯하여 그 밖의 다양한 모형들도 필요하다. 적합한 동물모형은 다음과 같다.

- 가축
- 농장동물
- 정글동물
- 동물원동물
- 공룡

- 파충류(뱀, 악어, 도마뱀, 등)
- 곤충류(거미, 베짱이, 등)
- 바다동물(거북이, 돌고래, 고래, 등)

소형 동물모형은 플라스틱 재료로 되도록이면 사실적으로 만들어진 것이 좋고 다양한 크기와 성향을 가진 것일수록 좋다. 예를 들어 온순한 성향, 공격적인 성향 혹은 친근한 성향 등을 나타내는 동물을 모두 갖추고 있는 것이 좋다. 그리고 수컷과 암컷, 새끼 동물들도 필요하다. 아동들은 특히 공룡과 같이 크고 공격적인 성향의 동물을 좋아하기 때문에 공룡모형도 필수 아이템 중 하나다. 제대로 서지 못하는 동물은 아동이 싫어하고 동물이 넘어지면 아동이 쉽게 산만해지기 때문에 상담에 사용되는 동물들은 독립적으로 하나하나 쉽게 세울 수 있는 것이어야 한다. 너무 많은 종류의 동물을 선택해야 하는 상황은 아동을 오히려 혼란스럽게 할 수도 있기 때문에 동물모형의 수를 제한하여 제시하는 것이 바람직하다. 이 동물들을 가지고 놀 때는 넓고 평평한 테이블이나 바닥이 좋고 상담자는 아동과 함께 놀이치료실에 있는 의자에 앉거나 카펫 바닥에 앉아서 이것들을 가지고 놀 수 있다.

소형 동물모형의 사용 목표

인형모형의 가장 중요한 목표는 가족 내에서 아동이 자각한 관계와 그 밖의 다양한 관계에 관해 아동이 이야기할 수 있도록 유도하는 것이다. 소형 동물모형으로 아동은 다음과 같은 활동을 할 수 있다.

- 타인과 과거, 현재, 미래에 형성되었던/형성된/형성될 관계에 대해 살펴본다.
- 가족 내 아동 자신의 위치에 대해 이해한다.
- 미래에 형성될 관계에 대해 아동에게 두려움이 있는지를 살펴본다.
- 아동이 미래에 형성할 수 있는 관계의 가능성에 대해 상상해보고 살펴본다.
- 사람들과의 관계에서 발생한 문제점과 해결방안을 모색해본다.

아동이 수양가족을 만날 때나 병원을 방문할 때와 같은 상황에서 형성되는 관계의 가능성을 살펴볼 때 이 인형모형을 사용할 수 있다. 이 동물모형은 모래상자놀이와 함께 사용해도 좋다.

소형 동물모형의 활용법

소형 동물모형을 사용할 때 상담자는 아동이 주변 사람과 맺고 있는 의미 있는 관계에 집중하며 이야기를 풀어나가는 것이 좋다. 아동이 자신의 이야기를 할 때 상담자는 아동의 문제를 명확하게 이해하도록 노력한다. 그리고 모형을 통해서 상담자는 아동이 겪고 있는 문제와 연관되는 여러 가지 복잡한 감정을 다시 느껴보도록 유도할 수도 있다.

상담자는 동물모형을 아동에게 보여주며 '오늘 우리 이 장난감 동물들과 함께 놀자. 우리는 아주 특별한 놀이를 할 거야. 먼저 너와 가장 비슷하다고 생각되는 동물을 하나 골라보렴.'이라고 말한다. 이때 중요한 것은 아동이 자신이 되고 싶은 동물을 고르는 것이 아니라 자신과 가장 비슷하다고 생각되는 동물을 고르는 것이다. 예를 들어 자신을 복종적이고 순종적이라고 생각하지만 자신이 파워(힘)를 가졌으면 하는 바람이 있는 아동이 있다고 하자. 그러면 이 아동은 자신과 비슷한 성향을 가진 양을 선택하는 것이 바람직하다. 다시 말해 아동이 닮고 싶은 힘을 가진 동물인 공룡을 선택하는 것은 바람직하지 않다. 왜냐하면 공룡은 아동 자신을 대표하거나 투사하지는 못하기 때문이다. 그러므로 동물모형을 선택할 때 아동이 자신의 성격과 행동 또는 자신의 감성과 가장 비슷한 동물을 선택하는 것이 매우 중요하다. 아동이 동물을 선택하면 상담자는 아동이 선택한 동물이 어떤지를 물어본다. 예를 들어 '사자(아동의 선택에 따라 다른 동물로 언제든 대체가 가능)에 대해 말해볼까?' 혹은 '사자는 어떤 동물이니?'라고 물을 수 있다.

어떤 아동은 자신이 선택한 동물의 크기와 신체적인 특징에 대해 명확하고 구체적으로 진술하며 상담자의 질문에 반응할 수 있다. 이때 동물의 성격과 관련된 특징을 잘 설명하도록 상담자가 권유하는 것이 좋다(예, '이 동물의 성격은 어떨까?, 이 동물의 숨겨진 속마음은 어떨까?' 또는 '이 동물에 대해 더 얘기해볼까?').

이때 상담자는 동물모형을 포괄적으로 '동물'이라고 명명하거나 구체적인 '동물명칭(예, 사자 또는 호랑이)'으로 칭할 수 있다. 아동이 자신과 가장 비슷하며 자신을 대표하는 동물을 선택했다고 하더라도 상담자는 그 동물을 '아동의 이름'으로 대체하여 부르지 않는다. 아동이 선택한 동물을 '동물'이나 '동물명칭'을 사용하여 부르면 아동은 자신이 선택한 동물을 자기 자신으로부터 분리할 수 있다. 그러면 아동은 상담자에게 드러내지 않으면서 자신을 동물에 투사하여 동물의 특징과 행동과 성향을 편하게 설명할 수 있다. 또한 그 동물은 아동 자신이 아닌 다른 긍정적인 행동의 주인이나 아동이 수용할 수 없는 부정적인 행동의 주인이 될 수도 있다. 이렇게 다양한 방법으로 아동은 내재해 있는 그러나 자신이 수용하기는 싫은 자신의 부정적인 성향을 동물모형을 통해 자유롭게 나눌 수도 있게 된다.

　가끔씩 상담자가 보기에 아주 특이한 동물을 아동이 선택할 때도 있다. 예를 들어 공격적인 검은 사자를 아동이 선택할 수 있다. 그러나 아동은 검은 사자를 공격적으로만 본 것이 아니라 힘이 센 동물이면서 자신에게 친구처럼 다정한 동물이라고 생각해서 선택했을 수도 있다. 그러므로 상담자는 아동이 선택한 동물에 선입견을 가지지 않는 것이 좋고 상담자의 생각을 아동에게 표현하지 않는 것이 좋다. 또한 아동이 한 종류 이상의 자신을 닮은 동물을 선택할 때가 있다. 두 종류나 그 이상의 동물은 아동의 다양한 성향을 동시에 표현해주기 때문에 상담자에게는 이것이 빠른 정보 획득의 기회가 된다. 예를 들어 아동이 비밀과 관련하여 암탉과 황소를 선택할 수 있다. 자신의 비밀을 감추고 싶을 때는 암탉을 그리고 자기의 비밀을 나누고 싶을 때는 황소를 선택할 수 있다.

　이와 같이 아동이 자신을 가장 많이 닮은 동물을 선택하고 나면 상담자는 아동에게 가족 구성원을 대표하는 다른 동물을 하나 더 선택하도록 권유한다. 더불어 상담자는 '○○야, 지금 네가 가족들 중 가장 그리워하는 사람을 닮은 동물을 한번 골라봐.'라고 하거나 '자 이제 이 동물들 중 어떤 동물이 엄마를 닮았을까?'라고 묻고 아동이 그 동물을 선택하면 상담자는 '이 동물에 대해 말해보자, 이 동물은 어때?'라고 하며 아동에게 가족 중 현재 그 가정에 없거나 사망한 가족도 선택하도록 할 수도 있다.

　이러한 과정을 거쳐 동물 선택 작업이 끝나면 아동이 동물모형들을 자신의 앞에 배치하도록 권유한다. 결국 아동은 가족을 대표하는 동물 집단을 가지게 된다. 상담자는 아동이 배치한 동물들의 위치를 파악한 후 관찰한 바를 근거로 하여 상담을 이어갈 수 있다. 예를 들어 '오~ 동물들이 다 함께 한 줄로 서 있네?' 혹은 '야…! 네 동물은 얼룩말을 중심으로 동그란 원을 만들어서 서 있구나!'라고 말할 수 있다. 상담자의 말에 아동은 자신이 왜 그렇게 동물을 배치했는지를 이야기하게 된다. '예, 다른 동물들이 얼룩말을 쳐다보고 있어요. 왜냐하면 이 얼룩말은 동물들에게 속임수 쓰기를 좋아해서요. 동물들이 싫어해요.'라고 반응할 수 있다. 어떤 아동은 상담자가 동물의 배치에 대해 언급해도 별로 반응을 보이지 않는 경우도 있다. 이때 상담자는 '여기 동물 사진들이 있어. 우리 동물 사진들을 네가 원하는 대로 줄 세워보자.'라고 제안한다. 아동이 배치를 끝내면 상담자는 그에 관해 의견을 나눌 수 있다. 여기서 상담자는 그룹 안에 있는 동물들 사이의 관계를 살펴볼 수 있다. 예를 들어 강아지(아이의 상징물)와 큰 개(아이 아빠의 상징물)의 관계를 탐색할 수도 있다. 상담자는 '강아지가 큰 개 옆에 있으면 어떨까?'라고 묻거나 '이 큰 개는 자기 옆에 강아지를 두고 싶어 할까?' 또는 '저 말(엄마의 상징물)은 강아지가 큰 개와 같이 있는 것에 대해 어떻게 생각할까?'라고 물을 수 있다. 또한 상담자는 집단 안에 있는 '다른 동물들은 이러한 자리배치에 대해 어떻게 생각할까?'라고도 아동에게 물어볼 수 있다. 상담자는 아동에게 강아지를 다른 동물과 가깝게 이동시켜서 재배치 해보라고 제안하여 대화를 확장시킬 수도 있다. 마찬가지로 강아지 이외의 다른 동물들의 위치도 아동이 원한다면 바꿀 수 있다. 이 활동으로 아동이 가지고 있는 다양한 관계를 탐색하고 이해할 수 있다.

이 놀이를 하는 동안 주의해야 할 것은 동물을 움직일 수 있는 사람은 오직 아동이라는 것이다. 이렇게 해야 아동은 자신이 얘기하고 있는 이야기의 주인공이 자신이라는 주인의식을 가지게 되고, 자신이 이 모든 과정의 통제권을 가지고 있다고도 인식하게 된다. 때때로 아동이 특정한 위치로 동물을 이동시키기를 꺼려하는 것을 볼 수 있다. 이때 상담자는 '네가 오리를 뱀 옆에 두고 싶지 않아 하는구나.'라고 언급할 수 있다. 이런 코멘트는 아동에게 중요한 사실과 감정을 인식하게 한다. 마침내 모든 동물들의 위치가 바뀌면 모든 동물의 변경된 위치에 대해 아동이 어떻게 생각하는지를 물어본다. 그러면 간접적으로 아동이 자신의 가족과 가족 간의 관계에 대해서 어떻게 생각하는지를 나누게 될 수도 있다.

동물모형을 이용한 상담 과정에서 반드시 기억해야 할 것은 이 모든 과정이 투사적이어야 한다는 것이다.

소형 동물모형을 이용한 상담의 투사적 성향

동물모형으로 상담을 할 때 상담자는 동물 집단을 '아동의 가족'이라고 부르지 않고 각각의 동물을 '아동의 가족 구성원'이라고도 부르지 않는다. 이렇게 해야만 아동이 동물을 가지고 놀 때 자신의 성향과 행동 그리고 생각과 감정을 노출하지 않을 수 있다는 안정감을 느끼고 자신과의 관계를 동물들 간의 관계로 투사하여 자유롭게 놀이에 임할 수가 있다. 동물모형을 통해서 아동은 자신의 가족에 대한 생각들을 충분히 투사할 수 있어야 하고 그와 동시에 아동이 동물모형 놀이를 하는 동안 이 투사체로부터 이제까지 가졌던 왜곡된 이미지들이 있었다면 긍정적으로 변화시킬 수 있는 기회를 가질 수도 있다. 때로는 동물모형으로 아동은 과장된 감정표현과 자유놀이도 한다. 동물모형 투사물과 투사적 기술은 아동이 현실에서 두려워서 풀지 못했거나 회피했던 문제나 억제해왔던 생각에 쉽게 접근할 수 있게 해준다. 이러한 투사적 과정으로 아동은 동물 집단 안에서 전반적인 관계와 자신의 행동 그리고 가족 내의 관계와 행동의 연결고리를 찾을 수 있게 될 것이다. 궁극적으로도 아동이 가족 내에서 관계의 중요성을 발견하게 되고 그것에 관해 이야기하고 싶어질 수도 있다. 3부에서 이미 설명한 것과 같이 이 단계에 접어들면 상담자는 아동이 자신의 이야기를 계속적으로 풀어갈 수 있도록 도와주는 상담기술을 적용하는 것이 좋다(치료적 변화의 나선형 모델 참조, 그림 7.1, p. 70).

소형 동물모형의 활용에 대한 추가적인 논의

앞에서 언급했듯이 소형 동물모형으로 상담자는 가족 구성원의 부재에 관한 아동의 감정을 살펴볼 수 있다. 예를 들어 상담자가 '큰 개(아빠)를 옮겨서 네 등 뒤에 둬봐.'라고 아동에게 말하고 아동이 그것을 실행해보면 큰 개의 부재를(아빠의 부재) 느끼게 될 수도 있다. 아동이 선택한 동물가족 구성원을 가장 편안하게 생각하는 가족 구성원들 사이사이에 배치하면서 아동은 가족과의 관계 속에서 편안함을 느끼는 것이 무엇인지를 생각하는 기회를 갖게 될 것이다. 상담자는 가족들에게 가장 걱정을 끼치는 동물이 누구냐고 아동에게 묻고 그 동물 가까이에 자신의 동물을(강아지) 놓도록 권해본다. 아동은 이러한 위치 배치에서 발생하는 감정을 상담자와 나누게 되고 그 정서를 다루는 법을 알게 된다.

상담이 끝나갈 즈음에 상담자는 아동에게 '자~ 이제 동물들이 가장 편안하고 행복하게 느낄 수 있는 위치로 옮겨보자.'라고 말하고 아동은 상담자의 제안을 받아들인다. 이것은 아동이 가족 내에서 발생하는 문제가 어느 정도 종결되었다고 느낄 수 있도록 하고 편안한 마음으로 상담을 마칠 수 있도록 배려하기 위한 것이다.

이 활동에서 이야기의 흐름을 방해할 수도 있으므로 상담자는 아동의 이야기에 놀라거나 수긍하거나 인정하지 않는 등의 반응을 자제하는 것이 좋고 되도록이면 조언을 하거나 의견도 덧붙이지 않는 것이 좋다. 상담자는 아동의 이야기를 진솔하게 받아들이고 존중해주어야 한다. 때로는 아동의 이야기가 틀릴 수도 있고 허무맹랑하게 들릴 수도 있다. 그러나 이것은 아동이 스스럼없이 자기의 이야기를 하는 것이기 때문에 이야기의 진실 여부를 떠나서 들어주면 된다.

상담에서 같은 가족 내의 친족인 아동들을 대상으로 집단상담을 할 때 이야기를 발전시켜 나가는 방법은 거의 유사할 수 있다. 그러나 각각의 아동이 들려주는 이야기는 아동 개개인에 따라 다를 수 있다는 사실을 기억해야 한다.

소형 동물모형을 사용한 상담 기술

소형 동물모형을 사용할 때 3장에서 제시된 전반적인 상담 기술이 필요하지만 특히 다음에 제시된 기술이 필요하다.

1. 관찰
2. 내용과 감정의 반영
3. 관찰에 근거한 피드백 사용
4. 개방형 질문

위에 언급된 기술의 사용과 관련된 예는 다음과 같다.

관찰내용과 감정 반영 활용

상담자는 '너는 원숭이와 염소가 함께 노는 것을 좋아하는구나.'라고 말할 수 있다.

관찰에 근거한 피드백 사용

상담자는 '닭이 코뿔소와 가장 멀리 떨어져 있네.'라고 피드백을 주면서 관찰한다.

개방형 질문의 활용

상담자는 아동에게 '만약 이 동물(특정 동물) 앞에 공룡이 서 있다면 이 동물은 어떻게 행동할까?'라고 물을 수 있다.

상담자가 아동이 한 얘기를 그대로 반복하면 아동은 더 쉽게 이야기를 풀어나갈수 있다. 예를 들어 아동이 고양이를 암탉 옆으로 움직여 놓고 나서 '코끼리가 싫어할 거야.'라고 말하면 상담자도 '그래 코끼리가 싫어할 거야.'라고 한다. 그러면 아동은 자신이 어떤 말을 했는지를 상기하며 그 말의 의미와 감정에 대해 좀 더 생각해보게 된다.

여기서 상담의 목적은 아동으로부터 무언가를 알아내려고 '조사'하는 것이 아니다. 상담자가 무엇인가를 조사하고자 하는 목적으로 불필요한 질문을 계속하면 아동의 이야기에서 진정성이 사라질 수도 있다. 그러므로 상담자는 이야기의 흐름을 방해하지 말고 아동 스스로가 풀어나가도록 해주어야 한다. 어떤 질문이든 상담자의 질문은 아동의 이야기를 통해서 정보를 얻을 수 있는 것이어야만 하는 것이지 아동과의 대화를 특정한 방향으로 이끌어가는 것이어서는 안 된다. 그러므로 상담자의 질문은 아동이 경험한 사건에 대해 이야기를 하도록 돕는 것이어야 한다. 그리고 아동이 진술한 사건의 의미가 무엇인지를 조심스럽게 표현해줄 수 있어야 한다.

소형 동물모형을 이용한 놀이에서 '왜?'라는 질문은 아동이 내면화 과정을 벗어나게 하고 분석하게 만들기 때문에 유용하지 않다. 반면에 '무엇이(을)?' 혹은 '어떻게?'라는 질문은 유용하다. 이 질문은 억지로 만들어진 설명을 덧붙일 필요 없이 실제적인 정보를 아동이 나누도록 도와주기 때문이다. 분석적인 설명은 아동을 이야기의 본질에서 멀어지게 하고 아동이 겪은 고통스러운 경험과 관련되는 이야기의 방향을 쉽게 틀어버릴 수 있다.

소형 동물모형의 적합성

소형 동물모형은 사물을 투영할 수 있는 7세 이상의 아동에게 적절하다. 그러나 이 모형놀이는 7세 이전의 아동에게는 적당하지 않다. 왜냐하면 이 아동은 눈에 보이는 구체적인 반응만 볼 것이며 동물에게 다양한 가족 구성원의 모습을 투영하지 못할 수도 있기 때문이다. 이들은 동기나 의도에 대한 이해도 부족해서 다른 사람들의 행동을 동물에 투영하는 것이 어려울 수 있다. 게다가 7세 이전의 아동은 상황을 요약하고 예측하는 능력도 부족할 수 있다.

동물모형은 주변인의 관계에 대한 아동의 지각이 어떠한지를 알아보는 것이 주요한 목적이기 때문에 개인상담에 더 적절할 수 있다. 아동의 생각과 감정을 동물에 투영하기 때문에 동물모형은 아동에게는 자기성찰적일 수 있고 아동의 행동을 쉽게 유도하는 역할을 할 수 있다. 더 나아가 동물인형은 아동이 자신의 선택과 대체적인 문제해결 방안을 탐색하는 데도 사용될 수 있다.

아동이 상담을 주저하거나 상담자에게 마음의 문을 열지 않을 때 동물모형을 가지고 노는 자유 놀이 시간을 상담 전에 가져보고 이것을 자연스럽게 상담과 연결시키는 것도 좋은 방법이다.

> **사례 연구**
>
> 최근에 부모가 별거 중인 9세의 지수를 상담에 의뢰받았다. 가정 내의 변화를 겪고 있는 지수를 위해 소형 동물모형을 어떻게 활용하면 좋을까? 상담의 어떤 단계에서 소형 동물모형을 사용하는 것이 바람직한가?

핵심 요점

- 소형 동물모형은 아동이 상담에 참여하는 초기 단계와 자신의 가족을 어떻게 인식하고 투영하는지를 알아내고자 할 때 사용하면 좋다.
- 다양한 소형 동물모형들과 그 외에 기타 형상들도 가지고 있으면 상담에 유용하게 사용할 수 있다.
- 소형 동물모형은 관계탐색, 관계의 두려움, 미래에 생성될 관계나 관계 속의 문제해결을 위하여 사용할 수 있다.
- 이 과정 중 상담자는 동물모형(예, 염소)과 기타 생물모형(예, 바나나)에 동물이름(염소)과 생물이름(바나나)을 적용하여 부르고 아동이 동물모형을 움직이도록 상담자는 동물모형에 손대지 않는다.
- 소형 동물모형 사용방법은 투사적이다.
- 이 동물모형을 사용할 때 가장 좋은 상담 기술은 관찰, 내용과 감정의 회고, 관찰에 근거한 피드백 사용, 개방형 질문, 아동의 진술사용이다.
- 소형 동물모형의 사용은 7세 이상의 아동에게 하는 것이 가장 적합하다. 7세 이전의 어린 아동은 사물을 투영하여 볼 수 있는 기술과 인지능력이 아직까지는 덜 발달되어 있기 때문에 동물모형을 사용하는 것이 적합하지 않다.

23
Chapter

모래상자놀이

모래상자놀이는 아동상담을 위한 통합 모델의 1단계와 2단계(그림 8.1, p. 85 참조)에서 아동이 자신의 이야기를 하도록 유도할 수 있기 때문에 유용하다. 이 장에서 모래상자놀이에 관하여 다음과 같은 순서대로 논의될 것이다.

- 필요한 도구와 항목
- 모래상자놀이의 목표
- 모래상자놀이 활용법
- 모래상자놀이를 활용한 상담 기술
- 모래상자놀이의 적합성

필요한 도구와 항목

필요한 도구는 모래상자이고 그와 관련된 항목은 다양한 상징물, 작은 조각상과 소형 동물모형이다.

모래상자

모래상자는 가로 1m, 높이 150mm로 나무나 플라스틱으로 만들어진 방수처리된 제품이면 적당하다. 모래상자의 깊이는 모래의 표면과 모래상자의 위쪽 가장자리 사이가 약 75mm 정도의 간격이 있는 것이 상자 안에 모래가 밖으로 흩어지지 않도록 해주기 때문에 적당하다. 모래상자에 사용하는 모래는 깨끗하게 씻은 것이면 좋고,

특히 상담에 사용하는 모래는 너무 고우면 활동량이 많은 아동이 가지고 놀 때 가루가 날릴 수도 있기 때문에 입자가 너무 고울 필요는 없다. 그리고 반드시 필요한 것은 아니지만 물도 함께 곁들인 젖은 모래를 사용하면 아동이 동굴이나 터널 등의 다양한 모양을 만들 수 있기 때문에 아동에게 더 재미있는 도구가 될 수 있다.

상징물

모래상자놀이에 사용되는 다양한 상징들은 비유적인 의미를 담고 있고 아동의 놀이에서 그것이 무엇인지 쉽게 추측할 수 있게 해주기 때문에 중요하다. 이러한 상징물들은 오랜 기간에 걸쳐 수집된 것들로 도로, 집, 학교, 쇼핑센터, 다양한 인물 캐릭터와 같이 실제적이고 구체적인 사물/사람 등이 있고 이것을 상담에서 사용한다. 그밖의 상징물들로는 인간의 비밀, 생각, 믿음, 정서적인 벽, 소망과 같은 추상적인 개념을 나타내는 것들이 있는데 이것들 또한 상담에서 유용하다. 아동이 모래상자놀이를 하면서 만들어가는 이야기와 관련된 이러한 상징물은 실제적이거나 추상적이거나 또는 손으로 만질 수 있는 것이나 없는 것 등 어떤 것에라도 사용이 가능하다.

모래상자놀이에서 사용하는 상징물들로 다음을 추천한다.

일반적인 항목

바위, 돌, 조약돌	깃털
조개	나무
뚜껑이 있는 작은 상자	구슬
촛불	작은 종이 깃발들
오래된 액세서리	열쇠
종이	통 자물쇠
장식	손전등 배터리
스파게티 깡통	수정 공
작은 거울	단추
구슬들	말굽형태의 편자
작은 피라미드	별들
공책	연필
사슬	큰 손톱

작은 장난감

플라스틱 나무   장난감 울타리
비행기 종류   기차
배 종류   차

조각상과 영웅

남녀 조각상   장난감 군사
중세시대 기사   영웅 : 캣우먼
영웅 : 베트맨   영웅 : 파워레인저

작은 동물

용   농장동물
동물원동물   정글동물
가축

이 상징물들은 아동에게 흥미를 불러일으킬 수 있는 속성을 가지고 있어서 사용하기에 적절하다(예, 재미, 놀라움, 사랑스러움, 종교적 또는 보편적 속성을 가진 상징물).

모래상자놀이의 목표

모래상자 안의 제한된 공간에서 놀이를 하면서 아동은 자신의 이야기를 하고 상징물들을 사용한다. 아동은 자신의 과거와 현재의 사건과 상황과 관련된 이야기를 모래상자 안에서 재현한다. 또한 아동은 모래상자로 자신의 상상력과 미래의 가능성을 살펴볼 수 있다. 이와 같이 모래상자 안에서 아동은 많은 것들을 할 수 있다. 그 구체적인 예는 다음과 같다.

- 과거-현재-미래의 특정 사건을 탐색한다.
- 이 사건과 관련된 주제와 문제를 탐색한다.
- 아동에게 적절치 않았던 것(일)들과 않은 것(일)들을 이야기해보고 그것을 실행해본다.
- 발생한 사건과 관련된 요소들을 인지적으로 이해하는 안목을 가진다.

- 모래상자 안에서 아동의 상상력을 투사하여 만든 이야기를 변화시켜본다.
- 신체적인 표현을 통해 아동이 파워(힘)를 경험해보게 한다.
- 과거와 현재의 문제들을 극복하는 시도를 한다.
- 다음 단계에서 어떤 일이 발생할지에 대해 생각해본다.
- 상황에 대한 안목을 기르게 함으로써 문제해결의 방안을 찾아내게 한다.

모래상자놀이 활용법

모래상자놀이는 모래가 주는 촉감과 손이 상자 안에서 자유롭게 움직이는 즐거움이 있기 때문에 대부분의 아동이 좋아한다. 주로 아동들에게 상징물들을 제공하여 모래 위에서 자신이 원하는 장면을 만들어보라고 권유하며 이 놀이를 시작한다. 놀이를 하는 순간 상담자는 해당 회기의 상담 목적이 무엇인지를 정한다. 다음은 모래상자놀이에 관해 알고 있으면 유용한 정보를 정리해 놓은 것이다.

예 1

특별한 지시 없이 아동이 자유를 만끽하며 노는 것을 허용하는 비지시적 놀이 접근도 아동이 놀이에 임하는 모습이나 구조물 쌓는 모습을 관찰함으로써 여러 가지 정보를 얻을 수 있기 때문에 상담자에게 도움이 된다. 상담자는 아동이 모래판에서 보여주는 장면을 보고 '자~ 여기 모래상자에 네가 이 물건들을(상징물) 이용하여 만들고 싶은 것들을 마음껏 만들어보자.'라고 말한다. 이때 상담자는 이야기 주제나 문제점을 찾고 그것을 연결시켜 아동과 이야기를 나누면서 상담을 시작한다.

예 2

아동이 가지고 있는 문제가 사람들과의 관계에서 비롯된 것이라는 판단이 들면 '네가 아는 사람들을 모래상자에 초대해서 한번 표현해볼까?'라고 더 구체적으로 제안하며 아동을 초대한다. 아동이 모래상자놀이에 몰입해 갈 때 상담자는 모래상자 안에 표현된 다양한 관계, 즉 가까움, 멈, 강함, 약함과 같은 관계의 역동성과 경계를 눈치챌 수 있다. 때때로 아동에게 중요한 사람이 없는 경우도 발견된다. 상담자가 관찰한 관계의 역동성에 코멘트를 하고 아동이 반응함으로써 아동은 자신과 관련된 관계에 대해 인식할 수 있게 된다.

예 3

높은 불안 수준을 보이는 아동이 있다. 상담자는 '너를 가장 놀라게 하는 것들을 이 모래상자에 상징물로 표현해볼까?'라고 말할 수 있다. 아동이 표현하는 동안 상담자는 '너에게 …(괴물, 거미, 아동의 문제와 관련된 모든 것 등)을 기억나게 하는 것을 찾아볼까?'라고 말할 수 있다. 이는 아동이 상징적인 물체로 자신이 두려워하는 무언가를 구체화하여 나타낼 수 있기 때문에 유용하다.

예 4

누군가에게 버려지고 거절당했을 때 어떤 아동은 박탈감을 느끼게 된다. 이러한 아동은 자신이 어떻게 양육되었는지를 돌이켜보는 기회를 준다. 상담자는 '네가 아기였을 때 어땠는지 모래 위에 나타내보자.'라고 제안해볼 수 있다. 모래 위에 장면을 만들어가는 동안 아동은 아기였을 때 부모와 가깝지 못했던 기억 혹은 잘 양육받지 못했던 기억을 떠올리게 될 것이다. 엄마가 없었거나 양육에 무관심했다면 엄마 대신 자신을 돌봐주었던 양육자에 대한 기억도 있을 것이다. 떠올려본 엄마의 행동과 그것에 관련된 상처를 모래놀이에서 해소하면서 동시에 아동은 다른 사람에게서 받은 보살핌에 대한 긍정적인 느낌을 상기시켜볼 수도 있다. 상담자의 권유로 아동은 자신이 인식하는 과거, 현재, 미래의 그림을 모래상자 위에 축소판으로 만들어볼 수 있다. 이 순간에 상담자의 역할은 아동이 이야기를 계속 발전시키고 진행시켜 나가도록 도와주는 것이기 때문에 조용히 아동 옆에서 이야기를 듣고 함께 있어주면 된다. 상담자는 그 시간을 방해하지 않고 아동이 이해한 상황과 상징물이 나타내는 의미가 무엇인지를 이해하도록 한다.

모래상자놀이는 관찰자인 상담자의 제안과 함께 모래그림이라는 시각적인 정보를 제공하기 때문에 굉장한 효과가 있을 수 있다. 그리고 아동도 모래상자에서 자신이 만든 장면을 직접 보고 상담자의 피드백과 함께 자신의 세계에 대해 이해할 수가 있다.

모래상자 안에 장면을 만들어갈 때 몇 가지 단계가 있다. 먼저 집 주위에 울타리를 만들 수 있다. 아동이 자신에 관한 이야기를 할 때 울타리 주변의 나무에 벽을 설치할 수도 있다. 이야기를 계속해 가면서 아동은 나무 뒤 언덕이나 도랑에 모래를 쌓을 수 있다. 또한 집 주변에 쳐 놓은 몇 개의 울타리가 시간이 지남에 따라 점차적으로 높아지는 경우도 있다. 이것은 아동이 안전과 관련된 문제가 있음을 암시해준다. 그러나 아동의 이러한 행동이 확실치 않을 수도 있기 때문에 상담자는 이 활동에 대해 언급은 하되 아동의 놀이에 대해 평가하거나 방해하지는 않는다. 한동안 지켜보다가 관찰한 것을 바탕으로 상담자는 '집 주변, 언덕, 도랑, 그리고 몇 개의 나무에 울타리가 있구나.'라고 간단하고 정확한 피드백을 한다. 그러면 아동은 모래위에 설치해 놓은 물건들을 육안으로 확인하고 안전과 관련된 문제나 다른 문제들을 인식하고 이야기를 꺼낼 수도 있다. 상담자는 상자에 사용된 상징물들의 의미를 개인적으로 추측하거나 가정하지 않고 아동이 풀어내는 상징의 의미에 주의를 기울이는 것이 좋다. 이때 상담자가 '이 바위에 대해 좀 더 말해줄 수 있어?'라고 물으면 아동은 '이것은 우리가 가서 밥을 얻을 수 있는 교회예요.'라고 하며 이와 관련된 이야기를 계속할 것이다.

　이제까지 모래상자를 사용하여 어떻게 상담에 접목시킬 것인지에 대해 살펴보았다. 지금부터는 모래상자놀이에 적용되는 중요한 상담 기법에 대해 상세히 설명하도록 하겠다.

모래상자놀이를 이용한 상담 기법

아동이 자신의 이야기를 하는 동안 중재가 필요하다면 상담자는 3부에서 설명된 상담 기법을 사용하면 된다. 다음에 제시된 모래놀이상자와 관련된 상담 기법이 도움이 될 것이다.

1. 관찰
2. 상담자의 의견
3. 질문의 사용
4. 지시 주기
5. 모래상자놀이의 종결

관찰

아동을 관찰함으로써 아동의 삶과 문제에 대해 많은 것을 파악하게 된다. 상담자는 아동에게 피드백으로 자신이 관찰한 정보를 전달하고 아동은 자신의 문제를 좀 더 깊게 되짚어볼 수 있다. 이때 상담자는

1. 아동이 어떤 상징물을 선택하는지 눈여겨본다.
2. 아동이 관심을 갖는 상징물에 특별한 의미가 있는지를 구분한다.
3. 보편적으로 사용되거나 또는 특별히 수집된 상징물의 의미를 인식하고 이 상징물들이 아동의 문제와 관련이 있는지를 고려한다.

4. 모래상자에 아동이 상징물을 가운데 혹은 가장자리에 배치하는지를 살펴본다. 특히 아동이 모래 속에 묻는 상징이 있는지 혹은 지배적인 위치에 놓는 특정 물건이 없는지 지켜본다.

5. 모래상자에 빈 곳이 있는지를 살핀다. 이것들은 중요한 의미가 될 수 있다. '이곳에서 어떤 일이 일어나고 있지?'라고 상담자는 아동에게 물을 수 있다.

6. 아동이 상징물을 선택할 때 자발적으로 하는지 억지로 하는지 또는 무기력하게나 공격적으로 하는지 혹은 강요적인 태도로 놀이에 임하는지를 관찰한다. 더불어 아동이 신중하게 상징물을 선택하는지 아니면 성급하게 선택하는지도 살펴본다.

7. 양육, 비밀, 분리, 피해, 힘과 같이 드러나는 주제에 이름을 부여한다.

8. 아동의 이야기 중 일관적이지 못한 부분을 알아챈다.

상담자의 의견

아동이 모래 위에 그림을 그릴 때 자연발생적으로 이야기를 만들어간다. 상담자는 주로 아동의 활동을 조용히 지켜본다. 만약 아동이 아무 말도 하지 않을 때는 어느 정도 지켜본 뒤 적절한 타이밍을 이용하여 자신이 관찰한 것에 대해 의견을 주며 아동을 대화에 유도한다. 예를 들어 '모래 위에 그림을 그릴 때 네가 굉장히 주의를 기울이는구나!', '그림에 많은 것들이 담겨있네?', '네 그림은 굉장히 복잡하고 많은 것들이 들어있네. 너는 매우 바쁘구나!' 등의 의견을 덧붙일 수 있다. 이러한 의견은 아동을 방해하지 않고 모래그림의 특정한 부분을 가리키지 않으면서 아동의 대화를 이끌어낼 수 있어서 전략적으로 사용하면 좋다. 그러나 때로는 상담자의 이러한 의견만으로 충분하지 않을 수도 있기 때문에 상담자는 적절한 질문으로 대화를 확장시킬 수도 있다.

상담자가 주는 의견은 아동이 모래 위에 자신이 만드는 장면에 대해 이야기를 만들어 갈 수 있게 할 뿐만 아니라 자신의 내면을 인식하게도 한다. 이 과정 동안 아동이 가진 문제나 생각 그리고 정서에 대해 인식이 심화되면서 아동이 집중적으로 얘기할 수 있는 기회가 주어진다.

질문의 사용

질문을 사용하기 전에 상담자는 아동이 겪고 있는 과정과 자연스러운 흐름을 파악해야 한다. 아동이 놀이를 멈추는 짧은 타이밍에 아동의 모래그림이나 이야기의 특정 부분을 좀 더 심도 있게 알아보기 위하여 상담자는 다음과 같은 질문을 할 수 있다.

- '네 그림에 대해 설명을 해줄 수 있니?'
- 모래상자에 빈 공간을 손가락으로 가리키며 '저 곳은 뭐지? 저 곳에서는 무슨 일이 벌어지고 있는 거지?'
- 모래상자가 크고 강력한 상징물들로 가득 차 있으면 '와~! 이것들은 정말 크고 강력하구나! 너도 크고 강력하다고 느끼니?'

지시 주기

23장의 전반부에서 아동이 모래상자의 상징물들을 이용하여 모래그림 그리기를 시작하며 자신의 이야기를 하도록 권장하기 위하여 사용하는 지시어들의 예를 든 적이 있다. 모래상자놀이 시간 외에도 다양한 지시어들이 필요할 수 있는데 그 예들은 다음과 같다.

예 1

아동이 놀이를 그만하려고 하다가도 상담자의 간단한 지시어에 의해 자신의 이야기를 더 발전시킬 수도 있다. 예를 들어 아동이 공원에서 노는 모습을 모래상자에 표현한 후 갑자기 '집에 가고 싶다'는 말을 한다고 가정하자. 아동이 자신이 공원에서 노는 장면을 그대로 두고 떠나려는 순간, 상담자는 '네가 집으로 가고 난 후 이곳에서 어떤 일이 벌어질지 보여줄래?'라고 물을 수 있다. 그러면 아동은 상징물들을 다시 재배치하며 이야기를 계속적으로 이어나갈 것이다. 이때 이야기를 단순히 종료해버렸다면 놓쳐버렸을지도 모를 새로운 중요한 정보를 상담자는 얻을 수 있다.

예 2

아동이 특정한 부분에 관심을 보이면 상담자는 '이곳에서 어떤 일이 일어나고 있는지 말해볼래?'라고 말하거나 '이것에(그 부분과 관련이 있는 부분을 가리키며) 대해 말해 봐.'라고 물어볼 수 있다.

모래상자놀이를 종료하는 법

놀이를 종료해야 할 적절한 타이밍을 상담자는 눈치채야 한다. 이 순간을 암시하는 아동의 태도는 다음과 같다. 아동이

- 자발적으로 놀이를 멈출 때
- 자신의 이야기를 더 이상 발전시키지 않을 때

● 지정된 상담시간의 종료가 거의 다가올 때

적절한 타이밍에 상담자는 놀이를 멈추기 위해서 아동에게 종료시간이 임박했음을 미리 알리고 진행시켜왔던 활동들을 간단하게 요약해준다. 상담자는 아동이 현재하고 있는 일을 마무리 짓고 자신이 만든 장면이나 구조물을 분해할 수 있다. 상담자는 아동이 떠나고 나서 아동이 만든 작품이나 구조물을 분해해도 되는지를 물어볼 수도 있다. 모래 위에 만들어 놓은 결과물들은 아동의 것이기 때문에 아동이 상담실을 떠났다고 해서 상담자가 없애는 것은 적절하지 않다.

　상담자는 아동에게 다음 상담 회기에 돌아오면 아동의 작품이 그곳에 더 이상 없을 수도 있다고 알려주어도 좋다. 또 다른 방법으로 아동이 만든 놀이의 결과물을 사진으로 찍어놓고 상담 회기 때마다 이전 사진과 비교하면서 계속적으로 이야기를 나누고 발전시킬 수 있다.

모래상자놀이의 적합성

5세 이상의 아동은 모래상자놀이를 즐긴다. 청소년과 성인들에게도 이 놀이는 도움이 된다. 5세 이하의 유아도 모래상자놀이를 즐기기는 하지만 아동발달상 이 연령대의 유아는 도구의 상징적인 사용이 거의 불가능하다.

　모래놀이는 아동의 의식 속에 잠재된 가능성을 탐색하는 개방적이고 포괄적인 활동이다. 아동의 내적인 탐색을 제한하거나 억누르지 않으면서 모래상자의 크기와 상자의 가장자리는 아동에게 경계(boundaries)에 대한 개념을 심어준다. 상담자의 칭찬과 격려와 함께 아동도 모래상자 놀이에서 대담성을 보이고 상담자와 상호작용을 할 수 있는 기회를 갖는다. 모래놀이와 관련된 추가정보는 다른 문헌을 통해서도 참고할 수 있다(Lowenfield, 1967; Ryce-Menuhin, 1992; Pearson & Wilson, 2001).

> **사례 연구**
>
> 충격적인 사건을 경험한 아동을 상담할 때 모래상자놀이가 사용된다. 과거에 가정폭력을 목격한 아동을 위해 이 놀이가 사용되었고 그 효과 또한 검증되었다(Ernst et al., 2008, 20장 참조).
> 　10세인 재석이를 상담에 의뢰받았다고 가정하자. 재석이는 가정폭력 사건 속에서 신체적인 학대를 당하다가 수양부모에게 맡겨졌다. 재석이의 경험을 되짚어보고 지원해주기 위해 상담에서 어떻게 모래상자놀이를 사용할 수 있을까?

핵심 요점

- 모래상자놀이는 아동이 자신의 이야기를 만들 수 있도록 도와주는 좋은 놀이도구이다.
- 이 놀이에 필요한 상징들 중 일반적인 항목들은 소형 장난감, 작은 조각상과 장난감 동물 등이다.
- 상담자는 아동에게 자신의 과거, 현재, 미래에 대해 지각한 것을 모래상자 안에 작은 장면으로 만들어보도록 권유한다.
- 아동이 모래상자 속에 나열한 상징물들에 대해 상담자가 관찰한 바를 아동에게 알려줌으로써 대화를 발전시킬 수 있다.
- 대부분의 시간 동안 상담자는 조용히 지켜보지만 적절한 타이밍에 질문을 던지고 유용한 정보를 이끌어낼 수 있다.
- 아동이 자신의 이야기를 더 발전시킬 수 있도록 하는 상담자의 간단한 제안은 상담자와 아동의 대화와 상담을 계속적으로 이끌어가는 데 도움이 된다.

24
Chapter

찰흙놀이

찰흙은 다양한 방법으로 아동상담에 쓰인다. 특히 찰흙은 아동상담을 위한 통합 모델의 2단계 활동에서 아동의 감정 어루만지기와 격한 감정해소를 유도하기에 적합한 도구다(그림 8.1, p. 85 참조). 찰흙이라는 재료 자체가 가지는 물리적인 속성은 아동에게 흥미롭고 치료적이다. 대부분의 아동은 찰흙을 만질 때 느껴지는 감촉을 좋아한다. 아동은 찰흙으로 여러 모양을 쉽게 만들 수 있고 자유롭게 크기와 형태도 바꿀 수 있다. 또한 찰흙을 아동에게 보여주면서 특정 활동으로의 참여를 쉽게 유도할 수 있다. 아동은 찰흙을 손으로 느끼고 치고 누르고 때리고 뭉개고 모양을 잡으면서 논다. 찰흙은 아동에게 촉감과 운동신경을 골고루 사용할 수 있게 해줘서 큰 즐거움과 만족감을 준다.

찰흙으로 아동이 창의성을 발휘할 수 있고 놀이를 하는 동안 아동 안에 내재된 감정을 드러낼 수 있다. 찰흙은 아동이 매우 광범위하게 감정을 표현할 수 있도록 하는 매개체이다. 짜증이 날 때는 찰흙을 치고 공격적으로 때리거나 잡아당기고 찢을 수 있다. 이것을 통해서 정서적인 카타르시스를 경험하는 것이다. 찰흙은 쉽게 모양을 바꿀 수도 있기 때문에 아동이 찰흙을 가지고 놀면서 자신이 가지고 있는 현재의 문제를 계속 생각하고 살펴볼 수 있고 새로운 문제도 탐색할 수 있다.

아동은 이차원적인 '그리기'나 '색칠하기' 활동을 할 때보다 삼차원적인 찰흙이라는 매개체로 좀 더 창의적인 자유도 누릴 수 있다. 아동은 찰흙으로 현실적, 가상적 그리고 상징적인 모양을 만들어낼 수 있다. 예를 들어 아동은 괴물을 만들기도 하는데 이 괴물은 동물 혹은 만화책의 주인공일 수 있고 그 밖의 상징적인 모양을 가지고 있을 수도 있다. 누구나 특별한 기술이 없어도 찰흙을 가지고 놀 수 있고 자신이 창의성이 없다고 생각하는 아동에게도 찰흙은 만족감을 안겨준다. 찰흙놀이를 하는 동안 아동은 특별히 주의를 할 필요가 없어서 아무런 제한 없이 내면감정을 자유롭게 경험하고 표현할 수 있다.

과거의 경험으로 감정에 벽이 생긴 아동에게도 찰흙은 촉감을 자극하고 움직임을 유도하기 때문에 차단된 벽을 여는 도구로 적당하다. 상담자는 이 과정에서 아동의 내면이 반영된 행동을 관찰하고 특별히 아동의 언어적 혹은 비언어적 반응을 주의 깊게 관찰하여 적합한 상담기술을 적용하면서 코멘트를 하면 좋다.

찰흙놀이에 필요한 도구

물기가 너무 많아 끈적거리는 찰흙은 아동이 가지고 놀기에 적합하지 않고 적당히 부드럽고 유연한 찰흙이 좋다. 찰흙이 너무 말라 있어도 피부에 닿는 느낌이 좋지 않기 때문에 적절하지 않다. 찰흙은 가로 30cm, 세로 20cm, 높이 10cm 정도의 크기가 적당하다. 공간 사이를 쉽게 돌아다니고 활동하기 쉽도록 찰흙은 바닥에 앉아서 가지고 노는 것이 좋다. 찰흙은 바닥에 비닐을 깔아서 사용할 수도 있지만 사용 후 오랫동안 씻어야 하는 불편함이 있어서 사용 후 간단히 씻어내고 접어서 보관할 수 있는 방수포가 적당하다. 방수포는 아동과 상담자 모두가 편안하게 앉을 수 있도록 충분히 커야 한다. 찰흙 커터(자르는 도구)는 찰흙을 조각낼 때 필요하다. 그 밖에도 조각하기에 편한 도구들(플라스틱 주걱, 빳빳한 붓, 플라스틱 칼과 포크 등)이 있으면 놀이에 도움이 된다.

찰흙은 에어컨이나 히터가 있는 방에서 사용하면 쉽게 마르기 때문에 이런 경우는 찰흙덩어리 위쪽 가운데에 약간 패인 구멍을 만들어 물을 붓고 그 위를 잠시 막아 놓는다. 이 덩어리는 뚜껑이 있는 플라스틱 용기에 하룻밤 정도 보관해두면 다음날 찰흙에 물이 흡수가 되어 원 상태처럼 다시 부드럽고 유연해진다. 어떤 아동은 찰흙을 만지면 더러워지는 것을 걱정한다. 이런 아동에게는 비닐 앞치마를 주고 개수대에 쉽게 갈 수 있는 상황을 만들어준 후에 놀이를 하는 것이 좋다.

위에서 설명한 바와 같이 찰흙을 사용할 때 필요한 도구는 다음과 같다.

- 덩어리 찰흙
- 바닥에 까는 방수포
- 비닐 앞치마
- 찰흙 커터

- 여러 조각 도구들
- 개수대에 쉽게 접근할 수 있는 상황

찰흙놀이의 목표

상담자는 아동에게 중요한 사람이나 감정 그리고 특정한 물건과 문제점을 찰흙으로 표현해보라고 하고 그것에 관해 이야기할 수 있는 기회를 준다. 상담자는 아동이 타인과의 관계를 이해하고 자신의 과거에 대한 이해나 통찰력을 기르도록 도와주는 상담 기술을 이용한다. 찰흙은 아동이 자신의 이야기를 할 때 내재된 감정과 외현적인 행동을 표출하도록 유도해주기 때문에 아동과 상담자는 쉽게 연결되어 친밀한 대화를 나눌 수 있다. 그러므로 상담자는 아동이 가지고 있는 문제점을 표현하고 대화할 수 있도록 격려한다. 찰흙으로 아동은 자신의 감정을 억누르지 않고 표현한다. 이러한 외현적인 행동 반응은 아동이 자신의 기분을 실제적인 행동으로 옮겼을 때 발생한다. 예를 들어 상담자는 아동이 찰흙을 주무르고 치대고 가지고 놀 때의 움직임을 통해 투영되는 내면적 감정을 인식하고 아동이 온전히 그것을 소화할 수 있도록 도와준다.

여러 아동들과 함께하는 집단 활동에도 찰흙은 유용하게 사용된다. 집단 활동을 하는 동안 찰흙으로 서로 상호작용을 하고 나눔으로써 다른 아동을 이해하는 법을 배우게 된다. 이것을 통해 아동은 자신이 집단에 속해 있다고 느끼고 집단 안에서 자신의 행동에는 반드시 결과가 따른다는 것을 깨닫게 된다.

다음에서 찰흙놀이의 목표를 간단하게 요약하고 정리해보았다.

찰흙을 이용한 개인상담과 집단상담의 목표

아동이 :

- 자신에 관한 이야기의 세부 내용들을 설명하도록 돕는 것
- 내면에 품고 있던 감정을 투영하고 그것을 인식하고 소화하고 통제하는 것
- 가진 중요한 문제점들을 인식하고 이겨낼 수 있는 능력을 기르는 것
- 주변과의 관계를 탐색하고 그 관계들을 이해하는 능력을 가지는 것
- 창의적인 작품을 완성하고 그것에 대한 만족감과 성공을 경험하게 하는 것

찰흙을 집단상담에 사용할 때 첨가된 목표

- 아동이 다른 사람들을 이해하는 법을 배우도록 돕는 것

- 집단에 소속감을 느끼는 것
- 집단 안에서 자신의 행동에 결과가 따른다는 것을 깨닫는 것

찰흙을 이용한 상담 기법

찰흙을 이용하여 상담하는 방법은 다음의 순서대로 논의될 것이다.

- 찰흙으로 시작하기
- 특정한 문제점과 관련된 주제를 이끌어내기 위해 찰흙 사용하기
- 두 모형으로 대화하기
- 찰흙으로 상담 종료하기
- 집단상담에 찰흙 이용하기

찰흙으로 시작하기

아동이 찰흙을 친구처럼 편하게 느껴지도록 하는 것이 이 놀이의 시작이다. 이 기술은 바이올렛 오클랜더가 제안한 '친구 만들기'로 아동이 개인적으로 찰흙과 가까워지는 것이다. 먼저 상담자는 아동에게 '찰흙을 네 손으로 만지면서 눈을 감아봐.'라고 말한다. 어떤 아동은 눈을 감지 않으려고 할 수도 있지만 그래도 괜찮다. 아동에게 상담자의 지시를 따를 충분한 시간적 여유를 주고 다음과 같은 사항을 말한다.

찰흙을 굴리자
납작하게 만들어보자
때리자
두 조각으로 나눠서 양쪽으로 당겨보자
손가락으로 찰흙에 구멍을 내자
조금 떼어내어 뱀 모양을 만들어보자
만든 뱀을 네 손가락 주변에 돌돌 감아보자

아동은 찰흙으로 인해 놀이에 쉽게 참여하게 된다. 다른 접근 방법으로 상담자는 '찰흙으로 네 친구를 만들면 어떻게 될까?' 혹은 '너는 무엇을 제일 만들어보고 싶니?'라고도 물을 수 있다. 아동이 만약 납작하게 만드는 게 재미있었다고 대답하면 상담자는 '그래? 납작하게 만들 때 어땠니?'라고도 물을 수 있다. 상담자는 이 놀이에서 아동이 제일 재미있어 했던 부분을 다시 반복할 수도 있다.

특정한 문제점과 관련된 주제를 이끌어내기 위해 찰흙 사용하기

아동이 찰흙으로 친구의 형상을 만들면 상담자는 그 친구와 관련된 내용을 찰흙으로 더 만들어보자고 권유할 수 있다. 이 조각형상들을 만드는 데에는 특정한 목표가 있기 때문에 상담자는 그 목표와 관련된 지시를 아동에게 정확하고 구체적으로 하는 것이 좋다. 지시어에 대한 예가 다음에 제시되었다.

'지금 어떻게 느끼고 있는지 찰흙으로 나타내보자.'
'아기였을 때의 너의 모습을 찰흙으로 만들어보자.'
'수양가족과 살 때 어떤 느낌이었는지 찰흙으로 표현해보자.'
'아빠를 방문했을 때 어땠는지를 찰흙으로 나타내보자.'

어떤 순간에 아동이 '나 이거 잘 못해요.'라고 말하거나 '난 아무것도 못 만들어요.'라고 말할지도 모른다. 그러면 상담자는 '잘 만들지 못해도 돼. 그냥 네가 …을 했을 때를 떠올리며 아무거나 만들어봐.'라고 아동을 격려할 수 있다. 때때로 상담자가 자신의 모형을 먼저 만들어 보여주며 아동과 대화할 수도 있다. 예를 들어 마구 뛰고 있는 소녀 모형을 만들고 '난 지금 진짜 바빠. 할 일이 너무 많거든. 내 조각상 보면 어때?'라고 아동에게 물어보면 아동도 자신의 모형을 만들어보려고 하면서 상담자에게 반응하려고 할지도 모른다. 중요한 것은 이 시점의 대화는 아동의 상태와 관련된 평범한 질문이어야 한다는 것이다. '여기서 오늘 네가 아기 때 모습(다른 모습도 적용 가능)을 만들어봤는데 어땠어? 재미있었어?'라는 질문은 아동이 '여기 그리고 지금'이라는 현재 시점의 시간을 인식하게 해주고 현재 자신의 느낌과 생각을 물어보는 기회를 가지게 해준다.

상담자가 관찰한 사실들을 아동에게 덧붙여 설명해줄 수도 있다. 예를 들어 '와~ 조각상을 만드는 데 시간이 정말 오래 걸리네.'와 같은 의견이나 '네가 아기 때의 모습을 만드는 데 정말 열심히 하는구나.' 또는 '네가 만든 형상으로 인형놀이를 해볼까? 네가 이 아기인형이 되어보는 거야.'라고 말하며 상담자는 아동의 찰흙모형에 자신의 감정을 이입할 수 있도록 도와준다. 아동이 자신이 그 모형이 되었다고 가정하는 동안 상담자는 아동이 표현한 형상의 상징적인 의미나 외관을 살펴보고 '여기 이 볼록하게 튀어나와 있는 부분을 네가 어떻게 느끼는지 말해보렴.'이나 '이런 가느다란 뿔을 가지고 있으면 어떤 느낌이 들까?'라고 할 수도 있다. 여기서 상담자는 아동에게 자신이 만든 형상 주변을 다른 시각에서 살펴보게 하고 '이 각도에서 네 작품을 보니 어때? 똑같아 보여? 저기서 볼 때는 어땠니?'라고 물어볼 수도 있다.

두 모형으로 대화하기

아동이 자기 모형을 만들고 난 후 상담자는 아동에게 자신이 아닌 다른 사람이나 아동이 중요하게 생각하는 감정을 만들어보라고도 권한다. 그런 후 상담자는 아동에게 각각의 찰흙모형이 되어보자고 말하고 둘 사이에서 대화를 시작한다. 예를 들어 아동이 수지라고 부르는 사람이 자신의 수양엄마를 의미한다면 상담자는 '네가 네 수양엄마(그 모형을 가리킨다)라고 상상봐. 너(아이 모형을 가리킨다)는 수양엄마에게 뭐라고 말할 거야?' 이 시간 동안 아동은 수양엄마와 자신의 역할을 교대하며 둘 사이의 대화를 시도해볼 수 있다.

위에 설명된 놀이 활동의 목표는 아동이 자신과 상대편 모형에 대한 내용을 계속적으로 상담자 앞에서 나누는 것이다. 이것을 통해서 아동은 자기 문제에 대해 자신이 어떻게 느끼는지를 알고 그것을 다룰 수 있게 된다. 여기서 상담자는 뭔가를 조사하며 캐묻는 사람이나 대화를 방해하는 사람이 되지 않도록 주의한다.

찰흙으로 상담 종료하기

아동과 상담자가 더 이상은 할 말이 없을 때 상담을 종료할 수 있다. 이때 상담자가 아동의 작품을 남은 찰흙과 합칠 수 있다고 아동에게 알리고 아동도 그 상황을 이해하고 자기의 것을 상담실에 두고 가겠다고 상담자에게 말한다. 어떤 아동은 자신이 만든 모형이 건조되면 다음에 왔을 때 볼 수 있도록 안전한 곳에 남겨달라고 상담자에게 부탁할 수도 있다. 또 다른 아동은 자신이 직접 자신의 모형을 뭉쳐서 남아있는 진흙과 합치고 싶어 하기도 한다. 이렇듯 아동이 만든 모형은 아동 스스로를 상징할지도 모르기 때문에 상담을 종료할 때 여러 가지 세심한 고려가 필요하다. 상담을 종료할 때 아동이 보이는 다양한 행동 역시 상담자에게 의미 있는 정보를 제공해줄 수 있기 때문에 관찰할 필요가 있다.

집단상담에 찰흙 이용하기

집단으로 상담을 할 때 18장에서 이미 언급한 것과 같은 상담 기술과 활동을 권유하는 전략이 모두 필요하고 이것들을 잘 적용하면 도움이 된다.

아동들과 집단상담을 할 때 앞에서 설명한 바와 같이 '찰흙으로 친구 만들기'로 상담을 시작할 수 있다. 이 활동에서 상담자는 '네가 지금 느끼는 기분을 다른 친구들에게 찰흙으로 표현해보자.'라고 한다. 아동이 찰흙모형을 다 만들면 상담자는 집단에 있는 또래들에게 서로의 모형을 보여주면서 해당 아동의 감정이 어떤지 맞춰보라고 한다. 각각의 모형을 보여주면서 아동들이 서로의 기분을 추측하고 얘기하는 동안 자연발생적으로 아동들 간에 상호작용이 일어난다. 그런 후에 상담자는 '너를 대신하는 모양을 만들어보자.'라고 말하고 아동들은 지시대로 만든다. 그러면 상담자는 '네 모양에 대해 설명해보자.'라고 화두를 던지고 상담자는 상호적인 논의가 이루어지도록 아동들을 격려한다. 아동이 선뜻 논의에 참여하지 않더라도 상담자가 계속적으로 대화를 유도해본다. 이때 상담자는 '지수가 지영이 너의 모형에 대해 말해도 괜찮을까?'라고 할 수도 있고 만약 지영이가 '괜찮다'라고 말하면 지수에게도 묻는다. '너는 지영이의 모형에 대해 어떻게 생각하니?'라고 할 수 있다.

  찰흙을 이용한 집단상담이 종료될 무렵 아동들이 작품을 합쳐서 그룹 작품으로 만들어보자고 제안할 수도 있다. 이것은 집단 안에서 아동 간의 관계를 살펴볼 수 있는 좋은 기회이다. 그러므로 상담자는 '집단 안에 있는 친구가 만든 조각모형 중 네 것과 어울리는 것이 있는지 살펴보자.'라고 말하며 유도해볼 수 있다. 만약 동수가 '제 모형은 지나 것 옆에 서면 잘 어울려요.'라고 하면, 상담자는 '지나야 네 것 옆에 동수의 모형을 두어도 되겠니?'라고 물어본다. 지나가 '예'라고 하면 동수의 모형을 그 옆으로 옮긴다. 그런 후 상담자는 지나가 어떻게 생각하는지 혹시 기분의 변화가 있는지 묻는다. '지나야, 동수의 모형을 네 모형 옆에 두니 어때?' 지나는 모형이 너무 가깝다 혹은 너무 멀다고 답할 수 있고 이때 상담자는 '동수야 이쪽으로 좀 더 가까이(혹은 멀리 갈래?) 올래?'라고 동수에게 물어볼 수 있다. 지나는 모형을 편안한 위치로 이동시킬 것이고 동수는 지나가 자신의 모형을 배치한 것에 대해 느끼는 바를 표현할 수도 있다. 이것을 집단 안에 있는 다른 아동들에게도 똑같이 적용할 수 있다. 이 놀이를 통해 집단에 있는 아동들 간에 관계를 파악하고 그 관계 속에서 그들의 필요와 타인의 필요를 이해하게 되는데 이 과정은 굳이 말로 표현하지 않아도 서로 느끼게 된다.

  어떤 아동들은 자신이 만든 작품을 다른 아동들의 작품 가까이 세우지 않고 독립적으로 두고 싶어 할 수도 있다. 이러한 아동의 의견도 존중해야 되고 이것은 개인의 기호에 맞춘 다른 의미의 포함(inclusion)이라는 개념으로 받아들여주는 것이 좋다. 집단상담에서 일어난 '조각상 위치 옮기기'에서 아동의 선택과 개인 조각상을 소유한 아동이 가지는 영향력도 항상 존중되어야 한다.

  집단 모형 활동이 끝나면 상담자는 '너희들이 만든 작품을 한 곳에 모아 보니 어때?'라고 하거나 '더 하고 싶은 다른 활동이 있니?'라고 묻는다. 마지막으로 상담자는 그룹에 있는 아동들이 자신이 만든 작품을 어떻게 처리하고 싶은지에 대해서도 묻고 아동들에게 선택권을 주어야 한다.

찰흙의 적합성

찰흙을 치료학적인 도구로 사용하는 찰흙놀이는 추상적이고 통합적인 사고를 할 수 있고 창의성 개발에 적합한 활동으로서 6세 이상의 아동에게 적합하다. 발달단계를 고려해볼 때 특히 만4~7세의 유아에 있어서 찰흙놀이는 더할 나위 없이 좋은 놀이가 될 수 있고, 성격과 성향을 형성하는 데 큰 영향을 미친다.

찰흙은 개인 혹은 가족 그리고 집단상담에 사용되는 매체로서 사용자가 마음대로 조작하고 변화시키고 통제할 수 있는 개방적이고 포괄적인 도구이다. 또한 찰흙은 감각을 자극하는 놀이매체이기도 해서 아동의 감성과 느낌을 잘 어루만져주기 때문에 정서적으로 차단된 아동들에게도 도움이 된다. 아동이 화가 났을 때 찰흙을 치고 때림으로써 화를 풀 수 있고 이러한 행동은 무난히 수용되기 때문에 아동도 쉽게 자신의 감정의 벽을 허물 수 있다.

사례 연구

반복적으로 병원에 입원하거나 입원기간이 연장된 아동들에게 찰흙은 효과적인 도구가 될 수 있다고 선행연구는 밝히고 있다(Madden et al., 2010; 더 자세한 내용은 20장 참조). 백혈병을 진단받고 병원에 처음으로 입원한 7세 진아를 상담에 의뢰받았다. 진아가 병원에 있는 동안 찰흙을 어떻게 활용하겠는가? 만약 백혈병을 진단받은 다른 아동들과 진아가 집단 활동을 한다면 찰흙을 어떻게 사용하겠는가?

핵심 요점

- 찰흙은 아동상담을 위한 통합 모델의 2단계에서 아동의 정서를 어루만지고 격한 감정을 표출하게 하는 데 사용하면 유용하다.
- 찰흙은 쉽게 변형이 되기 때문에 찰흙을 만지는 동안 아동이 현재의 문제를 계속 생각하게 되고 새로운 문제도 인식하도록 할 수 있다.
- 찰흙만이 가지는 3차원적인 속성은 큰 장점이다.
- 찰흙은 감각자극과 움직임을 유도하기 때문에 아동이 쉽게 감정을 분출할 수 있다.
- '찰흙으로 친구 만들기'로 아동에게 쉽게 접근할 수 있어서 놀이 활동을 시작할 때 사용하면 좋다.
- 아동에게 자신이 가진 문제와 관련된 모형을 만들어보라고 하면서 상담자는 자연스럽게 아동과 대화를 나눌 수 있다.
- 찰흙은 집단상담에도 적절하다.

25
Chapter

스케치, 물감으로 그리기,
콜라주와 만들기

이 장에서는 네 가지 유형의 놀이매체를 살펴볼 것이다. 여기에 사용되는 매체들은 비슷한 속성을 가진 것들로 간주될 수 있기 때문에 한 개의 그룹으로 묶을 수도 있다. 그러므로 필요할 경우에는 동시에 함께 사용하기도 한다.

이 매체들로는

1. 스케치
2. 물감으로 그리기
3. 콜라주
4. 만들기

이 놀이매체들은 상담의 다양한 단계에서 사용할 수 있지만 특히 아동이 자신의 이야기를 계속하고 자신의 감정을 추스르기 시작하는 아동상담을 위한 통합 모델의 2단계나 3단계, 즉 아동이 자아인식 개념을 변화시킬 수 있도록 돕는 단계에서 사용하면 좋다(그림 8.1, p. 85 참조). 위 네 가지 놀이매체는 아동의 창의성에 중점을 두며 아동이 탐색하고 실험하며 놀 수 있게 하는 것들이다. 아동은 위 네 가지 도구로 그림을 그리고 자신의 이야기와 자신과 관련된 문제점이나 자신의 감정과 이야기 주제를 상징적으로 표현하기 위하여 사용한다. 그러므로 아동은 자신이 처한 상황을 그림을 통해 시각적으로 표현하고 자신의 위치를 알게 된다. 아동은 자신의 환경에서 발생하는 모든 변화나 오랜 기간에 걸쳐 생성된 변화를 탐색하기 위해 이 미술활동 매체들을 사용할 수 있다.

이 매체들로 아동은 개인적인 이야기를 시간적인 순서대로 만화처럼 표현할 수 있다. 그리기로 현실에서는 고통스러웠던 경험을 대조적으로 즐겁고 만족스러운 경험처럼 그려낼 수 있다. 위 네 가지 미술활동 도구는 아동이 자신의 이야기를 충분히 설득력 있게 그리고 진솔하게 표현할 수 있도록 해준다. 예를 들어 현실에서는 공격적이고 사회적으로 받아들여지지 않는 문제 행동을 하지는 못하지만 그림으로 표현함으로써 부정적인 감정을 표현하고 간접적인 행동으로 옮겨보고 해소할 수 있다.

위 네 가지 도구는 아동에게 만들고 파기하도록 허용함으로써 감정을 해소할 수 있는 기회를 준다. 예를 들어 아동은 자신을 화나게 만든 부분을 그린 후 그것을 지워버리거나 완전히 찢어 버릴 수도 있다. 이처럼 아동이 자신의 과거와 현재 그리고 미래 상황을 돌아보고 자신이 원하는 바와 필요에 대해 표현하기 힘들 때 그리기나 물감으로 그리기 혹은 만들어서 미술 작품으로 자신의 의사를 대신 표현할 수 있다. 15장과 이 장의 후반부에서는 아동이 언어로 자신의 상황을 직접적으로 표현할 수는 없지만 원하는 바를 그림으로 표현하는 시각적인 은유법에 대해 설명할 것이다 (Geldard et al., 2009).

위에서 언급된 미술 도구들은 아동 특유의 상상과 상징을 통해서 내면의 생각과 기분을 전달하도록 도와준다. 그림활동으로 표현되는 상징적인 언어로 아동은 감정을 다룰 수 있고 행동의 변화를 시도할 수 있다. 단순 스케치와 물감으로 그리기는 아동의 연령과 능력에 따라 다양한 수준으로 적용할 수 있다. 상담자는 아동의 발달 연령에 따라 그려내는 그림의 차이를 미리 알아두어 아동의 그림을 잘못 해석하지 않도록 한다. 올바른 그림의 해석은 미술활동의 치료학적인 효과를 극대화시킬 수도 있다.

4세 이하 유아의 그림에 관해 살펴보자. 이 연령대에 아동은 낙서를 하고 두서없이 그린 것들을 지워버리고 다시 새 그림을 그리는데 이 행동은 지극히 정상적이다. 이 아동들에게 컬러는 별로 의미가 없고 아동 자신의 감정과 기분 상태에 맞는 컬러에 더 민감하게 반응하기 때문에 사물을 그릴 때도 실제 사물과 동일한 컬러를 그대로 표현하지 않는다. 상담자는 아동이 휘저어놓은 것 같은 그림의 의미를 잘 모를지 몰라도 아동은 그것의 의미를 잘 안다. 이 시기의 아동은 누군가가 묻지 않으면 자신이 그려놓은 그림이 무엇을 의미하는지 말하지 않는다. 그리고 이 나이 또래 아동은 자신이 그려놓은 그림의 의미를 처음에는 '남자' 그다음은 '개' 그리고 '엄마가 쇼핑을 간다'로 계속적으로 바꾸기도 한다. 그림 그리기에서 아동의 언행은 상담자를 혼란스럽게 만든다.

4세에서 6세 사이의 아동은 자신이 그려놓은 그림을 좀 더 가치 있게 보기 때문에 자신이 그린 그림을 간직하고 싶어 하거나 자기가 좋아하는 사람에게 주고 싶어 한다. 5세에서 7세 사이의 아동은 인간을 그릴 때 신체비율을 비정상적이게 표현한다. 이 시기의 아동에게 전반적인 신체 비율은 별로 중요하지 않아서 특정 부위 '손'과 같은 부분을 터무니없이 크게 그려놓기도 한다. 이러한 아동의 그리기 행위를 상담자는 잘못 해석할 수도 있다. 반면에 7세에서 8세 사이의 아동은 그림에 대해 조금씩 알기 시작하는 나이로 색깔도 좀 더 현실적으로 표현하고 사람 이외에 다른 형태, 즉 하늘, 새, 태양도 그리기 시작한다. 이 시기의 아동은 X-선 촬영을 하는 것과 같이 사물을 투영하여 그려내기도 한다. 집 전체의 외관을 표현하고 집의 복잡한 내부구조가 훤히 들여다보이게 그리기도 하고 임신한 엄마의 뱃속에 있는 아기가 보이도록 구체적으로 표현한다. 또한 이 시기에 아동은 다른 시간대에 발생한 여러 다른 사건들을 그림에 표현하기도 한다. 8세 이상의 아동은 자신의 문제점과 필요에 따라 다르게 그림에 상징물을 투영하기 때문에 그림이 더 복잡해진다. 이러한 아동의 그림은 독특한 패턴과 세부적인 부분이 아주 흥미롭고 매력적이다. 예를 들어 여아들은 드레스를 아주 예쁘고 섬세하게 그리고 남아들은 비행기나 로켓을 아주 근사하게 그린다.

사춘기에 접어듦에 따라 아동은 눈에 보이는 것을 그림에 담기보다는 자신의 정서적인 부분이나 개인적인 경험을 더 담는다. 어린 아동은 한 장면을 자신만의 안목으로 3차원적으로 표현하고 자신이 마치 그 장면을 실제로 바라보고 있는 것처럼 그린다. 반면에 사춘기 초기에 접어든 아동은 자신이 마치 그 장면 속에 들어가 있는 것처럼 표현하고 색깔은 자기감정이 원하는 대로 실제와 다르게 선택한다.

비록 아동의 연령에 따라 그림이 달라도 그림의 선 모양 혹은 컬러 선택은 일반적이고 보편적이며 비슷하다. 선은 움직임과 행동을 표현하고 방향과 기원 혹은 움직임과 에너지를 상징한다. 수직선은 위쪽으로 향하고 명확하다. 수평선은 차분하지만 움직임을 나타내고 추후 상담에서는 아동의 수면 결핍과 관련이 될 수도 있다. 대각선은 역동적이되 균형의 상실을 의미할 수 있고 원이나 둥근 선은 부드러움과 온화함 그리고 차분함 또는 가벼운 움직임을 나타낸다. 컬러도 상징적인 의미를 가진다. 예를 들어 누군가가 초록색이나 빨간색을 보면 무엇이 떠오르는지 물어보면 대다수의 사람들은 '초록색'은 긴장 완화를, '빨간색'은 흥분이나 분노 혹은 위험을 뜻한다고 답할 것이다.

아동의 그림에서 느껴지는 어떤 리듬이나 특정한 현상을 알아채야 한다. 어떤 아동은 똑같은 모양이나 선과 색깔 혹은 반복적인 방향리듬을 표현할 때가 있는데 이러한 리듬은 종종 아동의 감정과 관련이 있을 수 있다.

필요한 도구

스케치를 위한 재료

- 도화지 혹은 다양한 크기의 색도화지
- 연필
- 사인펜
- 파스텔
- 크레파스
- 밝은 색깔의 형광펜

초등학생은 A4용지를 잘 활용한다. 유아들은 큰 종이를 선호한다. 아동들은 주로 흰 도화지 위에 그리기를 좋아하지만 간혹 그림에 자신이 없는 학생은 색깔 있는 색도화지 위에 그림을 그리고 싶어 하기도 한다. 아동들에게 지우개가 별로 필요 없다. 자신의 그림이 마음에 들지 않을 때는 다시 그리거나 새 종이에 그릴 수 있다.

물감으로 그리기를 위한 재료와 도구

- 아주 큰 종이
- 아크릴 혹은 포스트 페인트
- 큰 붓
- 옷을 보호하기 위한 비닐 앞치마
- 평평한 작업 바닥
- 물에 쉽게 접근할 수 있는 환경

물감으로 그리기에 적합한 종이는 단순히 그리기 작업을 하는 종이보다 좀 더 흡수력이 있는 것이 좋다. 그리고 그림을 그릴 때는 물감이 흘러내리면 아동이 싫어하고 혼란스러울 수 있기 때문에 평평한 바닥에서 작업하는 것이 좋다.

핑거페인팅을 위한 재료

- 아주 큰 포스트와 종이
- 폴리에틸렌 덮개
- 아크릴과 포스트 물감
- 물감 팔레트
- 면도용 크림의 스프레이 용기

- 식물성 염료
- 옷을 보호할 비닐 앞치마
- 평평한 작업 바닥
- 물에 쉽게 접근할 수 있는 환경

핑거페인팅을 위해서 물감을 짤 수 있는 용기가 있어야 한다. 이 용기가 없다면 아무 그릇이나 사용해도 좋다. 면도용 크림은 식물성 염료와 함께 사용할 수 있다. 그리기 물감을 사용할 때는 물에 쉽게 접근할 수 있는 개수대가 있는 공간에서 미술활동을 하는 것이 좋다.

콜라주를 위한 재료

이 활동을 위해 필요한 재료들은 다음과 같다.

- 흰 도화지 혹은 색도화지 또는 카드
- 풀과 다른 기타 접착제
- 가위
- 스테이플러
- 보호테이프
- 접착테이프
- 줄

콜라주는 흰색이나 색깔 있는 도화지 혹은 카드에 풀칠을 하거나 스테이플러를 사용해서 재료를 붙여서 작품을 만들 수 있다. 판지를 사용하면 단단한 재료를 잘 지탱해주기 때문에 종이에 잘 붙는 다양한 재료들이 필요하다.

잡지사진	반짝이(다양한 컬러)
신문	컬러 별
깃털	스팽글(옷에 붙이는 반짝이는 장식구)
섬유	잎
실, 방적사	탈지면
대팻밥	모래
사포	톱밥
거품	벽지
염색된 울 소재	

좋은 콜라주 작품은 사진이나 잡지 또는 신문에서 오려낸 다양한 재료들과 단어들을 취합해서 만들기도 한다. 콜라주는 사춘기 청소년들이 좋아하는 활동이다.

만들기를 위한 재료

만들기는 어떤 물건이나 재료를 사용해도 3차원적인 모형을 만들 수 있다. 비싼 재료일 필요는 없고 유해물질이 나오지 않는 깨끗한 것이면 좋고 집 소모품이면 더욱더 좋다. 그 재료들의 예는 다음과 같다.

플라스틱 용기	뚜껑
오래된 주석	철사
스치로폼 주머니	에어캡(뽁뽁이)
사용되지 않은 케이크 용기	파이프 클리너
아이스바 막대기	성냥
색종이	컬러 카드
연고나 치약 상자 같은 상자	휴지심지

만들기는 재료를 종이에 붙이면 완성된다. 붙이기에 풀을 사용해도 되지만 건조할 때까지 기다려야 하는 불편함이 있어서 아동들이 싫어할 수도 있다. 그러므로 재료를 붙일 때 다른 접착제를 사용할 수 있다. 예를 들어 스티로폼은 이쑤시개나 벨크로테이프 또는 양면테이프를 사용할 수 있고, 액자걸이 철사나 낚싯줄, 종이집게, 스테이플러, 보호테이프, 포장용 테이프도 사용할 수 있다.

스케치와 물감으로 그리기의 목표

스케치와 물감으로 그리기의 목표는 다음과 같다.

아동이 자신의 이야기를 하게 하는 것

그리기를 통해서 아동은 자신의 가족과 환경에 대해 언어를 사용하지 않고도 표현할 수 있다. 아동들은 상징적으로 그려서 투사적으로 표현한다.

아동이 억제되거나 격한 감정을 표현할 수 있게 하는 것

이것은 창의적인 미술활동 자체로 표현되기도 하고 그림에서 사용되는 상징물로 구체화되어 나타나기도 한다.

아동이 자신이 경험했던 혹은 경험하고 있는 사건을 극복하는 느낌을 갖도록 하는 것

아동은 만화나 이야기책처럼 자신의 이야기를 연속적으로 그릴 수 있다. 또한 아동은 창의적인 미술과 상상력을 합쳐서 그 이야기를 변화시키고 자신의 문제점을 극복해내기도 한다.

스케치와 물감으로 그리기의 활용법

초기 사전 연습

어떤 아동은 그리기 활동을 어려워하는데 그것은 다음과 같은 이유 때문이다.

1. 아동의 자아이미지가 좋지 않거나
2. 창의적인 것을 만들기보다는 모방하는 것에 길들어져 있거나
3. 그림 그리기에 대한 부정적인 이미지가 있거나
4. 단순히 상담자에게 반항하고 있기 때문이다.

이러한 아동을 위해 사전 연습으로 간단한 미술활동을 하면 좋다.

민수

상담자는 사인펜으로 큰 원을 그리고 민수도 다른 색깔 사인펜으로 상담자를 따라잡기 위해 원을 그린다. 상담자가 그리기를 멈추고 '어엉? 우리가 뭘 만든 거지? 뭔가가 보이니?' 혹은 '이거 뭐처럼 보이지?' 만약에 아동이 아무 말도 하지 않으면 상담자는 다른 모양으로 그리기를 다시 시작하며 아동이 따라잡기를 하도록 한다.

지영

지영이는 선을 그리고 지우기도 한다. 상담자는 지영이의 선을 사용하여 그림에 추가한다. 예를 들어 상담자는 고양이를 만들기 위해 아동이 그려놓은 선에 눈과 수염을 추가한다.

아동이 자신의 기분을 파악하는 것을 돕는 사전 연습

아동이 '나는 못 그려요.' 혹은 '나는 그리고 싶지 않아요.'라고 말하면 상담자는 아동의 감정을 존중하는 것이 좋다. 첫째 상담자는 '눈을 감아 봐. 그리고 네가 무엇을

느끼는지 느껴 봐.'라고 말한 후에 상담자는 '너의 발꿈치를 책상 위에 편하게 놓아봐. 뭐가 느껴지니?'라고 말하며 아동이 신체적인 경험을 하게 해준다. 그런 다음 상담자는 아동의 발에 대해 질문을 한다. 상담자는 '땅 위에 있는 네 발을 느낄 수 있니?' 그러면 '나한테 네 발을 그려줄 수 있니?'라고 묻는다. 다른 예로 아동에게 '눈을 감고 천장에 닿을 만큼 서 보자.'라고 말한다. 그리고 '바로 서고 천장에 닿을 것 같을 때 느껴지는 그 기분을 그려보자.'고 제안을 하든지 '바닥에 있는 공을 동그랗게 안아보자.' 그다음에 '그 느낌이 어땠어? 이 느낌을 그려볼 수 있니?'라고 물을 수 있다.

이러한 사전 연습 후에 상담자는 아동의 최근 경험에 대해 물어볼 수 있다. 예를 들어 '오늘 여기 오기 전에 뭐했어?' 만약에 아동이 '길에서 자전거 탔어요.'라고 대답하면 상담자는 다음과 같은 질문을 할 수 있다.

- 길에서 네 자전거를 탈 때 기분이 어땠니?
- 자전거 페달에 네 발을 올렸을 때 느낌이 어땠니?
- 네 손을 자전거 핸들에 놓았을 때 느낌이 어땠니?

아동의 몸에 느낌이 오면 상담자는 '네가 지금 느껴지는 기분을 나한테 그려줄 수 있어?' 이와 같이 초기 사전 연습의 목적은 아동이 자신의 감정을 점검하고 주어진 그림도구를 활용하기 시작하도록 돕는 것이다.

스케치와 물감으로 그리기의 활용

8세 이상의 아동들이 그림에 상상력을 불어넣어 그리는 것은 가치 있는 일이다. 이러한 그림은 미움과 분노와 같이 사회적으로 받아들여지지 않는 감정을 밖으로 표출하고 자신의 비밀과 욕망을 표현할 수 있게 허용해주기 때문이다.

상담자는 아동에게 '모양, 선, 색을 이용하여 너의 생각 속에 있는 물건과 장소 또는 사람을 종이 위에 그려보자.'라고 말한다. 스케치와 물감으로 그리기가 끝나면 상담자는 몇몇 모형이 다른 여타 모형과 가까운지 그렇지 않은지를 살펴보고 모형들 사이의 관계를 살펴볼 수 있다. 그런 후 상담자는 자신의 의견을 이용해 아동이 모형들의 위치의 중요성에 대해 이야기하도록 권유해본다. '내가 볼 때 이 모양은 저 모양으로부터 아주 멀리 떨어져 있구나.'라고 코멘트를 할 수 있다.

그리기에서 선과 모양 또는 색을 사용하는 기법은 아동이 자신의 가족을 표현할 때 효과적으로 사용된다. 예를 들어 상담자는 '네 가족들을 생각해보고 그들을 선이나 모양 혹은 색으로 표현해보자.'라고 할 수 있다. 때때로 상담자는 아동을 개인적으로 더 알아보고 싶을 때도 있다. 이럴 때 상담자는 '네가 나무라고 생각하고 나무를 너처럼 그려보자.'라고 말해볼 수도 있다.

위에서처럼 상담자가 제안과 지시문을 주어도 아동이 실제로 그리기를 시작하기까지 추가적인 자극이 필요할 때가 있다. 그런 경우 상담자는 다음과 같은 질문을 추가할 수 있다.

- 어떤 종류의 나무지?
- 열매가 있는 나무니?
- 키 큰 나무야?
- 키 작은 나무야?
- 꽃이 있는 나무니?
- 많은 꽃이 있는 나무일까 아니면 조금?
- 겨울에 나무는 어떻게 보일까?
- 가지에 가시가 있어?
- 큰 잎 또는 작은 잎을 가진 나무니?
- 다른 나무와 함께 자라는 나무일까 아니면 혼자 자라는 나무일까?

이 과정을 거친 후에 아동은 자신의 그림을 설명할 수 있다. '네가 나무라고 하자. 네 그림은 어떻지?'라고 상담자는 물을 수 있다. 아동이 자신의 나무에 대해 너무 과도하게 설명하면 상담자는 아동의 개인적인 문제에 더 관심을 가지고 아동의 말을 듣는다. 이때 상담자와 아동 간에서 나오는 대화는 중요하다.

스케치와 물감으로 그리기의 유용한 주제

적절한 이야기 주제가 다음의 지시어와 함께 생겨날 수 있다.

- 네가 아기일 때의 그림을 그려보자.
- 너의 두통을 그려보자.
- 너의 분노를 그려보자.
- 너의 걱정을 그려보자.
- 네가 마술을 할 수 있다면 어떤 곳에 머물고 싶은지 그려보자.
- 너의 꿈을 그려보자.
- 너의 악몽을 그려보자.

아동이 자신을 그림에 포함시켰을 때 어떻게 느끼는지를 살펴볼 필요가 있다. 예를

들어 아동이 자신을 아기로 그렸을 때 상담자는 '아기가 어떤 기분인지 궁금하네?'
라고 말할 수 있다.

만약에 아동의 그림에 어떤 사람과 특정 물건이 있으면 상담자는 둘 중 하나를
가리키며 '네가 이 사람(혹은 이 물건)인 척 해봐.' 그리고 '너는 어떻게 느끼니?'라
고 물을 수 있다. 물감으로 그리기는 그림의 질감과 흐름을 관찰할 수 있고 아동의
감정과 연결이 되어 있어서 상담에서 중요한 정보가 된다. 따라서 상담자는 직접적
으로 '네가 지금 느끼는 것을 그려봐.' 혹은 '네가 슬플 때(기쁠 때) 어떤지 한번 그
려볼래?'라고 말할 수 있다.

아동은 사인펜이나 스케치로 그리는 것보다 물감으로 그리는 것을 더 좋아한다.
왜냐하면 물감으로 자신의 감정을 더 쉽게 나타낼 수 있기 때문이다.

핑거페인팅

어떤 아동은 실수에 매우 민감하다. 이러한 아동을 위해서 실수에 크게 구애받지 않
는 미술활동인 면도용 크림으로 그림 그리기나 핑거페인팅을 추천하고 싶다. 아동
이 비닐판에 면도용 크림 스프레이를 짜게 하고 식용색소 물감을 떨어뜨려 섞는다.

핑거페인팅은 종이 위에 짜거나 튀게 할 수 있는 아크릴 물감용 플라스틱 용기와
큰 종이를 사용해서 자신의 손가락을 자유롭게 움직이며 패턴을 그리는 활동이다.
이때 비닐 앞치마를 착용하는 것이 좋다. 상담자는 '물감으로 너의 기분을 표현할
수 있는지 한번 보자.'라고 말하고 아동을 놀이에 초대한다. 핑거페인팅은 촉감과
운동신경을 이용하는 활동이다. 아동은 안정감과 물이 흐르는 듯한 평안함을 느낄
수 있고 통제되지 않는 자유로운 경험을 하게 된다. 핑거페인팅은 물감으로 그림을
그리고 자유롭게 변화시키고 패턴이나 그림을 지워버리고 없앨 수도 있다. 단지 종
이의 크기만이 아동에게는 제한이며 경계선이고 그 외에 특정한 제한이 없기 때문
에 아동은 이 활동에서 맘껏 자유를 느낀다. 핑거페인팅은 붓이나 물감으로 본격적
으로 그림을 그리기 전에 하는 사전 미술활동으로 아동에게 적용해도 좋다.

콜라주

콜라주는 색다른 차원의 창의적인 표현을 하는 활동이다. 스케치나 물감으로 그리
기 활동을 할 때와 방법은 비슷하지만 콜라주는 아동에게 물건의 질감(탈지면, 톱
밥, 깃털 등)을 느끼게 하면서 감성을 연결시켜준다. 아동이 그러한 연결을 느끼도
록 상담자는 '이 사포의 느낌이 어때?'라고 물어본다. 그러면 아동은 '거칠어요!'라고

대답할 것이다. '네가 사포라고 상상하면 어떤 기분이 들까?'라는 대화를 나누어볼 수 있다.

콜라주는 아동이 자화상을 만들기에 아주 좋은 도구이다. 콜라주로 자화상을 만들 때 아동이 자신의 이미지에 대해 인식하고 그리 깊이는 없지만 자신에 관한 진술을 함으로써 무의식적으로 자신을 노출한다. 이때 상담자는 아동이 원하는 모든 재료를 사용하여 자신을 잘 표현해보라고 권한다. '너는 네 머리카락을 표현하기 위해서 바삭거리는 톱밥을 사용하는구나. 톱밥같이 바삭거리는 머리카락을 가지면 기분이 어떨까?'라든지 '너의 팔과 다리를 위해 깃털을 사용했구나. 깃털로 걸어 다니면 어떨까?'라고 질문을 던져볼 수 있다.

콜라주를 사용하여 초등학교 저학년 학생들의 삶의 문제와 사건을 살펴볼 수 있다. 다양한 크기의 글자와 사진을 사용하여 아동들의 현재 혹은 과거에 자신이 걱정했던 문제들을 표현할 수 있다. 어떤 재료가 제공되느냐에 따라 콜라주가 '만들기' 활동으로 전환되기도 한다.

만들기와 조각

이미 '스케치'나 '물감으로 그리기' 그리고 '콜라주'에서 설명된 기법이 '만들기'나 '조각'에도 적용된다. 예를 들어 만들기는 평소에 실수를 많이 하거나 과거에 성공을 경험하지 못한 아동을 대상으로 하면 좋다. 상담자는 '너를 대신하는 나무를 만들어보자.'라고 제안하며 만들기 작업을 하는 동안 아동의 성공, 실패, 결정력 문제, 문제해결 능력, 또는 작업 마치기의 과정을 관찰할 수 있다. 만들기 작업은 시간이 걸리기 때문에 아동이 인내의 결과에서 오는 만족감을 어떻게 받아들이고 표현하는지 상담자가 관찰하고 그 행동에 대해 의견을 나누어볼 수 있다. '네가 실수를 할 때 자신을 힘들게 하는구나.'라고 하든지 '일이 제대로 진행이 안 될 때 쉽게 포기하는구나.'라고 아동을 인식시켜줌으로써 이에 관련된 이야기를 함께 나눌 수 있다.

스케치, 물감으로 그리기, 콜라주와 만들기의 적합성

위의 모든 미술활동 매체는 개인 아동상담을 할 때 유용하게 쓰인다. 그중 스케치는 집단상담과 가족상담을 할 때도 효과적으로 이용되고 핑거페인팅도 집단상담에 유용하다. 물감으로 그리기, 콜라주, 만들기는 영유아와 초등학교 학생들에게 사용하면 효과적이고 청소년기 초기와 후반기 학생들에게는 스케치와 물감으로 그리기가 더 효과적이다.

핑거페인팅은 매우 개방적인 활동이어서 표현력이 풍부한 아동의 모습을 이끌어낼 수 있다. 스케치와 물감으로 그리기는 아동의 자아성찰과 관련된 행동을 끌어내고 만들기와 콜라주는 기능적인 표현과 상대적으로는 덜 감정적인 표현을 경험하게 한다. 만들기와 콜라주는 특히 아동에게 통찰력을 길러주고 자신의 행동을 이해할 수 있도록 도와준다.

사례 연구

아동상담에 사용한 '스케치'나 '물감으로 그리기' 그리고 '콜라주'와 '만들기'와 같은 미술활동의 효과에 대한 검증이 선행연구에서 이루어졌다(더 자세한 내용은 20장 참조). 예를 들어 네이버스와 동료들(Nabors et al., 2004)은 최근에 사랑하는 사람의 죽음을 경험한 아동을 지원한 미술활동의 효과를 조사하였다. 연구에 참여한 아동들은 미술활동이 자신의 감정과 슬픔을 표현하는 데 도움이 되었다고 응답하였다. 사랑하는 사람들이 사망하여 최근에 이별한 아동들을 위해 집단상담을 준비하고 있다면 당신은 이 아동들을 위하여 미술활동을 어떻게 사용하겠는가? 어떤 연령대의 집단이 미술활동에 적합하다고 생각하는가? 어떻게 미술활동을 소개하고 사용하겠는가?

핵심 요점

- '스케치'나 '물감으로 그리기' 그리고 '콜라주'와 '만들기'와 같은 미술활동에 아동을 초대할 수 있다. 아동은 자신의 문제 그리고 감정과 기분 혹은 이야기 주제와 관련시켜서 상징적인 그림을 그릴 수 있다.
- 미술도구는 적절한 방식으로 아동이 자신의 이야기를 하고 감정을 표현할 수 있게 해주며 아동이 겪은 문제를 극복해 나가도록 도와주는 매개체이다.
- 스케치와 색칠하기를 어렵다고 생각하는 아동은 본격적인 놀이 활동을 시작하기 전에 간단한 사전 미술활동으로 워밍업을 하면 좋다.
- 핑거페인팅과 같은 자연발생적인 성격을 띤 미술활동은 아동에게 위로를 준다. 이 활동은 아동을 통제할 필요가 없어서 아동이 자유롭게 표현할 수 있다.
- 초등학교 저학년에 해당하는 아동들에게 콜라주는 창의력이 발휘될 수 있는 미술활동이고 학생들은 콜라주를 통해서 자신들의 문제와 사건을 인식하는 데 도움을 받는다.

26
Chapter

상상력을 이용한 가상여행

상상력을 이용한 가상여행은 아동상담을 위한 통합 모델의 여러 단계에서 유용하게 쓰인다(그림 8.1, p. 85 참조). 특히 상상력을 이용한 가상여행은 이 모델의 2단계에서 아동이 자신의 문제점을 인식하고 감정을 회상해보며 과거의 사건을 극복하도록 돕는 데 사용된다. 그리고 3단계와 4단계에서는 아동이 새로운 자아를 인식하고 자신에게 닥친 문제에 새롭게 대처하고 행동할 수 있는 방법을 살펴보게 한다. 상상력을 이용한 가상여행은 상담 기법들 중 매우 강력한 것이다. 하지만 이 기법은 아동에게 해가 되지 않는다는 판단하에 매우 신중하게 적용되어야 한다. 상상력을 이용한 가상여행은 초보 상담자가 고도로 훈련된 전문상담자나 유능한 상담전문가의 훈련과 승인을 받은 후에 사용할 수 있다.

일상생활에서 사람들은 때때로 상상력을 이용한 가상여행을 한다. 사람들은 몽상을 하기도 하고 일어난 일 혹은 일어나고 있는 일 그리고 미래에 일어날 일에 대해 자신의 환상을 더하기도 한다. 이와 비슷하게 아동도 상상력을 이용한 가상여행을 할 때 자신의 상상 안에서 과거와 현재의 가상적인 장면을 자유롭게 떠올려보고 미래에 가능한 일들을 상상할 수 있다. 상담자는 아동과 상상력을 이용한 가상여행을 할 때 먼저 전체 이야기의 윤곽을 아동에게 알리고 그 나머지는 아동이 자신의 경험과 상상력으로 섬세하게 채워나가는 방식으로 진행하면 좋다. 상담자가 아동에게 안내를 하면 아동은 여행과 관련된 장면들을 떠올린다. 이때 아동이 그 장면 속에 있기를 원하는 사람이나 물건 그리고 활동을 만들어갈 수 있도록 자유를 준다. 결과적으로 아동은 사적인 부분을 너무 많이 드러내지 않으면서 자신의 내면세계를 들여다볼 수 있는 기회를 가지게 되고 자연스럽게 떠오르는 생각들을 살펴보게 될 것이다. 아동이 여행을 시작하면 과거의 기억과 감정이 되살아나고 자신이 인식한 것들을 상담자의 도움으로 잘 다룰 수 있게 된다. 상상력을 이용한 가상여행을 하는 동안 아동은 자신이 떠올린 장면으로 들어가고 탐색하기 때문에 이 모든 과정에 깊이 개입한다. 이 과정은 자아 이미지와 함께 자기와의 친밀한 관계를 만들어가는 것과 같다.

이 장에서는 효과적이라고 여겨지는 두 가지 유형의(예 : '나의 비밀장소'와 '시골집 여행') 상상력을 이용한 가상여행의 예가 제시되었다. 상상력을 이용한 가상여행은 상담자와 아동 모두가 잘 감당할 수 있도록 계획되어야 하고 아동이 할 것과 하지 말아야 하는 것을 올바로 선택하기 위해서 상담자의 적절한 구두지시문과 안내문이 필요하다.

상상력을 이용한 가상여행의 목표

아동이 과거에 힘들었던 경험과 억압된 상태와 행복하고 즐거웠던 기억을 동시에 떠올리고 이 두 기억 사이를 오가고 연결시켜주고자 할 때 상상력을 이용한 가상여행이 사용된다. 상상력을 이용한 가상여행에서의 경험을 상담자와 나누면서 아동은 자신의 기억과 감정을 아주 적극적으로 다루게 되고 자기의 걱정과 생각을 설명할 수 있게 된다. 가상여행은 아동 내면의 고통을 만지고 상담을 하는 과정에서 그 고통을 감당할 수 있는 법을 터득하게 해준다. 이 여행은 아동이 과거의 상황에서 수동적이고 무기력한 관찰자에서 적극적이고 파워풀한 행위자로 전환할 수 있는 기회를 준다. 예를 들어 아동이 학교 운동장에서 자신의 친구가 누군가에 의해 괴롭힘을 당하는 것을 목격하였으나 위기의 순간에 친구를 버리고 도망간 것에 대해 죄책감을 느낀다고 하자. 상상력을 이용한 가상여행에서 아동은 그 상황에서 도망을 가는 것이 아니라 자신의 친구를 괴롭힌 나쁜 놈의 코를 때려주든지 아니면 담임선생님께 그 상황을 알리는 등의 다른 대체 행동을 할 수 있다. 비록 이 방법이 절대적으로 옳았거나 허용되어도 된다고는 생각하지 않지만 적어도 아동이 자신이 파워풀한 존재이고 그 상황을 조금이나마 훌륭히 통제할 수 있었다는 느낌을 갖게 해줄 수는 있다. 가상여행에서 상담자는 아동이 취한 대체 행동 역시 옳았는지에 대해서 아동과 확인을 해야 하고 아동의 대체 행동에도 반드시 결과가 따른다는 것을 알려주어야 한다.

가상여행을 하는 동안 아동은 과거에 자신이 했던 말과 행동을 바꿔볼 수 있다. 아동은 과거에 풀지 못했던 사건을 해결하고 불만족스러웠던 문제를 만족스럽게 대체하고 변경할 수 있다. 예를 들어 아버지가 사망한 아동이 상상력을 이용한 가상여행에서 아빠를 떠올리고 자신이 과거에 아빠에게 하지 못했던 말을 다 하고 나면 아동의 마음이 조금이나마 위로받고 치유될 수 있을 것이다. 가상여행에서 가장 중요한 점은 아동의 이야기를 듣고, 아동 자신과 다른 사람들의 행동 그리고 과거 사건에 대한 원인을 살펴보고 이해하는 것이다.

그러므로 상상력을 이용한 가상여행을 상담에 사용하는 목표는 다음과 같다.

- 아동이 자신의 이야기를 할 수 있도록 하는 것
- 자신을 억누르며 고통을 주었던 경험을 점검하고 그것으로부터 자유로워질 수 있게 하는 것
- 아동이 사건을 다룰 때 행복하고 성공적인 느낌을 다시 경험할 수 있게 하는 것
- 아동이 풀지 못한 문제를 찾아 그것을 해결하고 궁극적으로 종결하는 경험을 할 수 있게 하는 것
- 아동이 선택한 대체 행동과 좀 더 만족스러운 결과를 발견하도록 돕는 것
- 아동이 자신의 행동과 타인의 행동을 올바르게 바라볼 수 있도록 돕는 것
- 아동이 과거의 사건들이 왜 발생했는지를 이해할 수 있도록 하는 것

상상력을 이용한 가상여행에 필요한 재료

아동이 상상력을 이용한 가상여행을 떠날 때는 긴장하지 않고 편안해야 한다. 소음이 없고 조용하며 빛이 너무 밝은 방보다는 조명이 한 톤 낮춰진 방이 좋다. 아동은 이 방에서 성인용 빈백 의자에 편안하게 앉을 수도 있고 누울 수도 있다. 성폭행을 당한 아동은 누워 있을 때 자신이 약하다고 느끼는 경우가 많기 때문에 이런 경우는 주로 앉거나 아동이 원하는 편안한 자세를 취하도록 해준다. 여행이 끝날 때 상담자는 아동에게 여행과 관련되는 그림을 그리도록 권할 수 있다. 이 활동에 필요한 재료는 다음과 같다.

- 조용한 방
- 성인용 큰 빈백 의자
- 그림 그릴 수 있는 종이
- 사인펜

상상력을 이용한 가상여행에 아동을 가이드하는 방법

성인용 빈백 의자에 아동이 편안한 자세를 취하면 상담자는 '자~ 이제 네가 여행을 떠나는 것처럼 상상을 해보자. 빈백 의자가 너에게 편안하게 맞을 때까지 약간 몸을 움직여도 좋아. 내가 네 여행에서 볼 몇 가지 물건들을 말해볼게. 그 물건들은 단지 나의 제안일 뿐이니 네가 원하지 않으면 무시해도 돼.', '네가 여행을 그만하고 싶으면 나에게 중단하자고 알려주렴. 이 여행은 네가 원할 때 언제든지 끝낼 수 있어.', '네가 이 여행을 원하지 않으면 뭐라고 말할 수 있을까? 어떻게 말하면 여행을 중단할 수 있을까?'에 대한 부분을 충분히 잘 소통할 수 있도록 알려주고 시작한다. 상상력을 이용한 가상여행 중에 상담자는 차분하고 조용한 목소리를 사용하여 아동의 이완된 분위기와 집중력에 방해가 되지 않도록 하고 상담자가 아동에게 주는 구두 지시문과 안내문 사이사이마다 충분히 멈추고 쉬어줌으로써 아동이 상상하며 여행하는 동안 세부사항을 충분히 느낄 수 있는 시간적 여유를 제공한다. 이제부터 앞서 언급한 두 가지 유형의 가상여행의 예를 보고자 한다. 첫 번째는 '나의 비밀장소'이고 두 번째 예는 '시골집 여행'이다.

나의 비밀장소

상담자는 '네가 상상으로 가상여행을 떠날 거야. 원한다면 나도 함께 갈 것이고 네가 원하지 않으면 너 혼자 떠나는 여행이 될 거야. 그러면 이제 눈을 감아보자.'라고 하고 다음의 지시문이 시작된다.

> 네가 복도를 걷고 있다고 상상하자. 불빛과 공기가 있는지 없는지 어둡지는 않은지 확인해 봐. 벽의 색깔과 마루와 천장을 살펴보고 냄새가 나는지도 확인하자. 너는 천천히 주변을 둘러보면서 복도를 걷고 있어. 복도에는 문들이 있는데 그 문들 중 하나를 눈여겨보렴. 얼마나 큰지… 그리고 문의 손잡이는 어떤지 살펴보렴. 네가 문의 손잡이를 건드린다고 상상해보자. 그 문을 열면 네가 기억하는 네 모습을 보게 될 거야. 문 쪽의 장면을 떠올려보렴. 거기에 누가 있니? 네가 원하면 그 장면 속에 있는 너를 상상해보자. 네가 원하는 대로 거기에 있는 아무나 상상해보자. 거기에 있는 사람들 한 사람 한 사람을 잘 살펴봐. (잠깐 멈춤) 네가 무언가를 말할 것이고 그 사람들도 네게 뭐라고 할 거야. (잠깐 멈춤) 자, 이제 네가 떠날 준비를 하고 문에 서 있단다. 네가 그곳을 떠나기 전에 하고 싶은 말이나 하고 싶은 일이 있니? 만약에 있다면 지금 하렴. (잠깐 멈춤) 네가 들어왔던 문 쪽으로 들어와서 문을 닫고 복도 쪽으로 걸어오렴. 네가 다시 돌아가는 상상을 하렴. 자~ 너는 여행을 마치고 다시 빈백 의자에 앉아 있단다. 네가 준비가 되면 눈을 뜨고 이 방을 둘러보렴.

이 과정을 마친 후 '자~ 이제 차분히 앉아서 종이에 사인펜으로 네 여행의 부분을 한번 그려보자.'라고 상담자는 권한다. 상담자가 아동의 여행에 상담자 자신의 표현을 더해주고 아동은 감성적으로 그리고 인지적으로 자신의 경험을 나누며 대화를 나눌 수 있다.

다음은 두 번째 상상력을 이용한 가상여행의 예이다.

시골집 여행

여기에서도 마찬가지로 상담자는 '자~ 네가 상상의 여행을 떠날 거야. 네가 원하면 나도 함께 갈 것이고 네가 원하지 않으면 너 혼자 떠나는 여행이 될 거야. 그러면 이제 눈을 감아보자.'라고 말한 후에 상담자는 천천히 부드럽게 문장 사이를 충분히 쉬어가며 다음과 같은 지시문과 안내를 해준다.

> 네가 먼지가 많은 긴 길을 걷고 있다고 상상해봐. 길 양쪽으로 나무가 있고 맑고 따뜻한 날이야. 멀리 한 채의 집이 보여. 집에 가까워질 때 정원이 보이고 정원을 가로질러 문이 약간 열린 집 앞에 도착한단다. (잠깐 멈춤) 문을 밀어서 열고 (잠깐 멈춤) 들어가 보렴. 안은 춥고 어두워. 집 안의 빛에 적응하는 데 시간이 좀 걸려. 네가 뭔가를 보며 놀라는구나. 거기에는 사람들이 있니? 방을 둘러보고 집을 둘러보고 이런 저런 물건을 만지고 네가 원하는 사람들과 대화를 나눠 봐. (한동안 멈춤) 네가 떠날 준비가 되면 너는 집의 문 앞으로 걸어 나오고 정원을 가로질러 (잠깐 멈춤) 길가로 나온단다. (잠깐 멈춤) 지금 네 여행을 끝낼 거란다. (잠깐 멈춤) 너는 네가 빈백 의자에 앉아 있는 것을 알고 있어. 준비가 되면 눈을 뜨고 주변을 봐도 좋아. (잠깐 멈춤) 이제는 네 여행에 관하여 그려보자. 너는 여행과 관련된 모든 부분을 그릴 수 있고 네가 원한다면 여행 전체를 다 그릴 수도 있어.

아동이 그림을 시작하기 전에 상담자는 아동에게 여행과 관련된 모든 것들을 다 그릴 수 있는 충분한 시간이 있다는 사실을 알려준다.

아동의 그림과 여행

아동이 자신의 그림을 완성하면 상담자는 그림과 관련된 몇 가지 질문을 할 수 있는데 그 예는 다음과 같다.

- 네 그림에 대해 말해줄 수 있어?
- 상상력을 이용한 가상여행을 해보니 어땠어?

- 길을 따라 걸어보니 어땠어?
- 집(복도)에 있어보니 어때?
- 문을 열어주니 어땠어?
- 거기에 머물고 싶었니? 아님 떠나고 싶었어?
- 네 여행에서 해보고 싶었던 다른 것들이 있어?
- 이 여행은 예전에 너에게서 무엇을 기억나게 하니?

이런 질문들은 아동이 자신의 개인적인 이야기를 꺼낼 수 있는 기회를 주고 가상여행에서 되짚어본 아동의 경험과 관련된 정보를 상담자와 나눌 수 있게 한다. 상담자는 아동의 고통스러운 감정과 문제들을 다루기 위해서 자신이 가지고 있는 넓은 범위의 상담 기법(3부 참조)을 총체적으로 사용해야 한다. 이 과정에서 상담자는 아동의 왜곡된 기억을 정서적으로 편안하게 정리할 수 있도록 하고 자기 파괴적인 생각을 완화시켜보려고 노력해야 한다.

어떤 아동은 그림을 그리지 못할 것이며 그리려고 하지도 않을 것이다. 이런 경우에 상담자는 위에 나온 몇몇 질문을 사용하여 가상여행과 관련된 질문을 직접 물어볼 수도 있다.

여행 후에 아동이 상담자와 공유하는 정보는 아동에게 치유가 될 수도 있지만 어떤 아동은 나누는 것이 편하지 않기 때문에 상담자에게 알리려고 하지 않을 것이다. 이것 또한 아동의 개인적인 선택이므로 존중해야 한다. 아동이 아무것도 하고 싶어하지 않아 하고 아무 말도 하지 못한다고 해도 아동 내에서는 보이지 않는 내적인 치료 과정이 진행되고 있을 수 있다.

상상력을 이용한 가상여행의 적합성

전반부에 이미 언급된 가상여행의 실행에 있어서 주의할 점을 기억하도록 한다. 상상력을 이용한 가상여행은 정신병적인 성향이 있는 아동이나 현실과 동떨어진 느낌을 가지는 아동 그리고 시간과 장소와 사람을 잘 알아보지 못하는 아동에게 사용해서는 안 된다. 그리고 부정적인 자아를 가진 아동과 충격으로 인해 해리성 장애를 가지고 있는 아동에게도 사용해서는 안 된다.

가상여행은 개인상담을 위해 사용하는 것이 좋다. 적용 대상은 초등학생이면 적절하고 사춘기 초기 아동에게 활용하는 것이 가장 좋다. 이 여행은 아동이 기억하는 과거의 경험을 재연해보고 긍정적으로 변경할 수 있는 기회를 주기 때문에 개방적이고 포괄적으로 접근할 수 있다. 이를 통해 아동은 자아성찰을 하고 상담자와 개인적인 생각을 나눈다.

사례 연구

이 장의 전반부에서 상상력을 이용한 가상여행을 적용하기에 알맞은 두 가지 경험의 예('운동장에서 괴롭힘당한 친구'와 '아버지의 사망을 경험한 아동')가 제시되었다. 이 두 경우 외에 생각나는 적절한 사례를 떠올려보자. 당신은 가상여행을 적용할 수 있는 사례로 어떤 것이 적절하다고 생각하는가? 이러한 사례를 떠올릴 때 고려해야 할 사항들은 무엇인가? 어떤 아동들에게 상상력을 이용한 가상여행을 적용시켜서는 안 되는가?

핵심 요점

- 아동과의 상상력을 이용한 가상여행은 상담자가 먼저 이 활동의 전반적인 상황을 아동에게 알리고 아동이 여행을 통하여 자신의 경험과 상상으로 세부적인 부분을 짚어가는 방식으로 진행된다.
- 가상여행을 하는 동안 아동은 상담자의 지시를 굳이 따르지 않아도 되고 본인이 원할 경우 언제든지 여행을 중단할 수 있다.
- 여행이 끝나면 상담자는 아동에게 그림으로 여행을 표현해보라고 권할 수 있다.
- 과거의 아픈 경험과 관련된 정보를 얻어 아동의 정서와 감정을 치유해주기 위하여 적용되는 가상여행은 어떻게 진행되었는지에 따라 아동에게 주어지는 혜택이 달라질 수 있다.

27
Chapter

책과 이야기

이 장에서는 책과 이야기를 상담에서 활용하는 방법을 다음과 같은 순서로 살펴 볼 것이다.

- 아동상담에서 책의 활용법
- 치료적인 효과가 있는 이야기를 아동 스스로 만들기
- 상담에서 교육용으로 사용되는 책

책과 이야기는 상담에서 다양한 목표를 성취할 수 있는 유용한 도구이며 이것은 아동상담을 위한 통합 모델의 어느 단계에서나 사용이 가능한 놀이도구(그림 8.1, p. 85 참조)이다. 하지만 굳이 더 효과적인 단계를 언급하자면 통합 모델의 3, 4, 5단계에서 아동이 자신에 대한 자아인식이나 신념을 바꿀 때 그리고 다른 가능성을 살필 때 또는 새로운 행동을 시도하고 그 행동으로 전환할 때이다.

아동상담에서 책의 활용법

아동을 위해 만들어진 이야기책의 형태나 특성을 생각해보자. 우선 책에 담긴 이야기들이 아동상담에 사용되기에 적절하거나 특이성이 있는가라고 묻는다면 '그렇다'라고 말하고 싶다. 아동을 위한 이야기는 사람, 동물, 환상 속의 인물, 그리고 기차, 바위, 시계, 화분과 같은 모든 종류의 생물과 무생물이 포함된다. 이와 같이 사람, 동물, 환상 속의 인물과 각종 물건들은 이야기 안에서 사람의 성격과 신념, 생각, 정서, 그리고 행동을 살아있는 사람처럼 대신 표현해줄 수 있다. 이야기가 시작되면 주제가 전개되고 이야기 속 문제가 떠오르며 주인공과 물건이 특정한 생각과 감정과 행동에 반응한다. 아동도 이야기를 읽으면서 이야기 속 주인공과 주제와 사건에 대해 알게 되고 이것을 자신의 실제 삶에 투영해보게 된다. 이야기가 전달하고자 하는 생각, 이야기가 담고 있는 정서 그리고 행동을 아동의 수준에 따라 이야기 속 주인공과 공감하게 되고 자신의 경험을 주인공의 믿음과 생각과 경험에 투영하게 된다. 결국 아동은 이야기 속의 사건과 주제가 자신의 삶에서 일어나고 있는 사건과 비슷하다는 것을 인식하고 그 관계에 대해 알게 된다. 이 과정을 거치면서 아동은 책으로 상담자와 자신의 문제를 말할 수 있게 된다.

치료적인 효과가 있는 이야기를 아동 스스로 만들기

이야기책을 읽으면서 아동은 자신의 이야기를 만들어갈 수 있다. 아동은 자기의 생각을 이야기 속 주제에 투영하거나 심지어 자신을 이야기 속 인물로 직접 투영하여 자기에게 일어난 사건을 새로운 이야기로 풀어나갈 수 있다. 다시 말해 이야기책을 읽는 동안 아동은 자신이 가지고 있는 문제나 자기 생각과 감정 그리고 행동을 투사적이나 직접적으로 탐색할 수 있는 기회를 가진다.

상담에서 교육용으로 사용되는 책

가끔 상담자는 아동에게 예전에 이미 배운 행동이 아닌 새롭고 더 적절한 행동을 가르쳐야 될 때가 있다. 예를 들어 성적인 학대를 당한 아동이 있다고 하자. 이런 아동은 타인을 쉽게 믿고 경계를 두지 않는 성향이 있거나 어른에게 공손해야 하고 어른의 말을 잘 들어야 한다고 누군가에게 교육받았을 수도 있다. 이야기책으로 이러한 아동에게 타인을 향해 가져야 하는 적절한 경계심이 무엇인지를 가르치고 자신의 경계가 허물질 위험에 처했을 때 '아니요, 싫어요.'라고 말할 수 있다는 것을 아동도 알 필요가 있다. 책은 우리 사회에 퍼져있는 각종 문제들, 즉 학대, 폭력, 사회기술, 분노조절, 성교육, 별거, 이혼, 죽음과 같은 다양한 이슈들을 교육하는 목적으로 아동에게 사용될 수 있다.

책과 이야기를 활용한 상담의 목표

책과 이야기를 사용하여 성취할 수 있는 다양한 목표가 있다. 더 세분화된 목표를 보면 책의 사용과 이야기 만들기 사용의 일반적인 목표, 책 사용의 구체적인 목표, 이야기 만들기의 구체적인 목표, 책을 교육용으로 사용할 때의 목표가 있다.

책의 사용과 이야기 만들기 사용의 일반적인 목표

- 아동이 이야기 속 주인공의 상황을 비추어 보아 자신이 가진 걱정과 근심을 인식할 수 있도록 돕는 것.
- 아동이 반복적으로 느끼는 감정과 관계되는 주제를 발견하도록 돕는 것. 예를 들어 아동이 혼자 남는 것에 대한 공포가 있다면 그러한 감정에 잘 대처할 수 있도록 돕고 궁극적으로 공포심을 떨쳐낼 수 있도록 지원한다.
- 아동이 자신의 문제를 해결하기 위해 사용할 수 있는 대체 해결법을 생각해보도록 돕는 것. 이 목표는 아동이 이야기를 변경해서 기존 이야기에 다른 방법과 결과를 찾아낼 수 있어야 가능하다.

책 사용의 구체적인 목표

- 아동에게 자신이 경험하고 있는 사건은 다른 아동에게도 유사하게 일어나고 있다는 사실을 알 수 있도록 해주는 것.
- 사회에서 보편적으로 이해받지 못하는 경험을 한 아동이 느끼는 치욕감을 완화시켜주는 것. 성폭력과 가정폭력을 경험한 아동이 다른 아동도 유사한 경험을 하고 동일하게 느낀다는 것을 알면 훨씬 위로받을 수 있다. 비슷한 경험을 한 아동들의 이야기를 읽음으로써 이것을 발견할 수 있다.
- 아동에게 어떤 사건은 피할 수 없다는 것을 인식하도록 돕는 것. 예를 들어 아프거나 병원에 가는 아동은 다른 아동도 아파서 병원에 간다는 이야기를 읽으면서 다른 아동도 두려움을 느끼고 또 의외로 병원치료가 가지는 희망적인 속성도 있다는 사실을 접하면서 도움을 받는다.

이야기 만들기의 구체적인 목표

- 아동이 자신의 소원과 희망과 상상을 표현하도록 돕는 것. 이것은 고통스런 경험으로 인해 현실을 직면하기를 거부하며 거짓말을 하는 아동에게 특히 도움이 된다. 예를 들어 부모가 없다는 사실을 부끄럽게 여기고 사실을 말하기가 너무 힘든 아동이 있다. 간혹 이런 아동은 친구들에게 자기 아버지는 해외에서 일하는 매우 유명한 사람이라고 말한다. 상담자는 이와 유사한 이야기를 읽어주며 아동의 이야기는 사실이 아니라는 것을 간접적으로 인식하게 해주고, 대신에 아동이 소망하

는 바가 무엇인지를 명확하게 표현할 수 있도록 도와준다.

책을 교육용으로 사용할 때의 목표

● 올바른 믿음과 행동을 아동에게 교육하기 위하여. 이러한 아동을 위한 책은 보호행동, 분노조절, 사회성과 관련된 주제에 관한 것이 있다(예, 책 제목으로 '손은 남을 때리기 위한 것이 아니야', '발은 남을 차기 위한 것이 아니야').

책과 이야기를 상담에 사용할 때 필요한 도구

다양한 주제와 상황을 다룬 책들을 준비한다.

● 친구 만들기
● 가족
● 거절
● 마술
● 괴물
● 동화
● 우화 전집

또한 아동이 자신의 감정(속이기, 괴롭히기, 고집부리기 등)을 점검해볼 수 있는 책도 준비한다. 교육적인 목적으로 사용될 책들이 포함하고 있는 주제는 다음과 같다.

● 자아존중감 문제를 반영할 수 있는 기술
● 성적학대
● 보호행동
● 가정폭력
● 성(性)적 발달

이야기를 만들어내기 위해서는 다음과 같은 재료들이 도움이 된다.

● 큰/흰 도화지
● 사인펜
● 넓은 선이 그어져 있는 연습장
● 녹음기

책과 이야기 만들기 활용법

이야기 만들기는 상담자와 아동 간의 상호작용이다. 대부분의 아동은 상담 중에 쓰는 것을 좋아하지 않는다. 그러므로 주로 아동은 이야기를 발전시키고 상담자가 사인펜을 이용하여 종이에 대신 적거나 가능하다면 녹음기로 녹음한다. 즐겁고 긍정적이면서 창의적인 이야기를 만드는 것이 아동에게 유익하다.

이야기를 만들기 전에 상담자가 이야기 만들기 과정을 아동에게 충분히 시범을 보인다. 아동의 문제를 미리 파악한 상담자는 주제를 정하고 아동은 자신과 관련된 문제를 생각해볼 수 있다. 상담자는 '오늘 우리는 서로에게 이야기를 해줄 거야. 내가 먼저 시작할게. 내가 이야기를 멈추면 나머지는 네가 만들어봐. 이야기는 시작과 중간과 끝이 있어.'라고 알려준다. '내가 먼저 시작할게. 옛날에 왕자가 있었어. 이 왕자는 …하는 것을 좋아했어.' 상담자는 여기서 멈추고 아동이 계속해서 그 왕자가 좋아하는 것을 채우도록 권한다. 아동이 '말을 타는 것을 좋아한다.'라고 답할 수도 있다. 그러면 상담자는 '왕자가 한적한 곳에서 말을 타고 있는 동안 그는 …을 알게 되었어.'

상담자가 중간에 이야기 만들기를 멈추고 아동은 그 부분을 메꾸어 나간다. 이야기 만들기는 특정한 결과물을 얻거나 이야기가 종결이 될 때까지 이러한 방식으로 진행한다. 이야기가 완성되면(보통 이야기는 녹음을 한다) 다시 틀어서 들어볼 수도 있고 아동에게 '이야기 속에 인물 중 누가 제일 되고 싶어?'라고 물어볼 수도 있다. 상담자가 '네가 왕자라면 너는 그 왕자처럼 했을까? 아니면 다르게 대처했을까?'라고 묻는다. 그러면 아동은 자신이 대응할 수 있었을 여러 가지 행동들을 좀 더 탐색해볼 수 있다. 이야기 만들기가 종결되고 나면 상담자는 아동이 도와준 것에 대해 반드시 고마움을 표현한다.

다른 접근방법으로 아동에게 사진(그림)을 주고 그 사진(그림)에 대한 이야기를 만들어가도록 제안해본다. 상담자는 잡지나 사진을 아동에게 선물하고 아동에게 사진 속의 사람, 동물, 물건에 대해 물어본다. 이때도 상담자는 아동에게 '이야기는 시작과 중간과 끝이 있어. 그리고 이야기는 짧고 간단해도 좋아.'라고 한다.

이야기 만들기를 어려워하는 아동들과는 초기 단계에서 책이나 우화를 같이 읽으면 된다. 그러면 아동은 이야기를 발전시키는 방법에 익숙해질 것이고 어떤 이야기가 자신의 개인적인 경험과 관련이 있는지를 인식하게 될 것이다.

'빨간 망토'나 '아기돼지 삼 형제', '헨젤과 그레텔'과 같은 전래동화는 오래되었지만 여전히 유용하게 사용된다. 이 이야기를 적용하기에 적절하다고 판단이 되는 아동에게만 투사적으로 이야기를 적용시켜서 아동의 가족과 중요한 사람들에 대해 직접적으로 이야기하도록 이끌어준다. '빨간 망토'는 영향력의 상실, 도망, 무기력에 관한 문제를 다루고 있다. 상담자는 이 이야기를 읽고 아동에게 이야기 속의 인물을 선택하도록 한다. 그런 후 상담자는 아동에게 이야기 속 상황과 다르게 대처하고 위기를 모면할 방법이 있는지 생각해보라고 권한다. 예를 들어 아동이 이야기 속 할머니를 선택하면 상담자는 '할머니가 어떻게 늑대를 능가할 만큼 강해져서 찬장에 밀려들어가지 않을 수 있었을까?'라고 묻든지 '늑대가 할머니를 찬장에 밀어 넣으려 할 때 할머니는 어떤 방법으로 이 위기를 피할 수 있었을까?' 또는 '네가 할머니라면 어떻게 했을 것 같아?'라고 묻는다. 아동이 답하면 상담자는 아동의 용기와 현명한 대처법에 칭찬을 해준다.

가정폭력과 성적학대에 관해 쓴 책은 아동에게 다른 아동도 같은 상황을 겪는다는 것을 알게 해준다는 데 의의가 있다. 이러한 이야기는 아동이 다른 아동과 공감대를 형성하고 자신만이 유일한 피해자가 아니라는 생각을 하게 해준다. 아동이 자신과 이야기 속 인물 간의 유사성을 확인하고 상담자는 아동이 자신의 경험을 더 나누도록 격려할 수 있다.

삶의 중요한 신념과 행동을 담고 있는 이야기책은 아동을 교육하는 목적으로 자주 이용되는데 이러한 책들은 보호행동, 낯선 사람, 비밀, 타인과의 부적절한 접촉 등과 같은 광범위한 문제를 언급할 때 사용할 수 있다. 더 나아가 상담자는 아동이 가까운 시일에 행할 수 있는 행동에 대한 선택권을 미리 살펴보도록 도와주기 위하여 이야기책들을 사용한다. 예를 들어 어떤 책은 낯선 이에게 '싫어요. 아니요'라고 말하는 방법을 연습할 수 있도록 쓰였다. 그렇기 때문에 상담자는 이 책과 더불어 아동이 '싫어요. 아니요.'라고 말할 수 있는지를 확인하고 큰 목소리로 '싫어요. 아니요'라고 말하도록 연습한다. 책을 읽고 나면 상담자와 아동은 위험에 대처할 수 있는 적절한 행동을 제시해주는 역할극을 함께 해볼 수 있다.

교육적인 목표로 사용되는 책은 아동에게 복사본을 주어 집에 가져가서 가족이나 양육자와 함께 읽을 수 있도록 한다.

책과 이야기의 적합성

책과 이야기는 영유아부터 사춘기 후반 청소년들에게까지 사용해도 좋다. 특히 이야기 듣는 것을 좋아하는 어린 아동들에게는 더 적절하다. 개인상담과 아동-부모 상담에도 적절한 책과 이야기는 아동의 사고의 폭을 넓힐 수 있도록 도와주기도 한다.

상담에 쓰이는 책과 이야기는 특정 주제와 주관적인 문제의 선택에 중점을 두어야 한다. 창의적이고 언어능력이 좋은 아동은 이야기를 만들고 발전시키는 일이 도움이 되고 흥미로울 수 있으나 창의성이 부족하거나 언어능력이 부족한 아동에게는 이 활동이 덜 흥미로울 수 있다.

사례 연구

두 번의 심한 지진과 자연재해를 경험한 아동들을 지원하기 위한 프로그램을 계획하는 데 상담자들은 책과 이야기를 넣어 사용하였다. 이 활동 후에 아동들은 불안과 우울의 정도가 완화되고 자아존중감이 향상되었으며 감정을 좀 더 잘 다룰 수 있게 되었다는 결론을 얻었다(더 자세한 놀이치료의 과학적 검증은 20장 참조). 자신의 고향이 태풍에 의해 파괴된 9세의 유석이를 당신에게 의뢰했다고 가정하자. 유석이와 그의 가족들은 태풍으로 인해 신체적인 상해는 입지 않았지만 집이 부서졌고 현재 다시 집을 짓고 있는 중이다. 당신은 유석이의 이러한 경험을 도와주기 위하여 어떻게 책과 이야기를 사용할 수 있을까? 아동상담을 위한 통합 모델의 어떤 단계에서 책과 이야기 놀이 활동을 유석이와 함께 사용할 수 있을까?

핵심 요점

- 아동들은 이야기 속의 인물, 주제, 사건을 구분할 수 있고 이렇게 구분이 가능한 아동은 자신의 문제도 명확하게 투영하고 투사할 수 있다.
- 아동이 이야기를 만들 때 이야기에 사용되는 아이디어는 자신의 경험에서 오는 경향이 있다. 이때 상담자는 아동이 자신의 문제를 편하게 이야기할 수 있도록 도와준다.
- 교육용 책은 자아존중감, 성적학대, 보호행동, 가정폭력, 또는 아동의 사회적 발달과 같은 특정 주제를 다룬다.

28
Chapter

손 인형과 봉제인형

아동들과 상담을 할 때 손 전체에 끼워서 움직이는 손 인형과 봉제인형은 매우 유용하며 이 도구 역시 아동상담을 위한 통합 모델의 어느 단계에서나 사용할 수 있다(그림 8.1, p. 85 참조). 아동은 손 인형과 봉제인형으로 인형극을 만들고 시연할 수 있다. 인형극을 할 때 아동은 손 인형과 봉제인형 캐릭터에 특유의 성격과 행동 그리고 대사를 넣어 자신의 생각을 반영할 수 있다.

손 인형과 봉제인형 역시 가지고 놀기에 특별한 기술이 필요하지 않아서 자유자재로 놀이를 할 수도 있으며, 대부분의 아동이 이미 이 인형에 익숙하기 때문에 아주 좋아한다.

초보 상담자는 '손 인형과 봉제인형을 사용하는 인형극'과 '상상력을 이용한 가장놀이의 역할극(29장 참조)'과의 차이를 구분할 줄 알아야 한다. 손 인형과 봉제인형을 사용한 인형극은 아동이 정해진 이야기나 대본 혹은 아동이 만든 이야기에 맞게 손 인형과 봉제인형을 사용하여 특정 역할을 수행하는 반면에 상상력을 이용한 가장놀이의 역할극은 아동이 극에 나오는 인물이나 기타 인물을 직접 연기한다. 그러므로 손 인형과 봉제인형을 사용하는 인형극에서는 아동이 자신과 인형을 분리시킬 수 있다. 그러나 인형이 자신과 분리되었지만 아동은 아무런 제약 없이 자신이 원하는 특정 신념이나 행동 그리고 성격을 인형극에 투사할 수 있다.

'이야기하기(storytelling)'와 '손 인형과 봉제인형의 인형극'도 서로 다르다. 이야기하기는 아동에게 자신이 생각하는 것을 표현하고 갈등 상황을 살펴보게 함으로써 아동이 직접적으로 나누기 힘든 문제나 감정을 다룰 수 있다. 손 인형과 봉제인형도 어떤 면에서는 이야기하기와 유사하지만 이야기하기가 가지고 있는 속성을 넘어 추가적인 차원이 있다. 손 인형과 봉제인형의 인형극에서 아동은 이야기를 만들며 대화하고 동시에 인형극을 하면서 손으로 인형을 조작한다. 이렇게 함으로써 아동은 이야기와 연결되고 자신의 감성과 인형극의 인물 간에 연결고리를 만들 수 있다. 인형극으로 아동은 자신이 혼자 품고 있기에는 버거운 문제를 간접적으로 다룰 수 있는 기회를 가진다. 이러한 간접적인 접근방식은 아동 내면의 고통이 직접적으로 노출되지 않도록 보호해준다. 마치 아동은 자신의 고통이 자기 것이 아닌 손 인형과 봉제인형에게 속한 것처럼 감출 수 있는 동시에 인형을 통해 자신의 문제를 말할 수 있는 용기를 얻고 그것과 정면으로 맞설 수 있게 된다.

인형극에서 아동이 만드는 대화내용에는 아동의 생각과 행동 그리고 성격을 투영한 것이 포함되거나 자신에게 중요한 사람을 투영시켜 포함하기도 한다. 예를 들어 헤어졌지만 아동이 사랑했던 친구 혹은 미워했던 사람의 성격과 행동을 포함하여 재현할 수 있다. 결과적으로 손 인형과 봉제인형은 다른 사람과의 상호작용과 아동 자신과의 상호작용도 가능하게 하면서 아동을 직접적으로 드러내지 않는 안전하고 편안한 형식의 도구이다. 아동과 인형극을 하는 동안 상담자는 아동이 자신의 문제를 표현하고 이해하며 궁극적으로 문제를 해결하기 위해서 변화를 시도할 수 있도록 중재해주는 역할을 하면 된다.

몇몇 손 인형과 봉제인형은 특이하고 고유한 상징적인 성격을 가지고 있다. 예를 들어 늑대는 위험을, 원숭이는 즐거움이나 장난끼를, 경찰관은 도움이나 권위적인 존재를 의미한다. 봉제 곰 인형은 부드러움이나 사랑스러움을 상징하고 특히 양육과 관련해서는 신체접촉이나 사랑표현도 가능한 존재 혹은 직접 양육을 필요로 하는 존재를 의미하기도 한다.

손 인형과 봉제인형 사용의 목표

손 인형과 봉제인형은 다음의 목표를 위해 사용된다.

- 문제점과 사건을 극복하고 다루기 위하여
- 신체적인 표현과 파워(힘)를 갖기 위하여
- 문제해결 능력과 결정력을 향상시키기 위하여
- 사회성을 개발하기 위하여
- 의사소통 기술을 개발하기 위하여
- 사물과 사건에 대한 안목을 가지기 위하여

문제점과 사건을 극복하고 다루는 능력을 가지는 것

손 인형과 봉제인형을 사용할 때 아동은 힘들었던 경험을 다시 회상해볼 수 있다. 이것을 통해서 아동은 과거의 경험을 편안하게 다룰 수 있게 된다. 예를 들어 일상에서 아동은 나약하고 수동적이었지만 손 인형과 봉제인형으로 다시 자신을 떠올려보면서 적극적이고 강하게 변화시킬 수 있다. 아동이 스스로 만족할 때까지 성공과 만족감을 주는 인형극을 반복해볼 수 있다.

또한 이 인형을 아동이 잘 아는 동화나 우화에 적용하여 아동의 과거를 재구성해볼 수 있다. 이를 통해 아동은 과거에 자신은 피해자였으나 파워(힘)를 회복한 보통사람으로 인식할 수 있게 되며 더불어 자신의 문제점을 더 잘 볼 수 있게 된다. 다시 말해 아동은 나약하고 무기력했으나 이제는 앞에 닥친 문제를 통제할 수 있는 사람으로 새롭게 전환할 수 있다. 이러한 심리적인 공간과 변화를 허용하기 때문에 인형극은 아동에게 많은 도움이 된다.

신체적인 표현과 파워(힘)를 가지는 것

아동이 통제력과 파워(힘)를 가진 느낌을 표현할 때 두 가지를 주의해야 한다. 첫째, 아동이 직접 인형을 선택하는 것이 좋다. 그리고 둘째는 사회적으로 허용되지 않고 수용되지 않는 감정이라고 하더라도 타인으로부터 질책을 받는다는 두려움 없이 과감하고 솔직하게 표현해보는 것이 중요하다. 이러한 시도는 과거의 경험에 의해 순종적으로 변한 아동이나 낮은 자아강도(ego-strength)를 가지게 된 아동에게 도움이 된다.

문제해결 능력과 결정력을 향상시키는 것

때때로 아동은 타인의 요구나 지배 혹은 기대치 때문에 자신의 문제에 대한 해결방법을 쉽게 찾지 못한다. 그러나 인형극을 통해서는 대체해결방법을 부담 없이 탐색해볼 수 있다. 상담자도 인형으로 아동이 처한 상황에 맞게 적절한 대체방법을 적용시켜볼 수 있다.

사회성을 개발하는 것

아동의 사회성을 향상시키기 위해서 상담자는 아동과 함께 인형놀이를 한다. 상담자는 아동의 인형이 답변해야 되는 상황을 만들고, 상담자의 인형을 이용해서 아동인형의 반응이 긍정적인지 부정적인지를 관찰하고 받아들인다. 이런 과정은 간접

적으로 아동이 자신의 사회적 행동이 적절한지 부적절한지를 판단할 수 있게도 해
준다.

의사소통 기술을 개발하는 것

인형극에서 아동은 언어로 또는 언어가 아닌 다른 방법으로 표현할 수 있다. 인형놀
이에서 상담자는 아동이 상상한 문제와 실제적인 사건의 문제에 대해 대화하도록
권한다. 아동도 인형놀이에서 사용되는 인형들의 성격과 행동을 구분하여 다른 관
계를 간접적으로 시연해볼 수 있다. 아동이 원한다면 부모의 별거 또는 타인과의 친
밀감과 같은 이슈들을 살펴보고 자신이 필요하다고 생각되면 상담자에게 마음을 열
고 대화할 수 있다.

사물과 사건에 대한 안목을 가지는 것

인형을 가지고 대화를 할 때 개별 인형들의 다양한 갈등 상황에 대한 여러 시각을
가지게 된다. 그 결과 아동은 현실에서 사람들의 다양한 관점을 인식하게 되고 이해
력과 안목을 가지게 된다. 이것은 아동이 과거의 사건을 좀 더 의미 있는 시각으로
이해할 수 있기 때문에 유익하다.

손 인형과 봉제인형 사용에 필요한 도구

손에 끼우는 손 인형과 봉제인형 모두가 상담에서 사용된다. 손 인형은 자유롭게 인
형의 입과 귀를 움직이고 얼굴표정도 표현할 수 있다. 봉제인형의 경우 얼굴표정은
바꿀 수가 없지만 한 개 이상의 인형을 동시에 움직일 수 있다는 장점이 있다.

  그러므로 상담에는 다양한 인형이 있으면 도움이 되는데 그 구체적인 종류는 다
음과 같다.

- 아빠, 엄마, 할머니, 형제자매, 삼촌 등과 같은 가족 모형
- 악마, 귀신, 마녀, 마술사와 같은 환상 속 캐릭터 모형
- 야생동물, 농장동물, 가축들. 더 구체적으로 늑대, 상어, 곰, 코끼리 말과 토끼
- 변장이 가능한 봉제인형들(예, 마스크 쓴 사람, 광대, 혹은 얼굴 없는 사람) 등을
  포함한다.

손 인형과 봉제인형 활용법

손 인형과 봉제인형은 유사한 방법으로 사용하기 때문에 지금부터 두 가지 인형 모두를 '인형'으로 통일하여 명명하도록 하겠다. 인형을 사용하는 네 가지 방법이 다음에 제시되었다.

1. 아동이 인형을 자발적으로 이용하도록 허락한다.
2. 아동이 직접 인형극을 만들도록 권한다.
3. 인형과 함께 유명한 동화나 우화를 적용한다.
4. 상담자와 인형으로 대화한다.

인형을 자발적으로 사용하는 것을 허락하는 것

먼저 상담자는 아동에게 인형놀이를 할 것이며 아동이 마음에 드는 인형을 선택할 수 있다고 말한다. 아동이 좋아하는 인형의 선택은 많은 것을 의미하기 때문에 중요한 정보가 된다. 예를 들어 아동은 인형의 모양과 크기 그리고 특징을 살펴본 후 인형을 선택하고 그 인형에 자신을 숨길 가능성이 있다. 아동이 인형을 선택하면 자연적으로 인형과 대화하기 시작할 것이다. 아동이 대화를 시작하지 않으면 상담자가 먼저 인형을 선택하여 손에 끼고 아동에게 대화를 시도한다. 예를 들어 지영이라는 아동을 상담할 때 상담자는 곰을 선택하여 곰을 통해서 '안녕, 지영아! 오늘 나랑 인형 가지고 놀려고 여기 왔니?'라고 말하며 아동을 초대하고 '네 인형극에 나올 인물들을 나한테 하나씩 소개시켜줄래?'라고 하면서 인형극을 시작한다.

지영이가 인형들을 소개시켜주면 상담자는 자신의 인형으로 각각의 인형에게 인사를 하고 대화를 시작한다. 예를 들어 지영이의 친구인 진수에게 '안녕 진수야, 난 이 인형극에 기대가 아주 커. 너도 그러니?'라든가 '안녕 진수야, 만나서 반가워. 리본 넥타이가 아주 멋지구나.'라고 말한다. 상담자의 이러한 행동에 아동이 편안함을 느끼며 인형놀이에 참여할 수 있고 자신을 인형에 투사시킬 수도 있게 된다.

어떤 아동은 인형극을 쉽게 만들고 연기도 곧잘 한다. 반면에 다른 아동은 이것을 어려워할 수 있다. 인형극을 어려워하는 아동에게는 특정한 문제와 사건과 관련되는 주제를 상담자가 제안해줄 수도 있다. 예를 들어 가정에서 보호시설로 옮겨온 것과 같이 '거주지 변화'와 관련된 주제나 아동의 무기력이나 버려짐을 반영하는 '부모와의 만남'이나 '부모의 부재'와 같은 주제를 아동에게 슬쩍 제안해볼 수도 있다.

다른 기타 아동들을 위해서는 다음 페이지에 설명할 좀 더 형식이 갖춰진 인형극을 하면 좋다.

아동이 직접 인형극을 만들고 진행시키는 것

상담자는 아동에게 '우리가 함께 이 인형들로 인형극을 만들 거야. 네가 사용하고 싶은 인형을 골라봐. 이 인형들 중 하나는 매우 외롭고 자신에게 어떤 일이 일어날지를 잘 몰라. 다른 인형은 강하고 힘이 있어. 이 연극에는 세 명의 캐릭터가 더 필요해. 그걸 네가 선택해줄래?'라고 말한다. 아동이 캐릭터들을 다 선택하고 나면 상담자는 주제를 제안하고 인형극을 시작한다. 인형극의 내용은 아동의 뇌리를 사로잡고 있는 생각을 다루기 때문에 아동 스스로가 그러한 내용들을 어떻게 다루는지를 살펴보면 상담자는 많은 힌트를 얻게 된다.

상담자는 무대에 사용되는 테이블 뒤 마루에 앉아있는 아동과 함께 인형'쇼'나 인형'극'을 한다. 어떤 아동은 막대기, 공 혹은 베개나 이불과 같은 연극에 필요한 소품을 사용한다. 그러나 너무 많은 소품을 주면 자칫 상상력을 이용한 가장놀이(29장 참조)가 되어버릴 수도 있기 때문에 인형에 아동의 아이디어를 투영시키는 데 더 집중하도록 잘 이끌어야 한다.

대체로 상담자는 아동의 인형극을 청중처럼 반대편에서 본다. 자연스럽게 질문도 하고 조언도 하고 인형극을 만드는 데 도움을 주며 중재도 할 수 있다.

상담자는 인형극 캐릭터의 행동에서 뭔가를 발견하기 위하여 질문을 할 수도 있다. 예를 들어 '다른 사람들이 파티를 할 때 저 인형이 집에 혼자 남겨지면 기분이 어떨까?'

아동은 자신의 성향을 여러 명의 캐릭터로 분사하여 나타내기도 한다. 예를 들어 자신의 개구쟁이 성향을 원숭이에게 표현하기도 하고 자신의 소망은 마법사로 혹은 마법으로 그의 소망을 바꾸기도 한다. 이 과정에서 상담자는 다른 캐릭터의 행동을 알아차릴 수 있도록 인내심을 가지고 계속 관찰한다. 그리고 상담자는 '마법사! 다시 해볼래? 이번에는 성공할 거야.'라고 말하며 아동의 행동결과를 평가하기도 한다. 또한 아동이 사용하는 다른 인형들에게 적절한 반응도 할 수 있다. 앞에서 제시된 아이디어와는 다른 방법으로 상담자는 인형극의 캐릭터 중 행동을 변화시켜보도록 직접 제안할 수도 있다. 예를 들어 상담자는 '마법사, 네 방법이 통하지 않는 것 같아. 다른 방법을 시도해보지 않을래?'라고 권해본다.

어떤 아동들은 상담자가 끼어들면 화를 낼 수도 있다. 이러한 아동은 상담자가 방해하지 않고 그냥 지켜보는 것이 좋다. 그러나 인형극이 끝나면 상담자는 아동과 인형극의 여러 부분이나 특정 양상에 대해 논의할 수 있다. 상담자는 '인형극에 나오는 인형들 중 너는 누구를 제일 좋아하니?' 혹은 '인형극 중 네가 제일 되고 싶지 않은 캐릭터는 누구니?'라고 물을 수는 있지만 '인형극에서 너는 누구니?'라는 직접적인 질문은 적절하지 않다. 이런 질문은 아동이 인형극의 다양한 캐릭터 중에 자신을 투사했을 경우 답하기 어려울 수 있기 때문이다. 때로는 인형극이 끝난 후에도 아동에게 인형극의 캐릭터에 지금 어떤 일이 벌어지고 있는지를 묻는 것은 아동에게 인형극을 다시 생각해보게 하는 기회를 줄 수도 있다.

인형과 함께 유명한 동화나 우화를 적용하는 것

아동들과 인형놀이를 할 때 잘 알려진 동화나 우화를 사용한다. 아동이 이야기를 만들기 위해 책의 주인공 인형을 고를 수 있다. 상담에서 더 좋은 결과를 얻기 위하여 아동이 이야기를 재구성할 수 있다. 예를 들어 피해자가 힘을 회복하거나 문제를 해결할 수 있는 대안을 마련하는 방법을 발견하는 쪽으로 이야기를 변경시켜보기도 한다. 상담자는 아동이 '빨간 망토' 이야기를 재현해보도록 하고 인형극이 끝나면 '늑대가 할머니를 먹겠다고 생각했을 때 할머니가 할 수 있었던 다른 방법은 어떤 것들이 있었을까?'라고 물을 수 있다. 그러면 아동은 할머니가 집을 나가서 도움을 청할 수 있었다고 대답할 수도 있다. 그렇다면 상담자는 아동이 제시한 방법으로 아동과 함께 인형극을 다시 재현해볼 수 있다.

상담자와 인형으로 대화하는 것

종종 인형과 상담자 간에 나누는 대화를 통해 아동은 자신의 문제에 대한 해답을 찾기도 한다. 인형은 아동과 일대일 상호작용을 하는 데 사용할 수 있다. 이것을 위해서는 주로 곰 인형을 사용한다. 이 봉제인형은 특정 문제를 논의하는 데 어려움이 있는 아동에게 유용하게 사용된다. 예를 들어 아동이 괴롭힘을 당하기 때문에 학교에 가기 싫은데 표현하지 못할 수가 있다. 상담자는 '이 곰 인형은 아이들이 무엇을 생각하는지 잘 알아맞힌단다. 이 인형을 네 무릎에 놓으면 곰은 네가 무엇 때문에 힘들어하는지 알아낼 수 있을 거야.'라고 말한다. 그런 다음 상담자는 아동에게 곰 인형을 무릎 위에 놓도록 하고 다음과 같이 말한다. '곰아, 유진이에게 무슨 문제가 있어? 네가 뭘 알고 있는지 궁금하네?' 그런 후 아동은 곰 인형을 대신하여 대답하도록 상담자는 묻는다. '유진아, 곰 인형이 너한테 뭐라고 말하는지 알려주겠니?' 어떤 아동은 개방적으로 답하는 방식을 불편해할 수 있다. 그러면 상담자는 곰의 입을 자신의 귀에 대고 뭔가를 소곤거리는 모습을 취한다. 그리고 아동에게 '곰 인형이 말하기를 네가 학교와 관련된 문제가 있다고 하는구나. 곰 인형이 한 말이 맞아? 아니면 틀려?'라고 전달해준다. 이렇게 하면 아동은 아마도 상담자와 곰 인형을 자신과의 대화에 참여시키고 싶어 할 것이다. 아동은 곰이 뭐라고 말하는지 듣고 곰 인형이 말한 것을 반복해서 말하는 놀이를 한다. 이렇게 하면 아동은 이내 곰의 목소리가 되고 아동은 곰을 통해서 자신의 이야기를 하게 된다.

손 인형과 봉제인형의 적합성

영유아나 초등학생에게 손 인형과 봉제인형은 유용하게 사용된다. 사춘기 초기 아동들에게도 이 놀이는 흥미로울 수 있지만 대체로 이 활동은 어린 아동들에게 적절하다. 인형은 개인상담을 위해 사용하는 것이 좋지만 각각의 아동이 자신의 기호에 맞는 인형을 하나씩 선택하면 집단상담도 가능하다.

인형을 사용할 때 아동은 자신의 생각을 재점검하고 생각의 범위를 넓힐 수 있다. 그러므로 상담자는 아동이 인형과 상호작용을 잘하고 인형을 좀 더 탐색하여 사용하도록 권한다. 인형은 아동에게 도덕적인 메시지를 전달할 수 있고 보호행동과 같은 특정한 주제를 선택하여 교육적인 내용을 전달할 수도 있다.

사례 연구

손 인형(Zahr, 1998)과 봉제인형, 특히 곰 인형이나 아기 인형(Hatava et al., 2000)은 병원진료를 준비하는 아동과 상담할 때 보편적으로 사용된다. 인형은 입원을 준비하는 아동의 불안과 신체반응(심장박동과 혈압)과 과잉행동반응을 감소시켰다. 더 자세한 내용은 20장을 살펴보면 된다. 5세 된 지혜를 의뢰받았다. 지혜의 부모님은 지혜가 수술을 해야 한다는 사실에 매우 불안해한다고 걱정한다. 이번이 지혜의 첫 번째 입원경험이다. 인형으로 어떻게 지혜를 도와줄 수 있을까? 더 적절한 놀이매체와 놀이 활동이 있다면 고려해보자.

핵심 요점

- 손 인형과 봉제인형은 아동이 혼자 감당하기 힘든 문제를 간접적으로 다루게 해주기 때문에 도움이 된다.
- 인형극에서 아동은 자신의 생각과 행동 그리고 성격과 소중한 사람들을 투영할 수 있다.
- 상담자가 아동의 문제점을 표현하고 이해하도록 돕기 위해 중재를 시도함으로써 아동의 변화가 시작될 수도 있다.
- 타인과의 상호작용과 관련해서 인형은 아동이 상상하는 것을 연결하여 표현하게 해주는 안전한 전기 콘센트와 같은 역할을 한다.

29
Chapter

상상력을 이용한 가장놀이

상력을 이용한 가장놀이는 어린 아동이 또래들과 자연스럽게 하는 놀이이다. 가장놀이는 아동상담을 위한 통합 모델의 어느 단계에서나 적절하다고 판단이 되면 사용이 가능하다(그림 8.1, p. 85 참조). 가장놀이에서 어린 아동은 주로 환자를 진단하는 의사나 아기에게 우유를 먹이는 엄마와 같은 역할놀이를 한다. 여기서 의사는 주로 아동을 진단한 후에 옷을 입히거나 엄마는 아기를 돌보거나 빈 바구니를 가지고 시장을 보기도 한다. 아동은 연기와 연기에 필요한 소품, 대사 그리고 연극을 위한 가상 인물들과의 상호작용을 엮어서 역할극을 만들어간다.

2세와 3세 사이의 유아는 주로 일상생활에서 자신들이 만나는 익숙한 어른을 흉내 내며 역할극에서 실제와 거의 비슷한 대체인물이나 물건 혹은 장난감을 사용한다. 4세 이상의 아동은 2세와 3세에 비해 역할극의 소품이 실제와 비슷한지 아닌지에 대해 크게 개의치 않고, 소품의 이동이 가능하지 않은 상태면 재빨리 다른 대체물을 찾는다. 예를 들어 전화기가 없다면 전화기를 대신하여 나무블럭을 사용하기도 하고 나무블럭조차도 없으면 마치 전화기를 사용하는 것 같은 액션을 취하기도 한다. 물을 마시는 연기를 하는데 컵이 없으면 주먹을 약간 구부려 입에 갖다 대며 물을 마시는 시늉을 한다. 5세 이상의 아동은 추상적인 사고를 할 수 있기 때문에 허구 캐릭터를 연기할 수 있다. 이들은 슈퍼맨과 같은 영웅과 괴물 그리고 우화에 나오는 인물을 흉내 낼 수 있다.

상상력을 이용한 가장놀이에서는 아동이 다양한 가상 인물역할을 소화하고 개입시킬 수 있어서 아동은 큰 틀 안에서 배우가 되는 것이다. 더불어 가장놀이에서 아동의 사회성 기술도 필요하다. 이러한 사회성이 개입될 때 상담자도 아동과 함께 극적인 역할을 하며 놀이에 참여한다. 사회성 기술은 아동이 이 놀이를 할 때 상담자와 아동 간에 언어적 혹은 비언어적으로 적용된다. 상상력을 이용한 가장놀이에 아동은 실제 물건과 그 물건을 닮은 모형 이 두 가지를 모두 사용할 수 있다. 어떤 아동은 가장놀이에 참여하지 못하고 물건을 조작하지도 못한다. 이러한 아동은 아기처럼 물건을 어루만지고 쌓거나 치고 때리는 정도로 도구들을 터치한다. 이와 같이 미성숙적인 놀이의 원인은 다음과 같다.

- 아동이 언어구사에 어려움이 있거나 인지능력이 결핍되어 있기 때문이다.
- 놀이경험의 부족으로 인해 놀이 환경에서 자극을 받지 못했기 때문에 가장놀이에 참여하지 못한다.
- 아동이 과거의 정서적인 충격과 학대 그리고 양육자의 무관심으로 기를 펴지 못하기 때문이다.
- 수줍음을 많이 타거나 놀이에서 발생하는 위험을 감수하는 것을 두려워하기 때문이다.

4세나 5세의 아동은 발달상 자연스럽게 가장놀이에 관심을 보이고 참여한다. 그러므로 이러한 놀이에 아동이 관심을 보이지 않는다면 이것 또한 중요한 신호이기 때문에 눈여겨보아야 한다. 가장놀이에 참여하지 않거나 하지 못하는 아동은 자신의 정서적인 문제를 해결할 수 있는 개인적인 능력과 기질이 부족하다. 상상력을 이용한 가장놀이를 통해 이러한 아동은 자신의 일상에서 만나는 사람들에 관한 중요한 부분을 표현하게 되고 상담에서 혜택을 얻을 수 있다.

상상력을 이용한 가장놀이의 목표

상상력을 이용한 가장놀이는 다음과 같은 목표를 가지고 있다.

1. 아동의 생각과 소망 그리고 두려움과 상상을 표현하고 언어와 비언어적으로 표현할 수 있도록 돕는 것
2. 아동의 잠재된 생각이나 사고하는 과정을 표현하도록 돕는 것
3. 정서적인 고통으로부터 카타르시스를 느끼도록 돕는 것
4. 감정의 신체적 표현을 통해 아동이 파워(힘)를 경험할 수 있도록 돕는 것
5. 과거의 문제점과 사건을 극복하고 잘 다룰 수 있도록 돕는 것
6. 아동이 현재와 과거의 사건에 대해 이해할 수 있는 안목을 가지도록 돕는 것
7. 아동이 새로운 행동을 시도할 때 위험을 감수하도록 돕는 것

8. 아동이 특정한 상황을 위해 준비하도록 돕는 것
9. 아동에게 올바른 자아개념과 자아존중감을 가질 수 있도록 돕는 것
10. 의사소통 기술을 향상시키는 것

가장놀이를 위한 도구

가장놀이에서 사용되는 도구들은 아동이 좋아할 수 있는 것들이어야 한다. 이것은 아동의 상상력을 자극하고 아동의 문제를 건드릴 수 있어야 한다. 예를 들어 아동이 자신이 처한 상황을 좀 더 잘 조절하고 통제하기를 원한다면 마법사의 지팡이는 아동에게 크게 와닿을 것이다.

위에 언급된 목표를 성취하기 위해 가장놀이와 아동을 잘 연결시켜야 하는데 이것을 위해서 광범위한 놀이도구가 있으면 좋다. 어떤 놀이매체들은 아주 현실적이어서 어린 아동이 쉽게 다가갈 수 있다. 상대적으로 덜 현실적으로 만들어진 도구들은 더 높은 연령대의 아동에게 적당하다.

다음은 가장놀이에 필요한 놀이매체들을 적어놓은 것이다(19장에서 언급).

가구와 관련된 항목

장난감 가스난로
장난감 부엌찬장
장난감 세면기
어린이 테이블과 의자
인형 침대
인형 유모차
아기 인형의 목욕도구(위 항목들은 아동이 가족 역할놀이를 할 때 사용할 수 있는 크기)
플라스틱 오븐용 그릇, 포크, 나이프, 숟가락, 냄비, 팬
고무찰흙(음식 만들기 놀이에서 주로 음식을 상징)

〈고무찰흙〉

인형과 관련된 항목

봉제인형(어른과 남녀 아동들을 대표함)
아기 인형
곰 인형과 원숭이를 포함한 다양한 봉제인형들
인형 옷
아기우유병
인형 기저귀
베개와 유모차 커버

변장도구

실제로 걸칠 수 있는 옷
모자
넥타이
벨트
성인신발
선글라스
가발
화장품(쉽게 씻길 수 있고 알레르기 반응을 일으키지 않는 것)
장신구
무기
군인신분 배지
여러 가지 마스크

의사/간호사와 관련된 진료 도구
옛날 카메라
왕관
마술사 지팡이
핸드백들
남성용 지갑들
여성용 지갑들
쇼핑바구니
여러 가지 색깔의 직물
담요
종이들
망원경
벽거울
머리빗
칫솔
장난감 전화기
장난감 자동차
빈 음식물 꾸러미
놀이용 돈
골판지 상자
나무블럭

상상력을 이용한 가장놀이 활용법

가장놀이는 아동발달의 관점에서 아동이 물건으로 단순놀이를 시작하고 물건을 조작하여 사용하는 것이 가능한 경우에 하는 놀이다. 이 시기에 아동은 사실인 것처럼 상상하는 가장놀이를 할 수 있다. 아동이 사실인 것처럼 상상하는 세계를 경험하기 위해서 놀이를 할 때마다 다양한 역할과 행동을 시험해볼 수 있고 과거의 문제와 상황에 대해 새로운 인식을 할 수도 있다. 여기서 상담자의 책임은 아동이 상상의 세계를 만들어가도록 환경을 제공하고 그것을 치료학적으로 적용하는 것이다. 그러므로 상담자는 다음과 같은 일을 해야 한다.

1. 아동이 사실인 것처럼 상상할 수 있는 세계로 들어갈 수 있도록 하는 장소와 환경을 조성해야 한다(예, 놀이매체와 항목을 준비해 놓은 공간).
2. 가장놀이에 참여하는 혜택을 누리기 위해 아동과 상담자 간의 관계를 형성하고 그 관계를 적절하게 사용한다.

1번과 관련하여 놀이치료실에 필요한 도구들에 대해서는 이미 19장에서 설명하였고 또 이 장의 전반부에서 가장놀이에 필요한 항목들에 대해 설명하였으므로 그것을 참조하면 된다.

2번과 관련된 상담자의 역할선택과 상담 중에 내리는 결정은 치료효과에 중요한 영향을 미친다. 상담에 들어가기 전에 기억해야 할 것은 이 놀이를 하는 대부분의 아동은 자신과 함께 비슷한 경험을 한 그 누군가가 필요한 것이지(유사한 시간, 장소, 공간, 도구, 주제 등) 단지 함께 놀아줄 어른이 필요한 것이 아니라는 것이다. 아동에게 가장놀이를 시작-유지-변화-확장하는 것을 도와줄 누군가가 있다면 많은 도움이 될 것이고 놀이기술이 제한된 아동에게 함께 놀아주고 놀이기술을 향상시키는 데 도움을 줄 수 있는 사람이 있다면 큰 힘이 될 것이다.

그러므로 상담자는 아동과 가장놀이를 할 때 이러한 역할부분을 잘 고려해야 한다. 제한된 놀이기술을 가진 아동을 위해서는 상담자는 병행놀이(parallel playing), 협동놀이(co-playing), 놀이튜터링(play tutoring)과 같은 세 가지 대체 놀이방법을 적용하고 그 역할을 담당할 수 있다.

병행놀이

병행놀이를 할 때 상담자는 아동의 옆에 앉아 놀이를 모방한다. 예를 들어 아동이 인형의 집 가까이에 앉아서 모형가구를 배치하면 상담자도 아동의 옆에 앉아 가구를 배치한다. 그러면서 상담자는 아동이 하는 행위에 대해 이야기를 한다. 예를 들어 '나는 벽 앞에 이 의자를 놓을 거야. 그러면 아빠와 엄마가 같이 TV를 볼 수 있겠지.'

상담자는 아동의 놀이를 방해하지 않으면서 단지 상담자와 아동이 하는 놀이행위에 대해 기술하는 방식으로 가장놀이의 방법들을 표현할 수 있다. 상담자가 아동의 놀이를 모방하면 아동은 자신이 하는 놀이가 영향력이 있고 중요하다고 느낄 수도 있다. 그러므로 병행놀이에서 상담자는 아동이 하는 놀이를 먼저 모방하고 동시에 새로운 방법으로 놀이매체를 활용하는 방법을 보여주면서 놀이를 더 확장시킬 수 있도록 지원한다.

협동놀이

아동과 함께하는 협동놀이에서 상담자는 아동의 역할놀이에 반응하고 의견을 보태며 아동이 이끄는 놀이의 방향이나 의도에 관해 물어볼 수 있다. 예를 들어 아동이 어린 아기 인형을 돌보고 수유하는 엄마놀이를 하고 있다면 '아기가 아직 아침밥을 먹지 않았네. 나는 그 아기의 언니야. 내가 무엇을 할까?'라고 물어볼 수 있다. 이러한 이야기를 들으면 아동은 상담자를 자신의 가장놀이로 조인할 수 있도록 허락할 것이다. 그러나 어떤 아동은 상담자의 말에 반응하지 않을 수도 있다. 아동이 '이 아기에게는 언니가 없어요.'라고 말하며 상담자를 거부하거나 아동은 아침밥을 아기에게 먹이는 시늉만 할 수도 있다. 그러면 상담자는 아동에게 아기의 밥을 넌지시 건네주기만 해도 된다.

협동놀이는 아동이 하는 놀이에 약간의 새로운 액션을 첨가하여 놀이에 영향을 줄 수 있다.

놀이튜터링

놀이튜터링은 협동놀이와 비슷하게 보일지도 모르지만 차이가 있다. 상담자가 놀이에 조금 더 통제력을 가지고 아동이 시작한 놀이에 조인을 하지는 않되 놀이를 이끌어줄 수 있다. 이 놀이에서 상담자는 질문을 하고 아동에게 상담자의 의견을 놀이에 반영해보도록 권할 수 있다. 예를 들어 상담자는 '이 사람이 의사니? 혹은 저 사람이 엄마니?' 혹은 '집 안에 있니? 혹은 차 안에 있니?'라고 물을 수 있고 상담자는 다음과 같이 진술할 수도 있다. '여기에 자동차가 있어. 너는 이 차로 시장을 볼 수 있어.' 더 나아가 상담자는 아동의 놀이 의도를 추측할 수도 있다. '네가 다섯 개의 접시를 식탁에 두었구나. 아마도 다섯 명의 가족이 이 집에 사나보네.' 이러한 상담자의 의견과 질문 그리고 제안은 새로운 놀이도구로 아동의 놀이계획을 이끌어냄으로써 상상력을 이용한 가장놀이를 더 확장시키는 데 도움을 줄 수 있다. 상담자는 적극적인 놀이 참여자가 되어 새로운 역할행동을 아동에게 보여줄 수도 있고 아동이 하는 놀이의 역할을 할 수도 있다. 예를 들어 아동이 아픈 아동을 치료하는 의사 역할을 하고 상담자는 아기 엄마의 역할을 할 수 있다. 이러한 역할놀이와 상담자의 놀이를 보여주는 방법은 아동이 새로운 놀이기술을 획득하는 데 도움을 준다.

놀이튜터링은 도움이 될 수는 있지만 다소 놀이에 방해가 될 수도 있다. 그러므로 상담자는 아동이 스스로 놀이를 잘 진행하고 유지하면 튜터링 행위를 제한하고 즉시 관찰자의 모습으로 자신을 전환시켜야 한다. 다시 말해서 상담자는 필요에 따라 아동의 놀이에 조력자가 되어 병행놀이와 협동놀이 또는 놀이튜터링 등의 방법을 적절하게 사용할 수 있어야 한다.

상상력을 이용한 가장놀이로 상담하기

상담을 시작하기 전 상담자는 상담이 진행될 공간에 가장놀이 도구와 항목들이 준비되어 있는지 확인한다. 때때로 아동이 가진 특정 문제와 특정 상담 주제가 있다면 상담자는 보통 늘 구비되어 있는 놀이매체 항목 외에 특정 주제와 관련된 항목을 별도로 준비해 놓는 것이 좋다. 아동이 치료실에 오면 상담자는 '오늘 우리는 이 방안에 있는 장난감들과 놀며 시간을 보낼 거야.'라고 말한다. 그러면 아동은 방안에 있는 물건들을 관심이 가는 대로 탐색하기 시작한다. 아동은 주로 몇 가지 놀이도구들을 만지고 특정 인형에게 옷을 입히며 놀이를 시작한다. 보통 아동들은 '장난감 집'(그림 19.1, p. 190)에 관심이 많다. 부엌 가구가 설치된 집에서 익숙한 가족 역할놀이를 시작한다. 예를 들어 엄마처럼 식사를 만들기도 하고 아기 인형을 돌보기 시작한다. 아동이 놀이를 시작하면 상담자도 아동과 함께 놀이를 시작하되 적절하다고 판단되는 순간에는 아동의 놀이 주제와 놀이순서를 그냥 지켜봐도 좋다. 중간에 상담자는 아동이 놀이를 계속 진행시킬 수 있도록 놀이와 관련된 의견이나 질문을 해도 좋다.

상담을 시작할 때 상담자는 기회가 될 때마가 아동을 위해 세운 상담 목표를 가장놀이로 달성해보려고 시도해야 한다.

상담 목표 성취를 위한 가장놀이 활용법

다음은 가장놀이를 통해서 상담에서 세운 열 가지 목표를 성취할 수 있는 방법에 대해 설명하고자 한다.

아동의 생각과 소망 그리고 두려움과 상상을 표현하고 언어와 비언어적으로 표현할 수 있도록 돕는 것

이 목표는 가장놀이를 통하여 자연스럽게 성취될 수 있다. 상상력을 활용하는 놀이로 아동은 상징적이고 극(劇)적인 방법으로 자신의 세계를 다시 만들 수 있다. 이 놀이는 자연스럽게 만들어지는 대화로 '등장인물'을 이끌어간다. 등장인물로는 아동 자신을 포함하여 인형, 봉제인형, 상담자(아마도 아동이 상담자도 등장인물에 포함시킬 것이다)이다. 이 놀이에서 어떤 아동은 자신의 소망, 환상, 공포를 자연스럽게 표현하기 때문에 상담자는 관찰자의 모습을 유지할 수 있다. 그러나 어떤 아동은 상담자가 협동놀이를 통하여 아동이 생각하는 바를 발전시켜줄 필요가 있는데, 이때는 아동이 맡긴 상담자의 역할을 과장적으로나 역설적으로 표현해볼 수도 있다. 그러나 주의할 것은 아동의 표현을 자칫 침해할 수도 있기 때문에 상담자는 아동이 허락한 역할의 틀을 너무 많이 벗어나지 않는 것이 좋다.

아동의 잠재된 생각이나 사고하는 과정을 표현하도록 돕는 것

이 목표를 위해서 상담자는 아동의 놀이를 방해하지 않고 지켜보아야 한다. 아동은 자연스러운 연결고리를 통해서 자신의 무의식적인 소망과 욕구를 탐색하는 가장놀이를 할 수 있다. 이 과정은 생각, 감정, 내용들을 아동이 다시 되뇌어보게 할 수 있어서 상담자에게도 도움이 된다. 예를 들어 상담자는 '왜 인형이 말썽을 부려서 방안에 갇혔을까? 이렇게 갇힌 인형의 마음이 어떨지 궁금하네.' 이것을 통해 아동도 자신을 붙잡고 있는 문제를 탐색할 수 있을 것이다.

정서적인 고통으로부터 카타르시스를 느끼도록 돕는 것

가장놀이는 아동에게 자신의 감정과 문제를 밖으로 표출하게 함으로써 정서적인 자유와 카타르시스를 느끼게 한다. 이러한 상황이 발생할 때 상상력을 이용한 가장놀이 자체가 힐링이 되기 때문에 치료적인 중재(therapeutic intervention)가 가능하다. 이것을 위해서 상담자나 치료사는 아동에게 지시어 사용을 자제하고 아동이 안전하다는 느낌을 가지며 공감대를 형성할 수 있도록 배려해주어야 한다.

감정의 신체적 표현을 통해 아동이 파워(힘)를 경험할 수 있도록 돕는 것

놀이튜터링으로 상담자는 아동이 파워(힘)를 발휘하고 강력한 상상의 인물이 되어볼 수 있도록 시범을 보일 수 있다. 아동도 이러한 강력한 역할을 행동으로 표현하는 실험적인 시도에 적절한 변장 도구를 사용하여 변신한다. 이 활동에 적절한 캐릭터로는 슈퍼맨, 구조자, 구출자, 모험가, 양육자, 치료사 등이 될 수 있고 아동이 이 인물들이 되어본다. 아동이 파워(힘)를 가진 강력한 상상 속의 인물 역할을 하면 상담자는 아동의 역할을 지원하는 협동놀이를 한다.

과거의 문제점과 사건을 극복하고 잘 다룰 수 있도록 돕는 것

상담자는 아동이 나약했을 때 경험했던 고통을 재조명하기 위해서 가장놀이를 권해본다. 미니 드라마와 같은 형태로 놀이가 진행될 때 아동이 과거에는 수동적으로 대처했던 사건에 적극적으로 대처해보도록 격려할 수 있다. 상담 목표를 성취하기 위해 상담자는 아동과 함께 이 역할극을 반복할 수도 있다. 놀이를 반복하면 아동은 다시 파워(힘)를 회복하고 더 나은 대체 행동을 떠올리게 될 수도 있다. 과거에 자신을 위협했던 사건을 극복하지 못하고 통제할 수 없던 피해자에서 위협적인 사건을 잘 다루고 통제할 수 있는 사람으로 전환한다. 상담자는 아동이 이 과정을 거칠 때 도와줄 것이다. 예를 들어 상담자는 '네가 저 나쁜 사람에게 가라고 말한 건 아니야! 저 사람을 밀어내고 문도 닫아버리는 게 어때? 그러면 네가 용기를 되찾을 수 있을까?'라고 말해줄 수 있다. 상담에서 가장놀이를 통해 아동은 상황을 통제하는 능력을 가리게 되고 그 상황을 이해하게 된다.

아동이 현재와 과거의 사건에 대해 이해할 수 있는 안목을 가지도록 돕는 것

가장놀이는 아동 스스로에 대해 알 수 있게 하고 현재와 과거의 사건에 대한 통찰력을 가지게 해주며 위협이나 스트레스가 없는 편안한 상황에서 기존에 발생한 일을 다른 시각으로 보고 대처해볼 수 있는 기회를 제공해준다.

이 목표를 성취하기 위하여 상담자는 아동이 경험한 사건과 유사한 연극을 시연해보면 좋다. 이 과정에서 상담자는 아동이 몇 번 역할을 바꿔보도록 한다. 첫 번째 놀이에서 했던 역할에서 두 번째 놀이에서는 상대편의 역할로 전환했다가 세 번째 놀이에서는 다시 첫 번째 본인의 역할로 되돌아간다. 같은 역할극에서 두 개의 다른 역할로 대화를 주고받으며 각 캐릭터의 성향을 파악한다. 결과적으로 아동은 쌍방의 입장을 모두 경험하고 그들의 행동과 생각을 되새겨보게 되면서 현재와 과거에 자신에게 일어났던 사건에 대해 새로운 시각을 가지게 된다.

아동이 새로운 행동을 시도할 때 위험을 감수하도록 돕는 것

실제 생활에서 위험하기 때문에 시도해볼 엄두조차 내지 못했던 새로운 행동을 가장놀이에서는 실험적으로 시연해볼 수 있다. 상담자와 아동은 가장놀이를 통해서만 시도해볼 수 있는 새로운 행동을 해보고 그 행동에 따른 결과를 확인해본다. 상담자는 상상력을 이용한 가장놀이에서 벌어지는 상황들을 아동에게 상기시킴으로써 위험을 감수할 수 있도록 도와준다. 마치 사실인 것처럼 상상하고 시도해보기는 하지만 결과적으로 아동에게 직접적인 해가 되지는 않기 때문에 부담이 없다. 상담자는 '이 놀이를 하는 동안 네가 마술을 사용할 수 있고 나쁜 일들이 벌어지면 네가 즉각 변화시킬 수 있어.'라고 말한다. 이렇게 '피할 수 있다는 확신'과 함께 아동은 안전이 보장된 가상적인 상황에서 일어나는 일에 대처하기 위해 과감하게 위험을 감수해본다.

아동이 특정한 상황을 위해 준비하도록 돕는 것

매사에 확신이 부족하고 기가 죽은 아동이 있다고 가정하자. 가장놀이에서 이 아동은 교사와 같은 권위와 힘을 가진 역할을 해볼 수 있다. 상담자는 아동이 권위를 가진 교사의 행동을 하도록 가장하고 협동놀이를 해본다. 아동에게 권위를 더 부여하기 위해서 학생역할을 하는 상담자가 일부러 교사에게 협조하지 않는 척 반항한다. 교사가(아동이) 교실에서 학생에게(상담자에게) 타임아웃을 외치며 '교실에서 나가.'라고 지시하면 상담자는 '싫어요. 안 나가요. 나는 여기에 있을 거예요.'라고 말한다. 이러한 반항적인 행동은 아동에게는(교사에게는) 다루기 힘든 행동일 수 있다. 역할극 후에 '네가 나를 타임아웃방으로 가게 하지 않더구나. 네가 지시하는 일을 내가 할 수 있도록 나를 어떻게 더 설득할 수 있었을까?'라고 물어보며 상담자는 아동과 대화를 나눌 수 있다.

아동에게 올바른 자아개념과 자아존중감을 가질 수 있도록 돕는 것

여러 가지 역할을 시도해보면 아동이 몰랐던 자신 안에 잠재해 있는 모습을 보게 된다. 상담자는 리더십, 우정, 무기력, 문제해결, 협동, 협조와 같은 행동이 부각되도록 협동놀이에서 아동에게 여러 가지 역할을 하게 할 수 있다. 상담자는 '무기력한 피해자'나 '혼란스러운 친구', '건망증 있는 어른'과 같은 역할을 아동의 파트너 캐릭터로서 설정하여 준비해 놓는다. 아동이 놀이에서 파트너에게 적절하게 대응을 하면 상담자는 '너 정말 잘 도와주는구나. 나는 너 없었으면 이것을 하지 못했을 거야.'라고 칭찬한다. 이 놀이로 아동은 자신이 뭔가를 할 수 있는 능력과 타인에게 도움을 줄 수 있는 능력이 있다는 사실을 깨닫고 자신을 향한 자부심을 느낄 수 있을 것이다.

의사소통 기술을 향상시키는 것

가장놀이에서 사용되는 대화는 언어 또는 비언어적으로 진행된다. 놀이에서 구사되는 대화를 통해 아동은 의사소통의 성공과 실패를 경험하게 될 것이다.

어떤 아동은 자신의 비언어적 행동에 대해 의견을 덧붙이지 못하거나 자연발생적으로 대화에 조인하지 못한다. 놀이를 하는 동안 이 아동을 위해서 상담자는 계속 아동의 행동을 상기시키고 투영해주며 아동이 액션으로 응답하는 것이 아니라 입술을 움직여 언어로 표현하도록 격려한다. 예를 들어 상담자는 '네가 인형을 침대에 다시 눕혔구나.' 아동이 고개를 끄덕이면 '그건 예라는 의미야? 나는 네 목소리를 듣고 싶어.'라고 말하거나 '인형을 재우는 동안 뭐라고 말할 거야?'라고 물어보면서 아동이 비언어적 행동으로 답하기보다는 언어를 사용해서 반응하도록 유도해본다.

상상력을 이용한 가장놀이의 적합성

상상력을 이용한 가장놀이는 2세나 2.5세에서 5세 사이의 영유아에게 적절하다. 학령기 아동들은 드러내놓고 행동하기보다는 비밀을 가지고 숨기며 혼자만의 상상의 나래를 펼칠 수도 있다. 6세에서 12세 혹은 그 이상의 연령에 해당하는 아동은 현실적으로 변하기 때문에 가장놀이가 보편적으로 사회에서 수용되지 않는다는 것을 안다. 이러한 아동들에게 놀이도 현실이기 때문에 가장놀이는 더 어린 아동에게 적합하다.

가장놀이는 개방적이고 확장적인 성격을 띠고 있다. 그래서 아동은 아무런 제한 없이 여러 가지 가능성과 자신의 감정과 근심을 안전한 환경에서 탐색할 수 있다. 기억할 것은 아동이 간단하고 반복되는 주제만을 사용하려고 하면 제한된 놀이 주제 안에서만 머물게 될 수 있기 때문에 아동의 관심을 다양한 주제로 전환시킬 수 있도록 유도하는 것이다.

사례 연구

상상력을 이용한 가장놀이와 같은 비지시적 놀이는 노숙 아동들의 정서적인 안정을 기하고 우울과 불안을 낮추는 데 도움이 된다는 연구결과가 나왔다(Baggerly, 2004; Baggerly & Jenkins, 2009). 아동의 감정표현과 자기조절기술 개발과 관련하여 과학적인 연구검증을 거친 자료를 살펴보고 싶으면 이 책의 20장을 참조하면 된다. 3세 진아는 감정적으로 자주 폭발한다. 그것을 염려하여 진아의 부모님이 상담을 의뢰하였다. 당신은 진아를 상담할 때 가장놀이를 어떻게 적용할 것인가? 진아와 상담할 때 당신이 진아에 대해 추가적으로 알아야 할 정보는 어떤 것이 있을까?

핵심 요점

- 2세나 2.5세에서 5세 사이의 영유아는 상상력을 이용한 가장놀이에 자연스럽게 참여하고 즐긴다.
- 일반적으로 2~3세 아동은 자신들의 표상놀이(representational play)를 위해 현실성이 높은 물건이나 장난감 혹은 미니모형을 선택하는 반면에 상대적으로 나이가 많은 아동들은 자신이

(계속)

사용하고자 하는 물건의 상징화를 위해 전혀 연관성이 없는 물건을 선택하고 사용하기도 한다 (예 : 전화기 → 나무블럭).
- 가장놀이에는 여러 장난감 가구와 집기도구, 손 인형과 봉제인형, 인형 옷 등이 필요하다.
- 상담자가 아동과 병행놀이를 할 때는 아동의 놀이를 모방하거나 아동이 하는 놀이에 대해 짧은 의견을 줄 수 있다.
- 놀이튜터링을 할 때 상담자는 놀이 주제를 정하거나 놀이를 주도하거나 지시할 수 있다.
- 가장놀이는 아동상담을 위한 통합 모델의 여러 단계에서 다양한 목표를 성취하기 위해 사용될 수 있다.

30
Chapter

게임

게임은 거의 모든 아동들이 즐기고 아동에게 선택과 결정권이 있는 놀이 활동 이다. 그러므로 아동상담을 위한 통합 모델의(그림 8.1, p. 85) 3단계에서 5단 계가 게임의 특징과 관련이 있다.

게임은 재미있으면서도 아동에게 신체적으로, 인지적으로, 정서적으로, 사회적으 로도 도움을 준다. 게임을 하기 위해서는 기술과 전략이 필요하고 게임이 얼마나 복 잡하느냐에 따라서 요구되는 기술이 달라진다. 어떤 게임은 규칙이 간단하고 쉬워 서 4세에서 7세의 아동에게 적합하고, 복잡한 규칙의 게임은 7세에서 11세 사이의 성숙한 아동들에게 적합하다.

게임은 수줍음이 많은 아동이나 상담자와의 관계형성에 어려움을 느끼는 아동에 게 사용하면 좋다.

아동과의 게임은 의미 있는 상담을 위한 사전작업이라고 할 수 있다. 30장 후반부 에 더 구체적으로 언급하겠지만 상담에서 게임을 활용하는 목표가 있다. 아동이 새 로운 행동을 알고 연습하기 위해 세운 목표는 아동상담을 위한 통합 모델의 후반기 단계와 관련이 있다(그림 7.1, p. 70 참조).

게임과 자유 놀이는 서로 다르다. 자유 놀이에는 규칙이 없지만 게임에는 규칙이 있어서 아동의 행동을 제한한다. 게임을 통해서 아동은 게임의 목표나 방법 또는 게 임이 제시하는 규칙과 결과를 배우게 된다.

게임에 참여하는 아동은 자신의 자아강도(ego-strength)를 조절할 수 있다. 게임을 하면서 아동은 다양한 순간에 직면한다(공평성, 불공평성, 속이기, 이기기, 지기, 순 서 기다리기, 순서 놓치기, 규칙 지키기와 홀로 남기 등). 또한 게임에서 아동은 여러 가지 상황을 풀어나가야 한다(소통하기, 사회적 상호작용하기, 문제해결하기 등).
게임은 아동의 능력을 자극하기도 하지만 게임을 하면서 아동은 두 사람 또는 그 이
상의 멤버들과 상호작용을 해야 하고 자신의 능력을 다른 멤버들과 비교하기도 한
다. 게임 참가자들의 행동과 그 행동으로 얻어진 결과는 서로 상호의존적이기 때문
에 게임은 아동에게 사회성 기술을 요구한다.

　7세에서 11세 사이의 아동은 게임에서 나타나는 자신의 능력과 다른 아동의 능력
을 비교하여 진단할 수 있다. 게임의 경쟁요소들은 아동의 능력을 진단하는 데 유용
하게 사용된다. 게임을 하면서 아동은 자신이 무엇을 잘하는지 또는 무엇이 부족한
지를 알게 된다. 높은 자아강도를 가진 아동에게 적당한 경쟁요소는 자극이 되고 도
움이 되지만 낮은 자아강도를 지닌 아동에게 경쟁요소는 역효과를 불러오는 요소가
되어 별로 도움이 되지 못한다. 그러므로 상담에서 게임을 활용할 때 아동에게 혜택
이 되는 게임의 목적을 올바로 이해하고 아동과 친근감을 적절히 유지하여 협력하
고 협조하는 것이 좋다. 그리고 게임을 할 때 이기고 지는 것을 강조하기보다는 개
인에게 필요한 기술을 개발하는 데 더 집중하는 것이 바람직하다.

　게임을 통해서 아동은 충동성을 조절하게 되고 좌절감을 경험했을 때 성숙하게
대처하는 법을 배우며 게임이 요구하는 규칙과 행동제약을 받아들이게 된다. 아동
은 게임에 참여하고 집중하고 인내하여 그것을 끝낼 수 있어야 한다. 대부분의 게임
은 숫자 세기, 셈하기 또는 논리적인 문제해결 능력을 필요로 하기 때문에 어느 정
도 수준의 아동의 인지능력도 요구한다.

　오래된 게임들 중에는 특정 사회의 문화를 반영하거나 사회에서 약속된 보편적인

〈모노폴리 게임〉

행동도 포함하고 있어서 게임은 아동에게 여러 가지 기술을 연습하는 공간이 되기도 한다. 예를 들어 모노폴리 게임은 아동이 부동산을 사고팔고 임대함으로써 자유경제의 원리를 알고 성공과 실패도 경험하게 한다. 요즈음 비디오와 컴퓨터 게임이 시중에 많이 있고 보통 이러한 게임은 혼자 한다. 컴퓨터 게임은 두 사람 이상이 필요하지 않기 때문에 사회적 상호작용이 그다지 필요하지 않다.

상담자가 사전에 다양한 연령과 능력을 갖춘 아동들에게 흥미를 돋울 수 있는 게임에 대한 정보를 가지고 있으면 상담에 적용할 때 도움이 된다. 각 게임의 특징을 잘 이해하고 있으면 특정한 상담 상황에 맞는 적절한 게임을 아동에게 소개하고 선택할 수 있다.

게임에 필요한 도구

게임의 승패가 무엇에 의해 결정되느냐에 따라 다음 세 가지로 분류된다.

1. 신체의 움직임 또는 운동기능을 필요로 하는 게임
2. 전략을 필요로 하는 게임
3. 기회 게임

첫째, 신체의 움직임 또는 운동기능을 필요로 하는 게임에는 피들스틱(Fiddlesticks), 티들리 윙크스(Tiddlywinks), 그리고 오퍼레이션(Operation)과 같은 게임이 있고, 배고픈 하마(Hungry Hippo)와 쥐덫(Mouse Trap)과 같은 단순한 보드게임도 있으며, 단순히 콩주머니를 던져 목표물을 맞히는 빈백 게임도 있다. 또한 배구나 핸드볼 게임같이 에너지가 많이 필요한 게임이나 에너지를 분출하고 분노를 완화시켜주는 게임도 있다.

〈피들스틱 게임〉

〈티들리 윙크스 게임〉

〈오퍼레이션 게임〉

〈배고픈 하마 게임〉

〈쥐덫 게임〉

〈빈백 게임〉

둘째, 게임에서 아동이 사용하는 전략과 아동의 인지능력은 승패를 결정짓는다. 이러한 게임들은 삼목(Nought and Crosses), 연결 게임(Connect 4), 다이아몬드 게임(Chinese Chequers), 체스(Chess)와 클루도(Cluedo)가 있다.

〈삼목 게임〉

〈연결 게임〉

〈다이아몬드 게임〉

〈체스 게임〉

〈클루도 게임〉

마지막으로 셋째, 우연히 게임의 승패가 결정되는 기회게임들이 있다. 이와 관련된 게임으로는 빙고(Bingo), 뱀과 사다리(Snakes and Ladders), 각종 카드 게임, 주사위나 숫자가 새겨진 바퀴를 돌리는 게임이 있다.

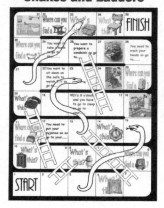

〈빙고 게임〉 〈뱀과 사다리 게임〉

이제까지 게임의 승패가 무엇에 의해 결정되느냐에 따라 세 가지로 분류되는 게임을 소개하였다. 상담자는 두 사람 이상이나 소그룹에서 사용하기에 적절한 게임이나 제한적인 공간에서 사용하기에 적합한 게임을 선택하는 것이 좋다. 이때 게임을 하는 아동에게 상해를 입히거나 공간을 파괴할 수 있는 재료가 들어있는 게임은 선택하지 않는 것이 좋다. 예를 들어 딱딱한 공보다 부드러운 스펀지 볼이나 찍찍이 볼을 사용하는 것이 좋다.

상담자는 게임에 소요되는 시간도 고려해야 한다. 유아와 아동은 너무 긴 시간 동안 게임에 집중하지 못한다. 더구나 상담시간에 사용되는 게임은 허용된 상담시간 내에 끝낼 수 있는 것이어야 한다. 상담시간이나 회기 내에 몇 번을 반복해서 아동과 함께 할 수 있는 짧고 간단한 게임이 적합하다. 이러한 게임들은 아동이 자신의 현재 행동을 인식하게 해주고 게임을 하는 과정에서 새로운 행동을 배우고 실천에 옮길 수 있게 해주기 때문이다.

게임의 목표

상담자는 다음과 같은 목표로 게임을 선택한다.

- 반항적이거나 상담에 응하기를 꺼리는 아동과 관계를 형성하기 위하여
- 경계와 한계점 그리고 타인의 기대치에 대한 아동의 반응을 탐색할 수 있도록 돕기 위하여
- 대근육과 소근육을 발달시키고 시각적인 인식과 관련하여 아동의 강점과 보완할 점을 발견하도록 돕기 위하여
- 아동이 참여하고 집중하고 인내심을 가지고 일을 마무리하는 능력을 기르도록 돕기 위하여
- 협동과 협력과 관련된 사회성을 실천해보고 실망과 좌절과 실패와 성공에 적절하게 반응하는 법을 배우기 위하여
- 아동이 문제해결 능력과 결정력을 기르게 하기 위하여
- 아동에게 특정한 문제와 사건에 직면하게 하기 위하여(가정폭력, 성폭력, 타인과의 접촉 등)

게임 활용법

앞에서 언급된 목표를 성취하기 위한 게임의 활용법을 살펴보면 다음과 같다.

반항적이거나 상담에 응하기를 꺼리는 아동과 관계를 형성하기 위한 게임 활용법

수줍음이 많거나 상담을 꺼리는 아동의 경우는 다이아몬드 게임 혹은 뱀과 사다리 같은 게임으로 아동과 상담자 사이에 불편한 관계를 좁혀주면 좋다. 게임은 아동과 상담자 사이의 안전한 경계를 자연스럽게 인식하게 해주기 때문에 아동은 위협을 덜 느끼고 편안함을 느낄 수 있게 된다.

게임을 통하여 주의를 기울일 만한 아동의 내적 심리가 드러나기 때문에 상담 차원에서는 게임으로 직접적인 수확을 하는 셈이다. 예를 들어 반항적인 아동은 게임 중에 분노나 두려움 혹은 실수에 놀라기도 하며 아동의 반항적인 성향 역시 순간순간 드러나게 된다.

게임을 하는 도중에 상담자가 아동에게서 문제를 발견하면 아동의 감정이나 이유에 대해 물어볼 수 있다. 예를 들어 상담자가 아동이 실패를 두려워하는 것을 발견하면 '이 게임은 너한테 어려울 수 있어. 왜냐하면 나한테도 어려우니까 말이야.'라고 말해준다.

이런 상담자의 말은 아동이 주어진 일을 수행하는 데 불안을 느낀다는 것을 암시한다. 상담자는 '네가 원하는 만큼 잘하지 못할 때 많이 불안해하는구나'와 같이 아동의 감정을 반영하는 조언을 할 수도 있다.

또 다른 방법으로 상담자는 '네가 만약 이 게임에서 지게 되면 어떨 것 같니?, '네가 만약 이 게임에서 이기게 되면 어떨 것 같니?'라고 물어볼 수도 있다.

위에서 논의한 것과 같이 상담자는 게임을 하는 동안 아동이 가지고 있는 문제와 관련된 생각과 기분을 자극하면서 상담에 참여하도록 격려한다.

경계와 한계점 그리고 타인의 기대치에 대한 아동의 반응을 탐색할 수 있도록 돕기 위한 게임 활용법

아동을 무의식적으로 괴롭히는 문제를 알아낼 때 게임이 유용하게 쓰인다. 더 나아가 게임은 경계와 한계점을 찾고 타인의 기대에 대한 아동의 반응도 탐색할 수 있어서 의미가 있다. 게임에는 규칙이 있고 이러한 규칙은 경계와 한계가 있다는 것을 상담자가 아동에게 알려준다. 그리고 게임을 할 때 아동도 자연스럽게 타인(게임 멤버나 상담자)에게 예의상 마땅히 지켜야 하는 행동이 있다. 그러므로 아동은 게임의 규칙과 타인의 기대치에 대해 고민하게 되고 이 부분을 해결하려고 노력할 것이다.

수동적이고 의존적인 아동이 있다고 가정해보자. 이 아동은 게임을 하는 동안 계속적으로 상담자에게 도와달라고 요청하며 게임의 규칙에 대해 민감하게 반응할 것이다. 아동의 이러한 문제에 관해 대화를 나누어보기 위해서 상담자도 아동의 행동을 모방해본다. 다시 말해 게임을 하는 동안 계속적으로 아동에게 도와달라고 해본다. 그러면 아동은 상담자의 행동에 대해 오히려 조언을 하게 되는 시점에 도달하게 될 것이다. 게임에서 제시하는 경계와 한계점을 인식하고 잘 대처하는 아동에게 상담자는 칭찬을 해준다.

어떤 아동은 게임을 하는 동안 속임수를 쓰기도 한다. 속임수를 쓰는 아동은 실패의 고통을 피하기 위해서 사회적으로 적절하지 못한 미성숙한 행동을 하는 것이다. 이 행동은 실패에 대해 아동이 올바르게 대처하지 못하도록 한다. 고통스러운 경험을 적절하게 대처하는 대신 아동은 비현실적이고 잘못된 행동을 선택한다. 이에 상담자는 아동의 이기고자 하는 이유와 욕망에 대해 생각해보게 하고 현실을 직시할 수 있도록 돕는다. 다음 과정으로 상담자는 현실에서는 당연히 패배할 수도 있다는 것을 아동이 직시해야 한다는 것도 알려준다. 예를 들어 상담자는 '네가 이겼다면 어떻게 될까?' 그리고 '네가 진다면 어떻게 될까?'라고 물어본다. 그러면 아동은 성공한다면 어떻게 되는지 실패한다면 어떻게 되는지에 대해 인식하고 자신의 생각을 표현할 것이다. 상담자는 아동이 실패를 회피하지 않고 직면하도록 격려하고 실패라는 감정을 어떻게 다루는지도 알려준다. 이러한 시도는 모든 아동에게는 아니지만 대다수의 아동에게 도움이 된다.

아동이 승패의 문제에 조금 더 솔직하게 대처하기 위해서 다른 접근이 필요하다. 4세에서 6세 사이의 아동이 때때로 현실에 맞지 않는 허위사실을 말하는 것은 지극히 정상적이다. '속이기'는 이 나이 또래 아동들에게 자연스럽게 나타나는 미성숙한 행동이다. 상담자는 이런 어린 아동에게 다음과 같이 색다르게 접근을 할 수 있다. 예를 들어 상담자는 아동에게 주사위를 두 번 던지라고 제안하고 두 번을 던진 후 가장 좋은 결과를 선택하게 한다. 이것은 아동에게 되도록 속이지 않도록 하고 결과에 대한 통제권을 주기 위한 것이다. 이렇게 하면 아동이 속임수를 쓰고자 하는 마음이 덜할 수 있고 게임의 규칙을 더 잘 지킬 수도 있게 된다.

또한 상담자는 아동이 주사위 점수를 택할 때 위험을 과감하게 받아들이라고도 권해본다. 이러한 과정에서 상담자는 아동이 이길 수 있는 기회를 극대화시키고 동시에 아동이 실패도 과감하게 받아들일 수 있도록 도와준다.

대근육과 소근육을 발달시키고 시각적인 인식과 관련하여 아동의 강점과 보완할 점을 발견하도록 돕는 게임 활용법

소근육을 사용하는 게임으로 배고픈 하마, 젠가(Jenga), 통과 원숭이(Barrel of Monkeys), 피들스틱과 같은 비디오 게임이 있고 대근육을 사용하는 게임으로는 고리 던지기 (Quoits), 벨크로 다트(Velcro-Darts), 농구(Basket Ball), 핸드볼(Handball), 숨바꼭질 (Hide-and-Seek), 깡충깡충 뛰며 춤추기(Hopscotch and Twister)가 있다.

〈젠가 게임〉

〈통과 원숭이 게임〉

〈고리 던지기 게임〉

〈벨크로 다트 게임〉

〈농구 게임〉

〈핸드볼 게임〉

〈숨바꼭질 게임〉

〈깡충깡충 뛰며 춤추기 게임〉

시각적인 인식이 필요한 게임은 연결 게임, 맞혀봐?(Guess Who?), 비디오게임, 기억게임, 카드게임, 그리고 배틀십(Battle Ship)과 같은 보드게임이 있다.

〈맞혀봐? 게임〉

〈배틀십 게임〉

상담자는 아동이 게임에 참여하면 피드백을 줌으로써 아동의 강점과 보완할 점을 알도록 일깨워준다. 강점과 보완할 점의 인식은 아동의 자아존중감(31장 참조)에 도움이 되고 아동이 자기 파괴적인 생각을 할 때 잘 대처할 수 있도록 도와준다.

아동이 참여하고 집중하고 인내심을 가지고 일을 마무리하는 능력을 기르도록 돕는 게임 활용법

게임 중에 상담자는 아동의 행동에 대해 말할 수 있고 긍정적으로 행동을 강화할 수 있다. 아동은 게임을 하면서 새로운 행동을 시도해보는 것을 마다하지 않는다. 게임에서 필요한 '순서 기다리기'는 아동의 충동성을 조절하는 데 도움이 되기 때문에 게임에서 아동은 자기조절에 대해 자연적으로 배우게 된다. 평소 인내를 가지고 주어진 일을 끝내는 것을 어려워하는 아동에게 상담자는 '네가 세 번 이기면 이 게임을 끝내자.'라고 제안해본다. 그러면 아동이 주어진 일을 끝내기 위해서 노력할 것이다. 상담자는 아동이 게임을 끝내면 시각적인 표시(스티커나 별 도장 등)를 주며 칭찬할 수 있다. 이것으로 인해 아동은 주어진 과제(게임)를 더 잘 마무리하려고 노력하게 된다.

협동과 협력과 관련된 사회성을 실천해보고 아동이 실망과 좌절과 실패와 성공에 적절하게 반응하도록 돕는 게임 활용법

게임으로 아동의 현재 사회성을 진단할 수 있고 새로운 사회성을 배우고 연습하게도 한다. 특히 게임에서의 사회성은 아동의 비언어적인 의사소통방법, 영향력 감지, 적절한 질문, 또래와의 정보교환, 협동, 타인과 나누기, 협력 등이 포함된다. 아동이 자신의 순서를 차례로 취하면서 카드가 주는 질문에 답하고 반응해야 하는 보드게임은 아동의 사회적인 혹은 상호적인 기질을 높이도록 해주기 때문에 위에 언급된 목표를 달성하기에 아주 유용한 게임이다. 이 게임은 그룹으로 하기에 적절하다. 그리고 아동의 사회성은 집단 안에서 명백하게 드러난다.

유명한 언게임(Ungame)은 청소년기 초기 아동에게 유용하다. 말하고 느끼고 행동하기 게임(Talking, Feeling, and Doing game)도 또한 아동의 사회성을 향상시키는 데 도움을 준다. 이 게임은 그룹이 아닌 개인에게 적용해도 무방하다. 이 게임을 하는 동안 상담자는 아동이 어려움에 직면했을 때 아동의 문제인식 방법과 사고체계를 살펴볼 수 있다. 예를 들어 상담자가 '이 카드에 네가 어떻게 반응해야 할지 고민하는 것 같네. 카드에 있는 지시 내용 중 너한테 제일 어려운 게 뭐지?'라고 물어볼 수 있다.

상담자는 게임 중에 아동에게 대체할 수 있는 방법과 행동을 알려줄 수도 있다. 아동이 원하면 그 대체방법과 행동을 게임이 끝난 후에 일상생활에도 적용하고 연습할 수 있다.

〈언게임〉

〈말하고 느끼고 행동하기 게임〉

아동이 문제해결 능력과 결정력을 기를 수 있도록 돕는 게임 활용법

기억력(Memory) 보드게임과 카드 게임을 하기 위해서 아동은 대체방법을 선택하고 특정 상황에서 위험을 감수하거나 대응하는 능력이 필요하다. 높은 기회요소를 가진 카드 게임은 삶이 계획한 대로 항상 돌아가지 않는다는 것을 깨닫게 해준다. 즉석재현(Instant Replay) 게임은 아동이 이성적으로 문제를 해결하는 법을 배워서 실천해보게 하는 게임이다. 이 게임에서 아동은 상담자에게 자신이 가지고 있는 힘든 사건에 대해 이야기할 수 있다. 상담자는 아동에게 그 사건의 결과로 무슨 일이 일어났냐고 물어볼 수 있다. 또한 아동도 사건이 발생하는 동안 자신이 무슨 생각을 했는지, 자신이 무엇을 했어야 했는지에 대해 생각해보게 된다. 그런 후 상담자는 아동이 어려움에 처했을 때 아동이 선택했던 것 외에 다른 방법을 택할 수 있었을지에 대해서도 생각해보라고 권할 수 있다. 아동이 새로운 선택을 하면 상담자는 아동에게 새로운 선택에 따른 결과도 있다는 것을 알리고 고려해보아야 한다고 조언해줄 수 있다. 그리고 상담자는 아동이 현재 선택한 것이 아닌 궁극적으로 가장 좋은 대체 방법은 없을까에 대해서도 생각해보고 가정과 학교에서 이것을 연습해보도록 권할 수 있다.

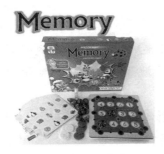

〈기억력 보드게임〉

〈즉석재현 게임〉

아동에게 특정한 문제와 사건을 직면하게 할 수 있도록 돕는 게임 활용법(가정폭력, 성폭력, 타인과의 접촉 등)

극복하기(Breakthrough) 게임은 아동이 신체적인 폭력, 성폭력, 이혼, 가정폭력, 포르노비디오나 낯선 사람으로부터의 위험과 같은 문제를 인식하고 대처할 수 있도록 특별히 디자인되었다. 이것은 보드게임이고 아동이 질문에 반응하고 '진실'과 '거짓'을 진단할 수 있는 게임이다.

게임의 적합성

앞에서 언급했듯이 게임은 개인 또는 집단을 위해서 사용할 수 있다. 더 구체적으로 초등학교 아동과 청소년기 초기 아동들을 위해 활용하면 좋다. 어린 아동에서부터 8세 사이의 아동에게 게임의 규칙을 오랫동안 준수하는 일은 쉽지 않고 이것은 오히려 아동의 문제 행동을 더 나빠지게 할 수도 있다. 청소년기 아동들에게 더 적당한 게임은 높은 수준의 인지적, 사회적, 문제해결 영역의 기술들을 요구하는 것들이다.

사례 연구

상담에서 게임을 사용하는 목적은 아동에게 협동과 협력하는 기술을 향상시켜주기 위한 것이다. Garaigordobil 등(1996)의 연구에 참여한 연구자들은 자신들이 개발한 게임에 참여한 아동 집단이 더 많이 협력했다는 것을 발견하였다(상담에서 게임을 사용한 효과에 대해 더 자세하게 알고 싶으면 20장 참조). 당신이 어떤 학교에 소속된 상담자라고 상상해보자. 어떤 해에 다섯 학급이 새 학기에 적응하는 데 어려움을 겪고 있다. 학교 관계자와 당신은 교실에서 학생들이 서로를 못살게 굴면서 경쟁하는 모습을 보았다. 교실에서 학생들의 사회성을 향상시키고자 할 때 어떤 게임을 사용할 것인가?

핵심 요점

- 게임은 수줍음을 많이 타는 아동과 상담에 응하기를 꺼리는 아동에게 도움을 준다.
- 게임은 문제시되는 아동의 무의식적인 행동을 인식하도록 도움을 준다.
- 게임은 아동에게 규칙과 경계 그리고 한계점과 관련된 문제들을 해결할 수 있는 기회를 준다.
- 게임은 아동이 자신의 강점과 약점을 발견할 수 있는 기회를 준다.
- 게임은 아동이 사회성 기술을 습득하고 연습하고 문제해결 능력 또한 연습할 수 있게 한다.
- 게임은 아동이 부딪힐 수 있는 문제와 관련된 정보들을 제공하기 때문에 교육적이다.

05

활동지 활용

대부분의 아동들은 가르치는 목적으로 사용되는 활동지에 익숙하다. 활동지로 할 수 있는 놀이에는 '퀴즈 풀기', '단어 찾기', '점 연결하기', '답하기', '질문하기', '그림들 간에 차이 발견하기', '숨은그림 찾기' 그리고 '비슷한 항목들끼리 연결하기' 등이 있다. 어떤 활동지는 '길이측정', '온도사진', '태도', '수행도'나 그 밖의 다른 영역을 측정하기 위한 것들을 포함하고 있다. 당연히 디자인이 잘된 활동지는 아동들에게 인기가 많다. 상담자의 관점에서 봤을 때 아동은 자신과 관련된 특정 문제와 행동에 대한 생각을 활동지에 쉽게 그려내기 때문에 활동지는 상담자와 아동이 함께 논의하는 발판으로서의 역할을 한다.

아동상담을 위한 활동지는 여러 상담 단계에서 다양하고 유용하게 쓰인다. 상담 초기에는 아동의 문제들을 인식하고 탐색하는 데 도움을 주고 상담 중기나 말기에는 최근에 느낀 생각이나 신념 또는 새롭게 배운 행동을 강화하며 현안들을 해결하는 능력을 가지도록 도와준다. 상담자는 활동지를 활용함으로써 이러한 과정을 더욱 촉진할 수 있다(16장 참조).

활동지는

- 아동이 가지고 있는 문제를 탐색할 수 있도록 해준다.
- 아동이 새로운 생각과 위기상황의 새로운 대체방법을 고려할 수 있게 해준다.
- 아동의 문제해결 기술과 의사결정 능력을 향상시켜준다.
- 특정한 사회적 상황이나 사건에 올바로 반응할 수 있게 하고, 이 선택에 따른 결과를 예측하게 해준다.
- 아동이 과거의 오래된 행동과 새롭게 배운 행동의 차이를 구분하게 해준다.
- 아동이 상담 중에 상담자와 함께 살펴보고 논의했던 개념과 신념 그리고 행동을 강화시켜준다.
- 아동이 배운 기술을 일상생활에서 적용하여 일반화시킬 수 있도록 돕는다.

아동을 도와주기 위해 사용되는 활동지는 다른 사람들의 의견을 수렴해볼 수 있도록 집단 활동에서도 사용한다. 이 경우 활동지는 다음과 같은 목적에 중점을 둔다.

1. 자아존중감 형성(제31장)
2. 사회성 기술 훈련(제32장)
3. 방위행동 교육(제33장)

다음 장에서는 이러한 목적을 성취하기 위해서 제작된 활동지에 대해 구체적으로 설명할 것이다. 이 활동지는 책의 339~374쪽에 걸쳐 제시되어 있다. 아동상담을 할 때 필요하다면 이 자료를 복사하고 크기를 알맞게 조절하고 상황에 맞게 변경/수정하여 사용해도 좋다. 그러나 저작권이 있으니 다른 용도로 사용해서는 안 된다.

31
Chapter

자아존중감 형성

활동지는 아동상담을 위한 통합 모델의 3단계에서 아동의 관점을 바꿀 때 이야기 치료(Narrative Therapy)와 함께 사용하면 도움이 된다(그림 8.1, p. 85 참조). 초기 아동발달에서 아동은 자신의 이미지를 형성하기 시작한다. 자기 자신을 사진을 보는 것처럼 바라보는 이미지를 아동의 자아개념이라고 하며 이 자아개념은 아동이 중요하다고 생각하는 사람들이 아동을 대하는 방식에 의해 형성된다. 가까운 지인들은 아동의 행동에 대해 평가하고 그 결과 아동은 자신에게 긍정적 또는 부정적인 이미지를 가지게 된다. 자아개념은 자아존중감과는 다르다. 자아개념은 아동이 어떻게 자기 자신을 보는지와 관련된 반면에 자아존중감은 이 이미지에 일정 수준의 가치를 부여한 것이다.

아동을 상담할 때 자아개념과 자아존중감의 차이를 먼저 인식해야 한다. 아동이 긍정적인 자아개념을 가지고 있으면 자아존중감도 높을 확률이 크지만 항상 그렇지는 않다. 몇몇 아동은 학업에서 두각을 나타낼 만큼 똑똑하고 스포츠와 웅변에도 능해서 자신이 긍정적인 성향을 많이 가졌다고 생각은 하지만 이것을 사소한 것으로 여기고 자신을 향해 더 높은 기대치를 가져서 자신을 낮게 평가할 수도 있다. 이런 아동은 낮은 자아존중감을 가지게 된다. 즉 자신에게 높은 기대감을 가진 똑똑한 아동들은 자신이 열망하는 수준에 도달하지 못할 때 자기를 실패한 사람 혹은 가치 없는 존재라고 여긴다. 이럴 때 실패에 대한 두려움은 불안을 조성하고 자아존중감을 위협한다. 그러나 반대의 경우도 있다. 몇몇 아동은 자신이 똑똑하지 않고 스포츠나 웅변에 능하지도 않지만 지금 그대로의 자신의 모습을 받아들이고 자신을 좋아한다. 이런 아동은 높은 자아존중감을 가질 확률이 크다.

아동이 자아개념에 부여하는 가치와 판단인 자아존중감은 아동의 적응기술과도 관계가 깊다(적응기술=신념, 생각, 태도, 감정, 행동, 동기, 흥미, 미래에 대한 기대감, 이벤트 또는 활동 참여 등). 다시 말해서 아동의 적응기술은 자신을 향한 자아존중감에 영향을 준다는 뜻이다. 또한 적응기술뿐만이 아니라 아동이 타인과 얼마나 의미 있는 관계를 형성하고 유지하는지도 자아존중감에 영향을 주기도 한다.

높은 자아존중감을 가진 아동의 특징은 다음과 같다.

- 창의성이 높다.
- 집단 활동에서 적극적인 경향이 있다.
- 자기의심, 두려움, 불명확성이나 모순에 빠질 확률이 낮다.
- 개인적인 목표에 직접적이고 현실적으로 접근하는 편이다.
- 학업성취와 또래관계 또는 신체적인 기대치에서 남들과 자신의 능력의 차이를 순수하게 인정하고 받아들인다.
- 외모의 차이를 이해하고 자신에 대해 긍정적인 생각을 한다.

상담에 오는 대다수의 아동들은 위에 언급되어 있는 특성을 가지고 있지 않다. 자신은 무기력하고 열등하며 자신이 처한 상황을 좋은 쪽으로 변화시킬 수 없고 자신의 불안도 완화시킬 방법이 없다고 생각한다. 또한 이러한 아동의 특징은 타인의 주의를 끌기 위하여 과장되게 불평을 쏟아내거나 타인의 부정적인 반응과 조언으로 상처를 받았지만 그렇지 않은 것처럼 행동한다. 그러나 이 아동들도 자신을 좋게 여기려고 부단히 노력하기는 한다. 일반적으로 아동의 낮은 자아존중감은 상당히 오랜 기간 사라지지 않고 유지되지만 직접적이거나 간접적인 중재에 의해 달라지기도 한다.

상담자는 아동의 자아존중감을 높이는 데 도움을 줄 수 있다. 아동의 자아개념과 자아존중감 모두를 직접적으로 향상시키기는 방법은 '칭찬'과 '긍정적인 피드백의 사용'이다. 그러나 아동을 향한 '칭찬'이 항상 자아존중감을 높이는 데 효과적이지는 않다. 이를 보완하기 위해 간접적인 방법을 사용하기도 한다. 여기에는 아동의 특정 영역, 즉 학생으로서의 성취도, 또래관계, 또는 운동수행 능력도 포함이 된다. 아동이 이러한 부분에 능력을 발휘하고 자신감을 회복하게 되면 자아존중감도 높아진다. 집단 활동은 대다수 아동의 자아존중감을 향상시키는 좋은 기회가 된다. 아동은 집단 내의 상호작용을 통해서 자신을 현실적으로 또는 긍정적으로 평가하게 된다. 이 경우의 아동은 연습과 활동을 통해서 자신의 특정한 영역과 관련된 기술을 발달시키는 것이 목표가 된다.

비록 집단 활동이 일반적으로 아동의 자아존중감을 강화시키는 데 효과적인 방법이라고 해도 어떤 아동들은 독특한 취향과 개성 때문에 집단 활동을 좋아하지 않는다. 이 아동들은 성공한 경험의 부족, 사랑의 결핍, 실패, 억제, 거절당함, 심한 체벌의 결과로 망가져 버린 자아와 함께 성장했을 가능성이 크다. 그렇기 때문에 이들은 순종적이고 내성적이며 사소한 일에 공격적이며 지배적인 성향을 보일 수도 있다. 이 경우에는 활동지를 사용하여 진행하는 일대일 개인상담이 더 낫다. 아동들은 자신의 무능력, 한계, 자신이 가지고 있는 불안에 대해 대화하지 않고 회피하려거나 대화 주제를 바꿔버리려고 하는 성향도 강할 수 있다. 이와 같은 경우 활동지는 아동에게 특정한 주제로 목표를 성취할 수 있도록 도와준다.

자아존중감 프로그램 중에 특별히 아동이 자신의 고유한 성향과 강점과 자신의 한계를 인식하고 받아들이도록 하는 것에 중점을 둔 것이 있다. '이것이 현재의 너야. 여기서 최선을 다하도록 하자.' 와 같은 접근방식이다. 이 방식이 도움이 되기는 하지만 때로는 아동의 잠재적인 변화를 제한할 수가 있기 때문에 반드시 도움이 된다고 보기는 어렵다. 그러므로 상담에서는 아동의 긍정적인 혹은 부정적인 주인의식뿐만 아니라 아동의 수용력도 중요하게 다루어야 한다. 예를 들어 오래된 물감 상자와 낡은 붓을 주며 '이것이 네가 사용할 것들이야. 최선을 다해봐.'라고 하는 것보다는 '이것들은 앞으로 네가 소유하고 보관할 것들이야. 이것을 사용해서 그림을 그려봐. 그리고 최선을 다해봐.'라고 한다면 두 번째 지시문이 아동에게 물감 상자와 붓에 대한 소유권의 의미를 더 내포하고 있다고 하겠다. 아동에게 준 물건에 책임과 헌신을 느끼도록 했기 때문에 아동의 미묘한 태도변화를 볼 수 있다. 위의 두 가지 지시문 모두에 아동은 반응하며 그림을 그릴 것이다. 하지만 두 번째 지시문을 들은 아동이 물감 상자와 붓을 더 소중히 다룰 것이다. 왜냐하면 아동은 그것들을 계속적으로 소유하고 보관하고 사용할 것이라는 주인의식을 가지게 되었기 때문이다. 이와 같이 아동에게 주인의식을 부여함으로써 더 깊이 아동의 내면을 볼 수 있다. 동시에 이 과정에서 아동의 부정적인 성향도 파악할 가능성도 있다. 이와 같이 아동이 자신의 강점과 한계점을 잘 수용하면 자신에게 일어나는 변화의 책임이 자신에게 있다는 것을 깨닫게 되고, 한계점을 극복해가는 법을 배우고 노력할 확률이 높다.

아동의 자아존중감을 높이기 위해서 다음과 같이 시도해볼 수 있다.

- 더 현실적인 자아개념을 가지기 위해 자신에 대해 잘 알자.
- 자신의 강점과 한계를 인식하고 이해하라.
- 미래의 목표를 세우고 계획을 이룰 수 있는 방법을 찾고 실행하라.

이 세 가지 목표를 성취하기 위해 다음에 소개된 세 가지 유형의 활동지를 추천한

표 31.1 자아존중감 활동지

주제	활동지 번호	제목	페이지 번호
자신을 발견하라	1	나는 아무거나 할 수 있어	339
	2	내가 어디에 있지?	340
	3	나의 선택…	341
강점과 한계	4	인사이드아웃 : 뒤집어 보기	342
	5	뉴스 헤드라인	343
	6	장애물을 넘어라	344
미래의 목표	7	네 삶의 균형을 잡아라	345
	8	내 소망은…	346
	9	지금… 그리고 미래의 너 자신을 그려라	347

다. 활동지에 관한 내용은 표 31.1에 나타나 있다.

이제부터 활동지를 활용하는 법에 대해 논의하도록 하겠다. 이 활동지로 아동의 문제를 완전히 해결해줄 수는 없겠지만, 적어도 위의 주제를 아동과 함께 이야기해 보는 기회를 가진다는 것은 의미가 있다.

자신을 발견하라

이 활동지는 아동이 좀 더 현실적인 자아개념을 가지기 위해서 스스로를 인식할 수 있도록 만들어졌고 다음과 같이 활용할 수 있다.

- 자신 안에 내재한 양극성(extream)을 표현한다.
- 어떤 부분을 타인에게 잘 드러내는지 혹은 숨기는지 파악한다.
- 무엇을 해야 하는지에 관한 결정을 어떻게 내릴 수 있는지 배운다.
- 무엇을 혼자 해야 하는지 무엇을 함께 해야 하는지를 어떻게 결정해야 하는지에 대해 배운다.

이것에 해당하는 활동지의 제목은 다음과 같다.

나는 아무거나 할 수 있어　　　　　(활동지 1, p. 339)
내가 어디에 있지?　　　　　　　　(활동지 2, p. 340)
나의 선택…　　　　　　　　　　　(활동지 3, p. 341)

활동지 1, 나는 아무거나 할 수 있어는 아동이 다른 시간이나 다른 상황에서 편안하게 자신에 대해 느끼는 감정을 표현하고 나눌 수 있도록 해준다. 예를 들어 아동은 또래와 있을 때 자신이 강하다고 느끼고 부모와 있을 때는 자신이 강하지 않다고 느낀다. 이 활동지를 사용할 때 전문가는 아동이 상황에 따라 자신을 다르게 느끼고 행동하는 것이 괜찮다는 것을 먼저 깨닫게 하고 상황에 따라 잘 처신하고 타인을 배려하는 것을 배우게 된다.

활동지 2, 내가 어디에 있지?는 아동이 다른 사람에게 편안하게 보여줄 수 있는 자신과 숨기고자 하는 자신의 부분을 시각적으로 나타낼 수 있도록 한 것이다. 이 활동을 하는 동안 아동은 자신이 숨기고자 하는 부분을 다른 사람에게 보일 때 느끼는 심리적인 부담감에 대해서도 논의할 수 있다. 활동지에 있는 나무의 부분들을 연결함으로써 아동은 선을 연결하기 전에 보이지 않았던 나무의 부분 부분이 자라서 다른 사람들이 보고 기분 좋게 감상할 수 있는 부분으로 변한다는 것에 대해서도 생각해보게 된다.

활동지 3, 나의 선택…은 아동이 특정 활동과 관련된 자신의 생활을 점검하게 한다. 상담자는 아동에게 일상 스케줄을 구분하도록 하고 그림을 창조적으로 완성하도록 한다. 이곳에 제시된 사진은 한 활동을 끝내기 위해 얼마나 많은 시간이 필요한지, 아동이 자신에게 일어나는 변화를 시도할 것인지의 여부를 결정하는 데 도움을 준다. 상담할 때 아동이 자기의 그림을 변경시킬 것인지도 결정하고 선택할 수도 있다.

강점과 한계

이 활동지의 목표는

- 아동이 자신의 강점과 한계점을 파악할 수 있게 한다.
- 자아존중감을 높이고 스스로가 가지고 있는 힘을 발견할 수 있게 한다.
- 자신을 강하게 만드는 것을 막는 자기 파괴적인 생각이 무엇인지 알도록 한다.
- 아동이 자신을 돌보는 방법을 알게 한다.
- 실수도 배움과 변화의 기회라는 것을 깨닫게 한다.

아동이 자신의 강점과 한계점을 알 수 있도록 만들어진 세 개의 활동지는

인사이드아웃 : 뒤집어 보기   (활동지 4, p. 342)
뉴스 헤드라인   (활동지 5, p. 343)
장애물을 넘어라   (활동지 6, p. 344)

활동지 4, 인사이드아웃 : 뒤집어 보기는 아동을 신체, 감정, 생각 이 세 부분으로 크게 나누어놓고 자신의 신체와 감정 그리고 생각을 제어하고 돌보는 방법들을 새롭게 발견하도록 제안한다. 또한 아동이 자신의 강점을 개발하는 데 방해가 되는 스스로의 행동을 인식하도록 돕는다.

활동지 5, 뉴스 헤드라인은 아동이 일상에서 혹시 실수했던 사건들이 있다면 그것을 떠올려보도록 한다. 아동에게는 부정적인 경험으로 기억될지도 모르지만 이 활동지는 그 경험에서 긍정적인 부분을 찾아내도록 하는 것이 목적이다.

활동지 6, 장애물을 넘어라는 아동이 새로운 결정을 내리는 데 방해가 되는 요소를 찾아내고 그 요소들을 고려하면서 좀 더 융통성 있는 사고를 할 수 있도록 돕는다.

미래의 목표

여기서는 아동이 자신의 소망과 현실적인 꿈을 연결할 수 있도록 돕는 방법에 대해 의논해본다.

네 삶의 균형을 잡아라	(활동지 7, p. 345)
내 소망은…	(활동지 8, p. 346)
지금… 그리고 미래의 네 자신을 그려라	(활동지 9, p. 347)

활동지 7, 네 삶의 균형을 잡아라는 다양한 삶의 일정 중에서 아동이 자신의 일상생활을 생각하고 디자인할 수 있게 만들어졌다. 예를 들면 아동은 자신의 일상스케줄을 분류해보면서 자신이 하루의 대부분을 학습하는 데 사용하고, 쉬는 데는 많이 할애하지 않는다는 것을 파악할 수 있다. 이 과정에서 아동은 일상에서 학습과 휴식을 좀 더 균형 있게 계획할 수 있는 방법에 대해 생각해볼 수 있다.

활동지 8, 내 소망은…은 아동이 현재와 내일 그리고 가까운 미래에 무엇을 하고 싶은지 상상해볼 수 있는 기회를 준다. 이 활동을 할 때 아동에게 최대한 상상력과 창의성을 발휘하도록 권한다.

활동지 9, 지금… 그리고 미래의 네 자신을 그려라는 아동이 과거의 일들을 돌아보고 현재를 직시하고 미래에 자신이 성취하고자 하는 꿈과 소망을 준비하는 큰 그림을 그릴 수 있도록 도와준다. 아동이 그동안 성취한 것들과 성취하기를 원하는 것들 그리고 그들의 목표를 성취할 수 있도록 누가 도와주는지, 무엇이 필요한지를 정리하여 알 수 있도록 해준다.

핵심 요점

- 자아개념은 아동이 자신의 사진을 들여다보는 것과 같은 이미지를 말한다.
- 자아존중감은 아동의 자아개념을 평가하여 일정 수준의 가치를 부여한 것이다.
- 집단 활동을 좋아하는 아동들에게는 활동지에 포함된 구성내용이 아동의 자아존중감을 높이는 데 효과적일 수 있다.
- 자아존중감을 강화하기 위해서 아동은 현실적인 자아개념을 점검하고 자신의 강점과 한계점을 이해하여 미래를 위한 목표와 계획을 설정해야 한다.

32
Chapter

사회성 기술 훈련

31 장에서 언급한 것처럼 아동의 자아개념과 자아존중감은 또래나 성인과의 관계를 어떻게 형성하느냐에 따라 달라진다. 아동의 뛰어난 사회성은 만족할 수 있는 관계를 형성하고 타인으로부터 긍정적인 평가를 듣도록 해주기 때문에 자아존중감 형성에 도움을 준다. 반면 아동의 낮은 사회성 기술은 만족할 수 있는 관계를 형성하지 못하고 타인으로부터 부정적인 평가를 듣기가 쉽기 때문에 자아존중감 형성에 도움이 되지 못하는 경우가 많다. 그러므로 앞에서 설명한 아동상담을 위한 통합 모델의 3단계에서는(그림 8.1, p. 85 참조) 상담으로 아동의 자아개념을 긍정적으로 바꾸고 사회성을 향상시킬 수 있도록 도와주는 것이고 통합 모델의 5단계에서는 상담을 통해 행동을 배우고 실천해보면서 올바른 사회성 기술을 상황에 맞게 적용해본다.

상담에 참여하는 대부분의 정서행동장애 아동들은 낮은 사회성을 가지고 있어서 대인관계 기술이 그리 좋지 못하다. 그러므로 이들은 사회적으로 수용되지 못하는 행동을 하고 그 결과 힘들어한다. 이 아동들은 대체로 낮은 사회성을 가진 성인들의 옳지 못한 행동을 보고 성장했을 가능성이 크고, 이러한 사례를 본 아동은 공격적인 행동이나 과장된 불평을 표현하는 등의 부적절한 행동을 하는 경우가 많다. 그 결과 아동들은 타인을 신뢰하지 못하고 다른 사람들의 행동을 잘못 해석하여 비이성적이고 자기 파괴적인 생각을 한다.

아동의 낮은 사회성은 유년기뿐만이 아니라 그 이후의 삶에도 영향을 미칠 수 있기 때문에 아동이 타인과 적절하게 상호작용하고 자신에 대해 긍정적인 생각을 하도록 하는 사회성 훈련은 반드시 필요하다.

그렇다면 낮은 사회성을 가진 아동들의 특징은 어떠한지 또 이들은 다른 아동들과 어떻게 다른지를 살펴보도록 하자.

낮은 사회성을 가진 아동은

- 다른 사람들을 배려하는 행동을 할 수가 없다.
- 사회적으로 부적절한 행동을 하는 경향이 있다.
- 자신의 행동에 따른 결과를 미리 예측할 수가 없다.
- 사회적 신호(social cue)를 잘못 이해한다.
- 특정한 상황에서 적절한 사회성 기술을 적용하지 못한다.
- 충동적이고 공격적인 행동을 한다.

이러한 행동양상이 나타나면 사회성 기술훈련이 필요하고 이 훈련이 효과를 발휘하기 위해서는 다음의 세 가지 필수 구성요소가 필요하다.

1. 아동이 사회적응행동을 어떻게 구성하는지에 대해 생각해보도록 하는 것
2. 어떻게 적절한 사회성 기술을 사용하는지를 알도록 하는 것
3. 습득한 사회성 기술을 다양한 상황에 어떻게 적용하고 일반화시키는지를 알도록 하는 것

이 세 가지 목표를 성취하기 위해서 개인상담과 집단상담을 병행하는 것이 좋다.

집단상담은 아동이 그룹 안에서 자신의 행동이 수용되는지 아닌 지를 파악할 수 있는 기회가 된다. 반면에 개인상담은 활동지를 사용하여 상담자와 아동이 함께 현재 아동의 행동과 그 결과, 대체 행동, 추후 사회적 상황에서 올바른 반응방법 등에 관하여 생각해본다. 개인상담은 아동에게 자신의 선택과 반응이 얼마나 다른지를 자유롭게 살펴볼 기회를 주기 때문에 도움이 되고 각 아동이 다르고 독특한 환경에서 자랐다는 사실을 바탕으로 해서 한 개인에 집중할 수 있다. 상담에서 아동이 특정한 상황에 사용할 적절한 사회성 기술을 선택하고 나면, 상담자는 아동이 행동으로 옮길 수 있는 계획을 짜는 데 도움을 준다. 아동은 자신이 처한 다양한 상황 안에서 자신이 선택한 사회성 기술을 사용할 가장 좋은 타이밍을 결정한다. 이렇게 하여 아동은 습득한 사회성을 자신의 상황에서 직접 적용해보고 일반화하는 경험을 하게 된다.

아동이 행동으로 옮겨 실천해보고 나면 그 계획이 성공적이었는지 수정할 부분은 없었는지를 상담자와 함께 평가해본다. 또한 상담자는 새로운 사회성 기술을 적용

함에 있어서 또다시 발생하는 문제는 없을지에 대해 살펴보고 아동이 이에 잘 대처할 수 있을지에 대해서도 더 생각해보도록 권한다.

아동에게 사회성을 훈련할 때 세 가지 중요한 영역들이 있다.

1. 감정 확인하고 표현하기
2. 다른 사람들과 소통하기
3. 자기관리

아동이 다른 사람들과 적절한 관계를 형성하기 위해서 자신의 감정과 다른 이의 감정을 정확히 파악할 수 있어야 하고, 타인에게 자신의 요구를 정확하게 알리고 다른 이의 필요를 존중하는 법을 알아야 한다. 이것을 위해서는 의사소통이 잘되어야 하는데 소통은 사회적으로 수용될 만한 아동의 행동을 조절하는 데 도움을 주기 때문이다. 위에 언급된 세 가지 영역을 살펴보기 위해서 각각의 하부 영역에 두 개의 활동지를 사용하였다. 자세한 활동지에 관한 내용은 표 32.1에 나타나 있다.

감정 확인하고 표현하기

다른 사람들과 적절하게 친밀해지기 위해서 아동은 자신의 감정과 타인의 감정을 구분하고 표현할 수 있어야 한다. 다음에서는 위에 언급된 세 가지 문제들을 지원하기 위해서 어떻게 활동지를 적용하는지에 대해 설명하도록 하겠다.

자신의 감정 파악하기

다음의 활동지는 아동이 자신의 감정을 파악할 수 있도록 도와준다. 상담자는 가끔씩 아동이 자신의 감정을 읽지 못하는 것을 발견한다. 아마도 몇몇 아동은 감정에 대한 명확한 정보를 가지고 있지 않기 때문일 수도 있다. 예를 들어 엄마가 화가 났을 때, '나 그냥 피곤해.'라고 했다면 이 아동은 엄마의 실제 감정을 오해할 수도 있고 더 나아가 점차적으로 '실망,' '슬픔,' '부끄러움'과 '당황스러움'과 같은 감정의 차이를 분별할 수가 없어질 것이다.

감정 찾아내기　　　　　　　　　　(활동지 10, p. 348)
영주는 불안해!　　　　　　　　　　(활동지 11, p. 349)

활동지 10, 감정 찾아내기는 사건과 상황에 관련되는 특정한 감정을 아동이 구분해낼 수 있도록 도와준다.

| 표 32.1 사회성 활동지 |

감정 확인하고 표현하기 활동지

문제	활동지 번호	제목	쪽수
자신의 감정 파악하기	10	감정 찾아내기	348
	11	영주는 불안해!	349
다른 사람의 감정 파악하기	12	맞혀봐	350
	13	너의 신체	351
감정 표현하기	14	화산	352
	15	재영이와 함께 두려움 극복하기	353

다른 사람들과 소통하기 활동지

문제	활동지 번호	제목	쪽수
친구 만들기	16	대화를 시작하는 사람	354
	17	??질문??	355
홀로 남기	18	호진이를 위한 충고	356
	19	민수 & 민재-입소문	357
갈등 해결하기	20	파이팅!	358
	21	수아, 수지와 나	359

자기관리 활동지

문제	활동지 번호	제목	쪽수
긴장 풀기	22	뛰기 전에 살피기	360
	23	선택 & 옵션	361
결과	24	만약에-그런 후-그러나	362
	25	범죄 & 벌!	363
자기 방어하기	26	'아니요'라고 말하면 모든 게 쉬워져	364
	27	너에게 상 주기	365

활동지 11, **영주는 불안해!**는 아동에게 불안감을 주는 상황을 정리한 목록이다. 또한 이 활동지는 아동이 어떤 상황이 자신과 직접적으로 관련이 되는 상황인지를 구분하고, 그 밖에 자신이 불안을 느끼는 상황과 사건은 없는지를 생각해보도록 만들어졌다.

다른 사람의 감정 파악하기

다음의 활동지는 아동이 타인의 감정을 구분해낼 수 있도록 도와준다. 아동이 현재 일어나고 있는 사건과 자신의 감정을 연결시키는 것을 배우고 나면 다른 사람들이 특별한 상황에서 어떤 감정을 느끼는지를 대략적으로 예측하고 맞출 수 있다.

> 맞혀봐   (활동지 12, p. 350)
>
> 너의 신체   (활동지 13, p. 351)

활동지 12, 맞혀봐는 제시된 사람들이 어떤 감정을 느끼는지를 추측할 수 있게 해준다. 이 활동지를 통해서 아동은 상상의 나래를 펴서 자신이 처한 특정한 상황과 거기에 동반되는 문제들에 자신이 개입할 수 있다.

활동지 13, 너의 신체는 아동의 관찰능력을 활용하도록 디자인되었다. 아동은 다른 사람들이 자신의 신체를 어떻게 사용하는지 또는 그들이 느끼는 감정을 어떻게 얼굴에 나타내는지에 대해 생각해볼 수 있다. 이 활동 후에 아동은 신체언어와 감정 표현에 대한 부분을 생각해보게 된다.

감정 표현하기

다음의 활동지는 아동이 자신의 감정을 표현할 수 있도록 도와준다. 아동이 자신의 감정을 구분하고 다른 사람들의 감정을 읽을 수 있게 되면 마지막으로 자신의 감정도 적절하게 표현할 줄 알게 한다.

> 화산   (활동지 14, p. 352)
>
> 재영이와 함께 두려움 극복하기   (활동지 15, p. 353)

활동지 14, 화산은 분노를 잘 표현할 수 있도록 만들어졌다. 활동지에 화산의 각 지점이 소개되어 있다. 아동은 무엇이 자신을 화나게 만드는지 말로 표현한 후 화산의 밑바닥에서부터 위로 점점 이동하며 화가 나는 자신의 모습을 생각한다. 아동이 분노를 품고 있는 것이 어떤지 혹은 다른 사람들의 감정 상태는 어떨 것 같은지에 대해 상담자와 이야기해본다. 이 활동지는 타인이 화난 상태를 아동이 알아차리는지도 묻는다. 아동이 분노를 표출할 수 있는 화산의 꼭대기 지점에 도달하면 아동은 분노가 아닌 다른 방식으로 자신의 감정을 표현할 수 있는 기회도 주어지고 분노를 표현하는 것이 과연 적절한지에 대해서도 생각해보는 기회를 갖는다. 이 활동지는 아동 자신뿐만이 아니라 타인이 표현하는 분노의 표출시기도 알아챌 수 있도록 디자인되었다.

활동지 15, 재영이와 함께 두려움 극복하기는 아동이 두려운 순간에 대처할 수 있는 방법을 살펴보도록 디자인되었다. 여기에 제시된 상황들은 특정 아동에게는 연관성이 없을 수도 있기 때문에 상담자는 개개인의 아동이 경험한 두려움을 설명할 수 있도록 이 활동지를 아동의 상황에 맞게 변경하고 수정하여 사용해야 한다. 그리고 아동 자신도 공포를 경험하는 동안 자신의 반응을 탐색할 수 있다. 재영이와 함께 두려움 극복하기를 할 때 아동이 두려움에 떠는 것은 잘못되고 좋지 않다고 생각할 수 있다. 그러므로 상담자는 두려움은 잘못된 감정이 아니라 자연스러운 것이라는 것을 아동에게 알려준다. 이것이 이 활동의 의의다.

다른 사람들과 소통하기

'감정 확인하고 표현하기'에서 설명한 바와 같이 아동이 자신과 타인의 감정을 구분할 수 있고 자신의 감정표현을 적절하게 표현할 수 있으면 타인과의 성공적인 의사소통을 할 수 있는 가능성이 높다. 의사소통에는 두 사람 이상이 개입한다. 보통 한 사람이 대화를 시작하고 다른 사람은 듣고 반응하다. 유아기에 또래 상호작용은 공유놀이 활동(shared play activities)에서 행해지고 아동이 성장함에 따라 상호작용은 '또래수용'과 '또래친밀감'이라는 개념으로 행해진다. 아동이 하는 활동은 점차적으로 신체적 활동에서 다른 사람의 정서와 감정을 인식하는 활동으로 전환되고, 7세나 8세 아동기 중반에는 사회적인 접촉을 하게 되면서 '베스트 프랜드'라는 개념이 형성된다. '베스트 프랜드' 관계에서 아동은 서로에게 헌신하는 것이 무엇인지를 배우게 되기 때문에 타인과의 상호작용에 공격적인 행동보다는 우정이 더 많이 개입된다. 이 시기에 아동은 의사소통 없이는 만족할 만한 사회적인 관계를 형성할 수 없으므로 적절한 의사소통을 할 수 있어야 한다. 더불어 아동기에 직면했던 상황에서 빚어진 감정의 결과들을 바르게 다룰 수 있어야 하는 매우 중요한 시기이다(혼자 남겨지는 것, 무시당한 것, 놀림당하는 것 등).

아동이 적절한 의사소통 기술을 배울 수 있도록 도와주기 위해서 다음과 같은 활동지가 만들어졌다.

- 친구 만들기
- 홀로 남기
- 갈등 해결하기

친구 만들기

아래의 활동지는 아동이 친구를 만들고 교우관계를 형성하게 도와준다.

    대화를 시작하는 사람   (활동지 16, p. 354)
    ??질문??   (활동지 17, p. 355)

활동지 16, 대화를 시작하는 사람은 학교 개학 첫날에 아동이 할 수 있는 몇 가지 적절한 대화 방법을 제안한다. 먼저 자신이 생각할 때 적절하다고 생각하는 '대화를 시작하는 사람'을 선택하여 체크상자에 표시한다. 그런 후 아동이 활동지에서 선택하지 않았던 '대화를 시작하는 사람'의 인사말을 사용할 때 상대방이 보일 반응의 가능성에 대해서도 생각해보게 된다. 이 활동지는 새로운 상황에서 사람들을 만날 때 어떻게 적절한 인사말과 대화를 시작할 수 있는지에 대해 생각해보고 익숙하지 않은 사람과 새롭게 상호작용을 시작될 때 생기는 불안감에 대해서도 살펴볼 수 있도록 돕는다.

    활동지 17, ??질문??은 아동이 대화를 시작하고 그 대화를 유지하는 데 필요한 질문과 답을 어떻게 하는 것이 적절한지를 가르친다. 이 활동지는 아동이 사진에서 특정한 정보를 발견해내기 위해서 '무엇이', '어디서', '어떻게', '언제', '왜', '누가'로 시작하는 질문을 시도해보도록 한다. 아동은 사진에 대해 질문하고 상담자는 대화가 계속 진행되도록 창의적이고 기이한 대답을 한다. 예를 들어 '마루에 물웅덩이가 생기는 원인이 뭘까요?'라고 물으면 상담자는 '지붕에 구멍이 있을 수도 있고 아마도 쥐가 구멍을 만들었는데 비가 많이 와서 쏟아지는 것일지도 몰라.'라고 대답할 수도 있다. 아동이 추가적인 질문을 하면 상담자는 유머러스하게 대답을 해줄 수 있다. 이와는 반대로 그림을 보면서 상담자는 아동에게 계속 이야기를 더 이어나가자고 권할 수도 있다. 여기서 아동과 상담자는 서로 질문을 주고받고 이야기를 만들어 나갈 수도 있다.

    아동이 대화를 시작하기 위해 사용할 수 있는 적절한 질문과 답을 하는 법을 배우는 것이 이 활동의 목적이지만 상담 중에 아동은 듣는 법도 배우고 차례를 기다리는 등의 기본적인 에티켓도 배울 수 있다. 아동이 또래들과 흥미 있는 정보를 주고받을 때 이 방법을 적용할 수 있다.

홀로 남기

다음 활동지는 아동이 느끼는 소외감에 대해 언급할 수 있도록 도와준다. 때때로 아동은 학교나 집에서 혼자 남는 경험을 한다.

| 호진이를 위한 충고 | (활동지 18, p. 356) |
| 민수 & 민재-입소문 | (활동지 19, p. 357) |

활동지 18, 호진이를 위한 충고는 아동이 혼자 남겨졌을 때 보일 수 있는 반응을 살펴보도록 한다. 상담자도 아동이 과거에 홀로 남겨진 순간에 대해 이야기할 수 있도록 유도하고 이에 대처하는 방법에 대해서도 대화를 나눌 수 있다. 상담자는 아동이 선택 가능한 방법들을 같이 탐색해볼 수도 있다.

활동지 19, 민수-민재-입소문은 따돌림과 입소문이 한 개인에게는 얼마나 사회적으로 큰 상처를 입히는지에 대해 점검해보도록 디자인되었다. 다른 사람이 아동을 입소문에 개입시키려고 할 때 반응할 수 있는 적절한 대처법에 대해 배운다. 또한 아동이 입소문의 결과 홀로 남겨졌을 때 어떤 기분이 드는지 이를 어떻게 반응하고 대처할 수 있는지에 대해서도 논의해볼 수 있다.

갈등 해결하기

다음의 활동지는 아동이 갈등을 해결할 수 있도록 도와준다. 사람들 간의 갈등을 해소하고자 할 때 먼저 갈등에 대한 이해와 기술이 요구된다. 더 구체적으로 아동이 갈등의 원인을 알고 어떻게 대처해야 하는지를 이해하는 것이 중요하다.

| 파이팅! | (활동지 20, p. 358) |
| 수아, 수지와 나 | (활동지 21, p. 359) |

활동지 20, 파이팅!은 싸움이 일어나는 이유를 생각해보게 한다. 아동이 가정이나 학교에서 발생하는 갈등 상황에 대해 이야기하고 이것이 어떻게 발생하는지에 대해 논의할 수 있다.

활동지 21, 수아, 수지와 나는 갈등에 대처하는 여러 방법들에 대해 탐색하게 한다. 활동지 위에 있는 점들을 연결하면 수아는 무기력한 희생자로 자신감과 확신이 없고 두려움이 많은 **거북이** 모양이 된다. 반대로 수지는 공격적이고 약자를 괴롭히며 조종하는 힘이 센 **난쟁이** 모양이 된다. 상담자는 아동이 활동지에 '내(아동) 안에'와 같이 자신이 갈등에 개입될 때 어떻게 대처할 것인지를 생각해보고 자신 있게 갈등을 다루는 방법을 생각해보도록 한다. 또한 상담자는 갈등 상황에서 아동의 감정이 두려움이었는지 분노였는지도 확인시켜준다.

자기관리

사회적 유능감을 느끼기 위해서 아동은 감정을 구분하고 표현할 수 있어야 하고 다른 사람들과 성공적으로 의사소통을 할 수 있어야 한다. 동시에 자신의 행동을 인식하고 조절할 수도 있어야 한다. 그리고 자신의 행동을 인식하면 타인에게서 오는 피드백도 민감하게 인식할 수 있어야 한다. 아동이 자신의 행동을 조절할 때 행동의 결과를 이해하고 사회적으로 실수를 했다고 해도 다시 회복할 수 있다. 그리고 다시 자신을 포용하고 자기 행동을 긍정적으로 강화할 수 있다.

아동이 자기관리 기술을 배울 수 있도록 다음의 주제를 담은 활동지가 만들어졌다.

- 긴장 풀기
- 결과
- 자기 방어하기

긴장 풀기

긴장 풀기는 충동적인 반응과는 다르다. 다음의 활동지는 아동이 긴장을 풀 수 있도록 도와준다.

뛰기 전에 살피기 (활동지 22, p. 360)
선택 & 옵션 (활동지 23, p. 361)

활동지 22, 뛰기 전에 살피기는 16장에 기술된 것처럼 '멈추라-생각하라-하라' 계획을 사용하는 것이다. 이것은 자기관리에 어려움을 겪는 학생들을 위해 학교에서 보편적으로 사용하는 방법이다. 도발적이고 화가 나는 사건이 발생한 후에 긴장을 푸는 방법은 다음과 같이 실행된다.

1. **멈추라** : 반사적으로 반응하지 말고 행동을 멈추라.
2. **생각하라** : 사건에 대해 생각하고 접근할 때 시간을 두라. 행동하기에 가장 좋은 방법을 사용하라.
3. **하라** : 당신이 원하는 방법을 실행하라.

이 활동지는 아동에게 불만족스러운 결과를 가져오는 행동을 파악할 수 있게 한다. 상담자는 상담을 할 때 아동의 생활에서 되풀이되는 특정한 상황을 파악하기 위해 노력한다. 새로운 행동을 실행하기 위한 계획은 아동이 스스로 만들고 그것을 실천한 후에 결과와 효과를 평가할 수 있다. 계획이 불만족스러웠다고 생각할 경우 대체할 수 있는 방법을 고민해보고 다시 새로운 계획을 세우고 아동이 다시 한 번 실천한다.

활동지 23, 선택 & 옵션은 아동이 다른 타이밍에 선택된 대체 행동의 결과를 살펴보도록 만들어졌다. 상담자는 아동이 활동지 위에 있는 결정상자들 중 하나를 선택할 때 어떤 기분이 드는지 생각해보라고 한다. 이 작업은 다소 인지적인 능력을 요구하지만 아동이 결정을 내릴 때는 감성적인 부분도 중요하기 때문에 이 부분의 중요성도 강조해야 한다. 이 활동 중에 아동이 내린 선택이 아동의 정서적인 반응에 영향을 준다는 점은 눈여겨볼 필요가 있다.

결과

다음 활동지는 아동이 어떤 행동을 한 후에 발생한 결과에서 파생되는 문제들을 언급할 수 있도록 도와준다. 아동이 자신의 행동을 스스로 조절하게 되면 인간이 보편적으로 가지고 있는 성향과 행동의 결과가 적절했는지에 대해서도 이해할 수 있게 된다.

    만약에－그런 후－그러나   (활동지 24, p. 362)
    범죄 & 벌   (활동지 25, p. 363)

활동지 24, 만약에－그런 후－그러나는 아동 행동의 긍정적인 결과와 부정적인 결과를 모두 살펴볼 수 있도록 독특하게 디자인이 된 활동지다. 아동의 충동적이거나 성급한 행동이 추후에 자신에게 손실을 가져다줄 수 있다는 사실을 깨닫게 해주도록 이 활동지는 만들어졌다. 이것을 깨달은 아동에게 다른 선택과 새로운 행동을 생각해보고 계획해보는 전환점을 마련해준다. 상담을 진행하는 동안, 아동이 새롭게 시도해본 행동에서 초래되는 긍정적인 또는 부정적인 결과도 점검해볼 수도 있다.

활동지 25, 범죄 & 벌은 보편적으로 수용되지 못하는 매우 나쁜 행동이 어떤 것인지를 아동에게 알려준다. 또한 이 활동지는 행동에 따른 결과의 적절성과 처벌에 대해서도 생각해보도록 만들어졌다.

자기 방어하기

다음의 활동지는 아동이 자기를 방어할 수 있도록 도와준다. 자기관리의 중요한 부분은 아동이 적절하지 못한 행동이나 공격적인 폭력을 억제하고 조절하는 것이라고 주장해왔다. 또한 자기관리는 아동이 긍정적으로 성취해온 것에 상을 주고 자신을 가치 있게 여기는 것이다. 일상에서 아동의 신념, 가치 그리고 야망을 포기하고 어떠한 방식으로 행동해야 한다고 생각되는 상황들이 있다. 바람직한 자기관리는 필요할 때 아동이 '아니요'라고 대답할 수 있는 능력도 포함된다. 그러나 또래들에게 '아니, 싫어!'라고 답하면 자칫 배척당하거나 인기를 잃고 비난을 받거나 조롱을 당하기가 쉽다. 그래서 이렇게 표현하기가 쉽지 않다.

'아니요'라고 말하면 모든 게 쉬워져　　(활동지 26, p. 364)

너에게 상 주기　　　　　　　　　　 (활동지 27, p. 365)

활동지 26, '아니요'라고 말하면 모든 게 쉬워져는 아동이 또래 압력으로부터 지혜롭게 반응할 수 있는 방법을 제시한다. 이 활동지에 제안된 몇 가지 표현들을 상담자는 아동과 함께 살펴볼 수 있다. 더 나아가 아동은 창의적으로 자신 특유의 '아니요'라는 반응을 만들어서 사용할 수도 있다.

　활동지 27, 너에게 상 주기는 아동의 사회적인 성취감을 긍정적으로 강화시킬 수 있는 방법을 제시하고 있다. 활동지에 있는 방패 모양에 자신이 자부심을 느끼는 행동을 쓰거나 그릴 수 있고 자신이 성취한 것을 다른 사람에게 말할 수도 있다. 그러면 상담자는 아동의 긍정적인 행동을 강화하고 아동에 확신을 더해준다.

요약

이 장에서 소개된 활동지는 아동의 사회성을 향상시키는 데 도움을 주도록 만들어졌다. 상담자는 아동과 함께 더 많은 행동과 아동의 정서와 상황들을 살펴볼 수 있을 것이다. 필요하다면 자기 자신만을 위한 활동지도 창의적으로 만들어 사용할 수 있다.

핵심 요점

- 사회성 기술 훈련은 아동이 적절한 행동에 대해 명확한 개념을 가지고 적절한 사회성을 활용하는 법을 배우고 그것을 일반화시켜 일상에 적용할 수 있도록 하는 것이다.
- 집단 활동은 수용될 수 있는 또는 수용될 수 없는 행동을 구분하고 논의할 수 있는 기회를 제공한다.
- 활동지는 아동이 자신의 현재 행동과 그 행동의 결과를 생각해볼 수 있게 하고 더 나아가 새로운 대체 행동에 대해서도 생각할 수 있게 한다.
- 사회적인 적응행동 기술은 자신의 감정을 구분하고 표현하며 다른 사람들과 적절하게 의사소통하고 자기관리하는 방법을 연습하는 것이다.
- 사회성 기술을 배울 때 아동은 자신의 감정을 인식하고 다른 사람의 기분과 감정도 느끼게 된다.
- 자기행동을 잘 조절하기 위해서는 아동이 자신의 행동과 타인에게 영향을 미칠 그 행동의 효과에 대해 알아야 한다.
- 충동적으로 대처하는 것을 피하기 위해서 아동은 긴장을 이완하는 법도 배워야 한다.
- 행동 계획은 아동이 배운 사회성을 일반화시켜 일상에 적용할 수 있도록 도와주기 위하여 사용한다.

33
Chapter

방위행동 교육

방위행동 교육은 아동에게 해가 되는 것으로부터 자신을 보호하고 잠재적인 위험으로부터 자신을 지켜 안전을 기하도록 일깨워주는 교육이다. 아동이 방위행동 교육을 제대로 받으면 다음의 것들을 할 수 있다.

1. 적절한 경계(boundaries)를 이해한다.
2. 신체적인 위험으로부터 자신을 보호한다.
3. 감정적인 위험으로부터 자신을 보호한다.

대부분의 방위행동 교육은 아동상담을 위한 통합 모델의 4단계와 5단계에서 행해진다(표 8.1, p. 85 참조). 이 단계에서 아동은 자신의 생각을 변화시켜 다른 선택과 옵션을 고려하거나 새로운 행동을 찾는 연습을 한다. 아동이 방위행동을 잘할 수 있도록 도와줘야 하는 순간들이 있는데 2장에서 설명한 것과 같이 위험한 곳에서 아동을 보호하기 위한 여러 가지 행동들이 있다.

아동이 적절한 경계를 이해하도록 돕기

사회에서 개인 간에 수용이 되는 경계에 대한 개념을 가지면 아동은 자신이 안전하다고 느낄 수 있다. 그렇기 때문에 아동이 경계 개념을 먼저 이해해야 한다. 또한 아동이 경계와 관련된 한계점이나 기대치도 잘 이해하는 것이 좋다.

아동을 도와줄 때 상담자는 무엇보다 아동의 발달과정과 가족 그리고 사회와 문화적인 경계를 고려하는 것이 매우 중요하다.

발달상의 경계

아동이 성장하며 정상적인 발달단계를 거치는 동안 아동의 사회적, 정서적, 신체적인 발달 경계도 변한다. 영아기에서는 아기를 먹이고 목욕시키고 기저귀를 가는 등 많은 사람들이 적극적으로 육아에 참여할 수도 있다. 가족 외에 사람들 또한 아동과 많이 놀아줄 수도 있다. 그러나 아동이 성장함에 따라 아동에게 점점 자기만의 한계가 생기기 시작하고 그것을 분별하기 시작한다. 아동은 신체적, 감성적, 사회적으로 자기의 필요를 누가 채워주어야만 하는지를 타인에게 정확하게 알리고 표현할 수 있다. 이러한 아동의 변화를 주변 사람들은 존중해주어야 하고 더욱이 그것이 아동의 개인적인 요구와 관계된다면 더욱 더 그래야만 한다. 아동이 4세나 5세에 이르게 되면 낯선 이들을 받아들이지 않게 되고 타인이 자신의 개인적인 공간에 들어오는 것도 싫어한다. 이 단계의 아동은 낯선 사람과 포옹하거나 화장실을 함께 가는 것도 원하지 않는다. 발달상으로 이와 같이 경계 개념의 변화는 친밀한 신체적인 접촉이 배우자나 동료 또는 여자친구나 남자친구로 한정되는 성인기까지로도 연결된다.

방위행동을 가르칠 때 현재에는 사회적으로 허용되지 않는 행동이 성인기에 형성될 관계에서는 받아들여질 수도 있다는 것을 아동에게 가르쳐야 하고 아울러 아동이 어렸을 때는 받아들여졌던 행동이나 경계 개념이 일정기간이 지나 성장한 후에는 받아들여지지 않을 수도 있다는 것을 가르쳐주어야 한다.

가족 사이의 경계

가족 간에 경계 개념은 세대에 걸쳐서 전달된다. 아동 부모의 위 부모세대로부터 받아들여진 것은 아동의 가족들 사이에서도 수용된다. 그러나 다른 기준과 태도를 가진 가족에서 온 아버지와 어머니가 있는 경우에는 가끔 예상치 못한 문제가 발생하기도 한다. 독자들 또한 여러분들의 가족에게서 전해 내려오는 특유의 행동과 경계 개념이 있는지를 살펴보고 어떤 것들이 새롭게 형성된 것들인지를 생각해본다면 흥미로울 것이다.

가족 간의 경계 개념도 차이가 있다. 어떤 가족은 철저하게 경계가 설정되어 가족 간에 서로 얽히지 않는 가족도 있을 것이고 반대로 가족들 간에 서로 얽혀있고 개방적이며 다소 융통성 있는 경계 개념을 가지고 있는 가족들도 있다. 서로 얽혀있지 않은 가족은 주로 외부사람들과 사회적 집단을 형성하지 않는 독립적인 핵가족이 많다. 그러한 경우에 개인은 가족이라는 울타리 안에서 상당히 독립적이며 이러한 가족은 서로 간에 의사소통도 자주 하지 않는다. 반대로 서로 얽혀있는 가족은 그들만의 공동체 스타일을 가지고 있다. 그들은 이모, 삼촌, 사촌, 친구들 그리고 외부사람들과 확장된 관계를 형성하고 가족모임을 자주 가지기도 한다. 이러한 가족형태는 다른 친족들과도 자유롭고 쉽게 어울리며 시간을 보낸다. 자신들이 가지고 있는 것을 나누고 휴가를 함께 즐기고 가족 간에 도움이 필요할 때는 요청한다. 그러나 명확한 경계 개념이 결핍된 사람들에게는 이러한 가족 구조가 때로는 혼란스러울 수도 있다.

아동에게 방위행동 교육을 할 때 그 아동이 처해있는 가족 상황을 먼저 이해해야 한다. 그리고 부모도 아동의 방위교육에 함께 참여하는 것이 좋다. 왜냐하면 부모도 안전과 관련되는 경계 개념을 배우고 유지하며 그와 관련된 전략을 계획하는 데 참여하면 자신과 다른 가족이 처해있는 독특한 가족 환경에 대해서도 수용할 수 있게 되기 때문이다. 부모의 협력 없이는 아동의 방위행동 교육이 효과적이지 않을 수도 있다.

사회적 경계

사회적 경계란 현 사회에서 보편적으로 수용되는 경계를 말한다. 예를 들어 대부분의 사회적 경계는 상대에게 신체적인 공격을 가하는 것에 대한 처벌이나 공공장소에서 금지된 다양한 행동의 사례와 같이 법에 의해 규정되어 있다. 사회적 경계는 가족 혹은 문화적인 경계가 강하여 사회적으로 수용되는 기준이 다를 때 침해당하기 쉽다. 결과적으로 상담자는 아동과 아동의 부모에게 사회라는 울타리 안에서 설정된 경계 개념이 가족 간에 허용되는 경계 개념과는 다르다는 것을 인식시켜주고 적절한 경계에 대해 분별력 있는 결정을 내릴 수 있도록 돕는다.

문화적 경계

문화적 경계는 특정한 문화와 종교 또는 신념과 가치에 근거를 둔다. 문화적으로 다른 세계 곳곳의 사람들은 아동의 행동과 양육 전략에 관해서도 서로 다른 가치관과 태도를 보인다. 신체적으로나 성적인 허용 여부도 문화마다 다르고, 적절하게 여겨지는 문화적 경계의 차이도 다른 지역이나 다른 종교를 가진 사람들 사이에서는 명백하게 존재한다. 문화적 경계를 지키지 않으면 사회적으로 책임이 따르고 그 결과 정서적으로 치명적인 충격을 받기도 한다. 그렇기 때문에 아동을 상담할 때는 아동의 문화적인 경계 개념을 간과하지 않는 것이 매우 중요하다. 따라서 상담자는 타당한 문화적 경계에 대해 인식하고 이와 관련되어 발생하는 문제들을 살펴볼 필요가 있다.

신체적인 상해로부터 아동을 보호하는 방법

방위행동 교육의 내용 중 하나는 아동이 신체적인 위험으로부터 자신을 보호하도록 도와주는 것이다. 신체적 상해는 다음과 같은 경우에 발생한다.

- 가정 내 폭력
- 성적학대와 성폭력
- 또래압력
- 또래관계

가정 내 폭력

가끔 가정에서 부부 사이에 폭력이 발생하면 아동은 목격자가 될 뿐만 아니라 신체적인 상해를 입는 피해자도 될 수가 있다. 또한 아동은 부부간에 휘두르는 폭력을 저지하기 위해 조치를 취해야 하는 상황에 처하기도 한다. 이러한 상황에서 아동도 상해를 입을 수 있다. 또는 부모나 형제자매가 분노조절을 잘하지 못하는 사람이 있다면 가족 내에서 신체적인 학대를 당할 수 있다. 이러한 아동은 위험한 상황에 직면했을 때 자신을 보호하는 법을 상담을 통해서 배울 수 있다. 더 나아가 부모도 아동이 이러한 상황에서 부모의 지원을 받을 수 있도록 계획하는 활동에 참여해야 한다.

성적학대와 성폭력

아동이 성인에 비해 힘이 약하기 때문에 성적인 학대나 폭력으로부터 스스로를 지켜내기가 힘들다. 가해자는 아동을 신체적으로 공격할 때 아동이 저항할 수 있는지 또는 학대 상황을 외부에 알릴 수 있는지를 고려해본다. 성적학대와 성폭력이 발생할 때 가해자는 종종 아이를 흉기로 찌르기도 하기 때문에 심각한 신체적인 상해도 입을 수 있다. 어떤 성폭력 가해자는 아동에게 매력적으로 접근하여 아동을 혼란스럽게 만들기도 한다. 이때 아동이 경계에 대한 개념이 확실하게 정립되어 있지 않으면 상황이 더 악화될 수도 있다.

상담자는 아동이 성에 대한 올바른 경계 개념을 가지도록 가르치고 이러한 상황에서 자신을 보호할 수 있는 전략도 함께 만들어주어야 한다. 더 나아가 상담자들은 아동이 성적으로 부적절한 상황에 놓여있다면 즉시 신고해야 한다고 알려주고 신고할 수 있도록 일깨워주어야 한다.

또래압력

대부분의 아동은 또래집단에 소속되기를 원하기 때문에 또래압력에 민감하다. 또래압력은 청소년기 이전의 아동들에게서 많이 나타난다. 아동은 종종 자신이 특정 기술과 경험이 부족한데도 불구하고 또래가 어떤 일을 해보라고 종용하면 무모하게 시도하려고 할 때가 있다. 예를 들어 아동이 또래의 요구에 따라 용감하다는 것을 증명하기 위해서 폭포 위에서 줄타기를 시도한다면 심각한 상해를 입을 확률이 매우 높다. 그러므로 방위행동 교육은 아동이 적절치 않은 또래압력에 단호하게 대응할 수 있는 방법을 가르치는 것이다.

또래관계

아동이 또래들로부터 수용되는가, 인기가 있는가, 용감하다고 인정받는가, 사나이답다고 평가받는가와 같은 문제들, 즉 소위 말해 또래집단이 '멋지다'라고 평가하고 인정하는 행동이 주로 또래집단 사이에서 형성되는 '사회적 관계'라는 것이다. 이 집단으로부터 인정받으려고 노력하는 아동은 신체적인 피해를 입을 확률도 크고 도전받는 행동을 해야 하는 상황에 놓이게 되는 경우도 많기 때문에 이로부터 아동은 자신을 보호해야 한다. 또한 개인이나 집단이 한 명의 또래를 괴롭히는 학교폭력과 같은 상황에서 아동은 어찌해야 할지를 모를 때가 많다. 그러므로 방위행동 교육의 한 부분으로서 아동은 또래나 또래집단에 의해 행해지는 신체적인 공격(폭력)으로부터 자신을 지킬 수 있는 기술과 방법도 배워야 한다.

상처로부터 아동을 보호하는 것을 돕는 법

어린 아동의 정서적인 요구는 성인이 채워준다. 그러나 아동이 성장함에 따라 아동의 정서적인 요구는 스스로가 채워야 한다. 그러므로 여기에 필요한 기술과 방법을 터득해야 한다. 아동의 정서에 충격을 주는 상황이 발생했을 때 올바로 대처하는 법을 배우는 것은 특히 필요하다. 이러한 상처는 주로 다음과 같을 때 발생한다.

- 비밀 유지하기
- 피해자되기
- 의사소통과 자기주장 기술의 부족

비밀 유지하기

비밀 유지하기는 주로 아동이 '베스트 프랜드'를 만들 때 필요하다. 아동과 또래 친구들 사이에 '베스트 프랜드'는 '좀 특별하다'라는 것을 알리는 신호이다. 이 비밀 아닌 비밀은 나이가 비슷한 또래 아동에게서 흔히 나타나며 심각한 문제를 일으키지 않기 때문에 괜찮다. 그러나 성인과 아동 간의 비밀, 특히 사회적, 가족적, 문화적 경계선 내에서 불법일 수 있는 비밀은 정서적인 스트레스가 발생하기 때문에 심각한 문제다. 가족 안에서 위법적인 행위가 발생할 때 아동은 그것을 가족 외에 다른 사람들에게 이야기하지 않으려 한다. 아동은 폭력적인 행위에 대해 비밀을 유지해야 한다는 압박을 느끼고 그것을 부끄러워하며 이것이 알려지면 안 좋은 결과를 가져올 것이라는 두려움을 느낀다. 어떤 아동은 부모가 한 행동이 설사 바르지 않다고 하더라도 묵고하고 비밀을 지켜줘야 된다고 믿기도 한다.

그러므로 상담자는 방위행동 교육을 할 때 아동에게 비밀을 품고 있으면 문제가 생길 수 있다는 것을 인지시키고 비밀스러운 정보를 사람들에게 알리는 것은 어떤 경우엔 필요하고 허용된다는 것을 알려주어야 한다.

피해자되기

여러 가지 원인으로 아동은 종종 피해자가 된다. 가족 내에 아동이 가장 어리기 때문이기도 하고 무남독녀나 무녀독남이기 때문이기도 하고 혹은 아동이 특정한 성격을 가졌거나 행동을 하는 이유 때문이기도 하다. 학교에서 아동은 너무 뚱뚱하거나 말랐거나 행동이 느리거나 말이 어설프거나 안경을 끼거나 혹은 장애가 있다는 이유로도 피해자가 된다. 아동의 부정적으로 인식된 행동과 특징이 어느새 저절로 그 아동이 되어버린다. 여기서 오는 선입견은 아동을 피해자로 만들 것이고, 아동은 이러한 선입견에 제대로 대응하지도 못하면서 반복적으로 피해를 당하고 피해자로 남게 된다. 이 과정을 거치게 되면 아동은 공격적이게 되고 과도하게 불평을 하는 등의 문제 행동을 보이게 된다. 이러한 공격적인 행동과 불평은 아동의 미래 관계형성과 행동에 영향을 주는 중요한 요소가 되고 관계형성과 문제 행동의 암시가 되기도 한다.

의사소통과 자기주장 기술의 부족

아동은 자신이 느끼는 점과 자신이 필요로 하는 것 혹은 자신이 걱정하는 것을 말로써 충분히 표현하는 언어기술이 부족하기 때문에 정서적으로 어려움에 처한다. 다른 사람과 자신의 중요한 문제를 논의하지 못하는 아동은 혼자 자기에게 해가 되는 파괴적인 생각을 가지기도 한다. 이것은 미래에 아동의 문제 행동이 되기도 한다. 이렇게 의사소통 기술이 부족한 아동은 자신을 대변하지도 못하고 자신의 주장을 펴지 못하는 경향이 있다. 또래나 성인이 개입되는 상황에서 자신의 주장을 펴지 못하게 되면 아동은 무기력감이나 통제능력을 상실한 것처럼 느낄 수도 있다.

방위행동 교육을 위한 활동지의 활용

아동이 자신의 신체와 정서적인 안전을 위하여 올바른 결정을 내리는 것은 매우 중요하다. 더불어 자신의 안전을 위협하는 문제를 해결할 수 있는 능력과 사회적으로 수용이 가능한 행동을 분별하는 기술도 필요하다. 경계에 대한 개념과 한계, 기대치 그리고 경계 개념을 이해하는 것 또한 필요하다. 그러므로 방위행동에 대해 알고 싶다면 아동에게 문제해결 능력과 독립적인 결정을 하는 능력 그리고 적절한 경계를 설정하는 법도 가르치는 것이 좋다.

이러한 기술을 연습하는 데에 다음의 활동지들을 활용할 수 있다. 활동지는 세 가지 영역에 관한 내용을 담고 있다(표 33.1 참조).

1. 적절한 경계 설정하기
2. 신체를 보호하기 위한 행동
3. 정서를 보호하기 위한 행동

이 활동지는 위의 문제를 논의하기 위한 자극을 아동에게 제공하기 위해서 고안된 것이다.

적절한 경계 설정하기

상담자는 아동에게 아동발달에 필요한 것들과 아동의 가족체계 또는 폭넓은 사회체계를 먼저 설명해주고 아동이 적절한 경계를 설정할 수 있도록 도움을 준다. 더불어 상담자는 아동이 독립적인 의사결정을 하고 문제를 해결하는 기술도 필요하다는 것을 알고 있다. 그래서 다음에 소개될 활동지들은 이러한 내용을 담아서 만들었다.

연령 & 단계	(활동지 28, p. 366)
내 장소, 내 공간	(활동지 29, p. 367)
무지개 길	(활동지 30, p. 368)

활동지 28, 연령 & 단계는 아동이 경험할 만한 세 가지 상황을 제시해주고 다양한

표 33.1 방위행동 교육용 활동지

문제	활동지 번호	제목	쪽수
적절한 경계 설정하기	28	연령 & 단계	366
	29	내 장소, 내 공간	367
	30	무지개 길	368
신체를 보호하기 위한 행동	31	나의 안전계획	369
	32	승수는 괴롭히는 사람	370
	33	경계하라! 피하라! 행동하라!	371
정서를 보호하기 위한 행동	34	놀람과 비밀	372
	35	비난에서 명성까지	373
	36	수정 볼	374

연령대에서 내릴 수 있는 결정을 고려해보게 한다. 결과적으로 아동은 자신이 처한 상황에 따라 다른 결정을 내려야 하고 연령에 따라 그 결정이 달라진다는 것을 알게 된다. 활동지에 '유아'는 문을 잠그고 어른의 도움을 구하고 '10대 아동'의 경우는 위험으로부터 자신을 보호하려고 노력하면서도 동시에 낯선 사람에게 원하는 것이 무엇인지를 물어보는 것 등의 몇몇 예가 제시되어 있다.

활동지 29, **내 장소, 내 공간**은 집에서 겪는 사생활에 관한 것이다. 가족 구성원의 연령에 따라 무엇이 적절한 사적인 경계인지를 고려할 수 있도록 해준다.

활동지 30, **무지개 길**은 아동에게 경계 개념을 가르치기 위한 것이다. 적절한 사회적 경계를 잘 인지하지 못하는 아동은 가족이나 아는 사람 그리고 낯선 사람을 만났을 때 별로 다르게 행동하지 않을 것이다. 그러므로 이 활동지는 아동이 일상에서 만나는 다양한 사람들을 어떻게 대해야 하는지를 고려하여 사회적인 경계 개념을 가지고 접근하는 법을 가르친다. 활동지 상단에는 아동이 사람들을 만났을 때 취할 수 있는 다양한 행동반응이 제시되어 있는 네모칸이 있고 그 각각의 네모칸 안에는 다른 색깔이 배정되어 있다. 그 네모칸 아래에는 여러 인물들이 가운데 시작점을 중심으로 하여 나선형으로 배치되어 있다. 이 각각의 인물들에 대하여 아동이 취해야 하는 적절한 행동반응을 상단에 있는 네모칸에서 따오고 그와 관련된 색을 선택하여 네모칸에 칠한다. 이렇게 하면 아동은 연속선상에 나타나는 가까운 관계와 먼 관계를 색깔의 차이에 의해 시각적으로 인식하게 된다. 가운데 '시작' 지점에서 나선형을 따라 아동이 이동하며 색칠을 하면 무지개 색으로 그 관계성이 배열될 것이다. 그러나 이러한 색의 배열이 깨어지는 몇몇 예외의 경우도 있다. 그것은 명확한 경계가 필요한 상황을 알리기 위해 강조를 해야 할 때나 다소 융통성이 요구되는 경계 개념이 수용되어야 하는 경우가 여기에 해당된다. 예를 들어 아동이 의사를 만날 때 의사는 가족 구성원은 아니지만 치료의 목적으로 아동의 개인적인 부분을 의사에게 보여주어야 되고 의사는 아동을 만질 수도 있는 경우이다. 아동에게 이런 특별한 경우도 있다는 것을 알린다.

신체를 보호하기 위한 행동

다음의 활동지는 가정폭력과 또래압력 그리고 성적인 학대와 성폭력에 중점을 둔 것이다. 이 활동지들은 다음과 같다.

나의 안전계획	(활동지 31, p. 369)
승수는 괴롭히는 사람	(활동지 32, p. 370)
경계하라! 피하라! 행동하라!	(활동지 33, p. 371)

활동지 31, 나의 안전계획은 아동이 폭력이나 신체적으로 위협을 느끼는 상황에 처했을 때 선택할 수 있는 방법을 알아보는 것이다. 때때로 아동이 가정에서 겪는 폭력 상황에서 자신을 보호해야 할지 피해자를 보호해야 할지에 대한 결정을 하는 데 도움이 되도록 이 활동지는 만들어졌다. 여기에는 가해자가 폭력에 책임이 있는지도 아동이 구분할 수 있도록 도와주고 아동 자신을 보호할 수 있는 계획도 세울 수 있도록 해준다.

활동지 32, 승수는 괴롭히는 사람은 아동이 폭력적인 행동에 이름을 붙이게 하는 것이다. 어떤 상황에서든 폭력은 허용되지 않는다. 하지만 폭력행동들 간에도 폭력의 심각성은 상대적으로 다소 차이가 있다. 이 활동지를 통해서 아동은 덜 심각한 폭력행동부터 매우 심각한 폭력행동까지 연속선상에 배치할 수 있다. 배열된 모든 폭력행동은 보편적으로 '허용되지 않음'이라는 표시가 있기 때문에 아동의 관심을 끌 수 있다. 이 활동을 하는 동안 모든 폭력행위는 아무리 경미한 것이라도 용납되지 않는다는 강한 메시지가 아동에게 먼저 전달되어야 한다. 비록 승수가 괴롭히는 성향이 있다고 해도 상담자는 승수가 바뀔 수 있는 가능성이 있는지를 아동이 고려해보도록 권유한다. 그래서 아동이 폭력적인 행위를 미워하되 폭력을 행하는 사람을 미워하지는 않아야 한다는 것도 배우게 된다. 이 활동지로 아동이 종종 학교에서 괴롭힘을 당하는지 그렇지 않은지에 대해서도 상담자랑 함께 이야기해볼 수 있다.

활동지 33, 경계하라! 피하라! 행동하라!는 아동이 낯선 사람을 대할 때 또는 성적인 학대와 폭력 상황에 처하게 될 때 대처할 수 있는 보호행동에 중점을 두었다. 이 활동지는 위험한 상황에서 아동이 내릴 수 있는 최고의 결정을 묻는 질문들로 구성되어 있다. 상담자는 이런 질문들을 고려해보고 아동이 '미로'를 통해 위험 상황을 피하거나 대처할 수 있는 방법을 찾을 수 있도록 권유한다. 이 활동지는 위기를 모면하고 위험이 잠재되어 있는 상황에서 아동이 취할 수 있는 대처법에 대해 생각해 보도록 만들어졌다.

정서를 보호하기 위한 행동

여기서는 아동의 정서적인 충격을 미리 방지하기 위한 행동들을 살펴볼 것이다. 이 활동지에서는 앞서 언급된 '비밀 유지하기', '피해자되기', '의사소통과 자기주장 기술의 부족'이 중심 주제가 될 것이다.

놀람과 비밀	(활동지 34, p. 372)
비난에서 명성까지	(활동지 35, p. 373)
수정 볼	(활동지 36, p. 374)

활동지 34, **놀람과 비밀**은 놀랄 만한 일은 즐거울 수 있지만 비밀은 불편할 수도 있다는 사실을 알 수 있도록 디자인되었다. 그래서 아동이 어떤 비밀이 좋지 않은지 그 비밀을 숨기는 것과 밝히는 것의 결과는 어떤지를 살펴보도록 한다.

활동지 35, **비난에서 명성까지**는 희생에 관련된 문제를 살펴보는 것이다. 아동이 자신이 희생자라고 여긴다면 이 역할에 자신을 가두어 놓게 될 것이며 한 번 이러한 마음이 들면 그 생각은 좀처럼 바뀌지 않는다. 그러므로 활동지를 사용하여 '피해자' 캐릭터에서 '영웅' 캐릭터로 아동 자신을 전환시키고 스스로에게 자신감을 주는 표현도 사용해보면서 긍정적인 자아상을 회복하도록 노력한다. 이 활동을 할 때 상담자는 아동에게 먼저 삽화 속 캐릭터가 무엇을 생각하고 느끼고 원하는 것 같은지를 묻는다. 그런 다음 상담자는 아동이 좋아하는 영웅, 즉 슈퍼맨이나 원더우먼과 같은 캐릭터를 떠올리도록 제안하고 아동이 떠올린 그 영웅 캐릭터를 이용하여 '나는 생각한다. 나는 느낀다. 그리고 나는 …을 하고 싶다.'라고 시작하는 문장을 표현해보라고 권한다.

활동지 36, **수정 볼**은 다른 사람들이 아동의 필요를 눈치껏 알아주기를 바라지 않고 아동 자신이 필요로 하는 것을 직접적으로 요구할 수 있다는 것을 알려준다. 여기서는 아동이 다른 사람의 느낌 또는 필요를 추측하는 것이 위험할 수도 있다는 것을 알려주고 동시에 많은 사람들이 아동이 원하는 것이 무엇인지 그리고 아동이 필요한 것이 무엇인지를 추측하지 않거나 못하는 경향도 의외로 많다는 것을 인지할 수 있도록 해준다. 결국 이 활동지를 통해서 아동은 자신의 필요는 스스로가 명확하게 말로써 표현해야 한다는 것을 깨닫게 된다.

핵심 요점

- 방위행동 교육의 내용에는 위험으로부터 자신을 보호할 수 있는 명확한 경계 개념과 주위로부터의 도움을 구할 수 있는 능력이 포함된다.
- 경계에 대한 접근은 가족마다 다를 수 있기 때문에 부모는 아동의 방위행동 교육에 함께 참여할 필요가 있다.
- 상담자가 아동과 부모를 도울 때 경계와 관련된 적절한 결정을 내리기 위해서 그 아동이 가지고 있는 사회적, 문화적, 그리고 가족의 기대치를 먼저 알고 이들 간의 차이점을 인식해야 한다.
- 아동의 안전 교육에 대한 내용을 만들고 아동이 이 계획을 잘 실행할 수 있도록 돕기 위해서 부모의 참여는 필수적이다.
- 타인이 아동에게 적절하지 않은 행동을 하면 아동은 이를 즉각적으로 외부에 알리고 자신의 비밀을 올바르게 다룰 수 있는 능력을 길러야 한다.

결론

이 책은 상담에 입문하기를 희망하는 전문가들을 위하여 내용을 간략하게 구성하여 만들어졌지만 초보 상담자나 경험이 많은 상담자들 모두가 아동의 문제를 지원하는 데 이 책을 유용하게 사용해주길 바란다.

개인의 차이나 생각의 차이는 존중되어야 한다. 이 책의 독자들은 독특한 이론적인 체계와 치료하고자 하는 열정으로 헌신하는 사람들일 것으로 추측된다. 책에 기술된 많은 아이디어들은 실제 현장에 맞도록 여러 형태로 변경하여 적용될 수 있다. 상담은 특정한 문화나 개인의 생활방식 그리고 개인의 신념과 가치에 맞게 변화해야 한다. 이 책은 특정 문화의 차이와 이슈와 관계되는 내용은 다루지 않았지만 만약 이 부분에 관심이 있다면 아이비 등(Ivey et al., 2001)과 얀과 웡(Yan & Wong, 2005)의 자료를 참조하면 된다.

각자가 가지고 있는 독특하고 다른 배경은 아동을 위해 일할 때 상당한 도움이 된다. 그러므로 상담에 종사하는 다양한 전문가들의 기여도는 존중되어야 하고 가능하다면 다방면에서 경험을 쌓은 협력팀을 구성하여 아동을 지원하는 것도 좋은 방법이다(예, 상담자, 감각운동치료사, 심리치료사 등).

아동상담은 개인에게만 혹은 한 가지 경우에만 발생하는 것이 아니어서 어떤 전문가든 상관없이 아동이 처한 환경에 따라 아동의 필요를 채워줄 수 있는 융통성을 가져야 한다. 예를 들어 모자보호시설에서 일하는 사람들은 그들이 상담전문가는 아니더라도 아동이 필요로 하는 것을 빠르게 알아채고 상담을 해줄 수 있어야 한다. 유사한 상황에서 교사나 학교의 상담자 그리고 병원간호사나 관계자들도 현장에서 아동과 함께 시간을 보내기 때문에 즉각적인 상담을 제공할 수 있어야 한다. 그러나 동시에 그곳의 종사자들은 자신의 한계도 잘 인식해야 한다. 다시 말해 필요한 경우에는 아동을 더 숙련된 경험과 기술을 가진 상담 전문가에게 추천해야 한다.

현장의 상담자들은 사적인 상담 장소를 선호하지만 동시에 상담 장소에 너무 집착하거나 높은 기대치를 가지지 않는 것이 좋다. 상담자는 그림 그리기 재료(25장 참조), 소형 동물모형(22장 참조), 모래상자놀이 상징물들(23장 참조), 몇 권의 책(27장 참조)을 휴대하여 상담이 어디에서나 가능할 수 있도록 한다. 이것이 이상적인 방법은 아닐 수는 있으나 상담자가 몇몇 휴대용 지원도구로 아동과 이야기를 나누고 아동을 위로하고 기분을 좋게 해준다면 큰 도움이 될 수 있을 것이다.

마지막으로 훈련과 슈퍼비전의 중요성에 대해 강조하고자 한다. 이 책은 정보제공일 뿐 책 자체가 완벽한 내용을 담고 있지는 못하다. 아동상담자는 풍부한 경험이 있고 전문적으로 훈련된 전문가여야 한다. 또한 상담자는 상담의 질을 확신할 수 있어야 하고 아동의 필요를 채워주기 위해 계속적으로 동료 전문가의 슈퍼비전이 필요하다. 비록 노련한 상담자라도 계속적으로 전문 동료 상담자와 관점을 비교해보고 서로 개인적인 사례를 논의하는 것이 좋다. 때때로 상담자의 개인적인 문제가 상담에 방해를 주므로 상담활동이 자신의 개인적인 문제에 영향을 받는지에 대해서도 체크해야 한다. 좋은 동료 상담지도자는 이러한 문제들을 구분하고 그것들이 잘 해결되고 상담에 계속적으로 방해를 주지 않도록 조언해준다.

마지막으로 이 책을 읽는 독자들에게 미래의 가장 좋은 상담자들이 되기를 바라고 아동을 상담하는 데 있어서 큰 보람과 만족을 얻기 바란다.

나는 아무거나 할 수 있어

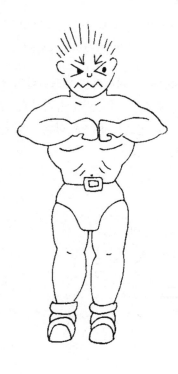

나는 거대한 슈퍼맨이야.

나는 한 손으로 다리도 움직일 수 있어.

나는 여왕이고...

나는 ....

을/를 할 수 있어.

나는 ....

라고 불리는 지혜로운 사람이고 나는 ....

....

을/를 할 수 있어.

나는 ....

라고 불리는 조용한 사람이고 나는 ....

....

을/를 할 수 있어.

나는 사람들이 ....

라고 부르는 용감한 영혼이야. 그리고 나는 ....

....

을/를 할 수 있어.

내가 어디에 있지?

때때로 사람들은 자신을 숨기고 다른 사람들에게 보여주고 싶은 부분만 보여준다.
우리는 여러 가지 이유로 이 활동을 하려고 하는데 혹시 그 이유가 무엇인지 아는가?

여러분이 나무라고 상상해보자. 나무 주변의 인물과 사람들은 여러분을 대표한다고
하자. 여러분이 좋아하는 인물과 사람들을 나무에 연결해보자. 여러분이 숨기고 싶
어 하는 부분이 있다면 그 인물과 사람들을 나무의 뿌리로 연결시켜보자. 다른 사람
들에게 보여주고 싶은 부분들은 가지에 연결시켜보자.

여러분의
다른 부분들을
이곳에 그려
볼 수 있어요?
이것은 어디에
잘 어울릴까요?

나의 선택…

다음의 활동들 중 가장 마음에 드는 것을 선택하여 여러분의 관심거리를 구성해보
자. 특정한 활동을 구분하기 위해(활동 옆에 색깔 있는 점으로 표기해두기) 다양한
색깔의 사인펜을 이용해보자.

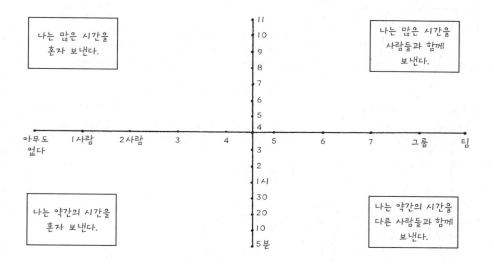

일	여행	학습	몸 관리하기
집안일	차	학교	먹기, 자기, 씻기
잔일	기차	음악레슨	몸단장
쇼핑	버스	상담자 만나기	운동 : 춤, 스케이트보드
일	자전거	숙제	체육, 축구, 서핑, 기타 스포츠

사람들과 어울리기

전화하기
친구 방문하기
친구가 우리 집 방문하기
어른과 얘기하기
게임하기
사람들 도와주기

긴장 풀기

음악 듣기
책 읽기
낮잠 자기
명상하기
TV 보기

혼자만의 시간 보내기

취미(예, 모델, 만들기)
그리기, 요리하기, 수집하기
퍼즐 맞추기, 레고하기, 정원 돌보기
마술 속임수, 컴퓨터와 놀기

342

인사이드아웃 : 뒤집어 보기

당신이 몸소 생각하고 감정적으로 느끼고 경험하는 것을 정리해 놓은 것이다. 가장 관련이 있는 것을 빨간 펜으로 연결시켜 보자.

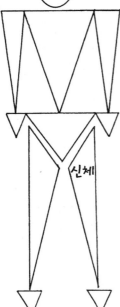

신체

- 많이 먹기
- 긴장
- 이 악물기
- 내가 준비되지 않았을 때 표현하기
- 뭔가를 만지작거리기
- 더 열심히 일하기
- 구부정한 자세로 서기
- 초라하게 보이기

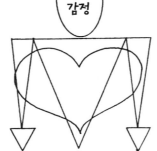

감정

- 어깨 움츠리기
- 두통
- 나는 마치 아닌 것처럼 행동하기
- 사람들이 나를 싫어한다고 생각하기
- 배 아픔
- 내일 일 걱정하기
- 내가 가진 것처럼 보이기(가지지 못했는데도)
- 위험을 감수하지 않기 ● 잠 많이 자기
- 더 잘 행동하기
- 나쁜 일이 일어난다고 생각하기

- 손톱 물어뜯기
- 참기
- 스트레스로 지치기

생각

자신을 돌보는 데 추천하는 몇 가지 제안이 있다. 그것은 다음과 같다. 초록 펜으로 가장 도움이 되는 것들을 연결시켜보자.

- 친구에게 전화하기 ● 긴장 풀기 ● TV 보기
- 도움 청하기 ● 실수 인정하기
- 나 자신에게 나는 사랑스럽고, 능력 있다고 말하기
- 음악 듣기 ● 열까지 세기
- 나는 다르다는 것을 기억하기 ● 목욕하기
- 책 읽기 ● 케이크 굽기
- 편안하게 열 번 후~ 불기(촛불을 끄는 것처럼)
- 다른 사람들과 이야기하기 ● 산책하기

뉴스 헤드라인

일일소식

오늘.........
역사상 가장 나쁜 범죄가 발생했다.
경주 지역의 주민들 모두가 잠든 사이
....
이 뉴스는 ....
충격을 주었다.
많은 사람들이 ....
....
....
말했다.
그러나 몇몇 사람들을 ....
....
....
....
라고 말했다.

....
....
에 의하면 ....
....
....
은 확실하다.
결과는 ....
....
....
....
할 것이다.

장애물을 넘어라

생각과 마음을 바꾸는 것은 괜찮다.

생각과 마음을 바꾸는 것은 당신이 새로운 것을 탐색하고 다른 경험을 시도하는 것이다. 새로운 결정을 할 때 머뭇거리게 하는 장애물을 발견하는 것을 의미한다.

당신은 세상에서
가장 재미있는 공원에 가기 위해서
길고 어두운 터널을 통과하고 싶지 않나요?

아니면 친절한 곰과 함께 놀고 싶나요?

당신이 마음을 바꾸기 위해서 누가 또는 어떤 도움이 필요한가요?

당신은
비행기가 타고 싶나요?

아니면 국제 자동차 대회에서 운전하고 싶나요?

당신은
살아있는 달팽이들과 통 안에 있고 싶나요?

아니면 뱀 구덩이가 아래에 있는 좁은 다리 위를 걷고 싶나요?

네 삶의 균형을 잡아라

우리는 하루하루 다음의 일들을 한다.

- 홀로 있기
- 긴장풀기
- 다른 사람들과 어울리기
- 자기 자신 돌보기
- 배우기
- 일하기
- 여행하기

현재 자신이 하고 있는 일과 가장 잘 맞는 부분을 빨간색으로 칠하라. 자! 이제 하는 법을 알았으니......... 지금......... 일상생활 여행을 떠나보자 — 빈칸에 들어가서 현재 자신이 하고 있는 일과 가장 관계가 깊은 것에 해당하는 기호를 그려 넣어보자.

〈학교 가는 날〉

시작	기상				수업 가기			오전휴식
집 도착			집에 가기			점심		수업 들어가기
						취침		

〈주말〉

시작	기상							점심
저녁								
						취침		

어떻게 변화시키고 싶나요?

내 소망은…

소망 1. 오늘은 ....

소망 2. 내일은 ....

그리고 소망 3. 미래에는 ....

활동지 9

지금… 그리고 미래의 네 자신을 그려라

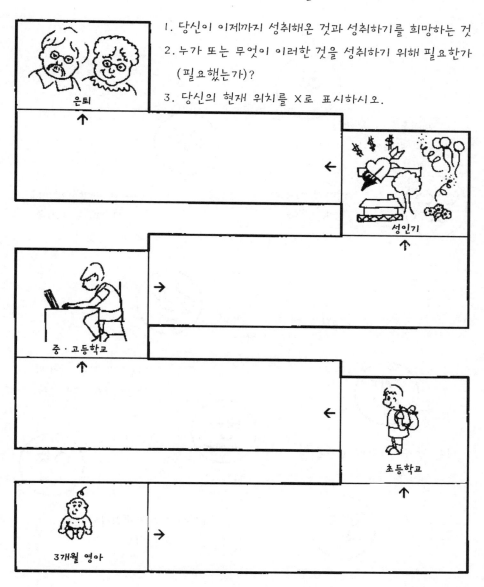

각각의 적절한 시기에 기술하시오.

1. 당신이 이제까지 성취해온 것과 성취하기를 희망하는 것
2. 누가 또는 무엇이 이러한 것을 성취하기 위해 필요한가 (필요했는가)?
3. 당신의 현재 위치를 X로 표시하시오.

감정 찾아내기

여러분이 느끼는 감정을 담은 얼굴표정을 문장과 연결해보자.

나는 말할 수 없는
비밀이 있다.

애완동물이 차에
치여 죽었다.

엄마가 이웃과
얘기했다.

나는 한밤중에 아주
시끄러운 소리를
들었다.

엄마는 내 친구 집에서
자는 것을 허락해
주시지 않았다.

나는 내 친구 앞에서
자전거에서 떨어졌다.

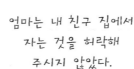

나는 받아쓰기 시험공부를
하지 않았다.

시험에서 부정행위하다
걸렸다.

영주는 불안해!

영주가 왜 불안해하는지 알아낼 수 있어요?

영주가 너랑 약간 비슷한 것 같아.........

불안해하는 것들과 관련이 있는 것들을 왼쪽에 영주와 연결시켜보자.

● 의사나 치과의사에게 갈 때

● 교장선생님이 부를 때

● 아빠와 엄마가 오늘 기분이 좋을지에 대해 생각할 때

● 게임의 규칙을 잘 이해하지 못할 때

● 수업시간에 질문할 때

● 집에 몇 시에 도착해야 하는지를 기억할 때

● 내일 받아쓰기를 해야 할 때

● ....

맞혀봐

너의 신체

우리는 사람의 얼굴과 몸짓으로 상대편의 기분을 추측할 수 있다. 다음의 사람들은
어떻게 느낄까? 감정을 나타내는 신체의 일부에 동그라미를 해보자.

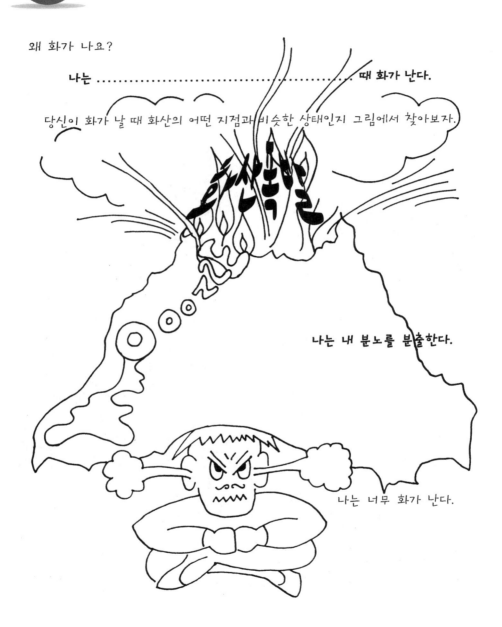

활동지 14 화산

왜 화가 나요?

나는 .... 때 화가 난다.

당신이 화가 날 때 화산의 어떤 지점과 비슷한 상태인지 그림에서 찾아보자.

나는 내 분노를 분출한다.

나는 너무 화가 난다.

이 밖에도 화가 날 때 무엇을 하는지 써보자.

....

재영이와 함께 두려움 극복하기

모든 사람들은 종종 두려움에 빠진다. 경우에 따라 어떤 것들은 더 무섭거나 두려울 수가 있다. 여러분이 두려울 때와 관련이 있는 문장을 재영이의 머리와 해당 튜브의 위치에서 찾아 빨간색으로 선을 이어보자.

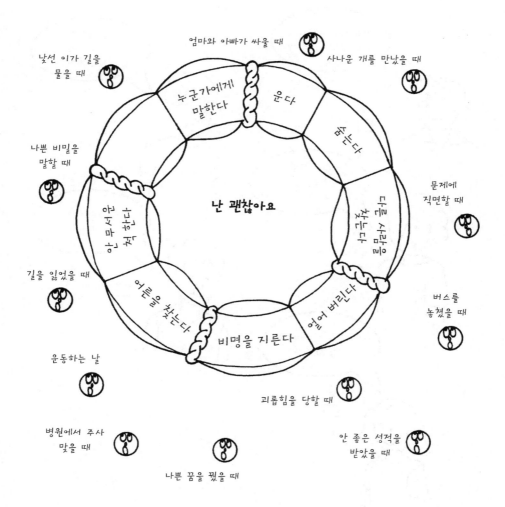

대화를 시작하는 사람

학교가 시작하는 첫날에 사용해도 괜찮은 표현을 사용한 사람의 □ 안에 체크해 보자.

??질문??

그림을 보고 다음의 것으로 시작하는 세 가지 질문을 해보자.

a) 무엇을 ....
b) 어디서 ....
c) 어떻게 ....

d) 언제 ....
e) 왜 ....
f) 누가 ....

호진이를 위한 충고

호진이는 도움이 필요하다. 호진이는 항상 종수 삼촌과 함께 다니는 형이 있다. 호진이의 형은 항상 종수 삼촌과 함께 자고 삼촌의 농장 일을 돕는다. 호진이도 항상 함께 가고 싶어 하지만 종수 삼촌은 '다음에' 혹은 '넌 아직 어려.'라고 대답하신다.

- 너는 혼자 남겨지면 무엇을 하니?
- 다음의 답에서 동그라미를 치시오.

화낸다.

운다.

사람들이 내게 집중하도록
호들갑을 떤다.

다른 사람에게 내가 느끼는
감정을 말한다.

아무 말도 하지 않는다.

민수 & 민재 – 입소문

보검이는 다른 사람과 관련된 개인적인 얘기가 사실이 아닌데도 사람들에게 하고 다닌다.

＝입소문＝

수다는 다른 사람의 감정을 상하게 하고 외톨이가 되게 한다.

누군가가 너에게 다른 사람에 관해 물으면 쉽게 입소문에 개입하게 된다.
여기에 좋은 규칙이 있다.

> 당신이 그 사람에 대해 좋은 말을 할 수 없을 때는 아무 말도 하지 않는 것이 좋다.

당신이 할 수 있는 것에 체크하고 사람들이 다른 사람을 흥보 때 말하라.

☐ '다른 얘기하자.'
☐ '나는 그 사람들을 잘 몰라. 그래서 그게 사실인지 모르겠네.'
☐ '너가 다른 사람 흥보는 것 같아.'

다른 사람이 당신을 흥보 때 당신이 할 수 있는 행동에 체크하라.

☐ 그들을 흥본다. (그것이 맞는 것이다.!)
☐ 보검이의 소문에 대해 떠드는 사람들에게 흥보지 말라고 부탁한다.
☐ 누군가에게 이 문제를 해결해 달라고 부탁한다.

파이팅!

싸움은 사람들이 다음과 같을 때 발생한다.

놀린다	흉본다	이야기 한다
속인다	훔친다	거칠게 민다
괴롭힌다	거짓말한다	믿지 않는다
약속을 어긴다	자랑한다	때린다

위의 단어를 다음에서 찾아서 동그라미 표시하시오.

괴	롭	힌	다	행	복	하	다	속	도
물	레	방	아	래	때	밀	다	인	자
고	래	귀	이	놀	린	다	이	다	기
기	믿	지	않	는	다	락	아	기	자
차	음	치	거	짓	말	한	다	말	랑
훔	친	다	미	용	사	지	이	고	한
본	구	흉	터	미	널	장	야	사	다
다	름	본	약	속	을	어	기	다	다
람	다	다	국	세	청	부	한	글	익
쥐	리	리	거	칠	게	민	다	자	선

당신이 싸움을 하는 이유는? ....
....
....

이 외에 싸움을 하는 이유를 생각해볼 수 있나요? ....
....
....

활동지 21 수아, 수지와 나

우리는 누군가가 싸우려고 할 때 설득력 있게 그러나 덜 위협적일 수 있게 반응할 수 있다.

수아를 만들기 위해 점을 연결하라.

수아가 싸우면 어떤 일이 발생할까요?

_____

_____

_____

_____

수지를 만들기 위해 점을 연결하라.

수지가 싸우면 어떤 일이 발생할까요?

_____

_____

_____

_____

_____

당신이 싸우면 어떤 일이 발생할지 적어보시오.

_____

_____

_____

_____

뛰기 전에 살피기

	진실	거짓		진실	거짓
때때로 나는 말하고 나서 후회한다.			때때로 생각하지 않고 결정을 내린다.		
때때로 나는 규칙을 듣지 않고 일을 저지른다.			때때로 지시를 읽지 않고 행한다.		
때때로 나는 양쪽의 말싸움(논쟁)을 듣지 않는다.			때때로 상세내용을 듣지 않고 정리를 한다.		
때때로 나는 정보를 수집하지만 대부분의 정보를 무시한다.					

위의 내용에 5개 혹은 그 이상의 대답이 '진실'이면 당신은 '긴장을 풀어도' 됩니다.

긴장을 푼다는 의미는 다음의 **멈추라-생각하라-하라** 계획을 사용하여
서두르지 말고 천천히 하라는 것입니다.

멈추라—그리고 무엇이 문제인지 발견하라.
생각하라—그 문제를 풀 수 있는 당신이 할 수 있는 세 가지를 생각하라.
하라—당신에게 최고인 것을 선택하라.

선택 & 옵션

당신이 친구와 문제가 있을 때 몇 가지 반응하는 방법이 있다.

- 색펜을 선택하여 당신이 지아라면 선택할 길을 따라 이동하라. 각각의 결정상자에 결정을 내릴 때 어떤 기분이 드는지를 생각하라.
- 다른 색을 이용하여 당신이 좋아하는 통로를 따라 이동하라.

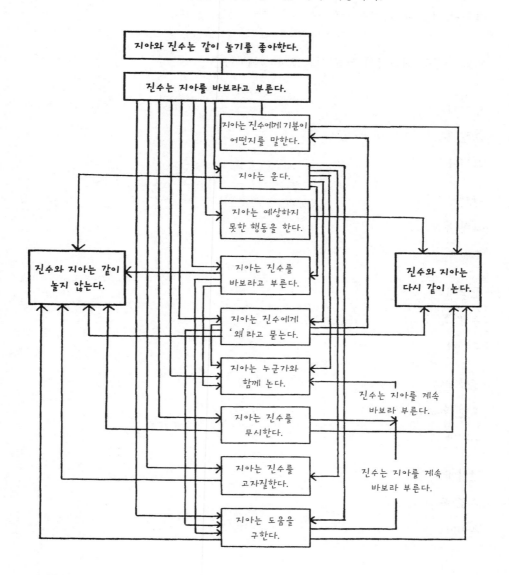

만약에-그런 후-그러나

다음 예문을 보자.

만약에 내가 엄마 허락 없이 엄마의 자전거를 빌린다면,
그런 후......... 나는 비디오 가게에 빨리 도착할 수 있을 것이다.
그러나 나는 주말 내내 자전거를 전혀 타지 못할 것이다.

위의 예문을 참고하여 빠진 부분을 완성해보자.

만약에

그런 후.........

그러나

만약에

그런 후.........

그러나

만약에

그런 후.........

그러나

만약에

그런 후.........

그러나

만약에

그런 후.........

그러나

활동지 25 범죄 & 벌!

행동패턴에 대한 목록이 있다. 다음 몇 개의 목록은 상대적으로 나쁘다. 나쁜 행동은 심각한 결과를 가져올 수 있다.

다음 목록을 아주 나쁜 행동에서 조금은 덜 나쁜 행동의 순으로 순서를 바꾸시오.
범죄에 해당하는 행동을 하면 따르는 벌이나 결과에 대해서도 쓰시오.

범죄	나의 목록	결과
살인		
뒤에서 흉보기		
때리기		
거짓말하기		
훔치기		
방해하기		
불복종하기		
괴롭히기		
욕하기		
험담하기		
속이기		
비밀 유지하기		
비밀을 누설하기		
마음 바꾸기		

활동지 26 '아니요'라고 말하면 모든 게 쉬워져

누군가의 요구에 여러분이 사용하고자 하는 반응을 연결해보자.

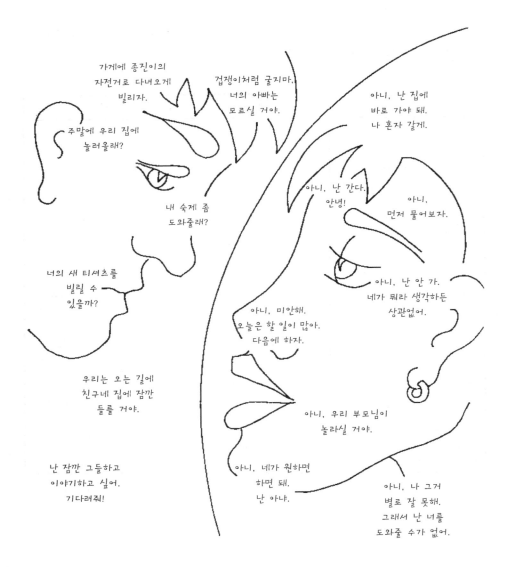

너에게 상 주기

우리는 가끔씩 우리가 하는 일이나 많은 것들을 자랑스러워할 수 있다는 것을 깨닫지 못할 때가 있다. 다음 각각의 방패에 여러분이 자랑스러워하는 것들이나 다른 사람들에게 자랑할 수 있는 것들을 적거나 그려보자.

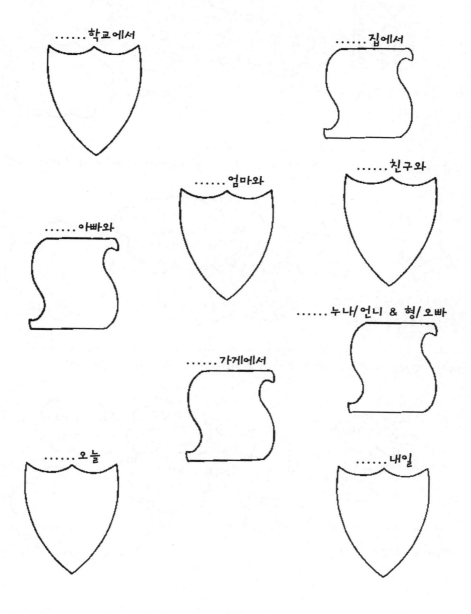

…… 학교에서

…… 집에서

…… 엄마와

…… 친구와

…… 아빠와

…… 누나/언니 & 형/오빠

…… 가게에서

…… 오늘

…… 내일

활동지 28 연령 & 단계

4살 : 나영이는 4살이다. 누군가가 문을 두드릴 때 나영이는 어떻게 해야 하나?

태민은 무엇을 할까?
슬기는 무엇을 할까?

8살 : 태민이는 8살이다. 태민이가 주일에 동준이를 교회에서 만나면 어떻게 해야 하나?

나영이는 무엇을 할까?
슬기는 무엇을 할까?

14살 : 슬기는 이웃집의 새 친구 진수를 어떻게 대하면 좋을지 알려주자.

나영이는 무엇을 할까?
태민이는 무엇을 할까?

내 장소, 내 공간

다음의 질문에 진실 혹은 거짓으로 답함으로써 사생활을 얼마나 잘 존중하는지를 살펴보자.

- 진호는 2살이다. 그의 사생활 보호를 위해 혼자 스스로 목욕하는 것이 허용되어야 한다.

    진실   거짓

- 수빈이는 16살이다. 그녀가 원하면 혼자 방에서 시간을 보낼 수 있다.

    진실   거짓

- 우진이는 9살이다. 그의 침실 문이 닫혀있을 때 가족들이 그 방으로 들어가기 전에 노크해야 한다.

    진실   거짓

- 엄마와 아빠가 함께 있을 때 누군가는 항상 그들을 놀라게 해주어야 한다.

    진실   거짓

- 은선이는 13살이다. 가족들은 허락을 받지 않고 그녀의 일기를 읽을 수 있다.

    진실   거짓

- 성민이는 4살이다. 그가 마당에서 놀 때 그의 가족들은 그를 홀로 내버려 두어야 한다.

    진실   거짓

- 혜주는 7살이다. 그녀는 삼촌이 놀러오면 항상 그녀와 함께 샤워를 할 수 있도록 허용한다.

    진실   거짓

활동지 30 무지개 길

다음 상자는 우리가 사람들을 만날 때 할 수 있는 여러 가지 인사법을 표시해 놓은 것이다. 지시된 대로 색칠해보자.

아주 개인적인 신체 일부를 만진다. (빨간색)	껴안는다. (주황색)	등을 토닥인다. (노란색)	악수를 한다. (초록색)	손을 흔들며 인사한다. (파란색)	바라본다. (남색)	무시한다. (보라색)

세영이는 당신의 나이와 비슷한 또래다. 지금 외출하려고 한다. 나가면 많은 사람들을 만나게 되고 사람들과 어떻게 인사를 주고받을 것인지 결정하게 된다. 당신은 세영이를 도와줄 수 있나요? 세영이가 가는 길을 시작 지점부터 따라가 보자. 세영이가 사람들과 만났을 때 적절하다고 생각되는 방식으로 인사하는 것을 선택하고 위에 제시된 상자 속의 반응에 표시된 동일한 색을 선택하여 색칠해보자.

의사선생님	택시기사	버스정류장에 여인	표 파는 사람	개와 산책하는 사람
버스 운전기사	아빠	지은이 이모	준우 삼촌	차 안에 남자
가게 지킴이	엄마	시작 ←나	이웃	
어린이집 종사자	교사	가장 친한 친구	옆집아이	

© Reproduced from *Counselling Children* by Geldard, Geldard & Yin Foo, SAGE, 2013.

나의 안전계획

종종 집에서 어른들이 싸울 때 아이들 또한 상처를 받는다. 종우도 이러한 가족들과
살고 있다. 다음에는 이러한 사태가 발생할 때 종우가 자신을 보호할 수 있는 방법
들이 제시되어 있다. 다음에 제시된 통로들 중 종우가 자신을 보호할 수 있는 가장
최선의 통로를 선택해 이동해보자.

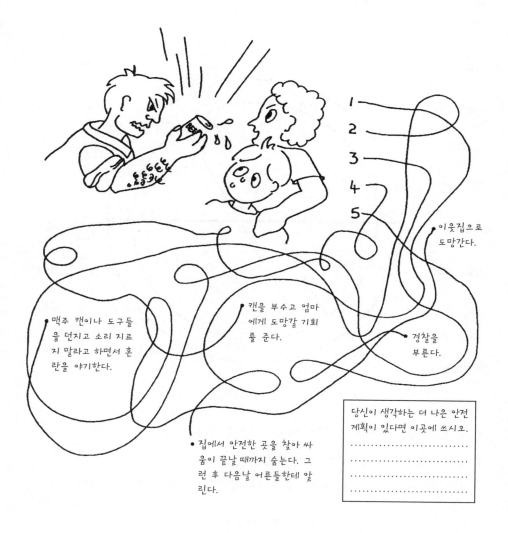

1
2
3
4
5

이웃집으로
도망간다.

캔을 부수고 엄마
에게 도망갈 기회
를 준다.

경찰을
부른다.

맥주 캔이나 도구들
을 던지고 소리 지르
지 말라고 하면서 혼
란을 야기한다.

집에서 안전한 곳을 찾아 싸
움이 끝날 때까지 숨는다. 그
런 후 다음날 어른들한테 알
린다.

당신이 생각하는 더 나은 안전
계획이 있다면 이곳에 쓰시오.
....
....
....
....

승수는 괴롭히는 사람

동그라미 바깥에 있는 단어들은 승수처럼 사람들을 괴롭히는 사람이 행하는 폭력적인 행동들을 묘사해 놓은 것이다.

동그라미 원 안에 있는 선을 따라 왼쪽에서 오른쪽으로 이동하며 덜 강도가 약한 행동부터 아주 심한 행동으로 나열해보자.

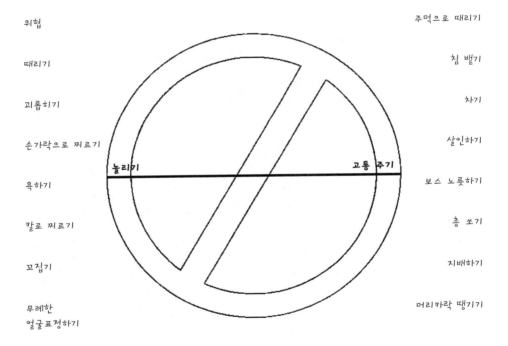

위협
때리기
괴롭히기
손가락으로 찌르기
놀리기
욕하기
칼로 찌르기
꼬집기
무례한
얼굴표정하기

주먹으로 때리기
침 뱉기
차기
살인하기
고통 주기
보스 노릇하기
총 쏘기
지배하기
머리카락 땡기기

- 원 안에 있는 단어들 중 결코 허용되지 않는 행동이 있나요?
- 얼마나 많은 행동들이 학교에서 발생하고 있나요?
- 위의 행위들 외에 다른 사람을 괴롭히는 행동들이 있다면 첨가해보시오.

- 당신은 승수가 변할 수 있다고 생각하나요?

경계하라! 피하라! 행동하라!

안전을 지킨다는 의미는 평소 아무런 위험이 느껴지지 않는 순간에도 자신을 위험에서 보호한다는 것을 의미한다. 뭔가가 이상하다고 느껴본 적이 있는가? 이러한 느낌이 드는 것을 우리는 '경계하라'라고 한다.

다음의 미로를 통해 나갈 길을 찾아보자. 장애물 없는 길을 찾음으로써 위험한 순간을 피할 수 있다. 선택한 길에서 장애물을 만나면 안전할 수 있는 행동을 취해보자.

미로를 통과하는 동안 다음의 세 가지 질문을 하시오.

질문:

- 이 사람은 내가 아는 사람인가?
- 내가 이 사람과 같이 있을 때 안전하다고 느끼는가? 그리고 걱정하지 않는가?
- 상황이 잘 돌아가지 않을 때 나는 도움을 청할 수 있는가?
- 내가 신뢰하는 엄마, 아빠 그리고 누군가는 내가 어디에 있는지 혹은 어디에 있을지에 대해 알 수 있는가?

만약 위 질문 중 '아니요'라는 답이 있으면 다음의 옵션을 사용하라.

옵션:

- '싫어, 멈춰.'라고 말하라.
- 도망가라.
- 소란을 피우라.
- 가까운 안전한 곳으로 피신하라.
- 어른한테 말하라.
- ....

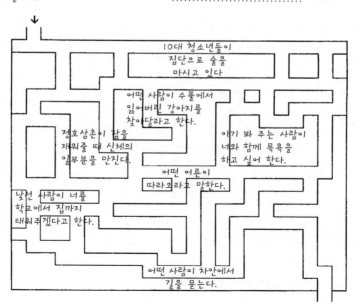

놀람과 비밀

지민이는 비밀이나 깜짝 놀랄 일을
가지고 있나요?
....
....
....
....

좋은 건가요?
....
....
....
....

지민이의 기분은 어떨까요?
....
....

지민이가 말해야 할까요?
....
....

만약에 지민이가 어떤 일이 일어날 거라고 말한다면?.................................

어떤 기분이 들까? ....

아영이는 비밀이나 깜짝 놀랄 일을
가지고 있나요?
....

좋은 건가요?
....

아영이의 기분은 어떨까요?
....

아영이가 말해야 할까요?
....

만약에 아영이가 어떤 일이 일어날 거라고 말한다면?.................................

어떤 기분이 들까? ....

유정이는 비밀이나 깜짝 놀랄 일을
가지고 있나요?
....
....

좋은 건가요?
....

유정이가 말해야 할까요?
....

유정이의 기분은 어떨까요?
....
....

만약에 유정이가 어떤 일이 일어날 거라고 말한다면?.................................

어떤 기분이 들까? ....

질문과 답

- 비밀과 깜짝 놀랄 일은 다른가요? 어떤 차이가 있나요?
- 무엇이 다른가요?
- 좋은 비밀과 나쁜 비밀이 있나요?
- 좋게 깜짝 놀랄 일과 나쁘게 깜짝 놀랄 일이 있나요?

비난에서 명성까지

때때로 우리는 괴로울 때 우리가 느끼고 행동하는 것에 대해 다른 사람들을 비난한다. 만약에 우리가 직접 우리의 문제를 다룰 수 있게 된다면 우리는 기분이 좋아질 것이다.

다음과 같이 시작하는 문장을 만들어보시오.

● 나는.. 생각한다.

● 나는.. 느낀다.

● 만약에 ....하다면/한다면 나는 좋겠다.

다음과 같은 상황에 처해있다면 뭐라고 말하는 것이 좋을까?

	● 영민이는 호영이가 항상 자기를 위해 무엇이든지 해주기를 바란다. ● 영민이는 자기가 이용당하는 것 같고 가치 없다고 느낀다. ● 영민이도 호영이를 도와주고 싶지만, 가끔씩은 '못한다'라는 표현을 하고 싶다. ● 그리고 영민이도 가끔 호영이가 자기에게 '해줄 수 있겠니?'와 '고마워'란 표현을 사용해주기를 바란다.	나는 .... 생각한다. 나는 .... 느낀다. 만약에 ....하다면 나는 좋겠다.
	● 진수는 집에서 제일 어리고 항상 가족들의 신발을 닦아야 한다. ● 진수의 형들도 진수의 나이 때 이 일을 했다. ● 진수는 뭔가 다른 일들을 놓치고 있다고 느낀다. 그리고 자신의 일이 중요하지 않다고 느낀다. ● 진수는 항상 똑같은 일을 반복해서 하는 것보다는 가끔씩 다른 일을 하고 싶어 한다.	나는 .... 생각한다. 나는 .... 느낀다. 만약에 ....하다면 나는 좋겠다.
	● 수빈이는 집에서 외동딸이다. ● 수빈이는 부모님이 바쁠 때 항상 남동생을 돌봐야 한다. ● 수빈이도 남동생을 사랑한다. 하지만 자기를 위한 시간이나 친구들과 보낼 시간이 너무 부족하다. ● 수빈이에게는 두 명의 오빠들이 있다. 그들 모두 남동생과 잘 지낸다.	나는 .... 생각한다. 나는 .... 느낀다. 만약에 ....하다면 나는 좋겠다.

수정 볼

- 수정 볼 안을 들여다보고 민지의 기분이
  어떤지 민지가 무엇을 원하는지를 추측해보라.
- 당신이 민지의 기분이 어떤지 그리고 무엇을 원하는지를
  알 수 있기 위해서 민지는 어떻게 할 수 있는가?

참고문헌

Adler, A. (1964) *Social Interest: A Challenge to Mankind*. New York: Capricorn.

Alford, B.A. (1995) 'Introduction to the special issue: psychotherapy integration and cognitive psychotherapy', *Journal of Cognitive Psychotherapy*, 9: 147–51.

Athanassiadou, E., Tsiantis, J., Christogiorgos, S. and Kolaitis, G. (2009) 'An evaluation of the effectiveness of psychological preparation of children for minor surgery by puppet play and brief mother counseling', *Psychotherapy and Psychosomatics*, 78: 62–3.

Australian Psychological Society (2007) *Code of Ethics*. Melbourne: Author.

Australian Psychological Society (2009) *Ethical Guidelines* (9th ed.). Melbourne: Author.

Axline, V. (1947) *Play Therapy*. Boston: Houghton Mifflin.

Baggerly, J.N. (2004) 'The effects of child-centered group play therapy on self-concept, depression, and anxiety of children who are homeless', *International Journal of Play Therapy*, 13(2): 31–51.

Baggerly, J.N. and Bratton, S. (2010) 'Building a firm foundation in play therapy research: response to Phillips (2010)', *International Journal of Play Therapy*, 19(1): 26–38.

Baggerly, J.N. and Jenkins, W.W. (2009) 'The effectiveness of child-centered play therapy on developmental and diagnostic factors in children who are homeless', *International Journal of Play Therapy*, 18(1): 45–55.

Bandler, R. (1985) *Using Your Brain for a Change: Neuro-linguistic Programming*. Moab: Real People Press.

Bandler, R. and Grinder, J. (1982) *Reframing*. Moab: Real People Press.

Bauer, G. and Kobos, J. (1995) *Brief Therapy: Short Term Psychodynamic Intervention*. New Jersey: Aronson.

Bay-Hinitz, A.K., Peterson, R.F. and Quilitch, H.R. (1994) 'Cooperative games: a way to modify aggressive and cooperative behaviours in young children', *Journal of Applied Behavior Analysis*, 27(3): 435–46.

Beck, A.T. (1963) 'Thinking and depressions: 1. Idiosyncratic content and cognitive distortions', *Archives of General Psychiatry*, 9: 324–33.

Beck, A.T. (1976) 'Cognitive therapy and the emotional disorders', *Archives of General Psychiatry*, 41: 1112–14.

Beebe, A., Gelfand, E.W. and Bender, B. (2010) 'A randomized trial to test the effectiveness of art therapy for children with asthma', *The Journal of Allergy and Clinical Immunology*, 126(2): 263–6.

Bond, T. (1992) 'Ethical issues in counselling in education', *British Journal of Guidance & Counselling*, 20(1): 51-63.

Bowlby, J. (1969) *Attachment*. New York: Basic Books.

Bowlby, J. (1988) *A Secure Base*. New York: Basic Books.

Braverman, S. (1995) 'The integration of individual and family therapy', *Contemporary Family Therapy: An International Journal*, 17: 291–305.

Brewer, S., Gleditsch, S.L., Syblik, D., Tietjens, M.E. and Vacik, H.W. (2006) 'Pediatric anxiety: child life intervention in day surgery', *Journal of Pediatric Nursing*, 21(1): 13–22.

British Association for Counselling and Psychotherapy (2010) *Ethical Framework for Good Practice in Counselling and Psychotherapy*. Lutterworth: Author.

British Association of Play Therapists (2008) *An Ethical Basis for Good Practice in Play Therapy* (3rd ed.). Weybridge: Author.

British Psychological Society (2002) *Professional Practice Guidelines: Division of Educational and Child Psychology*. Leicester: Author.

British Psychological Society (2007) *Child Protection Position Paper*. Leicester: Author.

British Psychological Society (2009) *Code of Ethics and Conduct*. Leicester: Author.

Bucci, W. (1995) 'The power of the narrative: a multiple code account', in J.W. Pennebaker (ed.), *Emotion, Disclosure, and Health*. Washington, DC: American Psychological Association.

Burroughs, M.S., Wagner, W.W. and Johnson, J.T. (1997) 'Treatment with children of divorce: a comparison of two types of therapy', *Journal of Divorce & Remarriage*, 27(3/4): 83–99.

Cade, B. (1993) *A Brief Guide to Brief Therapy*. New York: Norton.

Caselman, T.D. (2005) 'Stop and think: an impulse control program in a school setting', *School Social Work Journal*, 30 (1): 40–60.

Cattanach, A. (2003) *Introduction to Play Therapy*. New York: Brunner-Routledge.

Chantler, K. (2005) 'From disconnection to connection: "Race", gender and the politics of therapy', *British Journal of Guidance & Counselling*, 33(2): 239–56.

Chemtob, C.M., Nakashima, J.P. and Hamada, R.S. (2002) 'Psychosocial intervention for postdisaster trauma symptoms in elementary school children: a controlled community field study', *Archives of Pediatrics & Adolescent Medicine*, 156: 211–16.

Christ, G.H., Siegel, K., Mesagno, F. and Langosch, D. (1991) 'A preventative program for bereaved children: problems of implementation', *Journal of Orthopsychiatry*, 61: 168–78.

Clarkson, F. (1989) *Gestalt Counselling in Action*. London: Sage.

Colwell, C.M., Davis, K. and Schroeder, L.K. (2005) 'The effect of composition (art or music) on the self-concept of hospitalized children', *Journal of Music Therapy*, 42(1): 49–63.

Copeland, W.E., Keeler, G., Angold, A. and Costello, J. (2007) 'Traumatic events and post-traumatic stress in childhood', *Archives of General Psychiatry*, 64: 577–84.

Corsini, R.J. and Wedding, D. (eds) (2004) *Current Psychotherapies* (7th ed.). Illinois: Peacock.

Culley, S. (1991) *Integrative Counselling Skills in Action*. London: Sage.

Dale, E.M. (1990) 'The psychoanalytic psychotherapy of children with emotional and behavioural difficulties', in V.P. Varma (ed.), *The Management of Children with Emotional and Behavioural Difficulties*. London: Routledge.

Davison, G.C. (1995) *Abnormal Psychology* (6th ed.). New York: Wiley.

Dene, M. (1980) 'Paradoxes in the therapeutic relationship', *The Gestalt Journal*, 3(1): 5–7.

De Shazer, S. (1985) *Keys to Solution in Brief Therapy*. New York: Norton.

Dougherty, J. and Ray, D. (2007) 'Differential impact of play therapy on developmental levels of children', *International Journal of Play Therapy*, 16(1): 2–19.

Driessnack, M. (2005) 'Children's drawings as facilitators of communication: a meta-analysis', *Journal of Pediatric Nursing*, 20(6): 415–23.

Dryden, W. (1990) *Rational Emotive Counselling in Action*. London: Sage.

Dryden, W. (1995) *Brief Rational Emotive Behaviour Therapy*. London: Wiley.

Duncan, B.L., Hubble, M.A. and Miller, S.D. (1997) *Psychotherapy with Impossible Cases: Efficient Treatment of Therapy Veterans*. New York: Norton.

Ehly, S. and Dustin, R. (1989) *Individual and Group Counseling in Schools*. New York: Guilford.

Ellerton, M.-L. and Merriam, C. (1994) 'Preparing children and families psychologically for day surgery: an evaluation', *Journal of Advanced Nursing*, 19: 1057–62.

Ellis, A. (1962) *Reason and Emotion in Psychotherapy*. New York: LyleStuart.

Erikson, E. (1967) *Childhood and Society* (2nd ed.). London: Penguin.

Ernst, A.A., Weiss, S.J., Enright-Smith, S. and Hansen, J.P. (2008) 'Positive outcomes from an immediate and ongoing intervention for child witnesses of intimate partner violence', *American Journal of Emergency Medicine*, 26: 389–94.

Fantuzzo, J., Manz, P., Atkins, M. and Meyers, R. (2005) 'Peer-mediated treatment of socially withdrawn maltreated preschool children: cultivating natural community resources', *Journal of Clinical Child and Adolescent Psychology*, 34(2): 320–5.

Fantuzzo, J., Sutton-Smith, B., Atkins, M., Meyers, R., Stevenson, H., Coolahan, K. and Manz, P. (1996) 'Community-based resilient peer treatment of withdrawn maltreated preschool children', *Journal of Consulting and Clinical Psychology*, 64(6): 1377–86.

Fatout, M.F. (1996) *Children in Groups: A Social Work Perspective*. Westport, CT: Auburn House.

Favara-Scacco, C., Smirne, G., Schiliro, G. and Di Cataldo, A. (2001) 'Art therapy as support for children with Leukemia during painful procedures', *Medical and Pediatric Oncology*, 36: 474–80.

Felder-Puig, R., Maksys, A., Noestlinger, C., Gadner, H., Stark, H., Pfluegler, A. and Topf, R. (2003) 'Using a children's book to prepare children and parents for elective ENT surgery: results of a randomized clinical trial', *International Journal of Pediatric Otorhinolaryngology*, 67: 35–41.

Freud, A. (1928) *Introduction to the Technique of Child Analysis*. Trans. L.P. Clark. New York: Nervous and Mental Disease Publishing.

Garaigordobil, M., Maganto, C. and Etxeberria, J. (1996) 'Effects of a cooperative game program on socio-affective relations and group cooperation capacity', *European Journal of Psychological Assessment*, 12(2): 141–52.

Garza, Y. and Bratton, S. C. (2005) 'School-based child-centered play therapy with Hispanic children: outcomes and cultural considerations', *International Journal of Play Therapy*, 14(1): 51–79.

Geldard, K. and Geldard, D. (2001) *Working with Children in Groups: A Handbook for Counsellors, Educators and Community Workers*. Basingstoke: Palgrave Macmillan.

Geldard, K. and Geldard, D. (2010) *Counselling Adolescents: The Pro-active Approach* (3rd ed.). London: Sage.

Geldard, K., Yin Foo, R. and Shakespeare-Finch, J. (2009) 'How is a fruit tree like you? Using artistic metaphors to explore and develop emotional competence in children', *Australian Journal of Guidance and Counselling*, 19(1): 1–13.

Glasser, W. (1965) *Reality Therapy*. New York: Harper & Row.

Glasser, W. (2000) *Reality Therapy in Action*. New York: HarperCollins.

Gold, J.R. (1994) 'When the patient does the integrating: lessons for theory and practice', *Journal of Psychotherapy Integration*, 4: 133–58.

Goldfried, M.R. and Castonguay, L.C. (1992) 'The future of psychotherapy integration. Special Issue: The future of psychotherapy', *Psychotherapy*, 29: 4–10.

Goymour, K.-L., Stephenson, C., Goodenough, B. and Boulton, C. (2000) 'Evaluating the role of play therapy in the paediatric emergency department', *Australian Emergency Nursing Journal,* 3(2): 10–12.

Gupta, M.R., Hariton, J.R. and Kernberg, P.F. (1996) 'Diagnostic groups for schoolage children: group behaviour and DSM-IV diagnosis', in P. Kymissis and D.A. Halperin (eds), *Group Therapy with Children and Adolescents.* Washington, DC: American Psychiatric Press Inc.

Gutheil, T.G. and Gabbard, G.O. (1993) 'The concept of boundaries in clincial practice: theoretical and risk-management dimensions', *The American Journal of Psychiatry,* 150(2): 188–96.

Hall, A.S. and Lin, M.-J. (1995) 'Theory and practice of children's rights: implications for mental health counselors', *Journal of Mental Health Counseling,* 17(1): 63–80.

Hallowell, L.M., Stewart, S.E., de Amorim e Silva, C.T. and Ditchfield, M.R. (2008) 'Reviewing the process of preparing children for MRI', *Pediatric Radiology,* 38: 271–9.

Hamre, H.J., Witt, C.M., Glockmann, A., Ziegler, R., Willich, S.N. and Kiene, H. (2007) 'Anthroposophic art therapy in chronic disease: a four-year prospective cohort study', *Explore,* 3: 365–71.

Hanney, L. and Kozlowska, K. (2002) 'Healing traumatized children: creating illustrated storybooks in family therapy', *Family Process,* 41(1): 37–65.

Hatava, P., Olsson, G.L. and Lagerkranser, M. (2000) 'Preoperative psychological preparation for children undergoing ENT operations: a comparison of two methods', *Paediatric Anaesthesia,* 10: 477–86.

Heidemann, S. and Hewitt, D. (1992) *Pathways to Play.* Minnesota: Redleaf Press.

Henry, S. (1992) *Group Skills in Social Work* (2nd ed.). Pacific Grove, CA: Brooks/Cole.

Ivey, A.E., D'Andrea, M., Ivey, M.B. and Simek-Morgan, L. (2001) *Theories of Counseling and Psychotherapy: A Multi-cultural Perspective.* Needham Heights, MA: Simon & Schuster.

Jacobson, N.S. (1994) 'Behaviour therapy and psychotherapy integration. Society for the Exploration of Psychotherapy Integration (1993, New York: New York)', *Journal of Psychotherapy Integration,* 4: 105–19.

Jones, E.M. and Landreth, G. (2002) 'The efficacy of intensive individual play therapy for chronically ill children', *International Journal of Play Therapy,* 11(1): 117–40.

Jung, C. (1933) *Modern Man in Search of a Soul.* New York: Harcourt Brace.

Kaduson, H.G. and Finnerty, K. (1995) 'Self-control game interventions for Attention-Deficit Hyperactivity Disorder', *International Journal of Play Therapy,* 4(2): 15–29.

Kain, Z.N., Caramico, L.A., Mayes, L.C., Genevro, J.L., Bornstein, M.H and Hofstadter, M.B. (1998) 'Preoperative preparation programs in children: a comparative examination', *Anesthesia & Analgesia,* 87: 1249–55.

Karcher, M.J. and Shenita, S.L. (2002) 'Pair counseling: the effects of a dyadic developmental play therapy on interpersonal understanding and externalising behaviors', *International Journal of Play Therapy,* 11(1): 19–41.

Karver, M.S., Handelsman, J.B., Fields, S. and Bickman, L. (2006) 'Meta-analysis of therapeutic relationship variables in youth and family therapy: the evidence for different relationship variables in the child and adolescent treatment outcome literature', *Clinical Psychology Review,* 26: 50–65.

Klein, M. (1932) *Psychoanalysis of Children.* London: Hogarth Press.

Kohlberg, L. (1969) 'Stage and sequence: the cognitive developmental approach to socialization', in D. Groslin (ed.), *Handbook of Socialization Theory and Research.* Chicago: Rand McNally.

Koocher, G.P. and Keith-Spiegel, P. (2008) *Ethics in Psychology and the Mental Health Professions: Standards and Cases.* Oxford: Oxford University Press.

Kool, R. and Lawver, T. (2010) 'Play therapy: considerations and applications for the practitioner', *Psychiatry,* 7(10): 19–24.

Kot, S., Landreth, G. and Giordano, M. (1998) 'Intensive child-centered play therapy with child witnesses of domestic violence', *International Journal of Play Therapy,* 7(2): 17–36.

Kraft, I. (1996) 'History', in P. Kymissis and D.A. Halperin (eds), *Group Therapy with Children and Adolescents.* Washington DC: American Psychological Association.

Kymissis, P. (1996) 'Developmental approach to socialization and group formation', in P. Kymissis and D.A. Halperin (eds), *Group Therapy with Children and Adolescents.* Washington, DC: American Psychiatric Press Inc.

Lambert, M.J. (1992) 'Psychotherapy outcome research: implications for integrative and eclectic therapists', in J.C. Norcross and M.R. Goldfried (eds), *Handbook of Psychotherapy Integration.* New York: Basic Books.

Lambert, M.J. and Ogles, B M. (2004) 'The efficacy and effectiveness of psychotherapy', in M.J. Lambert (ed.), *Bergin and Garfield's Handbook of Psychotherapy and Behavior Change* (5th ed.). New York: John Wiley & Sons, Inc.

Lawrence, G. and Robinson Kurpius, S.E. (2000) 'Legal and ethical issues involved when counseling minors in nonschool settings', *Journal of Counseling & Development,* 78(2): 130–6.

Lazarus, A. and Fay, A. (1990) 'Brief psychotherapy: tautology or oxymoron?', in J. Zeig and S. Gilligan (eds), *Brief Therapy: Myths, Methods and Metaphors.* New York: Brunner/Mazel.

Leebert, H. (2006) 'Reflections on … the colour blindness of counselling', *Healthcare Counselling & Psychotherapy Journal,* 6(4): 4–5.

Legoff, D.B. and Sherman, M. (2006) 'Long-term outcome of social skills intervention based on interactive LEGO play', *Autism,* 10(4): 317–29.

Lendrum, S. (2004) 'Satisfactory endings in therapeutic relationships: Part 2', *Healthcare Counselling & Psychotherapy Journal,* 4(3): 31–5.

Li, H.C.W. (2007) 'Evaluating the effectiveness of preoperative interventions: the appropriateness of using the children's emotional manifestation scale', *Journal of Clinical Nursing,* 16: 1919–26.

Li, H.C.W. and Lopez, V. (2008) 'Effectiveness and appropriateness of therapeutic play intervention in preparing children for surgery: a randomized controlled trial study', *Journal for Specialists in Pediatric Nursing,* 13(2): 63–73.

Li, H.C.W., Lopez, V. and Lee, T.L.I. (2007a) 'Effects of preoperative therapeutic play on outcomes of school-age children undergoing day surgery', *Research in Nursing & Health,* 30: 320–32.

Li, H.C.W., Lopez, V. and Lee, T.L.I. (2007b) 'Psychoeducational preparation of children for surgery: the importance of parental involvement', *Patient Education and Counseling,* 65, 34–41.

Lowenfeld, M. (1967) *Play in Childhood.* New York: Wiley.

Lynch, M. (1994) 'Preparing children for day surgery', *Children's Health Care,* 23(2): 75–85.

Macner-Licht, B., Rajalingam, V. and Bernard-Opitz, V. (1998) 'Childhood Leukaemia: towards an integrated psychosocial intervention programme in Singapore', *Annals of the Academy of Medicine, Singapore,* 27(4): 485–90.

Macy, R.D., Macy, D.J., Gross, S.I. and Brighton, P. (2003) 'Healing in familiar settings: support for children and youth in the classroom and community', *New Directions for Youth Development,* 98: 51–79.

Madden, J.R., Mowry, P., Gao, D., McGuire Cullen, P. and Foreman, N.K. (2010) 'Creative arts therapy improves quality of life for pediatric brain tumor patients receiving outpatient chemotherapy', *Journal of Pediatric Oncology Nursing*, 27(3): 133–45.

Malekoff, A. (1997) *Groupwork with Adolescents*, New York: Guilford.

Margolis, J.O., Ginsberg, B., Dear, G.D.L., Ross, A.K., Goral, J.E. and Bailey, A.G. (1998) 'Paediatric preoperative teaching: effects at induction and postoperatively', *Paediatric Anaesthesia*, 8: 17–23.

Martin, J. (1994) *The Construction and Understanding of Psychotherapeutic Change*. New York: Teachers College Press.

McMahon, L. (1992) *The Handbook of Play Therapy*. London: Routledge.

Maslow, A.H. (1954) *Motivation and Personality*. New York: Harper.

Miller, D.E. (2004) *The Stop Think Do Program*. Longwood, FL: Xulon.

Millman, H. and Schaefer, C.E. (1977) *Therapies for Children*. San Francisco: Jossey-Bass.

Miner, M.H. (2006) 'A proposed comprehensive model for ethical decision-making (EDM)', in S. Morrissey and P. Reddy (eds), *Ethics and Professional Practice for Psychologists*. South Melbourne: Thomson Social Science Press.

Mitchell, C.W., Disque, J.G. and Robertson, P. (2002) 'When parents want to know: responding to parental demands for confidential information', *Professional School Counseling*, 6(2): 156.

Morgan, A. (2000) *What is Narrative Therapy?* Adelaide: Dulwich Centre.

Nabors, L., Ohms, M., Buchanan, N., Kirsh, K.L., Nash, T., Passik, S.D. and Brown, G. (2004) 'A pilot study of the impact of a grief camp for children', *Palliative and Supportive Care*, 2: 403–8.

Oaklander, V. (1988) *Windows to our Children*. New York: Center for Gestalt Development.

O'Connor, C. and Stagnitti, K. (2011) 'Play, behaviour, language and social skills: the comparison of a play and a non-play intervention within a specialist school setting', *Research in Developmental Disabilities*, 32: 1205–11.

Oldham, J., Key, J. and Starak, V. (1978) *Risking Being Alive*. Bundoora: Pit Publishing.

Osel, T. (1988) 'Health in the Buddhist tradition', *Journal of Contemplative Psychotherapy*, 5: 63–5.

Parry, A. and Doan, R. (1994) *Story Re-visions: Narrative Therapy in the Post-Modern World*. New York. Guilford.

Pearson, M. and Wilson, H. (2001) *Sandplay and Symbol Work: Emotional Healing and Personal Development with Children, Adolescents, and Adults*. Camberwell: ACER Press.

Petersen, L. and Adderley, A. (2002) *Stop, Think, Do: Social Skills Training for Primary Years*. Melbourne: ACER.

Phillips, R.D. (2010) 'How firm is our foundation? Current play therapy research', *International Journal of Play Therapy*, 19(1), 13–25.

Piaget, J. (1962) *Play, Dreams and Imitations*. New York: Norton.

Piaget, J. (1971) *Psychology and Epistemology: Towards a Theory of Knowledge*. Trans. A. Rosin. New York: Viking.

Pierce, R.A., Nichols, M.P. and Du Brin, M.A. (1983) *Emotional Expression in Psychotherapy*. New York: Gardner.

Pinsoff, W.M. (1994) 'An overview of Integrative Problem Centered Therapy: a synthesis of family and individual psychotherapies. Special Issue: Developments in family therapy in the USA', *Journal of Family Therapy*, 16: 103–20.

Pope, K.S. and Vasquez, M.J.T. (2007) *Ethics in Psychotherapy and Counseling: A Practical Guide.* San Francisco: Jossey-Bass.

Powell, D.H. (1995) 'Lessons learned from therapeutic failure', *Journal of Psychotherapy Integration,* 5: 175–81.

Pressdee, D., May, L., Eastman, E. and Grier, D. (1997) 'The use of play therapy in the preparation of children undergoing MR imaging', *Clinical Radiology,* 52: 945–7.

Prochaska, J.O. (1999) 'How do people change, and how can we change to help many more people?', in M. Hubble, B. Duncan and S. Miller (eds), *The Heart and Soul of Change: What Works in Therapy?* Washington, DC: American Psychological Association.

Prochaska, J. and DiClemente, C. (1982) 'Transtheoretical therapy: toward a more integrative model of change', *Psychotherapy: Theory Research and Practice,* 19: 276–88.

Prochaska, J. and DiClemente, C. (1983) 'Stages and processes of self-change of smoking: toward an integrative model of change', *Journal of Consulting and Clinical Psychology,* 51: 390–5.

Queensland Counsellors Association (2009) *Code of Ethics.* Retrieved 10 March 2012, from www.qca.asn.au/index.php?option=com_content&task=view&id=14&Itemid=32

Rachman, A.W. and Raubolt, R. (1985) 'The clinical practice of group psychotherapy with adolescent substance abusers', in T.E. Bratter and C.G. Forrest (eds), *Alcoholism and Substance Abuse: Strategies for Clinical Intervention.* New York: Free Press.

Ramzy, I. (1978) *The Piggle: An Account of the Psychoanalytic Treatment of a Little Girl by D.W. Winnicott.* London: Hogarth Press.

Ray, D.C. and Bratton, S.C. (2010) 'What the research shows about play therapy: twenty-first century update', in J.N. Baggerly, D.C. Ray and S.C. Bratton (eds), *Child-centered Play Therapy Research: The Evidence Base for Effective Practice.* Hoboken: John Wiley & Sons, Inc.

Ray, D.C., Schottelkorb, A and Tsai, M.-H. (2007) 'Play therapy with children exhibiting symptoms of Attention Deficit Hyperactivity Disorder', *International Journal of Play Therapy,* 16(2): 95–111.

Reisman, J.M. and Ribordy, S. (1993) *Principles of Psychotherapy with Children* (2nd ed.). Lexington, MA: Lexington Books.

Resnick, R. (1995) 'Gestalt therapy: principles, prisms and perspectives', *British Gestalt Journal,* 4 (1): 3–13.

Rogers, C.R. (1942) *Counseling and Psychotherapy.* Boston: Houghton-Mifflin.

Rogers, C.R. (1955) *Client-Centered Therapy.* Boston: Houghton-Mifflin.

Rogers, C.R. (1965) *Client-Centered Therapy: its Current Practice, Implications and Theory.* Boston: Houghton-Mifflin.

Rose, S.D. (1998) *Group Therapy with Troubled Youth: A Cognitive Behavioural Interactive Approach.* Thousand Oaks, CA: Sage.

Rose, S.D. and Edleson, J.L. (1987) *Working with Children and Adolescents in Groups: A Multi-method Approach.* San Francisco, CA: Jossey-Bass.

Ryce-Menuhin, J. (1992) *Jungian Sand Play: The Wonderful Therapy.* New York: Routledge, Chapman & Hall.

Scaturo, D.J. (1994) 'Integrative psychotherapy for panic disorder and agoraphobia in clinical practice', *Journal of Psychotherapy Integration,* 4: 253–72.

Schaefer, C.E. and O'Connor, K.J. (eds) (1983) *Handbook of Play Therapy.* New York: Wiley.

Schaefer, C.E. and O'Connor, K.J. (eds) (1994) *Handbook of Play Therapy — Advances and Innovations*. New York: Wiley.

Schnitzer de Neuhaus, M. (1985) 'Stage 1: Preparation', in A.M. Siepker and C.S. Kandaras (eds), *Group Therapy with Children and Adolescents: A Treatment Manual*. New York: Human Sciences Press.

Selvini-Palazzoli, M., Boscolo, L., Cecchin, G. and Prata, G. (1980) 'Hypothesizing — circularity — neutrality: three guidelines for the conductor of the session', *Family Process*, 19: 3–12.

Shechtman, Z. (1999) 'Bibliotherapy: an indirect approach to treatment of childhood aggression', *Child Psychiatry and Human Development*, 30(1): 39–53.

Shelby, J. (1994) 'Psychological intervention with children in disaster relief shelters', *The Child, Youth, and Family Services Quarterly*, 17: 14–18.

Shen, Y.-J. (2002) 'Short-term group play therapy with Chinese earthquake victims: effects on anxiety, depression, and adjustment', *International Journal of Play Therapy*, 11(1): 43–63.

Shirk, S.R. and Karver, M. (2003) 'Prediction of treatment outcome from relationship variables in child and adolescent therapy: a meta-analytic review', *Journal of Consulting and Clinical Psychology*, 71(3): 452–64.

Siepker, A.M. and Kandaras, C.S. (eds) (1985) *Group Therapy with Children and Adolescents: A Treatment Manual*. New York: Human Sciences Press.

Skinner, B.F. (1953) *Science and Human Behavior*. New York: Macmillan.

Sloves, R. and Belinger-Peterlin, K. (1986) 'The process of time limited psychotherapy with latency aged children', *Journal of the American Academy of Child Psychiatry*, 25: 847–51.

Sloves, R. and Belinger-Peterlin, K. (1994) 'Time limited play therapy', in C.E. Schaefer and K.J. O'Connor (eds), *Handbook of Play Therapy — Advances and Innovations*. New York: Wiley.

Speers, R.W. and Lansing, C. (1965) *Group Therapy in Childhood Psychoses*. Chapel Hill, NC: University of North Carolina Press.

Spitz, H.I. (1987) 'Cocaine abuse: therapeutic approaches', in H.I. Spitz and J.S. Rosecan (eds), *Cocaine Abuse: New Directions in Treatment and Research*. New York: Brunner/Mazel.

Steenbarger, B.X. (1992) 'Toward science–practice integration in brief counselling and therapy', *Counselling Psychologist*, 20: 403–50.

Swanson, A.J. (1996) 'Children in groups: indications and contexts', in P. Kymissis and D.A. Halperin (eds), *Group Therapy with Children and Adolescents*. Washington, DC: American Psychiatric Press Inc.

Tallman, K. and Bohart, A. (1999) 'The client as a common factor: clients as selfhealers', in M. Hubble, B. Duncan and S. Miller (eds), *The Heart and Soul of Change: What Works in Therapy*. Washington, DC: American Psychological Association.

Thompson, C.L. and Rudolph, L.B. (1983) *Counselling Children*. Monterey, CA: Brooks/Cole.

Vernberg, E.M., Routh, D.K. and Koocher, G.P. (1992) 'The future of psychotherapy with children: developmental psychotherapy', *Journal of Psychotherapy*, 29: 72–80.

Walter, J. and Peller, J. (1992) *Becoming Solution Focussed in Brief Therapy*. New York: Brunner/Mazel.

Wampold, B.E. (2001) *The Great Psychotherapy Debate: Models, Methods, and Findings*. Mahwah: Lawrence Erlbaum Associates, Publishers.

Watkins, C.E. and Watts R.E. (1995) 'Psychotherapy survey research studies: some consistent findings and integrative conclusions', *Psychotherapy in Private-Practice*, 13: 49–68.

Watson, J.C. and Rennie, D.L. (1994) 'Qualitative analysis of clients' subjective experience of significant moments during the exploration of problematic reactions', *Journal of Counselling Psychology*, 41: 500–9.

White, M. and Epston, D. (1990) *Narrative Means to Therapeutic Ends.* New York: Norton.

Yan, M.C. and Wong, Y.-L.R. (2005) 'Rethinking self-awareness in cultural competence: toward a dialogic self in cross-cultural social work', *Families in Society,* 86(2), 181–8.

Yontef, G. (1993) 'Gestalt therapy', in C.E. Watkins (ed.), *Handbook of Psychotherapy Supervision.* New York: Wiley.

Yorke, C. (1982) *Psychoanalytic Psychology of Normal Development.* London: Hogarth Press.

Zahr, L.K. (1998) 'Therapeutic play for hospitalized preschoolers in Lebanon', *Pediatric Nursing,* 23(5): 449–54.

Zeig, J. and Gilligan, S. (eds) (1990) *Brief Therapy: Myths, Methods and Metaphors.* New York: Brunner/Mazel.

찾아보기

인명

저자 소개

캐서린 젤다드 박사(Dr. Kathryn Geldard)는 오스트레일리아 선샤인코스트대학교(USC)의 인문/경영학부에 속해 있는 상담학과 겸임부교수이다. 젤다드 박사의 학자로서의 경력은 선샤인코스트대학교 상담학의 리더십 프로그램 운영과 학부 졸업후 과정의 상담학 학위 개발 등을 포함한다. 그녀는 청소년 또래상담과 상담자 양성훈련, 진단과 효과성에 관한 연구에 관심을 가지고 있다. 또한 캐서린은 지역집단에 문화적으로 민감한 또래 지원 프로그램 개발과 관련하여 오스트레일리아 원주민 청소년들을 대상으로 연구를 진행한 적이 있다. 젤다드 박사는 아동, 젊은이, 그 가족들 그리고 수년간의 상담 슈퍼비전과 양성훈련 등의 임상상담 경험을 바탕으로 많은 책을 편찬한 저자이다.

데이비드 젤다드(David Geldard)는 문제아동과 그 가족들을 위해 일해 온 상담심리학자이다. 그는 정신건강센터와 지역건강센터에서 일했고 또한 개인 상담자로도 일했다. 그의 부인 캐서린과 함께 상담자 양성훈련, 사회복지사, 심리학자들에게 아동상담을 위한 매체와 활동들을 어떻게 활용하는지를 가르치는 일에 참여하여 왕성한 활동을 하였다. 또한 경험을 근거로 한 상담기법을 활용하여 사람들을 훈련하는 일과 가족치료에 상당한 관심을 보여왔다. 그와 그의 와이프 캐서린은 몇 권의 책을 함께 쓴 저자이며 이 책들은 여러 언어로 번역되어 국제적으로 발행되었다.

레베카 인 푸(Rebecca Yin Foo)는 뇌성마비리그(Cerebral Palsy League) 센터에서 발달장애 아동과 그의 가족들에게 심리적인 지원을 제공하는 일을 하는 교육심리와 발달심리학자이다. 레베카는 최적의 긍정적인 결과를 촉진하기 위해 아동들과 일하면서 실용적이고 학문적인 관심이 높은 수준에 도달할 수 있었다. 현재 레베카는 오스트레일리아 브리스번에서 개인심리상담을 하고 있다. 그녀는 심리학으로 학부 졸업후 과정에서 학위를 받았고 교육과 발달심리학 석사학위를 받기 전에 이미 의료공학 분야에서 학사학위를 취득하였다. 국내외적으로 공학과 심리학 분야에 관한 여러 논문들을 게재하였고, 학술대회 논문들도 발표하였다.

역자 소개

이희영

부산대학교 교육학과 학사
부산대학교 교육학 석사(상담심리 전공)
미국 켄자스주립대학교 철학 박사(상담 전공)
현재 부경대학교 유아교육과 교수 및 한국아동상담학회장

이지경

연세대학교 작곡과 학사/버클리음악대학교 음악치료학과 학사
미국 컬럼비아대학교 사범대학 교육학 석·박사(특수교육 전공)
현재 경성대학교 교육학과 조교수